UN ÉTAT D'ESPRIT
MON HISTOIRE

UN ÉTAT D'ESPRIT
MON HISTOIRE

JZ KNIGHT

Traduit de l'anglais par
Chantal Lafont

ADA éditions

Éditeur : François Doucet
Traduction : Chantal Lafont
Révision linguistique : Féminin pluriel
Correction d'épreuves : Nancy Coulombe, C. Paradis
Montage de la couverture : Matthieu Fortin
Photo de la couverture : © Steve Hix et Brian G. Green
Design de la couverture : © Carmel Bartz et Melissa Peizer
Mise en pages : Sébastien Michaud
ISBN papier 978-2-89752-728-0
ISBN PDF numérique 978-2-89752-729-7
ISBN ePub 978-2-89752-730-3
Première impression : 2015
Dépôt légal : 2015
Bibliothèque et Archives nationales du Québec
Bibliothèque Nationale du Canada

Éditions AdA Inc.
1385, boul. Lionel-Boulet
Varennes, Québec, Canada, J3X 1P7
Téléphone : 450-929-0296
Télécopieur : 450-929-0220
www.ada-inc.com
info@ada-inc.com

Diffusion

Canada :	Éditions AdA Inc.
France :	D.G. Diffusion Z.I. des Bogues 31750 Escalquens — France Téléphone : 05.61.00.09.99
Suisse :	Transat — 23.42.77.40
Belgique :	D.G. Diffusion — 05.61.00.09.99

Imprimé au Canada

Participation de la SODEC.
Nous reconnaissons l'aide financière du gouvernement du Canada par l'entremise du Fonds du livre du Canada (FLC) pour nos activités d'édition.
Gouvernement du Québec — Programme de crédit d'impôt pour l'édition de livres — Gestion SODEC.

Catalogage avant publication de Bibliothèque et Archives nationales du Québec et Bibliothèque et Archives Canada

Knight, J.Z. (Judy Zebra), 1946-
[State of mind. Français]
Un état d'esprit : mon histoire : Ramtha
Traduction de : A state of mind.
ISBN 978-2-89752-728-0
1. Knight, J.Z. (Judy Zebra), 1946- . 2. Ramtha, the enlightened one (Esprit). 3. Médiums - États-Unis - Biographies. I. Titre. II. Titre : Sta mind. Français.
BF1283.K54A3 2015 133.9'1092 C2015-940785-0

À Jeff, mon époux bien-aimé, et à mes fils,
Brandy et Chris Knight.

Ramtha. Lumière étincelante d'une présence surnaturelle qui illumine et pulse. Une possible vision du grand esprit créatif. Le sentiment de la réalité balayant au loin la conscience objective des nuances du monde réel. Sous quelle forme pourrait-on exprimer l'expérience de la rencontre d'une entité que le monde moderne reste encore incapable de définir ? Un ressenti émotionnel qui tente désespérément de s'exprimer en termes communs, en vain. Ramtha appartient à cette sphère du subliminal.

L'expérience défie le lien ordinaire qui unit les faits relatifs, car il n'y en a aucun. Pour moi, cette émotion, cette vision, cette expérience de l'énigme qu'est Ramtha l'Être Éclairé, allait devenir la réalité la plus puissante de ma vie.

JZ Knight

Table des matières

PROLOGUE

À la fin d'une interview, un journaliste m'a demandé à titre purement confidentiel si j'avais récemment passé un test de QI. Je lui ai répondu que je n'en avais pas subi depuis mes années au lycée. Ce à quoi il a répondu en disant que j'étais une des femmes les plus intelligentes à laquelle il avait eu le plaisir de parler depuis longtemps. J'en ai été profondément flattée, mais quelque peu surprise. Ma scolarité n'était pas allée au-delà d'une école de commerce, et le reste de mon instruction s'était faite grâce à mon expérience de la vie – ultime forme d'apprentissage.

Ma vie ressemble à un chemin sinueux, truffé de nombreux détours, qui m'a menée à cette ascension vers les sommets. Si la prédestination existe, j'ai assurément choisi une vie présentant toutes les difficultés et tous les obstacles concevables. L'objectif : aller jusqu'aux limites de mes possibilités, comprendre la raison de mon existence et connaître Dieu.

Ma petite enfance fut emplie de joie innocente – jusqu'à mes quatre ans quand je fus brutalement violée.

Du vilain petit canard, je suis devenue une magnifique jeune femme, me battant pour maintenir ma vertu et luttant pour acquérir un sentiment de respect de moi-même. Je me suis mariée trois fois : la première par besoin, ce qui m'a donné deux fils; la seconde pour la sécurité et la stabilité; et la troisième par amour. Toute ma vie, j'ai dû affronter la maladie, les préjugés et la solitude. J'ai créé deux sociétés de télévision câblée, et je suis devenue la première femme au sommet de la branche commerciale de cette industrie. J'ai fait la rencontre d'un ovni, expérimente une guérison miraculeuse et reçu la visite de mon amie la plus proche le soir même de sa mort.

J'ai eu l'honneur de rencontrer quelques-uns des personnages les plus célèbres du monde et certains sont même devenus des amis très chers. Mais Ramtha, l'Être Éclairé, restera à jamais le plus important de tous. En effet, personne dans ma vie n'est demeuré aussi loyal. Il m'a enseigné le sens de l'« amour inconditionnel », ce qui me permet de dire aujourd'hui : « Je n'ai aucun regret. »

Il existe sans doute toujours certaines entités aveuglées qui entrent en guerre pour assurer leur gloire et leur supériorité absolue. Et pourtant, alors que les batailles mesquines se poursuivent, l'amour de Ramtha prévaut toujours, et la connaissance qu'il continue d'apporter est adoptée et partagée par un grand nombre. Telle est ma vie.

Chapitre 1

RENCONTRE AVEC RAMTHA

L'aventure a commencé lors d'un dîner de fête à Tacoma, dans l'État de Washington. C'était une de ces réunions sociales souvent ennuyeuses, où l'élite professionnelle se divertit avec civilité. Une pluie glaciale tombât à l'extérieur, fait fréquent au mois de février, mais l'ambiance du restaurant, elle, était chaleureuse et gaie. La conversation prit une tournure différente après que nous eûmes tous bu avidement quelques verres de brandy chaud. Alors que je sirotais mon verre de lait, je me souvins clairement de ce commentaire : « Cela s'appelle le pouvoir de la pyramide et George mit une bouteille de vin blanc Blue Nun en dessous d'une de ces pyramides. » Lassée du bavardage banal et des ragots qui accompagnent toujours ce genre de soirée, mon esprit voguait à la dérive et je me mis à penser à ce que j'allais porter la semaine suivante, lors d'une réunion qui serait en tout point identique à celle-ci.

— Le pouvoir de la pyramide ? dis-je, soudainement éveillée. Qu'est-ce que c'est ? Excuse-moi, George, mais que veux-tu dire par « en dessous d'une de ces pyramides » ?

— Eh bien, tout simplement que Marge a ramené à la maison ce livre à propos de la Grande Pyramide, tu sais, celle qui est en Égypte, dit George avec fierté.

— Mais qu'est-ce qu'une pyramide en Égypte et une bouteille de Blue Nun ont en commun ? demandai-je.

— JZ, c'est si excitant ! révéla Marge. Ils croient que la Grande Pyramide possède un pouvoir mystérieux qui permet de momifier les choses, tu sais, comme les momies !

George sourit à sa femme avec amusement. Il aimait manifestement l'enthousiasme enfantin de Marge.

– JZ, grâce à des recherches avancées, selon les dires de ce livre, expliqua-t-il, on croit que la pyramide peut déshydrater la nourriture, changer le lait en yaourt…

– Oh ! Je vois, dis-je en riant. Alors, si elle peut accomplir toutes ces choses, pourquoi ne pas l'essayer sur le vin ? George, as-tu construit la Grande Pyramide simplement dans le but d'apporter une légère amélioration au vin ?

– Ouais ! George, dis-nous, quel effet cela a sur les couilles ? demanda Tom, alors qu'un fou rire contagieux envahit la table. George, imagine les possibilités à ce sujet !

– Eh ! Les pervers, baissez le ton ! chuchotai-je. Les gens de la table d'à côté nous regardent.

Je me retournai ensuite vers George, étonnée.

– George, crois-tu réellement ce que raconte ce livre ?

George termina son brandy et bien que ses joues et ses lèvres fussent déjà très colorées à cause de l'alcool, il fit signe à la serveuse de servir une autre tournée. Celle-ci prit la commande : trois grogs, deux martinis, un gin-tonic et un verre de lait avec glaçons, ma boisson habituelle. Nous allumâmes tous une cigarette. George inhala profondément et souffla la fumée avec élégance en direction de la table voisine. Il se pencha ensuite vers nous, nous fixant à tour de rôle, et reprit la parole.

– Je ne peux affirmer si cela fonctionne ou non, mais merde, c'est excitant ! Qui peut dire si quelque chose peut fonctionner ou pas à moins de l'avoir essayé lui-même ? J'ai eu un plaisir fou à construire cette sacrée pyramide à l'échelle. Jésus ! J'y ai mis autant de soin qu'à toutes les couronnes que j'ai posées !

George était dentiste et s'adressait à des dentistes rassemblés avec leurs épouses.

– Et j'ai aligné cette chose parfaitement sur le nord géographique pour que cela fonctionne. J'ai fait quatre de ces petites bêtes et bon sang, qu'elles sont jolies ! J'ai mis quelques fruits sous l'une d'elles, histoire de voir si je pouvais les déshydrater. Merde ! Si cela fonctionne, je me rends au lac Angel muni du sac à dos le plus léger du monde !

Je restai là, assise à fixer les yeux porcins de George alors que mon imagination commençait à s'emballer en contemplant d'innombrables innovations. Oubliez le lac Angel et les sacs à dos remplis de nourriture déshydratée, imbéciles ! Pourquoi pas la crème faciale qui procure une beauté instantanée ! Mon Dieu ! Toutes les femmes du monde adoreraient cela !

Je jetai un regard à Jeremy, mon époux, et m'aperçus qu'une lueur d'amusement et de fascination dansait dans ses yeux bleus rayonnants. Il était silencieusement envoûté par cette conversation inhabituelle.

Gary, dont la renommée avait été établie beaucoup plus par la séduction qu'il exerçait sur la gent féminine que par une pratique brillante de la profession de dentiste, ne manquait jamais nos soirées. Ses compagnes ajoutaient toujours du piquant à ces fêtes autrement ennuyeuses. Gary restait toujours fidèle à lui-même, quelle que soit la personne qui l'accompagnait. Il évaluait d'un regard perçant les tables environnantes et le bar à la recherche de conquêtes potentielles à mener au lit… et, en général, il réussissait. Gary, qui n'avait jusqu'à présent prêté aucun intérêt à notre conversation, commença à s'y intéresser.

— Où peut-on se procurer ce trésor de livre ? dit-il en ronronnant.

J'allumai une autre cigarette, me demandant si Gary était à la recherche de l'éternelle érection.

— Oh ! Je suis certaine qu'on le trouve dans la plupart des librairies, répondit Marge. C'est probablement dans cette section sur les livres bizarres, tu sais, la section sur la clairvoyance, les ovnis. Mon Dieu ! JZ, c'est incroyable le genre de choses que les gens peuvent lire. Par exemple, la semaine dernière, ma propre mère a ramené à la maison un de ces épouvantables journaux à sensation, ceux qui sont vendus à la caisse des supermarchés. Bien sûr, je ne lirais *jamais* ce genre d'idioties. Sans blague ! Un gros titre à propos des hémorroïdes.

– Marge chérie, revenons à la librairie, tu veux bien ?

George possédait cette qualité qui lui permettait de gérer les délicieuses divagations de sa femme sans causer d'embarras. Marge eut recours à son mode de défense traditionnel : bouder comme un enfant puni.

– Une enquête révèle que les extraterrestres guérissent les hémorroïdes. Les ventes automobiles sont en hausse à Détroit à cause des arrière-trains en plein essor ! hurla Gary. Mon Dieu, où trouvent-ils ce genre de truc ?

– Probablement en écoutant secrètement les conversations de restaurant comme celle-ci, dis-je en riant.

Notre soirée se termina alors que Gary sentait d'ardentes pulsions primitives envers sa petite chérie et le besoin de les satisfaire. Pour ce qui est des autres, ils promirent de se revoir très bientôt, alors que les hommes, en harmonie parfaite, ouvrirent leur portefeuille et, fidèles au rituel, se chargèrent de payer l'addition.

Assise dans la voiture, j'étais hypnotisée par les essuie-glaces et la douce pluie qui persistait. Mon esprit revenait sans cesse à notre conversation sur le pouvoir de la pyramide. Je ressentais un besoin persistant d'étudier ce phénomène moi-même. À mes côtés, mon mari, fidèle à lui-même, restait réservé, consciencieux, méthodique et prudent. D'un caractère moral irréprochable, c'était un dentiste talentueux, empreint de compassion pour ses patients et leurs souffrances. Je me considérais chanceuse, peut-être même bénie, d'être sa femme et son amie. La sécurité offre un tel privilège.

Gus, notre bouledogue, nous accueillit avec plaisir bien que son potentiel de chien de garde laissât beaucoup à désirer. Mais sa nature affectueuse et patiente faisait de lui le troisième enfant de la famille. Après avoir payé la gardienne, je commençai la tournée des chambres des garçons au second étage pendant que mon mari prenait une douche.

Je le rejoignis dans la salle de bain, où je retirai mon maquillage : toute cette beauté effacée par des boules de coton ! Je me mis au lit et mon mari entra dans la chambre accompagné des effluves du savon, du dentifrice et du talc.

– Zebra, si tu as du temps demain, pourrais-tu passer dans une librairie et voir si tu peux me trouver ce livre. J'aimerais bien y jeter un coup d'œil.

– Mon précieux petit mari tout gentil, je ne savais pas que tous ces trucs t'intéressaient vraiment. Tu me surprends. Tu es plus que ce simple dentiste dont les activités se limitent à forer, à plomber, à établir une facture et à aller à la chasse, n'est-ce pas ? demandai-je, taquine.

– Ma douce Zebra, je suis tellement plus, ronronna-t-il, en me prenant dans ses bras. Inspiré comme je le suis, laisse-moi te démontrer qu'il y a plus en moi.

Tous les deux ainsi stimulés, le mercure monta.

– Hum… Eh bien, je te promets de trouver le livre. J'imagine que nous aussi, on pourrait devenir… aussi délirants que les autres. Chéri, tu veux bien éteindre la lumière, cette fois-ci ?

Le ciel du petit matin était marbré de nuages gris et couleur d'héliotrope. Une légère pluie argentée murmurait sous la fenêtre. Poussé par la brise, le cornouiller caressait doucement les murs. La maison était emplie d'ombres aux profondes teintes lavande qui imprégnaient de calme chaque chambre. Le silence fut rompu par le gentil bavardage et le rire mélodieux de Brandy et de Chris qui s'éveillaient. Je me réveillai rafraîchie et énergisée, prête pour le programme chargé comme d'habitude : aider Brandy et Chris à s'habiller pour l'école, préparer le petit déjeuner, enfiler mes vêtements et appliquer mon maquillage, faire sortir le bouledogue, embrasser mon mari et lui dire au revoir, préparer le repas de midi des garçons et les conduire à l'école voisine. De retour à la maison, je pris mon jus d'orange matinal. Pas de café, non merci ! Ma mère avait étouffé dans l'œuf cette habitude depuis longtemps. Elle m'avait raconté que, si je buvais du café, mon cou deviendrait tout noir ! De telles déclarations faites dans notre jeunesse peuvent avoir un effet qui dure la vie entière. Après un court interlude de paix et de tranquillité, je me mis rapidement à récurer la maison avec soin. Je suis connue pour mon style de vie immaculé. La maison parfaitement propre, je me rendis en voiture à la librairie la plus proche. J'y entrai, mais hésitai à demander à l'employé où se trouvait la section sur les pyramides. Je décidai donc de la trouver moi-même. Ma recherche fut vaine. Je fis donc ma requête, à voix basse, pour finalement me rendre compte qu'il y avait de nombreux livres disponibles sur le sujet. Ne voulant pas montrer mon ignorance — les snobs ne le font jamais — et ne désirant pas poser la question « Quel est le livre qui enseigne comment construire une pyramide ? », je les achetai tous. Interloqué, le vendeur demanda :

— Vous voulez les acheter tous ?

— Bien sûr, répliquai-je. J'écris un article scientifique…

Puis, m'éclaircissant la gorge :

— Oui, sur les pyramides, mentis-je.

Après avoir investi une fortune dans ces bouquins, je retournai à la voiture en vitesse et repartis à la maison. Ce soir-là, après le dîner, les garçons ayant pris leur bain, je trouvai mon mari caché dans son bureau en train d'examiner chaque livre. Il me demanda plus tard d'établir une liste de matériel similaire à l'attirail nécessaire pour la classe d'art plastique des garçons : vingt feuilles de papier de construction blanc, des affiches en carton, deux règles et une boussole. Je devais également téléphoner au service météorologique pour trouver les coordonnées du nord géographique. Le nord géographique ? Pouvait-il y avoir un autre nord ?

Après avoir acheté ces objets et déterminé le nord géographique au grand désarroi des bernaches canadiennes, tout fut aménagé pour le chapitre suivant de la saga des pyramides. Le jour suivant, de retour de son travail, mon mari débordait d'enthousiasme. Il engloutit son dîner, se prépara un grog et se retira dans son cabinet de travail. Avant de se mettre au lit, il revint à la cuisine pour annoncer fièrement qu'il en avait « construit une ». J'entrai dans son cabinet de travail et trouvai un objet sur son bureau, une pyramide faite de papier blanc à côté de laquelle se trouvait une boussole. Il me décrivit en détail comment il l'avait construite. Cela n'avait rien de magique. J'étais sceptique. Percevant cela, mon époux me convainquit d'avoir l'esprit ouvert et de penser positivement. J'allai me coucher, seule, mais rassurée, sachant que mon conjoint allait travailler tard dans la nuit.

Le jour suivant était un vendredi et nous avions prévu une soirée chez des amis. La secrétaire de mon mari m'appela pour me faire part de ce message :

— Le docteur vous prie d'annuler le rendez-vous de ce soir.

J'annulai donc cette soirée en leur racontant un mensonge éhonté. Ce soir-là, j'aidai mon mari à créer la fierté des pharaons ! Que diraient toutes ces momies si elles voyaient à quel point il est facile de transformer leurs éternelles sépultures en pyramides de papier et de remplacer le trésor impressionnant enfoui en elles par du saucisson de Bologne ? Serions-nous en train de modifier l'histoire ?

Nous travaillâmes fiévreusement tard dans la nuit. Mon époux déployait une telle intensité que ma maladresse l'irrita. Il agissait toujours de la sorte envers moi dès que je participais à une de ses activités. Cette attitude me laissait toujours l'impression qu'en son for intérieur, il était sexiste. Il me regarda intensément et grommela :

— Quel gaspillage ! Toutes ces femmes sans talent ni génie.

Puis il se retourna.

En voilà une attitude envers les femmes ! Je suis certaine qu'il pensait parfois que les femmes étaient hypocrites et devraient être élevées prudemment en accord avec leurs devoirs d'épouse. Bien sûr, il est bon qu'elles aient le dos assez fort pour effectuer le travail ménager. Et on devrait les encourager à cultiver des attributs physiques séduisants pour les relations sexuelles, mais nul besoin de génie ou de talent.

Je regardai le papier découpé sur la table sans enthousiasme.

— Jeremy, je sais que je n'ai pas beaucoup de connaissances, mais j'essaie vraiment de t'aider, c'est tout. Si tu veux que je parte et aille me coucher, je le ferai.

Il me regarda, le visage impatient pénétré de plaisir et d'affection.

— Bien sûr que tu m'aides, ma Zebra. Je crois que mon perfectionnisme prend le dessus quelquefois, dit-il, avec cet air désolé et ce ton qui me touchait toujours par son caractère poignant. J'apprécie ton aide. Je suis désolé, pardonne-moi.

Il se leva et m'embrassa de ses lèvres de velours.

— Maintenant, ma belle dame, aide-moi à terminer celle-ci. C'est tellement excitant !

L'atmosphère se calma, et « Einstein » prit une décision capitale. Je passai du haut grade « d'assistante au Génie » à celui, moins élevé, de « personne qui livre les échantillons expérimentaux essentiels ». Ces objets de la plus haute importance comprenaient un autre morceau de saucisson de Bologne, une bouteille de vin bon marché, un verre de lait, un flacon d'aspirine, un scarabée, des tranches de banane, une chaussure de tennis sale, un pot de ma crème faciale (destinée à être transformée en pommade miracle pour effacer les rides), une mince tranche de bœuf et un morceau de papier sur lequel une prière était écrite : la mienne ! Ces articles livrés au « laboratoire », Einstein les plaça méticuleusement un à un sous les « cauchemars des pharaons » et réaligna chaque tombe antique selon le pôle Nord géographique. Ce ravissant cabinet de travail qui, naguère, était embaumé par le cuir, le tabac fort, les vieux livres, l'huile à base de citron et le bois de chauffage puait désormais la colle, le saucisson de Bologne, un mélange de crème faciale, les vieilles chaussures de tennis, les cigarettes, le cognac, le tout accompagné de relents de viande crue.

Le samedi matin, mon foyer bien ordonné subit un choc. Les garçons étaient occupés à regarder des dessins animés dans la salle de séjour. Un sentier de miettes de biscuits Oréo menait jusqu'à leur campement. Des restes de céréales, du pain grillé avec beurre d'arachide à demi consommé et des verres de lait au chocolat vides, lapés par le bouledogue, me révélaient qu'ils avaient pris leur petit déjeuner sur la moquette. En entrant dans la cuisine, je fus horrifiée de trouver chaque coin libre recouvert de ces petites tombes blanches, toutes nettes et jolies ! Deux d'entre elles étaient juchées sur le réfrigérateur. Il y en avait trois sur le comptoir à petit déjeuner, une dans le garde-manger, une sur la cuisinière, quatre au-dessus des placards de cuisine et une sur le sac de nourriture sèche de notre chien Gus. Alors que j'inspectais rapidement l'intérieur du réfrigérateur et du four, le scientifique dingue, archidingue, apparut ! Il était vêtu de son peignoir et chaussé de ses souliers intérieurs préférés, mâchouillés par le bouledogue. Je me rendis compte que mon fantasme s'était réalisé : mon dentiste de mari s'était transformé en Einstein ! Il avait la chevelure hirsute et une intense lueur hystérique brillait dans ses yeux bleus.

C'en était trop !

— Par Dieu ! *Qu'est-ce que tu fabriques ?*

— Zebra, un homme doit faire ce qu'il a à faire. Pourrais-tu me donner ce morceau de fromage sur le comptoir et foncer ensuite au magasin pour acheter davantage de papier ? Oh ! Pas de blanc, mais d'autres couleurs différentes, je crois l'avoir écrit sur une liste. Oh ! Chérie, tu veux bien me refaire du café ? Et j'ai donné des ordres aux garçons : pas d'amis à la maison.

— Je désire simplement savoir une chose, réclamai-je. As-tu perdu l'esprit ? Sans blague ! Regarde bien autour de toi. Pire encore, regarde-toi. Je n'arrive pas à croire que tout ceci est dû uniquement à une stupide conversation de dîner.

Je fis une pause, en hochant la tête.

— Sacrebleu ! Je ne sais pas ce que tu crois pouvoir accomplir. Regarde autour de toi, s'il te plaît, et dis-moi au juste comment je vais pouvoir faire la cuisine ici ? Sans mentionner comment je pourrais bien tout nettoyer après. Dieu seul sait ce qui arrivera si les enfants ferment la porte du réfrigérateur trop fort et secouent cette… cette… pyramide et modifient sa position du nord géographique au sud-ouest. Cela pourrait faire pourrir ce qui se trouve sous cette chose et ramener l'humanité dix mille ans en arrière !

Assis à la table de cuisine, les yeux à la hauteur du sommet d'une de ses pyramides, mon mari me regardait avec une indignation noble et maîtrisée. Après tout, qu'est-ce qu'une vulgaire ignorante comme moi pourrait bien connaître ?

— Zebra, pardonne le désordre dans la cuisine et mon comportement. Mais Zebra, je m'amuse intensément. Ne le vois-tu pas ? Je veux que tu partages tout cela avec moi et que tu te rendes compte à quel point cela peut-être excitant. S'il te plaît, chérie, sois un peu plus patiente. Mon Dieu ! Zebra, et si ça fonctionnait ? Cela m'exalte juste d'y penser ! Asseyons-nous ensemble ce soir et consignons par écrit tout ce que j'ai… tout ce que nous avons accompli jusqu'à maintenant. Je vais…

Sa réponse mielleuse fut interrompue par des coups brusques frappés à la porte de derrière.

Sans rien dire, j'allai à la porte. Je regardai subrepticement par la fenêtre, histoire de voir qui était là. C'était Jamie, notre voisin d'à côté, ami de Brandy et de Chris et habitué de la maison. Prudente, j'ouvris la porte juste assez pour presser mon visage contre et dire :

— Jamie, bonjour, que veux-tu ?

Question stupide.

Alors qu'il essayait de voir entre mes jambes que je bougeais d'un côté et de l'autre, il répliqua :

— Je veux regarder la télé avec Brandy et Chris. Puis-je entrer ?

Il se pressait contre la porte.

— Non, hum… Non, Jamie, ce n'est pas possible. Brandy et Chris sont terriblement malades. Hum… Ils sont au lit et vraiment malades, dis-je en mimant le visage d'un enfant malade et tentant de refermer la porte.

— Oh ! Pas de problème, Madame Wilder, j'ai eu tous mes vaccins. Je vais juste entrer pour les encourager et…

J'interrompis son invitation.

— Comme tu es gentil, mon petit Jamie, mais ils doivent aller à l'hôpital et…

Il m'interrompit, comportement insolent de la part d'un enfant.

— Tonnerre de tonnerre ! L'hôpital ? Oh là là ! Puis-je les accompagner dans l'ambulance ? S'il vous plaît ? S'il vous plaît ?

Je le regardai fixement, étonnée par la détermination de cet enfant de huit ans, un esprit sans aucun doute formaté par la contribution généreuse de la télévision. Si ce gamin venait à voir l'état de la cuisine et aussi celui du bon dentiste, le voisinage entier sombrerait aussitôt dans la confusion la plus totale ! Sans parler, bien sûr, des ragots qui allaient se propager par voie téléphonique ! Je pouvais déjà imaginer les rencontres parents-professeurs, les déjeuners et les dîners professionnels, les soirées dansantes de Noël et le supermarché, autant de lieux enchantés par un tel scandale !

— Jamie, reviens dans deux semaines, dis-je en fermant la porte.

Dans mon empressement à établir des mesures de sécurité, je fermai la porte à clef et abaissai les stores de la petite fenêtre. Anxieuse, j'allai rapidement dans la cuisine pour fermer les rideaux et abaisser les stores dans chaque chambre. Les ténèbres venaient d'engloutir notre matinée ! La honte pour tout le paranormal s'était immiscée en nous.

De retour dans la cuisine, je trouvai Einstein qui m'observait sous cet éclairage feutré.

— Je préfère cela ainsi, lui dis-je. À cause des voisins et de tout le reste.

J'allumai la lampe au-dessus de la table et installai une lampe de chevet provenant du cabinet de travail. Einstein rit. Je me mis à rire moi aussi, ce qui soulagea ma tension. Einstein se transforma de nouveau en mon mari et me gratifia d'un intense baiser suivi d'un câlin. J'étais maintenant pleinement dévouée à sa cause. La cuisine se transforma en un lieu ultra secret. J'étais devenue sa complice !

Le soleil blafard du samedi après-midi se transforma en crépuscule bleu scintillant et mauve. La face blanche de la lune se leva lentement à travers des brumes teintées de rose. La fragrance du bois d'arbres fruitiers qui brûlait dans le foyer flottait dans l'air humide. Une soirée exquise était apparue subrepticement. Notre dur labeur s'était poursuivi de façon continue avec une seule pause comprenant une collation avec hot-dogs, croustilles et boissons gazeuses. Une fois les garçons au lit, le bouledogue ravitaillé avec sa nourriture désormais à la surpuissance pyramidale, je débranchai le téléphone. Nous poursuivîmes le travail en soirée. Nous construisîmes méthodiquement de nouvelles pyramides, bleues, rouges, jaunes, vertes, violettes (cela augmente leur pouvoir), et des blanches ordinaires. Ma cuisine ressemblait davantage à un entrepôt de vente en gros qu'à une cuisine, mais cela valait le coup. On se mit au lit à trois heures du matin, épuisés.

Le dimanche matin commença tardivement. Le bouledogue était contrarié d'avoir eu à se retenir si longtemps dans la matinée. À peine ouvris-je la porte qu'il fonça à travers mes jambes, poussa complètement la porte et disparut derrière un buisson. Le matin se déroula sans même qu'on eût ouvert le journal du dimanche. À midi, nous mangeâmes tous un sandwich. Les garçons commençaient à être irritables et les coups de poing se mirent à voler. Entre les menaces verbales et les jurons du genre « haleine de cheval », « face de crapaud », « imbécile », « essaie voir », « j'te défie de le faire, lâche », je décidai finalement que la vie de prison n'aboutissait à rien pour les prisonniers dont le seul crime, après tout, n'avait été que de naître chez des parents complètement cinglés ! Je leur accordai une liberté conditionnelle, seulement après qu'ils eussent tous deux juré de ne jamais parler des pyramides ou de notre comportement clandestin. Ils furent remis en liberté pour aller jouer chez leurs amis.

Einstein et moi étions en train de perdre la tête et de devenir franchement débiles ! Le nombre de pyramides qu'on peut réaliser est limité de même que le nombre d'objets à mettre dessous. Peut-être est-ce la raison pour laquelle toutes ces momies sont mortes si jeunes : elles sont mortes de rire à construire leur sépulture ! Quoi qu'il en soit, nous commençâmes à rire convulsivement. Pour plaisanter, je pris un des rebuts sur le plancher, le maintins au-dessus de ma tête et proclamai :

— Attention, attention, s'il vous plaît, vous allez être témoins d'un miracle ! Nous allons placer notre nouvelle machine cérébrale sur cette victime qui s'est portée volontaire et qui n'a pas été dotée d'une grande intelligence par la nature. Nous plaçons soigneusement cette pyramide qui lui couvrira la tête et le visage. Nous l'alignons correctement. Dans quelques instants, Messieurs, vous serez témoins d'une transformation vraiment formidable !

Je plaçai la pyramide sur ma tête. Einstein et moi éclatâmes alors de rire. Je balbutiai :

— J'espère vraiment que cela fonctionnera !

Quelques moments plus tard, je soulevai la pyramide par le sommet, laissant apparaître mes yeux. Je riais si fort que mes larmes ruisselaient. Je captai une faible lueur à l'autre bout de la cuisine. Je pris un mouchoir en papier et essuyai mes larmes, car elles me voilaient la vue. À mon plus grand étonnement, après un battement de paupières, et encore sous le choc, je vis un homme géant à l'autre bout de la cuisine... Il se tenait là, debout et rayonnant.

Cette... chose... était toute faite de lumière, comme des paillettes d'or qui tombaient à travers un rayon de soleil. Ses épaules arrivaient à la hauteur de la porte et le plafond avait disparu pour faire place à sa tête. Il était magnifique ! Sa robe semblait composée de lumière violette ; c'était un ensemble extraordinaire de couleurs cristallines, le tout créant la singulière silhouette de cette immense forme humaine. Un liseré lumineux blanc soulignait la largeur de ses épaules. Je ne pus déterminer si c'étaient des lumières ou des joyaux et de l'or qui scintillaient à la surface de sa robe céleste. Jamais n'avais-je vu de lumières et de couleurs aussi brillantes sans éblouir. Son visage... Jamais n'avais-je vu de visage aussi beau... Des yeux étincelant comme des pierres d'ébène traversées d'éclairs de cuivre... Sa peau, si on peut parler de peau, de couleur olive et bronze, rayonnait de l'intérieur. Son nez et sa mâchoire étaient finement ciselés et son sourire aurait rivalisé avec celui des vedettes d'Hollywood. Mes yeux se voilèrent comme ceux d'un somnambule. J'entendais des voix autour de moi, mais elles semblaient lointaines, comme dans un rêve. J'avais perdu la capacité de raisonner et je me sentis absorbée par la splendeur de cette magie surnaturelle. Une lumière bleue embrasait la pièce et la remplissait d'une aura d'innocence et de paix sacrée émanant de cette forme majestueuse. Un instant plus tard, qui sait, une heure peut-être, je formulai de mon for intérieur une phrase empreinte d'une innocence enfantine : « Tu es si beau ! Qui es-tu ? »

Un divin sourire se dessina sur ses lèvres et révéla des dents étincelantes d'un blanc immaculé.

— Je suis Ramtha, l'Être Éclairé. Je suis venu t'aider à franchir le fossé.

Ces mots furent prononcés de la façon la plus mélodieuse.

Mon esprit était jusqu'à ce moment-ci demeuré flottant, mais le mot « fossé » avait capté mon attention. Fossé ? Quel fossé ? Détournant mon regard de cette apparition, je sortis de l'état de rêve et revins sur terre. Fossé ? Je me penchai en avant pour voir si le plancher de la cuisine avait disparu. De quel autre fossé parlait-il ? Le plancher était toujours sous ma chaise et la casquette miracle (la pyramide) était tombée. Stupide ! Stupide ! Stupide ! Où s'était donc envolée ma raison ? Dans quelle sorte de rêve fou étais-je ? Quand même ! Je me remis à rire nerveusement en me tenant la tête à deux mains, histoire de la garder bien attachée ! Réveille-toi, andouille, c'est l'heure de préparer le petit déjeuner. Je regardai ensuite dans la direction du « rêve » et le « rêve » riait aussi. Soudainement, tout cela n'était plus si drôle.

— Femme bien-aimée, les choses les plus grandioses s'accomplissent le cœur léger, poursuivit-il. C'est le fossé des limitations et de la peur que je t'aiderai à franchir. Car, en vérité, tu deviendras un phare pour le monde. Sache que tu es grandement aimée, car le Père qui est aux cieux te connaît et t'aime grandement, en vérité.

Trop étonnée pour être effrayée et ne pouvant articuler un mot, mon esprit était incapable de comprendre son message. Alors que je demeurais muette, Ramtha continua de parler.

— Femme bien-aimée, je désire que tu saches que toi et ta famille êtes en danger dans cette demeure. Je désire que vous quittiez ce lieu dans cinq jours selon votre façon d'évaluer le temps. Tes enfants rêveront de ce qui est à venir. Prends le rêve au sérieux. Les enfants possèdent l'innocence nécessaire qui leur permet de voir beaucoup de choses importantes. Ils sont les prophètes d'un âge nouveau. J'ai préparé une grande structure blanche pour toi, c'est votre nouvelle demeure. Un noble messager t'aidera à la trouver. Tu le reconnaîtras. En vérité, femme bien-aimée, beaucoup de changements vont se produire. Prépare-toi. Sache que tu es grandement aimée. Je suis Ramtha l'Être Éclairé.

Les lumières disparurent… Le « rêve » s'était évanoui.

Lentement, ma perception normale revint. Alors que j'étais assise, stupéfaite et muette, une voix, faible et lointaine m'appelait :

— Zebra ? Zebra ? M'entends-tu ?

La voix se rapprochait, devenant plus distincte.

Je me tournai lentement dans sa direction. C'était mon mari. Il se leva, s'approcha de moi et m'entoura de ses bras. Je me sentis enfin plus réelle. J'avais besoin de sa chaleur. Après quelques instants, qui me parurent courts, je me retournai et le regardai dans les yeux pour voir s'il avait vu ce que j'avais vu. Ses yeux m'indiquaient qu'il n'avait rien vu.

— Mon Dieu ! Zebra, tu trembles. Ne bouge pas. Je vais te couvrir… et te donner du thé.

Sa voix trahissait son anxiété. Il revint rapidement avec un châle et le thé chaud. Alors que je sirotais ce liquide réconfortant, il plaça sa chaise en face de moi et continua de me réconforter.

Je regardai tout autour de la cuisine. Rien n'avait changé depuis cette expérience. Et telle la pointe illuminée d'une épée brillante, un rayon de soleil traversait les rideaux blancs au crochet, touchant la table et le plancher. Regardant à travers les rideaux tirés, j'épousai la beauté silencieuse des nuages mauves ombrageant, à l'horizon, le ciel de fin de journée. Je fermai un instant les yeux et la vision s'évanouit. Je regardai alors mon mari et me mis à parler, me sentant un peu moins « débranchée ».

— Je… as-tu… vu quelque chose… ? Quelque chose… d'inhabituel… de différent, ici dans notre cuisine ?

J'observai, attendant avidement sa réponse. Il hésita, le visage inondé de tendresse.

— Je ne sais pas ce qui s'est passé, Zebra. Je riais autant que toi, et puis c'est comme si tu avais changé…

— Que veux-tu dire, changé ? l'interrompis-je.

— C'est difficile à décrire.

Jeremy réfléchit, puis hocha la tête.

— Tu ressemblais à une personne en état de choc. Tu avais les yeux dans le vague et tu balbutiais des choses qui n'avaient aucun sens, tu avais l'air, comment dirais-je, « illuminée », rayonnante comme un ange. C'était étrange, Zebra, j'ai senti comme une montée d'énergie, une sensation insolite et la boussole s'est mise à tourner dans tous les sens. C'était bizarre, je me sentais comme dans un rêve, tu sais quand on ne peut plus bouger ? Dis-moi ce qui s'est passé. T'en sens-tu capable ? Prends ton temps, chérie.

Le souvenir de ma vision demeurait très net à cause des émotions qui m'avaient envahie et je lui fis le récit de l'événement, ne m'arrêtant que pour trouver les mots justes. Je regardai plusieurs fois la boussole, mais rien ne se passa. Mon réflexe fut de tout renier et d'imputer à ma fatigue et à mon épuisement toute cette histoire. Je m'attendais à ce que mon mari démentît tout. Ayant terminé mon récit, je fixai des yeux le plancher, attendant ses commentaires.

— Zebra, je *sais* qu'il s'est passé quelque chose, dit-il, et son ton de voix précipita mon malaise. Je n'ai pas eu cette vision et je n'ai pas vu Ramtha, mais je te crois. Je crois que tu as eu une expérience sacrée. Ce genre de choses s'est déjà vraiment produit... Jamais je n'ai vécu une telle expérience... même quand j'ai assisté à la mort de ma mère.

Il marqua une pause et réfléchit. Son visage tremblait légèrement.

— Zebra, je crois que la chose la plus importante qu'on puisse faire, c'est de ne pas s'affoler. Je sais que tu as toutes les raisons de le faire, mais Zebra, je sens que c'est en harmonie avec la volonté de Dieu. C'est bien, Zebra, crois-moi. Je le sais. Fais-moi confiance.

Il m'entoura de ses bras et me berça doucement. Je m'agrippai avec force.

— Oh ! Ma précieuse Zebra, je t'aime et tout ira bien. Qui que soit ce Ramtha, je pressens qu'il reviendra et que nous y verrons plus clair. Je sens que tout ça, c'est vraiment bien, réellement.

Horrifiée, je m'éloignai de lui.

— Je n'arrive pas à croire que tu réagisses ainsi : *Tu* te sens bien. N'aie pas peur. Merde ! *J'ai* peur ! Punaise ! Qu'est-ce que tu me racontes ? *Tu* n'as pas vu cette... cette *chose*, n'est-ce pas ? Moi, je l'ai vue ! Je ne veux pas qu'il revienne ! Jamais ! Jamais ! hurlai-je tandis que des larmes ruisselaient sur mon visage.

Il tenta de saisir ma main tremblante, mais je m'éloignai de lui et me couvris le visage des mains.

– Je désire simplement aller me coucher et oublier ce cauchemar, tu m'entends ? Je veux me mettre au lit… maintenant !

Je fis demi-tour, frappai du pied la foutue pyramide et m'enfuis à l'étage supérieur.

– C'est *inacceptable. S'il te plaît,* ferme-la ! répliquai-je d'un ton sec.

J'essayai de retrouver mon sang-froid en me dirigeant vers la chambre des garçons pour voir si tout allait bien. J'étais dans une telle confusion que j'avais oublié qu'ils jouaient à l'extérieur. Le seul ronflement émanant de leur chambre provenait du bouledogue que ma présence ne perturbait nullement. Envahie soudainement par un épuisement inhabituel, je me rendis à la salle de bain pour me laver et me préparer à me mettre au lit. J'arrêtai de me frotter le visage et commençai à observer mon reflet dans le miroir. « Femme bien-aimée, tu vas devenir un phare dans le monde. » Je me mis à murmurer cette pensée du bout des lèvres, émerveillée par mon image dans le miroir. Mon visage ainsi reflété était magnifique et pourtant, c'était bien le même que j'avais mille fois contemplé, inchangé. J'effaçai cette pensée et je la laissai couler dans l'évier avec le reste de mon maquillage.

Je me douchai rapidement, ne pensant à rien d'autre qu'au réconfort de l'eau chaude et du savon parfumé. Je revêtis mes vêtements de nuit et remarquai que mon mari n'était pas encore monté. Je m'apprêtai à descendre pour l'embrasser et lui souhaiter une bonne nuit, mais j'hésitai. Il y a une chose que je voulais faire seule : prier. Je priais toujours pour demander à Dieu de me guider, de protéger notre famille et d'aider mon mari dans son travail. J'étais toujours reconnaissante pour toutes les bénédictions accordées à ma famille. Agenouillée près de mon lit, mains jointes, je commençai à dire :

— Père céleste, j'implore ta protection et ton amour pour moi et ma famille. Père, je te demande d'effacer de ma mémoire cette odieuse expérience et d'accorder la paix à mon âme. Père, si je me trompe au sujet de cette chose, envoie-moi un signe... Quelque chose qui me permettra de reconnaître ta volonté. Père, aide-moi.

Je me mis à pleurer et je pris quelques mouchoirs en papier sur la table de nuit pour essuyer mes larmes.

— Père, je suis si confuse et terrifiée. S'il te plaît, aide-moi et réconforte-moi. Je te le demande humblement, Père, au nom de Jésus-Christ, amen.

Je me sentais un peu mieux, car Dieu avait toujours exaucé mes prières. Je me mis au lit. Je me souviens avoir entendu les garçons rentrer à la maison et Jeremy les exhorter à ne pas faire de bruit. La lune, suspendue dans un ciel violet, projetait des ombres argentées qui s'allongeaient dans la chambre. Une branche caressa doucement la fenêtre et le plancher craqua sous mon lit. Normal ! Oui, tout était normal et cela, après tout, c'était la sécurité ! Je m'endormis rapidement, mais fus troublée toute la nuit par des rêves extraordinaires, tel un montage cinématographique avec d'anciens guerriers, lieux et événements à l'échelle des films de Cecil B. De Mille comme *Ben-Hur* ou *Les Dix Commandements*.

Le lundi matin vint rapidement, mon réveil sonnant dès six heures du matin. Je me réveillai troublée par ces rêves, mais néanmoins revigorée. Je m'habillai rapidement et descendis à la cuisine préparer le petit déjeuner et le repas de midi des garçons. J'abaissai les stores et ouvris les rideaux. Pour un mois de février, la journée s'annonçait fabuleuse. Le soleil n'était pas encore levé, mais les premières lueurs roses de l'aube étaient au rendez-vous pour dissiper l'obscurité. Un léger miroitement de givre sur la fenêtre encadrait l'éveil magnifique et silencieux du jour. Posées sur la nappe de lin rigide, des violettes africaines au faible chatoiement de couleurs s'épanouissaient dans un pot de porcelaine. Dans un arbre caché, un merle d'Amérique offrait son chant mélodieux au jour nouveau. Il faisait bon vivre. Jetant un regard à ma cuisine, je remarquai que les pyramides s'y trouvaient toujours, mais d'une certaine façon, elles n'étaient plus aussi menaçantes ni imposantes.

Les casse-croûtes préparés avec des aliments sains, le petit déjeuner prêt, je montai au deuxième étage. Quelqu'un pleurait. Je me rendis rapidement dans la chambre des garçons et trouvai mes deux enfants assis sur le lit de Chris, en pleurs.

— Pourquoi pleurez-vous, mes petits garçons chéris ? Dites-le à maman.

Je m'assis et les entourai de mes bras.

— Shhhhhh, allez, tout va bien. Shhhhhhhhhh, maman est là. Dites-moi ce qui ne va pas.

Brandy commença :

— J'ai... *hic*... rêvé que ces hippies... *hic*... brisaient la porte de derrière, tiraient sur mon papa et le tuaient. Il était assis à la table et ce hippie a tiré sur mon petit frère.

Un frisson glacé me parcourut le dos. Chris s'arrêta de pleurer et répéta le même rêve, sauf qu'il ajouta :

— Et je suis allé vivre au ciel avec Dieu, maman.

Assise là, prétendant que tout allait bien, je réconfortai mes chers enfants. Mon mari entra dans la chambre.

— Hé ! Les gamins, qu'est-ce qui se passe ? D'abord, faites-moi un gros bisou !

Il les prit dans ses bras, les fit sourire et reçut leurs bisous.

— Maintenant, dites-moi ce qui ne va pas.

— Non ! dis-je. Ce n'était qu'un mauvais rêve et tout va bien maintenant. N'est-ce pas, les gamins ? ajoutai-je, en insistant.

Je pris quelques mouchoirs en papier dans mon tablier pour leur essuyer les yeux et le nez. Je les préparai ensuite pour l'école. Mon mari me fit signe et je quittai leur chambre.

– Zebra, chuchota-t-il, écoute, j'ai tout entendu. Tout ira bien. J'ai appelé le cabinet pour leur dire que je serai en retard. Je conduirai les enfants à l'école. J'aimerais que tu prennes la voiture, histoire de faire une petite balade. Je souhaite que tu sortes de la maison pendant un petit moment.

Je tentai de l'interrompre, mais il insistait et poursuivit :

– Fais-le pour moi, tu veux bien ?

– D'accord, mais…

– Pas de mais, Zebra, c'est un ordre. Je t'appellerai plus tard. Ne te fais pas de souci pour le dîner, j'apporterai quelque chose. Hé ! Je t'aime.

Après leur départ, je rentrai le chien, puis fermai la maison à clef et regardai l'heure : il était neuf heures quinze. J'entrai ensuite dans la voiture et démarrai pour chauffer le moteur. J'essayai d'imaginer où aller. Il faisait un temps magnifique. Le soleil s'était levé, une fine brume montait du sol, l'air était frais et vif. Je décidai de me balader un peu et de faire quelques courses.

Conduisant ma voiture dans les rues de Lakewood – quartier huppé doté de pittoresques petites échoppes de style Nouvelle-Angleterre –, je remarquai en vitrine une magnifique robe pailletée rouge et décidai de faire demi-tour pour l'observer de plus près. Trouvant un bâtiment doté d'une allée circulaire, je me garai là. À cet instant, j'entendis une voix ferme, mais gentille, me dire :

– Arrête ici. Entre et demande à voir une grande structure blanche.

Stupéfaite, je coupai le moteur et commençai à chercher l'origine de cette voix si particulière. Il n'y avait personne. Je regardai le bâtiment devant lequel j'avais garé ma voiture. Il ressemblait à une maison qui aurait été convertie avec goût en locaux pour bureaux. J'observai ses portes de couleur verte.

L'écriteau indiquait : AGENCE IMMOBILIÈRE ILLIMITÉE. Je restai hésitante, mais la voix reprit.

– Demande à voir l'entité Roy.

Surprise, je regardai le siège arrière. Rien. Je regardai le rétroviseur. Personne d'autre que moi. Agacée, je regardai à nouveau dans le rétroviseur, vérifiai mon maquillage, sortis de la voiture et allai trouver la réceptionniste. Le lieu était très simple, la moquette semblait être venue avec la maison d'origine, les murs étaient lambrissés de bois sombre et il y avait quelques plantes éparses. Une forte odeur de fumée de cigarette stagnait. Je perdis mon sang-froid, fis volte-face et m'apprêtai à sortir lorsqu'une femme derrière un bureau demanda :

— Puis-je vous aider ?

Je m'arrêtai, me tournai vers elle et répondis :

— Oui… euh, est-ce que l'entité Roy…

Merde !

— Pardonnez-moi, est-ce que Roy est ici ?

Perplexe, elle m'interrogea :

— Lequel, monsieur Burnsides ou Underhill ? Tous deux s'appellent Roy.

Merde ! Ça y est, c'est foutu ! M'efforçant d'avoir l'air dégagée, digne, pas demeurée du tout et toute féline, je répondis :

— Oh ! Ma chère, j'ai été dirigée vers lui, euh… à eux, par un ami très très riche qui m'a recommandé de parler à Roy, celui qui s'occupe de larges structures blanches… euh… bâtiments. Oh ! Je veux dire de maisons, demeures… grandes et blanches.

Fin du fiasco.

— Bien sûr, cela doit être monsieur Burnsides. Puis-je vous demander votre nom et qui vous l'a recommandé ? dit-elle, toute professionnelle.

— Oui, dites-lui que madame Wilder, épouse du *docteur* Wilder, est venue le consulter.

Je mis toute l'insistance sur le mot « docteur ».

La jolie secrétaire d'âge mûr inscrivit mon nom tout en l'épelant à voix haute, au cas où j'aurais désiré le corriger, je suppose.

– Et Madame Wilder, qui vous a dirigée vers monsieur Burnsides ?

Elle arborait un large sourire rouge figé et me regardait, attendant ma réponse.

– Oh ! répliquai-je en poussant un petit rire. Je ne crois *vraiment* pas que monsieur Burnsides ait eu le privilège de rencontrer la voix – je veux dire notre associé qui possède une voix merveilleuse, dis-je, stupide.

Après quelques instants, un homme se présenta. Il était petit, mais musclé. Une autorité certaine et apaisante émanait de lui. Son visage fortement carré respirait la force et une grande intelligence. Il avait le crâne dégarni et des yeux bleus exquis vifs et attentionnés. Il était vêtu de façon plutôt décontractée et portait une chemise blanche, une cravate, un pantalon à pli permanent et des chaussures brunes éraflées. Il ne manquait que le veston sport en tissus écossais.

– Madame Wilder, je suis Roy Burnsides. Entrez dans mon bureau, je vous prie.

– Certainement, Monsieur Burnsides, répondis-je, solennellement.

J'avais appris à me donner de grands airs ! Ce qui parut à la fois le charmer et l'amuser.

– S'il vous plaît, appelez-moi Roy.

– Entendu, Roy.

Je le suivis dans son cabinet de travail et m'assis en face d'un énorme bureau sur lequel se trouvaient un grand cendrier en verre débordant de cendre et de vieux mégots, deux crayons, un calendrier et un verre de polystyrène. Des cartes de la région du canal de Puget, usées et recouvertes de multiples notes, étaient affichées aux murs. Cette succursale immobilière était petite et encombrée. Une légère couche de poussière grise recouvrait tout. Roy prit place et demanda :

– Maintenant, Madame Wilder, comment puis-je vous aider ?

Je me mis à tâtonner et à tourner ma bague de mariage, réfléchissant à ce que j'allais lui dire et à comment j'allais le lui dire. Ma longue et épaisse chevelure surchauffait mon cou et je la repoussai avec désinvolture. Oh ! Mon Dieu ! Allons-y !

– Roy, j'aimerais visiter une grande maison blanche. Elle doit être spacieuse. Et… blanche. Le docteur et moi-même avons besoin d'une grande demeure, car nous recevons beaucoup… Vous comprenez ?

Au moins, c'était un début.

– Une grande maison blanche, oui ?

Il cligna des yeux plusieurs fois et continua de sa voix monotone et douce.

– Pensez-vous à un endroit particulier ? Quelle est votre fourchette de prix ? Quand désirez-vous y emménager ?

Je me mis à remuer sur la chaise, à décroiser et à recroiser les jambes, à tirer ma jupe sur mes genoux.

– J'aime simplement les maisons blanches, pas vous ?

Il acquiesça.

– Elles ont si belle apparence, partout où on les trouve et donc, dès qu'une maison blanche spacieuse est disponible, vide et à un prix raisonnable, nous désirons y emménager, au plus tard, vendredi !

Jusqu'alors, il avait acquiescé avec un sourire, mais son expression se transforma alors et son regard devint sérieux et inquiet.

– Vous désirez emménager au plus tard vendredi… ce vendredi-ci ?

– Oui, une fois une décision prise, je vais toujours de l'avant rapidement. J'admire cette qualité chez les gens, pas vous ?

Il avait l'air de dire : « Oui ! Je vous crois ! »

– Et d'ailleurs, nous sommes prêts depuis un bout de temps, attendant seulement de trouver cette… grande structure blanche.

Inspirant profondément, je dis d'un seul souffle :

— Entre nous, je sais... (battements de paupières de ces-yeux-bleus-auxquels-on-ne-refuse-rien-chéri !) qu'ensemble nous trouverons ma maison de rêve. Alors, maintenant, pouvons-nous commencer au plus tôt ?

Battements de paupières, battements de paupières, sourire.

Pauvre homme, après cette performance, j'étais convaincue qu'il ferait n'importe quoi pour assurer mon bonheur absolu. Je le regardai se lever, comme en transe. Il dit alors :

— Excusez-moi un instant.

Il quitta la pièce. J'étais maintenant seule. La pensée d'être ici à acheter une autre maison, d'être prête à tout emballer et à déménager au plus tard ce vendredi, enfin, de mentir, mentir et mentir davantage, tout ça était en train de devenir insupportable ! Oh ! Dieu ! Il faut que j'arrête cette absurdité ! Je dois être en train de devenir folle. Allez ! Arrête cette comédie. Fais des excuses au pauvre Roy, prends congé de façon courtoise et finalement, invente un autre mensonge qui remportera un Oscar et s'ajoutera à la liste déjà longue, et sors d'ici ! Je me levai et m'apprêtai à sortir quand Roy revint plein d'énergie, avec une fiche pleine de papiers.

— Eh bien, c'est plutôt inhabituel, mais j'ai des listes que vous pourriez consulter. Ces maisons se trouvent dans les environs proches et nous pouvons aller les visiter tout de suite. Cela vous semble-t-il une attitude suffisamment résolue ?

Je m'assis lentement et souris.

— Oh ! Oui, vous êtes très résolu. Je suis très impressionnée. Et vous voulez partir *maintenant* ?

Continue comme cela chéri, tu es simplement génial !

— Alors, allons-y, oui ? demanda-t-il en enfilant son manteau gris. Ma voiture se trouve tout près d'ici.

— Je suis prête. J'ai tellement hâte ! dis-je, sans retenue.

Chapitre 2

LA GRANDE STRUCTURE BLANCHE

Roy me fit visiter Lakewood au volant de sa Cadillac jaune. Homme à la conversation agréable et aux manières simples, sa voix était douce et relaxante. Il aurait sans doute fait un bon hypnotiste, ce qui était un atout dans son travail. Il me décrivit la première maison à visiter comme une « maison de rêve », bâtie par un couple qui avait mis beaucoup d'efforts pour sa construction. Malheureusement, peu de temps après qu'elle fût terminée, le couple fut transféré en Californie et ils se trouvèrent contraints de la mettre en vente. Ils avaient également enlevé les portes de devant qui, à leur avis, étaient des pièces d'époque, ainsi que les lustres de la véranda et du vestibule. Ils n'avaient jamais eu le temps de créer une cour gazonnée. Malgré toutes ces imperfections, Roy avait le sentiment que cette maison avait du « potentiel ». Il insista sur le fait qu'elle était située dans un cul-de-sac, avec un seul voisin de l'autre côté de la rue. De nombreux endroits boisés ajoutaient à son caractère privé et elle se trouvait proche des meilleures écoles des alentours de Lakewood. À l'époque, je doutais encore de mon talent à « jouer la comédie », un terme qui sonne tellement mieux que « mentir » !

Roy poursuivit sa conversation sur l'immobilier alors que nous nous engagions dans un superbe voisinage parfaitement tranquille. Il tourna dans une rue en haut d'une colline :

— Si vous regardez sur votre droite, dans le deuxième lotissement, vous apercevrez la première maison. Souvenez-vous de ce que je vous ai dit au sujet des portes : j'ai mis du contre-plaqué pour recouvrir l'entrée.

Apparut alors une grande maison grise à deux étages. Elle ressemblait à une petite maison des plantations du Sud avec ses grosses colonnes blanches et sa véranda en surplomb. Elle était située dans un renfoncement sur un terrain spacieux au coin du lotissement et elle était peinte en gris… un gris à faire vomir ! Pas un seul brin d'herbe dans la jungle de pissenlits qui poussaient dans la cour de devant. Roy fit le tour de la maison et, à l'arrière, même chose : pas de pelouse, pas une seule fleur, aucun arbuste, simplement un chemin en béton et un patio. Je restai là, à regarder cette maison qui n'avait reçu ni amour ni soin. Je ne descendis pas de la voiture.

– Voulez-vous entrer ? La maison est vide, depuis environ huit mois maintenant, dit-il tout en saisissant les clefs.

– Ce n'est pas vraiment ce que je cherche, Roy. Et la maison n'est même pas blanche.

J'étais déçue.

– Entendu. J'ai deux autres endroits à vous montrer. Les propriétaires y habitent encore, mais j'ai passé des arrangements avec eux et ils nous attendent.

Il secoua la tête.

– Sans blague ! Si quelqu'un voulait bien mettre temps et argent dans une structure déjà construite, cette maison-ci pourrait devenir une maison de rêve. Et, je suis d'accord, elle serait mieux si elle était peinte en blanc.

Je sentis surgir en moi un sentiment qui me donnait la chair de poule.

Roy nous conduisit aux deux autres rendez-vous, tous deux très acceptables, mais aucune de ces maisons ne fit retentir en moi ce sentiment de « savoir ce que je veux ». Finalement, Roy déclara :

– Retournons à la première maison, je veux vous faire visiter l'intérieur. J'ai l'impression qu'il y a quelque chose entre vous et cette maison. Il me semble que vous devriez voir l'intérieur également. Elle est toute proche. Avez-vous le temps d'aller la revoir ?

Je vérifiai l'heure ; il était treize heures vingt-deux. Les garçons allaient sortir de l'école à quatorze heures quinze et je devais aller les chercher. J'approuvai finalement et nous voilà partis ! Cette fois-ci, alors que nous approchions, je regardai l'extérieur avec plus d'attention. J'imaginai la maison entière peinte en blanc, avec une pelouse somptueuse, des jardins immaculés et des éclairages extérieurs étincelants. Mon impression était très favorable. Roy ouvrit la porte de derrière et nous entrâmes dans la laverie. La tapisserie était jaune et le sol carrelé blanc. Très attrayant. Nous entrâmes dans la cuisine. Tout y était blanc — les placards, le sol, le fourneau, la cuisinière et le réfrigérateur — et la pièce était très bien éclairée. La salle de séjour jouxtant la cuisine avait un tapis vert pois, des murs blancs et une cheminée énorme en brique jusqu'au plafond. La pièce avait des portes coulissantes donnant sur le patio en béton à l'arrière. Nous entrâmes dans le salon. Tout y était blanc. Le tapis était en épaisse laine blanche et les murs étaient peints en blanc. Des baies vitrées magnifiques ouvraient sur la cour de devant. Nous nous rendîmes alors dans le vestibule. Le sol était blanc et l'escalier en spirale élégant était en fer forgé blanc.

Je tombai rapidement amoureuse de cette demeure. La salle à manger était disposée de manière semblable à la salle de séjour, et tout en blanc elle aussi. Nous montâmes l'escalier recouvert d'un épais tapis. Sur la gauche se trouvaient la chambre d'amis, puis deux chambres plus petites, idéales pour les garçons. Au centre du couloir, la salle de bain principale, très spacieuse, tout en blanc avec des éclairages dorés. La chambre principale, très vaste, contenait une imposante penderie bordée de bois de cèdre.

Nous redescendîmes dans la salle de séjour et Roy déclara :

— En y réfléchissant bien, Madame Wilder, les seules couleurs qui ne soient pas du blanc dans cette maison sont la tapisserie jaune dans la laverie et ce tapis vert dans la salle de séjour.

Il avait raison. L'extérieur avait besoin d'un coup de peinture, et rien de plus. Roy semblait lire mes pensées.

— Et vous pouvez toujours repeindre l'extérieur.

Mon sentiment pour cette maison devenait de plus en plus merveilleux. Il me semble que je l'aurais acceptée de toute façon… Oh, mon Dieu ! Le rêve des garçons me revint soudain à la mémoire. J'étais saisie d'horreur et d'anxiété. Cette vision – Ramtha ou peu importe son nom –, cette chose que je voulais oublier, je ne l'avais pas oubliée. Cinq jours pour partir… une grande structure blanche… la voix… « demande à l'entité du nom de Roy »… « tout est prêt ». Je commençai à croire que de telles choses pourraient bien être vraies et me mis alors à agir par désespoir.

– Roy, je sais que cela peut vous paraître étrange, mais est-il possible d'emménager dans cette maison vendredi au plus tard ? Cela serait difficile de vous expliquer pourquoi. Je vous en prie, essayez de comprendre. Comment puis-je l'acheter… *maintenant* ?

Ma voix révélait mon insistance et un stress évident.

– Voyons, tout d'abord, je dois appeler les propriétaires. Ils demandent quatre-vingt-cinq mille dollars et je ne pense pas qu'ils accepteraient de descendre le prix. Ensuite, si vous tombez d'accord sur le prix, vous devrez verser un certain montant à titre d'acompte. Je me permets de vous suggérer de louer la maison en attendant la conclusion du prêt. Votre mari emménage-t-il avec vous ?

Cette remarque glissée doucement me prit un peu au dépourvu.

– Bien sûr, mon mari emménage avec moi… Oh ! Je vois, mon insistance vous a fait penser que je quitte mon mari. Non, non, ce n'est pas du tout la raison.

Il sourit, peut-être soulagé. Il n'était pas encore fréquent en 1977 qu'une femme achetât seule sa maison.

Je demandai à Roy à combien s'élèverait l'acompte. Je lui donnai un chèque et signai le contrat. Bien entendu, il devrait contacter mon mari pour recueillir sa signature. Mon pauvre mari était bien loin d'imaginer, alors qu'il était en train d'extraire des dents, que j'avais signé un contrat pour une maison. Je n'avais jamais fait un tour de voiture aussi coûteux. Roy me reconduisit à ma voiture, promettant de nous appeler à la maison ce soir-là après avoir parlé aux propriétaires. Je m'empressai d'aller chercher les garçons à l'école et me précipitai ensuite à la maison pour appeler le cabinet de mon mari. Je dis à la réceptionniste qu'il s'agissait d'une urgence.

— Allô, Zebra, que se passe-t-il ?

— Chéri, j'ai acheté la grande structure blanche !

Nerveuse, je commençai à me mordre la lèvre inférieure.

Moment de silence.

— Jeremy, es-tu là ?

— Ouais, je suis là.

— Je viens de te dire que j'ai acheté la grande structure blanche. Je suis allée faire un tour en voiture comme tu l'avais suggéré et…

Je poursuivis mon récit, coup par coup. Il ne souffla mot. J'étais tellement prise par mon récit que je ne songeai même pas à lui demander s'il était encore en vie.

— J'ai donc donné un chèque d'acompte à Roy, signé le contrat — bien sûr, tu devras signer toi aussi — et Roy t'appellera ce soir à la maison… Allô ? Jeremy ?

— Allô, je suis là, je pense que… cela me semble bien. Bon travail ! Écoute, il faut que j'y aille. À bientôt à la maison.

— Jeremy, as-tu entendu tout ce que je viens de dire ?

Je n'en croyais pas mes oreilles.

— Tout !

— Tu es vraiment en train de m'expliquer que j'ai pris la bonne décision ? Tu n'as même pas vu l'endroit. Tu ne m'en veux pas ? Après tout, il y a une grande différence entre acheter des sous-vêtements en solde et acheter une maison.

Je tenais à m'assurer qu'il m'avait bien entendu, ce qui déterminerait ce que j'allais préparer à dîner — quelque chose de fabuleux pour alléger la sanction qui m'attendait peut-être, ou simplement un repas plus habituel.

— Voyons, Zebra, je ne t'en veux pas. Tu as fait ce que tu étais censée faire et cela a fonctionné. Fais-moi la faveur d'être prête à déménager d'ici vendredi. À bientôt. Il faut que j'y aille. Au revoir.

Clic.

Je raccrochai le téléphone et restai là à le regarder, sidérée. Un sourire se forma sur mes lèvres, mais ce sourire n'était dû ni à l'amusement ni au soulagement. L'horloge du couloir sonna. Je fouillai dans mon sac à main pour trouver une cigarette et l'allumai. La fumée grise fit un sifflement et prit la forme d'une spirale de nuages turbulents dans un rayon de lumière brûlante qui entrait par la fenêtre. Mon esprit était un tourbillon. Mon Dieu ! De quoi s'agit-il ?

— Femme bien-aimée, tu as bien œuvré en vérité !

Il m'avait surprise. La cigarette tomba de mes doigts et se mit à grésiller sur le linoléum.

— Je suis satisfait ! La grande structure blanche que tu as choisie marquera le commencement de nombreux changements, car, en vérité, une grande aventure t'attend. Désormais, tu seras en mesure d'entendre mes paroles et, en vérité, de percevoir ma présence comme personne ne le peut. Car je suis Ramtha l'Être Éclairé, la puissance qui marche à tes côtés. N'aie pas peur, car ce que je suis appartient au Je Suis, qui est le Je Suis de Dieu le Père, comme vous le dénommez, en vérité ! Tu as, en vérité, beaucoup à apprendre et je t'aiderai à développer une intuition plus grande, une compréhension plus élevée. Parle à ton époux bien-aimé comme je t'ai parlé. L'heure viendra où, bien qu'il ne puisse pas me voir, il me parlera. En vérité, femme bien-aimée, sa foi est forte. Sache que tu es aimée !

Ainsi parla l'être magnifique.

Telle fut ma deuxième rencontre *visuelle* avec Ramtha. Il était apparu de nouveau devant moi dans la cuisine, la même lumière rayonnante émanant de lui. Cette fois-ci, je n'avais pas peur, mais j'étais demeurée ébahie par les choses qu'il avait dites. J'avais été touchée par une lumière sacrée. On s'attendrait sans doute à une réaction différente de ma part, mais, d'une certaine façon, la lumière de sa présence m'avait apporté une paix que je n'avais jamais connue dans ma vie, paix qui me rendait plus calme et plus centrée. Je me posais cependant un millier de questions. Je demeurais intriguée et incertaine au sujet de ces événements récents, éblouie par sa beauté et la lumière qui semblait émaner de sa présence et de son existence à la fois surnaturelles et inhabituelles. Son existence même était en effet un mystère et encore aujourd'hui, je suis émerveillée par cette pensée comme je le suis à propos du concept de Dieu. Une force l'accompagnait, force qui s'installa en moi dès notre deuxième rencontre. Celle-ci me donna la ténacité de ne plus résister aux changements. C'est ainsi que Ramtha, devenu mon mentor, commença à me livrer ses enseignements.

Je me tenais là à le regarder, ressentant un amour ardent à l'intérieur de moi de même que la joie de n'avoir jamais douté de la bonté de Dieu. Ce devait être lui qui était responsable de cet ange et de son message. J'hésitai à poser une question à ce Ramtha. Avant même d'avoir pu la formuler et de m'être permis de l'exprimer, un sourire à vous couper le souffle envahit son visage devenu rayonnant. Ses yeux scintillaient plus que jamais.

— En vérité, femme bien-aimée, tu peux poser ta question !

Ma bouche s'ouvrit toute grande. *Il a lu mes pensées*, pensai-je. *Comment pouvait-il bien le faire ?*

— En vérité, entité bien-aimée, je sais ce que tu sais. Car je désire que tu saches ce que tu es, que tu es Dieu… Tout est Dieu. Ce que je suis est Dieu. Tout est Dieu. Avec cette compréhension que je t'ai donnée, la seule différence entre toi, femme bien-aimée, et moi, Ramtha l'Être Éclairé, est que je sais, en vérité, que je suis Dieu alors que tu ne sais pas que, toi aussi, tu es Dieu. Ce que je sais, en vérité, est Tout ce que je suis, car je sais Tout. Le Tout auquel j'appartiens, en vérité, est le Tout auquel tu appartiens… ainsi, tout ce que tu sais, en vérité, entité bien-aimée, je le sais.

Ainsi parla le Tout omniprésent…

Je ne comprenais pas tous ces « en vérité » de même que la plus grande partie de ce qu'il m'avait dit, mais j'avais le *sentiment* de le comprendre. Il pouvait lire mes pensées, ceci était désormais clair pour moi, mais quelque chose me préoccupait : qui donc était-il ? D'où venait-il ? Comment se faisait-il que je ne me souvienne pas de son nom dans la Bible, le Bottin mondain de l'élite divine ? Seigneur ! Pourquoi apparaissait-il là avec moi ? Pourquoi moi ? Cela me tourmentait. Soudain, un sentiment d'indignité surgit en moi : je suis laide, fruste et maladroite.

— Femme bien aimée, je ne te dirai pas tout, seulement que je suis le Grand Ram. J'ai vécu ma vie il y a de cela trente-cinq mille ans selon la connaissance et la compréhension du temps du calendrier julien. Je fus un grand guerrier et, en vérité, chose connue alors, je conquis les deux tiers du monde de cette époque. J'atteignis l'illumination concernant le Dieu inconnu de mon peuple ancien et, en vérité, lors de la soixante-troisième année de ma marche, réalisai mon ascension. En vérité, femme bien-aimée, c'est ceci que je t'enseignerai sur ce que je suis. En vérité, c'est toi-même, pas moi, que tu as besoin de connaître et d'aimer, car c'est en toi-même que réside le plus grand des mystères. Je t'aiderai à comprendre ces choses. Va et prépare ton départ vers ta nouvelle demeure, en vérité, en toute hâte. Je t'aime grandement.

Je restai sans voix et regardai Ramtha, les yeux voilés par ses mots, sa lumière et le sentiment de familiarité fort et irrésistible qui m'habitait. La gorge sèche, je demandai d'une voix tendue et affaiblie :

— Monsieur… hum, vous parliez comme cela auparavant ? Je veux dire, en anglais ?

Ses yeux noirs exotiques s'élargirent ; leur teinte cuivrée les faisait danser.

— C'est ta langue usuelle, n'est-ce pas ?

Je m'humectai les lèvres, hochai la tête, incapable d'articuler un seul mot.

— Comprends-tu une autre langue usuelle, femme bien-aimée ?

Je me fis toute petite.

— Non.

— Si je parlais dans une langue que tu ne comprends pas, comprendrais-tu ?

— C'est vrai ! murmurai-je. Je ne comprendrais pas. Mais parliez-vous anglais auparavant... avant de venir ici... sur Terre ?

— D'où je viens, il n'y a pas de sons que l'on prononce pour former des assemblages de mots, mais, ma bien-aimée, le langage est constitué des émotions et des pensées. Les mots sont une grande limitation et sont incapables d'exprimer une vérité incommensurable. Je t'écoute et apprends ainsi cette langue usuelle afin que tu puisses comprendre mon message. En vérité ! Je suis Ramtha l'Être Éclairé.

Il partit — ou plutôt, il disparut. La lumière avait disparu avec lui.

Inutile de le dire, les jours qui suivirent furent emplis de multiples choses à faire ; toutes furent pourtant accomplies avec une rapidité et une organisation stupéfiantes. La location de la maison fut approuvée jusqu'à la date de la signature finale. Je retirai les garçons de leur école et les inscrivis à l'école élémentaire proche. Chris était en classe de dixième et Brandy en huitième. Ils étaient très mécontents d'être ainsi déracinés et de devoir quitter leurs amis, mais j'instillai en eux la joie de commencer une nouvelle école et d'avoir l'occasion de se faire de nouveaux amis. Je m'appliquai également à les enthousiasmer à propos de la nouvelle maison, avec leurs nouvelles chambres et tous les endroits où ils pourraient jouer dehors. Ce qui les enthousiasma le plus était les bois.

Mon mari travaillait normalement du lundi au jeudi, le vendredi étant un jour de repos. Malheureusement, la compagnie de déménagement n'était pas en mesure de déménager nos meubles avant le lundi suivant et seuls nos vêtements et nos objets indispensables furent déménagés le vendredi. Nous devions absolument quitter notre vieille maison avant le vendredi soir, date à laquelle le cauchemar présumé devait devenir réalité. Toute la journée du vendredi, mon mari fut irritable ; il savait que sa réaction était due à cette même peur que nous ressentions tous. Il était cassant avec les garçons, les blessant inutilement. Vendredi soir venu, nous avions cependant réussi à emménager dans la grande structure blanche. Comme il n'y avait pas de chaises dans la cuisine, je mis des repas surgelés dans le four et notre festin eut lieu devant le foyer près de la cheminée. Il n'y avait pas de lits et nous dormîmes tous dans la salle de séjour sur une peau d'ours que mon mari avait tué quelques années avant notre rencontre. La tête de l'ours servit d'oreiller à Brandy. C'était une maison très tranquille et silencieuse. Nous sentant enfin en sécurité, nous tombâmes tous profondément endormis.

Le lendemain matin, un samedi, le soleil perçait par la baie vitrée. Les oiseaux chantaient joyeusement dans les buissons et les mûriers sauvages. Un chien aboyait dans le lointain. Je préparai du jus de fruit, des œufs, des toasts et du café, mais les garçons ne mangèrent que la moitié de leur repas, pressés qu'ils étaient d'aller explorer dehors. Je rangeai la cuisine et, avec un thé chaud, allai m'asseoir devant le foyer auprès de mon mari. Jeremy était dans un état de contemplation.

— Eh bien, demandai-je, qu'en penses-tu ? Cela te plaît, ce qu'on a fait ici ? Je sais que cela va demander du travail de mettre cette maison en état, mais j'ai le sentiment que cela va nous plaire. Et en outre, cela sera bien différent quand les meubles seront installés.

Une moue sur les lèvres, il remit sa tasse sur la soucoupe, se leva et alla ouvrir la porte vitrée coulissante, les yeux fixés sur l'extérieur. Il avait l'air soucieux. Sans se retourner vers moi, il dit :

— Il faut retourner à la maison. J'ai le sentiment qu'on ferait bien de rapporter le reste de nos affaires. Zebra, j'ai besoin de savoir si quelqu'un est entré par effraction… J'ai besoin de le savoir. Nous prendrons le El Camino pour charger nos affaires.

– Mais le El Camino n'est pas assez grand pour tout ce qu'on a besoin de rapporter. En outre, cela nous prendra plusieurs jours pour le faire comme cela.

– On pourra prendre tout ce dont on a besoin et travailler nuit et jour si nécessaire. Les déménageurs pourront apporter le reste lundi. Allons, appelle les garçons et partons au plus vite.

Il avait raison.

Notre El Camino n'avait que deux sièges avant et nous réussîmes à nous serrer tous quatre dedans pour retourner à la vieille maison ! Une fois arrivé, la voiture garée, mon mari me dit de rester dans la voiture avec les garçons. Mon inquiétude grandissait. Je scrutai les alentours ; il n'y avait personne dehors, seulement des voix et des rires d'enfants plus bas dans la rue. Les garçons étaient silencieux. Je vis mon mari s'arrêter, les yeux fixés sur la porte de derrière. Ayant finalement ouvert la porte, nous aperçûmes que la fenêtre avait été brisée et qu'une partie du rideau pendait. Mon cœur se mit à battre. Brandy avait le souffle coupé et se blottit contre moi. Je sentais le petit cœur de Chris battre encore plus fort que le mien alors que je le serrais contre moi. Des heures semblèrent s'être passées quand réapparut mon mari.

– Zebra, il n'y a personne dans la maison, mais elle est tout sens dessus dessous. Elle a été pillée, complètement saccagée. Entre, mais laisse les garçons dans la voiture.

Brandy et Chris se mirent à pleurer.

– Écoutez, les garçons, je vous demande de vous comporter comme des hommes. Rien ne va vous faire du mal, ni à vous ni à votre mère. Restez simplement dans la voiture et n'en sortez pas. Vous m'entendez ? Nous serons de retour dans quelques instants.

Je regardai mes petits garçons et fus prise de l'envie de pleurer avec eux. Je ne pouvais pas ressentir tout ce qu'ils devaient ressentir, car eux seuls avaient eu ce rêve, mais leur cauchemar semblait bien être devenu réalité. Je ne voulais pas les laisser seuls dans cette voiture, mais m'y sentis obligée.

Je descendis de voiture et fermai la porte. Je me baissai pour regarder leurs petits visages. Tous deux avaient les cils humides et leur visage était rougi.

— Je vous demande de fermer les portes à clef et de remonter les fenêtres. Et n'ouvrez pas la porte avant mon retour… entendu ? Je vous aime tant tous les deux. Faites ce que je vous demande.

Entrant dans la cuisine par la porte qui avait été endommagée, je découvris que tous les placards étaient ouverts et que de la vaisselle cassée recouvrait les comptoirs. Ils avaient saccagé la pièce entière. En réalité, toutes les pièces de la maison étaient sens dessus dessous. Mon mari, qui s'était rendu à l'étage supérieur, descendit l'escalier chargé de sacs emplis d'un certain nombre d'objets.

— Ces foutus hippies, ces fils de pute, ils ont saccagé toute cette maison, ces bâtards, ces bâtards de drogués. Si seulement je pouvais mettre ma main sur ces connards. Je leur ferais sauter la tête. Tiens, emporte ce sac à la voiture. Fichons le camp d'ici. Merde, je n'arrive pas à croire qu'une telle catastrophe soit arrivée à notre maison.

Je me sentais tellement abattue par l'état de ma maison auparavant si heureuse et belle que je ne pus que répondre :

— Je suis reconnaissante que nous en soyons partis.

Je me tournai alors pour emporter le sac à la voiture, mais mon mari me saisit par le bras. Son visage était très triste.

— Zebra, pardonne-moi d'avoir juré ainsi. J'avais perdu la tête. Une partie de moi refusait de croire que ceci pourrait se produire… et cela s'est pourtant produit. Je ne peux pas te dire à quel point je suis reconnaissant envers Dieu et Ramtha. Je sais que c'est de la folie, mais nous avons été sauvés. La plupart des gens ne savent pas que quelque chose comme ça va se produire ; cela se produit, c'est tout. Merde, personne ne leur dit. Mais quelqu'un nous l'a dit !

Pourquoi ? Était-ce la volonté de Dieu ? Je tremble de peur à l'idée d'en découvrir la raison. Allons, chargeons la voiture et quittons cet endroit. On ne s'y sent plus chez nous de toute façon.

Il m'embrassa tendrement et me tint contre lui un instant.

Il avait raison. Pourquoi avions-nous été sauvés de ce cauchemar ? Cette même question, je me la posai de multiples fois au cours des jours suivants. Alors que nous nous éloignions, je me retournai pour regarder ma maison, mon passé, s'évanouir dans des ombres verdâtres. Je pensai : Je suis si naïve ! Que sais-je vraiment des complexités de l'âme humaine ! Je ne sais rien, vraiment rien du tout de la cruauté que peuvent posséder des hommes désespérés. Ce sont des hommes désespérés qui ont saccagé notre maison. Pour quelle raison ? Oui, c'est cela, pensai-je. Je ne parvenais pas à pardonner une telle cruauté.

Soudain, Brandy me mit les bras autour du cou et Chris avait retrouvé la paix sur mes genoux. Je jetai un coup d'œil en direction de Jeremy. Le regard empreint de haine, il mit les yeux sur la route et nous conduisit jusqu'à la grande maison blanche, là où ne se dissimulait aucune méchanceté.

Le dimanche soir venu, nous avions fini de déménager le reste de nos affaires personnelles, excepté les meubles les plus lourds qui devaient l'être le lundi par la compagnie de déménagement. J'étais épuisée, mais l'excitation à l'idée d'organiser la nouvelle maison me donnait les forces nécessaires. Je voulais qu'on se sente tous chez nous de nouveau. Le mardi venu, nous étions installés et confortables. La maison était belle. Le jeudi suivant, en début d'après-midi, j'eus un peu de temps pour moi. Je me préparai une tasse de thé chaud et m'installai dans la salle de séjour, dans ma chaise, si confortable. Cette chaise se trouvait près des portes coulissantes et la vue était très agréable. Bien qu'il n'y ait pas de jardin, le terrain derrière était recouvert d'érables circinés, d'aulnes élancés et de cornouillers en fleurs. C'était le début du printemps. Les bourgeons étaient apparus sur les arbres et les merles d'Amérique volaient de-ci de-là, chantant joyeusement. Un doux soleil inondait la petite forêt de sa lumière dorée alors qu'une brume pâle flottait au travers des ombres pourpres de ses branches. Les feuilles d'automne fanées, rousses et jaunes, pourrissaient sur le sol, tandis que des brindilles vertes toutes fraîches croissaient, prêtes pour une nouvelle vie. Une beauté extraordinaire régnait dans cette petite forêt, juste devant ma fenêtre. Je me sentais bénie et heureuse d'en faire partie. Bénie. Cette pensée se fixa dans mon esprit, attendant une explication. Je m'immergeai dans les images de Ramtha et de tout ce qui s'était passé durant ces récentes semaines. Pourquoi était-ce à moi que cela était arrivé ? Au cours des jours et des années qui s'ensuivirent, beaucoup de personnes me posèrent cette même question. Pourquoi moi ?

Chapitre 3

SOUVENIRS DE BOOTSIE

Assise dans ma nouvelle maison, après une semaine entière passée à m'installer, je décidai de revoir dans mon esprit le récit de ma vie, espérant ainsi découvrir le sens des expériences vécues avec Ramtha. Une seule chose était certaine — je ne pouvais accepter sa présence sans savoir pourquoi il était dans ma vie. Pourquoi moi ? Je devais donc remonter jusqu'à ma naissance... et même avant d'être née. Peut-être qu'en revivant ma vie, je tomberais sur quelque chose qui réponde à mes questions. D'abord, des visions émergèrent à propos de mes parents. Des bribes d'information concernant leur milieu familial et les conditions de ma naissance, glanées auprès de quelques membres de ma famille.

Ma mère, Helen Printes Hart, avait quitté sa famille à l'âge de treize ans. Elle ne s'était pas enfuie ; elle était partie avec le consentement de sa mère et de son beau-père. Enfant, elle avait toujours travaillé avec ses autres sœurs dans les champs de la ferme familiale, travail pénible la plupart du temps, derrière la charrue, à diriger les mules pendant de longues heures. Son éducation souffrit du fait de ses tâches exigeantes à la ferme. Elle ne dépassa pas la classe de quatrième, ce qui n'était pas inhabituel chez les familles nombreuses des années vingt.

Maman avait décidé de quitter sa famille et sa maison à cause d'un incident fâcheux entre elle et son beau-père. Au début de l'année, il lui avait promis de lui acheter un manteau d'hiver tout neuf si elle travaillait au lieu d'aller à l'école au moment des récoltes d'automne. Elle était devenue trop grande pour celui qu'elle possédait — elle n'en avait qu'un — et en avait désespérément besoin avant le début de l'hiver. Par conséquent, elle travailla dans les champs du printemps à l'automne. Elle conduisit l'attelage de mules, laboura les champs, planta les graines, sarcla les mauvaises herbes et travailla à la récolte finale. Un tel travail aurait mis un homme à l'épreuve, que dire d'une jeune fille de treize ans ! Les récoltes enfin vendues, son beau-père prit tout l'argent qui restait pour s'acheter une nouvelle selle de grand prix, tout enjolivée d'argent. Ma pauvre mère eut froid tout l'hiver.

Maman était belle femme dans sa jeunesse. Elle était la seule de ses frères et sœurs à avoir hérité de la beauté et du teint de la famille Hall – le « sang anglais » selon l'appellation consacrée. Ses cheveux blonds étaient épais, ses yeux bleu-violet et elle avait un teint de lis et de rose ! Pour le reste, elle avait les traits et la couleur de peau du sang indien présent dans leur famille – bronzés, séduisants et exotiques.

Maman trouva un emploi de cuisinière dans un restaurant où elle rencontra un bel homme plus âgé qu'elle. Elle l'épousa. Ils eurent deux fils ensemble, Victor et Marion. Ce mariage fut de courte durée du fait du caractère autoritaire de sa belle-mère, qui considérait que son fils s'était marié à quelqu'un d'inférieur. Après leur divorce, maman, intimidée par sa belle-mère, abandonna ses deux fils afin que ces derniers puissent avoir une vie plus riche et satisfaisante. Ils allèrent vivre avec leur grand-mère. Maman ne connut jamais la joie de partager leur vie et n'eut jamais de contact avec eux lorsqu'ils furent devenus adultes.

Les temps étaient durs alors, le pays étant encore au milieu de la Grande Dépression. Il n'y avait du travail que dans les champs de coton de l'est du Texas. Ma mère, si jolie, si jeune et si seule, trouva donc du travail à la cueillette du coton. C'est là, dans les champs de coton, qu'elle rencontra mon père, Charles Hampton, un beau type qui aimait l'alcool et les femmes, dans cet ordre-là. Ils se marièrent et maman, qui était vraiment amoureuse, avait l'espoir, comme toute jeune femme, que la fortune leur sourirait et que le bonheur brillerait dans leur vie. Maman tomba enceinte presque immédiatement. Cela ne l'empêcha cependant pas de continuer à travailler. Tous les jours, dès les premières lueurs au crépuscule, elle travaillait, sur les genoux, à traîner derrière elle un sac de coton, long et lourd.

Les travailleurs et leurs familles vivaient tous dans des baraques — cabanes en bois de construction légère, sans isolation, comportant chacune un porche et deux pièces, une pour faire la cuisine et l'autre pour dormir. La seule source de chaleur était un poêle à bois dans la cuisine. Ces pathétiques cabanes misérables n'avaient ni eau courante, ni électricité, ni chauffage central, ni toilettes à l'intérieur. Mais pour nombre d'entre eux, c'était leur seule habitation et ils en étaient reconnaissants.

Le jour de la paye, mon père prenait le salaire de la semaine pour participer à une beuverie avec ses vieux copains. Maman ne le voyait pas pendant des jours et des jours. Elle avait pris l'habitude de cacher une partie de sa paye pour assurer la survie de la famille. Elle donna naissance à son premier enfant toute seule dans un champ de coton. Elle l'appela Bootsie Hampton. Le lendemain de sa naissance, maman partit travailler, avec Bootsie et la ration quotidienne de nourriture. Les congés maladie n'existaient pas où elle travaillait et maman ne pouvait se permettre de manquer un jour de salaire. Le bien-être de la famille reposait sur les épaules de maman.

Quand Bootsie eut deux ans, maman se retrouva enceinte de nouveau. L'ignorance, la pauvreté et l'alcoolisme ne créent pas un état d'esprit idéal pour une bonne planification familiale. Elle donna naissance à une autre fille, Wanda Zoe Hampton. Mon père décida qu'il voulait retourner au Nouveau-Mexique pour voir s'il pourrait y être embauché. Ayant emballé les quelques affaires qu'ils possédaient, et après mille cinq cents kilomètres en stop jusqu'à Dexter, au Nouveau-Mexique, ils trouvèrent tous deux un emploi chez un producteur local à faire des travaux d'irrigation et de plantation. Pour se loger, il leur fut donné une petite baraque. Papa retomba vite dans ses vieilles habitudes, laissant ma mère s'occuper seule des enfants et accomplir le travail harassant de la ferme.

Un après-midi fin mai, maman était occupée à donner un bain à Wanda dans une bassine sur la table de la cabane. Elle avait habillé Bootsie d'une nouvelle robe bleue toute propre et lui avait donné un sac de billes pour jouer, lui permettant ainsi de finir le bain de Wanda. C'était le jour de la paye et maman avait décidé d'aller en ville pour faire des courses. Elle n'avait pas de voiture. Elle devrait donc, avec les deux filles, aller en ville à pied et en revenir à pied également, avec, aux bras, de lourds sacs de nourriture.

Alors qu'elle était toujours au travail, une voiture s'arrêta et un homme en tomba. La voiture repartit alors à toute allure. C'était papa, et il était ivre, comme d'habitude. Il se releva, tituba jusqu'à la porte et alluma une cigarette Camel. Il saisit le flacon de whisky Jim Beam qu'il gardait dans la poche arrière de son pantalon kaki. Après quelques essais infructueux, il réussit à en enlever le bouchon et prit une longue gorgée. Ayant replacé son trésor à sa place habituelle, il essuya ensuite la salive jaune qui s'écoulait de la commissure de ses lèvres. Ayant tiré une grande bouffée de cigarette, il fit irruption dans la maison. Zigzagant de droite à gauche, il demanda :

— Bordel de merde ! Qu'esse t'es en train d'faire ?

Maman continua à donner son bain à Wanda et ne lui répondit pas.

Rendu furieux par le silence de ma mère, il se dirigea tout droit vers elle et frappa la table si fort que sa fille et la bassine en tombèrent presque par terre.

— Salope ! Vieille pute ! T'as intérêt à me répondre quand j'te pose une question, cria-t-il, sans même pouvoir articuler ses mots.

— Charlie, pourquoi tu m'parles comme ça ? J'mérite pas que tu m'traites comme ça. T'es soûl, Charlie, et c'est ça qui t'fait jurer comme un possédé. Et t'es allé où – bah ! Oublie ça ! J'sais où t'es allé… ça change rien de toute façon.

Elle se retourna pour regarder Wanda agrippée aux bords de la bassine.

Papa se redressa et se jeta sur maman, lui lançant des obscénités. Il la frappa sur le côté de la tête et la fit presque tomber au sol. La petite Wanda se mit à crier et Bootsie, paralysée de peur, se tapit dans un coin.

– Vieille pute ! Foutue vieille salope suceuse ! Cé pas tes affaires de m'demander où j'étais. Cé pas tes foutues affaires, vieux trou ! J'travaille assez dur pour faire de l'argent… t'entends ? Et cé pas une vieille pute qui va m'dire quoi faire, bordel !

Il la regardait droit dans les yeux, attendant un faux mouvement de sa part.

– T'sais… J'devrais juste te tuer. Juste te tuer… et tes p'tites putes aussi.

– Charlie, pour l'amour de Jésus-Christ, dis pas ça à tes enfants. Ils sont ta chair et ton sang.

Il la saisit par les cheveux et se mit à la frapper du pied dans le bas du corps et dans les jambes. Il lui asséna une série de coups au visage et à la tête. Maman avait les oreilles et le nez en sang. Elle riposta en lui envoyant des coups elle aussi, pour se défendre et sauver sa vie. La petite Wanda se mit debout dans la bassine. Elle se mit à crier et à appeler sa mère en pleurant. Bootsie sortit de sa cachette et essaya de donner des coups de pied à son père pour protéger sa mère. Il fit un tour sur lui-même, saisit le bras de Bootsie et la projeta contre le mur. Elle tomba à terre.

– Cours, Bootsie, s'écria maman. Sors d'ici. Il va te faire vraiment mal… cours.

Aussi petite qu'elle fût, Bootsie, qui était blessée au bras, se redressa et se mit à courir. Papa l'attrapa et la souleva. La tenant fermement devant lui, il déclara :

— J'vais te dire quec'que chose à toi pis à ta mère. T'es une petite pute. T'as la même odeur qu'une pute. Et j'sais que t'es pas de moi parce que ta mère, cé une pute bon marché. Bordel ! Tout le monde le sait.

Ce que cette petite fille de trois ans pensa et ressentit à ce moment-là, personne ne le saura jamais.

Ma mère fit un bond et essaya de libérer Bootsie de son bourreau. Il l'en empêcha et se dirigea vers la porte alors que maman criait :

— Ne lui fais pas de mal, Charlie, cé juste un bébé, au nom de Dieu, Charlie, pose-la par terre. J'ferai tout ce que tu veux, mais ne lui fais pas de mal !

En panique, elle se précipita vers un placard et prit une boîte à café qui était sur l'étagère. Essuyant le sang qui ruisselait de son nez, elle poursuivit :

— R'garde, Charlie, d'l'argent, plein d'argent. Je l'ai économisé pour te faire un beau cadeau. Tiens… tiens, va t'acheter quec'que chose de beau.

En désespoir de cause, elle lui tendit l'argent, s'efforçant de lui faire oublier Bootsie. Elle réussit. Il lui prit l'argent des mains et essaya de le compter. Il était trop ivre.

— Vieille salope, t'as essayé de m'avoir. J'ferais mieux de…

Bootsie ramassa rapidement le sac de billes, abandonna Wanda qui criait dans la bassine et s'enfuit dehors. Arrivée sur le porche, elle trébucha et tomba le visage à terre. Quand elle se releva, sa petite robe toute propre était couverte de terre et son visage, propre un moment auparavant, était souillé de boue, de larmes et de morve. Wolf, le chien de la famille, courut pour lui dire bonjour, mais son petit corps était trop endolori et son esprit trop troublé pour jouer. Elle fit quelques pas, puis se retourna pour jeter un dernier regard sur sa maison, les oreilles encore emplies des jurons violents et de la fureur qui se poursuivaient dans la maison. Wolf dansait joyeusement autour d'elle. Elle se retourna et se mit à marcher en direction du réservoir alors que de douces larmes ruisselaient sur ses joues boueuses et dans sa bouche.

Arrivée au bord de l'eau, elle s'accroupit, tenant toujours son petit sac de billes — son unique jouet — et regarda le reflet de son visage dans l'eau. Elle était toute sale et savait que cela déplairait à sa mère. Refusant de regarder plus longtemps le reflet de cette petite fille, elle retira ses billes du sac, une par une, jusqu'à ce qu'elle ait trouvé celle qu'elle préférait, la bleu et rouge. Elle déposa près d'elle le sac avec les billes restantes afin de pouvoir admirer sa bille préférée, mais, oubliant de resserrer le lien qui fermait le sac, les billes se mirent à rouler et tombèrent dans l'eau. Dans son désespoir futile, elle tenta de les en retirer, mais, tendant la main, perdit l'équilibre et tomba elle-même dans l'eau.

Le courant qui permettait à l'eau de sortir du réservoir par un aqueduc pour alimenter les fossés d'irrigation était très rapide. Même si cette petite fille de trois ans avait su nager, les tourbillons l'auraient maintenue vers le fond et l'auraient poussée dans l'aqueduc. Wolf se mit à aboyer furieusement. Il courait de-ci de-là le long de la rive, tentant de trouver son amie. Il sauta dans l'eau, mais le courant l'entraîna jusqu'à la rive opposée.

Au son du claquement de la porte, Wolf fit demi-tour et se mit à courir en direction de la maison. Charlie avait obtenu son argent et, après avoir fait bonne mesure en assénant quelques coups de plus, s'apprêtait à partir. Il se dirigea vers la route avec l'intention de trouver une voiture qui puisse le conduire à la ville où il pourrait de nouveau passer du bon temps. Le chien aboyait, tentant d'attirer son attention, mais le bon vieux Charlie avait des choses plus importantes à faire que de jouer avec le chien. Wolf le suivit quelques pas, puis fit demi-tour et partit en courant en direction du réservoir. Après avoir flairé aux alentours, il s'assit enfin sur son derrière et se mit à hurler. D'instinct, il savait que son amie avait disparu pour toujours.

Bien qu'occupée à consoler et à sécher Wanda, maman entendit soudain le hurlement du chien et eut le sentiment que quelque chose n'allait pas. Le chien ne s'était jamais comporté ainsi. Elle se précipita dehors, appelant Bootsie. Wolf accourut vers elle et se mit à gémir. Elle fit le tour de la maison, cherchant à comprendre la raison de son comportement. Le chien sauta sur elle et se mit à aboyer.

– Où est-elle, Wolf ? Va trouver mon petit bébé. Montre-moi, où est mon bébé ? Où est Bootsie ?

Le chien partit à toute allure et se rendit à l'endroit. Maman le suivit. Arrivée sur la rive, elle trouva le sac et ce qui restait des billes. Il y avait des traces là où la petite fille était tombée dans l'eau. Ce qui était arrivé était évident. Maman se mit à gémir et, en courant, fit le tour du réservoir. Un autre travailleur entendit ses cris hystériques et comprit qu'un malheur était arrivé. Il rassembla aussi vite que possible les autres ouvriers agricoles et leurs familles.

Ils poursuivirent leurs recherches toute la nuit, mais ne trouvèrent pas Bootsie. Le lendemain, un pompier qui avait participé à l'effort de sauvetage décida de suivre le fossé d'irrigation sur trois kilomètres en aval. Là gisait la petite fille, le visage tourné vers le ciel, les yeux ouverts. L'eau glissait par-dessus son corps. Elle avait été entraînée au-delà d'un arbre par le courant rapide et était restée accrochée à une des branches immergées.

Deux jours plus tard, Bootsie Hampton fut enterrée dans le cimetière de Dexter. Les dépenses funéraires furent assurées par tous ceux qui aimaient et respectaient ma mère. Ils connaissaient son désespoir. Toutes ses économies avaient disparu à cause d'un homme qui pensait avoir des choses plus importantes à faire avec cet argent que de s'occuper de sa famille. Ce n'est que presque deux mois plus tard qu'il fut mis au fait de la mort tragique de sa fille, de ses funérailles et que sa femme était enceinte de quatre mois. Il s'était rendu au Texas avec de bons vieux amis pour y faire la fête.

Je ne connus jamais ma sœur Bootsie. Je découvris l'histoire de sa courte vie grâce à des bribes de conversation entendues entre ma mère et ma sœur, Wanda. Ma mère donnait une description tellement saisissante du décès de Bootsie, exprimant si vivement sa douleur et son chagrin, que je pouvais facilement comprendre malgré mon jeune âge. Ma mère donna naissance à trois garçons avant ma venue, et à un autre après. Neuf enfants en tout, un décédé et huit vivants. Bootsie prit une place importante dans l'énigme que constituait ma vie. Je ne compris totalement pourquoi que beaucoup plus tard.

Chapitre 4

JUDY

C'était une journée assez inhabituelle pour ce mois de mars, à Dexter, au Nouveau-Mexique. Les vents ne soufflaient pas et le temps était doux et léger. Douze années s'étaient écoulées depuis la mort de Bootsie et pourtant, peu de choses avaient changé. Mes frères Charles Jr., Gayle et Donnie étaient nés, et ma sœur Wanda avait maintenant treize ans. Notre famille avait déménagé à la campagne en dehors de Dexter. La maison était plus confortable, mais mes parents travaillaient toujours la terre d'autres fermiers. Nous étions entourés de champs de luzerne, et une longue route nous séparait de Roswell, la ville la plus proche. Nous avions une vieille Dodge verte, garée devant le porche. Sa plaque indiquait « Nouveau-Mexique. Terre d'Enchantement. 1946 ».

La porte d'entrée claqua. Dehors, une femme apparut et s'avança, déterminée, jusqu'au capot de la voiture. Elle l'ouvrit et, avec dextérité, régla le carburateur. Le mécanicien, c'était ma mère ! Elle ne portait pas de bleu de travail, mais une jolie robe de maternité à fleurs. Elle était visiblement frustrée et marmonnait, la tête dans le moteur.

— Les femmes sont pas faites pour c'genre de boulot. C'vieux taré (mon père) est jamais là quand on a b'soin d'lui ! J'ai toujours travaillé comme un homme… je suppose que c'sera toujours comme ça !

Elle claqua le capot, rentra dans la voiture, pompa sur l'accélérateur et tourna la clé. Réussi ! Elle démarra et s'éloigna, en route pour le long chemin jusqu'à Roswell. Lorsqu'elle arriva au St. Mary's Hospital, elle sortit de la voiture, ajusta sa robe et mit de l'ordre dans ses cheveux. Soudain, la douleur contracta son visage. Le travail était déjà bien avancé. Lorsqu'elle put à nouveau avancer, elle se traîna rapidement jusqu'à l'hôpital. À midi douze, le 16 mars 1946, maman donna naissance à une petite fille qu'elle appela Judith. Elle avait choisi le nom de cette femme sainte et mystique dans la Bible. J'étais enfin arrivée, Judith Darlene Hampton !

Deux semaines plus tard, ma mère m'installa dans un berceau de fortune placé dans le jardin de devant, à côté de la pompe à eau. Mes centres d'intérêt étaient le coq et les poules qui grattaient, picoraient et gloussaient autour de moi. J'entendais les gens au loin qui travaillaient dans les champs, parfois à rire, parfois à geindre. Un jour, maman revint accompagnée d'une vieille femme amérindienne yaqui. Elle portait un bandana noué à l'arrière et de longues boucles d'oreilles. Les poulets se dispersèrent devant leur passage, et maman s'arrêta devant moi, les mains sur les hanches. Elle me regarda un moment, ôta son chapeau soleil et s'essuya le front avec sa manche. La femme amérindienne s'approcha, me souleva et me fixa attentivement.

– Helen, ta p'tite verra c'que personne ne voit… sa destinée… important !

– Eh bien, j'aurais préféré mourir à l'accouchement. Aucun de mes aut' gosses ne m'en a fait autant baver. Seigneur Jésus, j'ai même dû me taper de réparer la pompe à essence de la bagnole en route pour l'hosto !

Son ricanement semblait un peu amer.

Le regard vif et sage de l'Amérindienne illumina son visage d'un sourire. Elle me redéposa dans les bras de ma mère et repartit sans bruit. Maman alla s'installer sous le porche de devant pour me donner le sein.

– Doux Seigneur, me mets pas plus de fardeaux que j'peux supporter.

Elle fit le signe de croix. Sa voix était résignée.

– Ma vie est comme elle d'vait être. Mais toi, ma p'tite fille, j'espère vivre assez longtemps pour voir c'que s'ra la tienne… la volonté de Dieu, j'la verrai !

Deux ans plus tard, notre famille s'installa à Rockwall, dans l'est du Texas. Ma mère avait trouvé du travail dans une ferme qui appartenait à Ozzie et Hazel Eubanks. Mon père était, comme d'habitude, absent. Il passait presque tout son temps à des beuveries. La seule maison disponible était une cabane située à un croisement délimitant les champs. Les voisins les plus proches vivaient à un kilomètre et demi de là. Notre confort de vie s'effondra. On avait le minimum – un porche, une cuisine, une zone de couchage et une petite pièce pour un lit d'enfant. Il y avait un tracteur en panne abandonné devant la maison, et les toilettes se trouvaient dehors. Tout cela ne sembla pas dissuader ma mère, qui avait appris à accepter cette sorte de « vie bohème ». Elle commença immédiatement l'emménagement.

Les premières tâches furent assignées à Wanda, Gayle et Charles. Ils devaient récurer les murs, le plafond, les sols et la cuisinière. Maman apporta une grande bassine, la remplit d'eau avec la pompe et lava la literie. Donnie, lui, était chargé de la surveillance de mon petit frère encore bébé, Loy, et de moi. Le soir même, la lampe à charbon éclairait chaleureusement le banc reconverti en table à manger. Maman lavait la vaisselle et admirait les rideaux qu'elle avait faits avec des sacs de farine. Elle avait aussi cloué des cageots d'oranges vides au-dessus du four et de l'évier, en guise de placards. Loy et moi avions pris notre bain et dormions déjà dans la pièce du fond. Donnie et Gayle jouaient à attraper des lucioles devant la maison, et Wanda et Charles étaient partis en autostop pour aller dans un bar western à Rockwall.

La matinée débutait à quatre heures trente. Maman préparait les crêpes, le bacon, le pain brioché et la sauce pour le petit déjeuner. Elle mettait ensuite la table et il ne nous restait plus qu'à nous servir.

– Allez, les enfants, debout ! Levez-vous, vous entendez ? Ça va être froid. Donnie, lève-toi et emmène ta p'tite sœur et ton p'tit frère pour manger. Wanda, ma grande, debout !

Tout le monde se levait à tour de rôle, se lavait, allait dehors aux toilettes avant d'aller à table. Tout le monde, sauf Wanda ce jour-là.

– Wanda Zoe, *lève-toi* !

Maman commença à s'énerver.

– J'suis trop fatiguée, m'man, j'me sens pas bien, grommela Wanda en remettant sa tête sous l'oreiller.

Maman retourna à la cuisine, fouilla dans un cageot et trouva du bicarbonate. Elle en mit une cuillérée dans un verre, la mélangea avec l'eau de la pompe et l'apporta à Wanda.

– Tiens, prends ça et bois, ordonna maman.

Wanda sortit la tête des draps et jeta un coup d'œil sur ce que maman lui tendait.

– Ça sert à quoi ?

– Tu vas te gargariser avec. Ça va t'enlever l'haleine de whisky avant d'aller à l'école.

Wanda prit la boisson à contrecœur. Tout le monde pouffait de rire dans la cuisine, même moi qui n'y comprenais pas grand-chose.

Ensuite, maman se préparait pour aller au travail et les autres pour aller à l'école. Elle enfilait ses genouillères, mettait son tablier, ses bottes de travail renforcées et son chapeau fait maison. Elle demandait à Donnie de porter le seau avec la nourriture, me plaçait derrière elle, prenait Loy dans ses bras et marchait jusqu'aux champs à huit cents mètres de là. Une fois sur le lieu de travail, Donnie posait le seau sous le chariot de coton et rejoignait les autres pour une longue marche jusqu'à l'arrêt du bus scolaire pour Rockwall.

Comme les autres, maman cueillait le coton à genoux rang après rang, depuis la fraîcheur du matin jusqu'à l'étuve du midi. Je jouais, heureuse, autour du gros sac qu'elle traînait derrière elle. Parfois, je m'asseyais carrément dessus en espérant qu'elle ne s'en apercevrait pas. Mais dès qu'elle devait avancer, elle sentait le sac anormalement alourdi et sans même se retourner, me grondait, m'ordonnant de descendre. Parfois, j'entendais des travailleurs chanter un peu plus loin et je me faufilais jusqu'au rang de coton d'où provenaient les sons. À midi, ils prenaient tous leur repas à l'ombre des chariots. Il y avait du poulet frit, de la salade de pommes de terre, quelques fruits frais et les restes du petit déjeuner, le pain brioché et de la confiture. Cela ressemblait vraiment à une fête où chacun partageait ce qu'il avait apporté. C'était la pause bienfaitrice à l'abri de la sécheresse zénithale.

Le repas correspondait davantage à une récompense pour le labeur du matin plutôt qu'à un moyen d'apaiser la faim. Les hommes comparaient le poids total du coton qu'ils avaient chacun ramassé, mais ma mère, bien que femme, les battait tous. On plaisantait beaucoup à ce sujet, mais maman maintenait la même performance, jour après jour. Ils avaient fini par l'aimer et la respecter pour sa force et son endurance.

Les femmes, elles, racontaient ce que faisaient leurs enfants, se plaignaient de la chaleur et de leurs misères excessives, mais toujours avec l'humour et le courage qui leur permettaient de tout supporter.

La fête terminée, elles remballaient les restes — rien n'était jeté. Pendant ce temps-là, les hommes allumaient leurs cigarettes roulées Bull Durham. Le vieux gentleman noir prenait sa pipe en épis de maïs, la bourrait d'un tabac aromatisé à la cerise et briquait une allumette sous son talon. J'adorais ce parfum si doucereux pour nos petits nez.

Tous les enfants étaient rassemblés autour de lui à attendre les anneaux de fumée qu'il faisait s'envoler au-dessus de chacune de nos têtes. Puis, il proclamait :

— Voyez ? Z'êtes tous de vrais p'tits anges. Sûr qu'le Bon Dieu vous aime tous. Mais faut être gentils avec vos parents et l'vieux Bugs vous en donnera encore demain !

On sautait tous de joie et on promettait d'être vraiment mignons envers nos parents, et de bien les aider. Une fois qu'il avait obtenu les promesses de chacun, il allait à sa glacière et sortait des bouteilles de Dr Pepper glacées. Il y en avait une pour chaque enfant.

C'était grandiose pour nous. On n'en aurait jamais eu sans cette âme magnifique et si gentille. J'en vins vite à aimer profondément cet homme.

Ma mère venait me chercher avec mon Dr Pepper et m'asseyait au sommet du chariot. Elle brossait mes cheveux de bébé blancs comme neige, puis me mettait un ruban de satin jaune dans les cheveux. Elle prenait ensuite une autre petite fille, l'asseyait à côté de moi et la coiffait de la même manière, sauf que cette fois, le ruban était rouge. Je sirotais ma bouteille et regardais maman faire. Une fois, la brise avait emporté mon ruban. J'avais fait la moue et maman m'avait surprise :

— Bébé… tu vas pas bouder quand même… tes cheveux sont jolis et t'en as pas assez pour tenir le ruban. J'vais le serrer plus fort.

Elle répara le problème et mes larmes de crocodile s'évaporèrent instantanément.

Ces moments merveilleux malgré les dures journées se répétèrent durant les deux années qui allaient suivre. Je les gardais précieusement au chaud dans ma mémoire. Notre famille installait joyeusement sa nouvelle vie dans la partie est du Texas.

Wanda grandissait et devenait une belle jeune femme. Ses yeux étaient émeraude, sa peau immaculée de couleur olive, ses dents d'un blanc parfait, et le tout était ornementé d'une magnifique chevelure auburn en forme de glorieuse couronne. Elle était d'une beauté naturelle, et la seule pointe de couleur qu'elle ajoutait était une touche de rouge à lèvres. Avec sa taille de guêpe et le galbe parfait de ses longues jambes, Wanda aurait largement pu avoir la célébrité des plus belles femmes du monde, mais l'environnement dans lequel elle était élevée l'empêcha de réaliser ses rêves. Ma mère n'était en aucun cas à blâmer pour cela, mais plutôt les conditions de l'époque. Notre famille ne connaissait pas ce type de traditions qui pousse à la réussite scolaire et sociale. Maman ne venait pas non plus d'une famille instillant cela. Les traditions étaient un luxe à l'époque. C'était déjà pour nous bien assez dur de survivre.

Wanda avait été également profondément affectée par l'alcoolisme de mon père. Ce fléau nous avait volé son amour et son soutien financier. Wanda avait enduré les crises d'ivrogne qu'il déchargeait sur notre mère, et la violence verbale qu'il lui destinait directement.

– P'tite pute, putain de p'tite salope, bonne à rien !

Quand ses copains étaient dans le coin, il beuglait.

– Sors de là, Wanda Zoe, j'vais montrer à mes bons vieux potes c'que l'étalon que j'suis a produit comme beau bébé ! Sors qu'ils t'regardent un peu !

L'évidente déviance de cet amour paternel fit de cette femme blessée une sauvageonne dont le seul désir pendant longtemps fut de « passer du bon temps ». C'était, pour elle, le moyen de gérer le manque de confiance en elle, la souffrance, la colère et la honte qu'elle abritait au fond d'elle. Sa seule amie était Dorothy, une belle jeune fille issue du même milieu. Elles se ressemblaient tellement qu'on les prenait souvent pour deux sœurs, ce dont elles jouaient avec malice. Leur lien d'amitié allait les emmener dans toutes sortes d'aventures durant les années qui allaient suivre.

Wanda et Dorothy avaient fini par fuir ensemble quand j'avais quatre ans. Ce ne fut que beaucoup plus tard que Wanda me raconta cette terrible soirée qui l'avait poussée à tout quitter pour toujours. Ce soir-là, Wanda était allée avec Dorothy dans un bar western à Rockwall, quand elle s'était retrouvée nez à nez avec mon père. Il était complètement soûl et fauché. Il avait visiblement essayé tout ce qu'il pouvait pour « emprunter » de l'argent aux autres clients du bar, mais sans succès. La note du bon vieux Charlie était déjà très salée. Il ne payait jamais ses dettes. Mais soudain, les cieux lui avaient envoyé la solution : sa propre fille. Il avait attiré ma sœur à la table de ses vauriens d'amis, et avait étalé bruyamment les « vertus » de sa fille. Tel un vieux coq roublard, il jouait le père fier et aimant pour inciter Wanda et Dorothy à s'asseoir à leur table. La pointe de perversion dans son regard trahissait son intention flagrante : il offrait les voluptés de sa propre fille et celles de son amie à la vulgarité de ses copains mis aux supplices. Et pour gagner combien ? Une bouteille de Johnny Walker Red Label, bien sûr !

Ce fut cet ultime coup de poignard dans l'âme de ma sœur qui la propulsa dans une rage explosive. Toute sa colère réprimée et accumulée depuis si longtemps se libéra dans un élan de furie rédemptrice. Elle était la meilleure de la famille aux coups de poing. Elle pouvait facilement mettre à terre nos frères, et l'avait souvent fait d'ailleurs.

Elle avait bondi et envoyé une série de coups au visage de ce vieux salaud. Elle lui avait explosé le nez et noirci les yeux. Pas une seule personne n'avait bougé pour venir à son secours. Ils avaient peut-être peur d'intervenir, ou peut-être aussi pensaient-ils qu'il méritait ce qu'il était en train de subir. Les deux jambes élancées de Wanda surplombaient le carnage de cet homme couvert de sang étalé au sol. Elle avait attendu un instant qu'il bouge pour l'achever d'un dernier coup de pied rapide.

— Espèce de... minable... vieux fils de salaud. Si t'étais pas mon père, j'te trancherais ta putain de gorge.

Elle avait sifflé pour imiter le son de la lame.

— Bon Dieu, t'es qu'une misère d'homme, Charles Hampton. Tu m'as donné la honte, à moi et à mes frères, et t'as traité ma pauv' mère comme un chien. J'te déteste, fils de salaud. Et j'vais t'dire un truc. Si t'essaie un jour de rev'nir à la maison pour grappiller de l'argent à ma mère, j'te poursuivrai à mort, pauvre merde... *et j'te tuerai* !

Elle lui avait envoyé un dernier coup de pied dans les côtes pour s'assurer qu'il écoutait bien.

— T'entends ? J'te tuerai !

Wanda avait tourné sur elle-même et posé son regard sur chaque personne présente. L'orchestre avait arrêté de jouer *Your Cheatin' Heart*. Personne ne bougeait ni n'émettait le moindre son.

— J'vais mettre les choses au clair pour vous tous, fils de putes, continua-t-elle. J'éclaterai la tête du premier qui osera ramener ce salaud chez ma mère. *C'est compris* ?

Ils étaient, pour la plupart, terrorisés, et hochaient la tête en la regardant. D'autres, honteux, gardaient le regard au sol.

Elle avait ramassé rapidement son petit sac à main et s'était avancée vers la porte, suivie de près par Dorothy. Puis, elle s'était arrêtée net. Les larmes avaient jailli alors de ses magnifiques yeux meurtris. Elle avait balayé à nouveau la pièce du regard, puis dit à l'homme inerte vautré dans sa bave et son sang :

— J'vais tous vous faire disparaître de mes souvenirs, bande de lâches, sans cervelle… espèces de putes. Où sont *vos* gosses Bon Dieu ? Merde ! Regardez-moi bien et souvenez-vous bien d'moi parce que vos gosses vont grandir exactement comme moi. Parce que vous êtes pas mieux qu'le putain d'enfoiré qu'est par terre. Et toi (elle montrait du doigt notre père), toi, t'es plus mon père, t'entends ? C'est fini ! T'as mis que d'la misère dans ma vie. Va au diable ! Au lieu du lait, tu m'as donné du whisky… tu m'as détruite, Charles Hampton, et j'te l'pardonnerai jamais. Un jour, vieux, tu récolteras tout c'que t'as semé et j'espère que tu souffriras autant qu'tu nous as fait souffrir moi et ma mère. Et écoute bien, pauv' vieux, parce que j'pense vraiment c'que j'te dis, là. *Touche plus jamais à ma mère* !

Je n'allais pas revoir ma « fée princesse » pendant de longues années. Lors de ses aventures, elle voyagea beaucoup, en autostop. Elle fut aimée et courtisée par un célèbre gangster, fit un peu de mannequinat et tabassa un membre d'un gang de motocyclistes ainsi que sa mère pour faire bonne mesure. Elle eut une relation avec un homme d'affaires respectable, mais refusa son offre en mariage. Elle insista ensuite pour élever seule son fils illégitime, sans l'aide du père. Elle travailla dans des bars pour le divertissement et la bonne paye. Elle eut une vision de Jésus-Christ, ce qui provoqua une amélioration radicale dans son langage et dans son style de vie, du moins pour un temps. Elle gagna le prestigieux titre de Miss Coton du Texas. Elle envoya l'article et sa photo à maman. Dès sa réception, maman la montra à tous les travailleurs et employés. Elle devint le trésor le plus précieux de ma mère.

J'avais quatre ans et je ne mettais plus de couches, mais parfois, il m'arrivait d'avoir de « petits accidents ». Mon accoutrement était la typique salopette à rayures grises. Comme il était difficile d'enlever rapidement les bretelles, j'avais du mal à me déshabiller à temps. De plus, il y avait souvent des choses plus importantes à faire, comme jouer aux billes, par exemple, d'où mes « petits accidents » fréquents. Ce fut l'une de ces mésaventures qui provoqua un événement bouleversant qui allait influencer ma vie entière.

J'étais par terre à jouer aux billes, mon petit frère à côté de moi. Deux de mes frères plus âgés arrivèrent en traînant un animal paniqué qu'ils avaient visiblement pris au piège. Maman se redressa.

— Je vous avais dit que je vous rosserais les fesses si vous rameniez ces choses-là dans le coin. Eh bien, c'est ce que je vais faire !

Ne voulant pas assister au carnage qui allait suivre, je me retirai discrètement et eus un « petit accident » en chemin. Honteuse, je retournai en cachette à notre cabane, grimpai les marches sous le porche et rentrai à l'intérieur de la maison pour me changer. Je farfouillai un peu partout pour trouver des sous-vêtements et m'attelai à effacer toute preuve.

Une fois ma culotte propre enfilée et le reste caché sous le matelas, j'entendis un bruit dans la chambre du fond. Je m'avançai tout doucement pour voir. Et là, je surpris mon oncle Harrison, allongé tout habillé avec sa chemise et son pantalon kaki. Il était le frère aîné de mon père. Il était soûl et ouvrit de grands yeux en me voyant. Puis, il me reluqua bizarrement, se gratta l'entrejambe et commença à se caresser.

— Eh bé ! C'est pas not' p'tite Judy, ça ?

Je lui souris et remarquai de la bave jaune couler du coin de sa bouche.

— Eh ben, viens m'voir que j'te regarde un peu !

À tâtons, il fit sauter son bouton et enleva son pantalon. J'hésitai. Je sentis la peur m'envahir. Je l'avais déjà vu soûl avec mon père, mais je ne m'étais jamais retrouvée seule avec lui. Maintenant, il m'effrayait.

— J'ai dit viens, p'tite salope !

Hargneux, il sauta vers moi. Les larmes me montèrent aux yeux. Personne n'était là pour m'aider… pas même mon ange gardien Donnie. Il était en train de recevoir une bonne rouste de la part de maman, à l'autre bout du chemin, dans les champs. En un instant, mon oncle m'avait attrapé le bras, déchiré la culotte et collé violemment à lui. Je me débattis, mais n'avais pas assez de force pour échapper à mon agresseur. D'un geste vif, il avait abaissé son caleçon, exhibant son organe. Il empestait l'odeur fétide des excréments et de l'urine. Je ne savais pas ce qu'il faisait. Il m'écarta alors brusquement les jambes et me leva un peu en l'air pour me ramener d'un coup sur son sexe et me pénétrer en force. Je me mis à hurler. J'étais terrorisée.

— Alors, tu veux savoir c'que j'vais faire de toi, p'tite salope ?

Il essaya encore et encore, mais il était trop soûl et j'étais trop petite. J'étais paralysée par la peur. Après une dernière tentative vaine, il renonça et, furieux, me balança contre le mur.

— Espèce de pute ! T'es qu'une petite pute ! Salope !

Il chancela et tomba en arrière sur le petit lit. Je me relevai avec peine et bondit hors de la maison. Mon corps me faisait mal, je trébuchai et finis par tomber par terre sous le porche. La douleur était trop grande. Je m'assis un moment ; j'étais nue, sale, couverte de larmes et de morve, hurlant de peur et de désespoir. Mais personne ne m'entendait. J'étais seule. Il ne me restait plus qu'à me lever et à me mettre à courir de toutes mes forces vers le champ de coton pour retrouver maman. Elle avait déjà puni mes frères et était retournée au travail. Dans un dernier élan, je courus vers elle et m'effondrai à ses pieds.

– Qu'est-ce qui s'passe, ma p'tite Judy ? Pourquoi t'es toute nue ? Ma chérie, pourquoi tu pleures ?

Sa voix avait un mélange de dureté et de compassion, simplement parce qu'elle devait surveiller tous ses petits et travailler dur en même temps.

– J'ai bobo, maman… j'ai bobo à mon minou.

Je pleurais à chaudes larmes.

– Ah, c'est sûrement une irritation à force de faire pipi dans ta culotte. Bonté divine, ma fille, retourne sur le chariot et attends maman, tu veux bien ? Je veux que tu surveilles Loy pendant que je finis de… allez, vas-y, maintenant !

Et elle retourna au coton.

Je marchai misérablement jusqu'au chariot et retrouvai mon petit frère, qui, tout joyeux, était en train de jouer avec ses billes. Personne ne remarqua que j'étais nue. Je m'essuyai moi-même, tentant d'éliminer la douleur. Je regardai sans cesse en direction de la cabane où nous habitions. Un nouveau sentiment venait de se glisser en moi : la méfiance.

Plus tard ce soir-là, après le repas, maman préparait le bain pour Loy et moi. Elle commença à me savonner, mais cela me brûlait. Je fondis en larmes et lui montrai mes parties intimes. Elle me rinça et examina avec attention la zone irritée. Sans dire un mot, elle alla chercher de la poudre miracle, le bicarbonate. Elle s'en remplit la main et l'étala sur la partie tendre et douloureuse de ma peau. Elle m'enroula ensuite dans une serviette et m'assit tout près du four pour me réchauffer. Puis, elle lava Loy. Je lui racontai alors la terrible aventure que j'avais vécue. Elle écoutait, silencieuse. Elle quitta la pièce, laissant Loy dans le bain, puis revint en s'essuyant les mains sur son tablier.

– Ma p'tite Judy, il n'y a personne dans la pièce du fond.

Elle me regarda attentivement.

– Ton oncle Harrison n'est plus là depuis longtemps. Tout va bien se passer. T'as juste eu un petit accident !

Puis, elle retourna à Loy, qui avait profité de sa liberté pour faire mousser joyeusement le savon dans ses cheveux et partout autour de lui.

Ce fut tout ! Maman, croyant que nous étions tous dans les champs, n'avait pas su qu'oncle Harrison s'était furtivement glissé chez nous pour cuver son alcool avant de rentrer chez femme et enfants. Il avait fait disparaître toutes les preuves de son passage et de ce qu'il m'avait fait. Je ne sais même pas où il avait mis ma culotte, mais si maman l'avait trouvée, elle aurait simplement supposé qu'il s'agissait de la cachette de mon petit accident honteux.

Je ne me rappelle pas avoir jamais revu mon oncle horrible. Je ne sais pas non plus s'il se souvint de l'acte répugnant qu'il avait commis. Cet événement me blessa à jamais, laissant une affreuse cicatrice ouverte qui me fit me méfier des hommes pour toujours. J'allais garder en moi ce terrible secret qui avait détruit mon innocence, mon ouverture de cœur et ma confiance envers les autres. Cela anéantit le respect que j'avais envers moi-même pendant de nombreuses années. Après la naissance de mon premier fils, Brandy, j'appris la « douloureuse » nouvelle. Mon pauvre oncle Harrison venait de décéder. Je jubilai intérieurement d'un délicieux sentiment de revanche personnelle. Oh, que c'était doux !

Chapitre 5

MON GROS BALLON ROUGE

Quelques mois plus tard, un samedi matin, maman enfila son plus beau pantalon et mit sa plus belle chemise. Elle se préparait pour faire à pied les huit kilomètres jusqu'à Rockwell, où elle allait faire son marché.

— Ton papa est venu à l'improviste la semaine dernière et il nous a piqué la bagnole. Je ne peux plus vous emamener en ville, ma fille. Sois gentille, reste ici et garde Loy Gene pour moi… Tiens, prends ça et démêle tes cheveux.

Elle me jeta une brosse qu'elle venait de sortir de son sac et s'en alla d'un pas décidé. Je la suivis un peu à distance, puis la vis disparaître au loin, dans les champs. Les vagues de chaleur déformaient l'horizon. Je plissai les yeux, mais c'était peine perdue, elle s'était volatilisée. Les yeux remplis de larmes, je commençai à débroussailler le nid de cheveux sur ma tête. Mes frères et sœurs avaient tous quitté la maison. Gayle avait rejoint l'armée, Charles avait choisi la marine et Donnie était partie, on ne sait où, avec ses amis. Je restais donc seule avec mon petit frère chéri.

On passa le reste de la journée à s'occuper par nous-mêmes, mais mon attention restait toujours fixée sur ce champ, espérant voir revenir ma mère. Soudain, une vague silhouette se dessina. C'était maman. Je courus vers elle et Loy fit de son mieux pour me suivre. Enfin, la voilà ! Elle avait trimballé sur huit kilomètres de champs labourés deux énormes sacs remplis de nourriture. Arrivée à la maison, elle déballa une miche de pain et sortit un petit cadeau. C'était un ballon rouge gonflable. Je rangeai le pain comme elle me le demanda et attendis. Le souffle coupé, elle se mit à gonfler le ballon. J'étais folle de joie ! Je n'avais jamais vu de ballon gonflable ni quoi que ce soit d'aussi beau. Maman noua ensuite l'extrémité, l'attacha à un bout de ficelle et me le donna. J'étais au comble du bonheur. Elle retira ensuite de son sac une petite voiture en plastique rouge qu'elle tendit à Loy. Il se mit immédiatement à quatre pattes sur le linoléum pour la faire rouler, imitant le grondement du moteur.

Je sortis avec mon trophée et pris le ballon dans mes mains pour contempler ses mystères. Je me rendis compte que lorsque je regardais à travers, le soleil ou toute autre chose prenaient une couleur rose vif. C'était magique ! Je me mis ensuite à le lancer doucement dans les airs et à courir le rattraper. J'étais ravie de mon nouveau jouet. Mais brusquement, un coup de vent emporta mon trésor. Je courus frénétiquement après, mais il était déjà trop haut. Il dansait avec légèreté, hors de portée, tel un elfe magique à travers les champs de la liberté. Dans mon élan, je trébuchai sur une grosse motte de terre, tentai de me relever, mais basculai à nouveau en arrière. J'étais si minuscule ! Je me mis à pleurer avec amertume, si minuscule au milieu des champs de la pauvreté et du désespoir.

Quelques jours plus tard, maman, Loy et moi dinions de porc salé et de biscuits accompagnés de thé glacé. Soudain, une voiture arriva et se gara devant la maison. Une portière claqua et maman, tout en mâchant, déposa son biscuit et attendit, les yeux fixés sur la porte. Un homme surgit. C'était le « bon vieux » Charlie, ivre et tenant un fusil de calibre .22 dans les mains. Maman ne bougea pas.

— Je viens chercher de l'argent, Helen. J'ai besoin d'un peu d'argent, bredouilla-t-il, debout derrière la moustiquaire.

— T'as pas besoin d'argent, t'as besoin de ta gnole. J'te donnerai rien. Va-t'en… Tire-toi et laisse-nous tranquilles.

Elle ne se leva même pas de table.

Furieux, il ouvrit la porte violemment et s'avança, menaçant.

— J'ai dit donne-moi de l'argent, Helen !

— Charlie Hampton ! Dans le temps, tu cueillais plus de coton que tout un camion de travailleurs. Aujourd'hui, tu bois autant qu'un camion de travailleurs.

— Si tu m'donnes pas un peu d'argent, j'vais le prendre, rugit-il, en appuyant sa carabine sur ses hanches.

Maman se leva avec nonchalance et alla jusqu'à une caisse en bois. Elle en sortit un couteau de boucher. Loy et moi restions assis, sans bouger. Charlie s'avança vers elle en titubant. Nous avions déjà vécu cette scène plusieurs fois.

— C'est ça, essaie voir, Charlie Hampton ! J'te taperai la tête jusqu'à ce que tu deviennes dingue ! Et ensuite, j'te trancherai ton cou de minable ! rétorqua-t-elle.

Il fit un pas en avant.

— Vas-y ! Essaie voir ! dit-elle d'un air mauvais.

Elle était ferme et sans peur. Le match n'était pas équitable. Charlie lui lança un regard courroucé.

Elle poursuivit :

— Charlie Hampton, fais ton choix ici et maintenant : ta famille ou ton alcool !

— Donne-moi de l'argent.

— Choisis !

Elle ne bougea pas d'un poil.

— J'choisis l'alcool.

— Alors, fous le camp d'ici !

Elle leva le couteau, mais il resta comme paralysé.

— Je t'ai dit de dégager !

La petite femme avait disparu. Son audace intimidatrice l'avait transformée en une effroyable terreur. Charlie comprit qu'il était en danger. Il recula, ouvrit lentement la porte et retourna à sa voiture. Sa portière claqua et le bon vieux Charlie mit rapidement les gaz pour sauver sa vie.

Maman referma la porte. Elle s'assit calmement et continua son dîner.

— J'coupe le coton, j'le ramasse et j'attends la récolte d'après. J'fais que ça de ma vie. J'ai trop hâte de baisser le rideau.

Elle nous servit une de ses tartes aux fruits maison. Le silence clouait nos bouches pleines.

Ce soir-là, le prestige de maman prit des proportions plus grandes que nature. Les conflits et les difficultés avaient fait d'elle une guerrière chevronnée qui avait vaincu son horrible oppresseur. Charlie Hampton ne remit jamais les pieds dans notre cabane. Je n'aurais le plaisir de sa compagnie que deux fois dans ma vie.

Maman avait retrouvé sa vieille voiture devant un bar. Elle l'avait démarrée en branchant les fils de contact et l'avait ramenée à la maison. Elle en avait assez du labeur des champs et de ses souvenirs. Un jour, elle prit la décision d'en finir, de tout emballer et de recommencer une nouvelle vie. Les adieux furent très tristes. Nous étions entassés dans la voiture et tous les travailleurs étaient rassemblés autour de nous. Maman leur donnait des vêtements qu'elle avait fabriqués avec des sacs de coton ainsi que quelques biscuits qu'elle avait préparés la veille. Certains pleuraient.

Une vieille femme noire de la plantation, qui chantait de façon merveilleuse, dit à ma mère, la gorge serrée :

— Z'allez nous manquer, Miss Helen. Z'avez tant fait pour nous tous. Nous vous remercions… Merci. Dieu vous bénisse, vous et tous vos gosses.

Des enfants sans souliers et sans sous-vêtements se joignirent aux autres, assis sur les piles de coton dans les chariots pour regarder les adieux de la foule nombreuse.

— Aussi longtemps que le soleil se lève chaque matin et se couche chaque soir, la journée sera belle, proclama ma mère dans un élan poétique. Le soleil, c'est l'or de la vie et le dur labeur n'a jamais fait de mal à personne.

— Helen, on va jamais t'oublier ! pleurait une autre vieille femme, quand mon vieux monsieur préféré apparut avec sa pipe à la fenêtre de la voiture.

Il avait un sourire complice au visage et tenait deux Dr Pepper dans ses mains. Je baissai complètement la vitre et il me tendit les bouteilles.

– Sois mon gentil petit ange. Et quand le Bon Dieu me donnera son accord, j'te soufflerai une auréole. Peu importe où tu seras, tu la recevras. Sois gentille avec ta mère.

Il caressa les cheveux de Loy et me pinça gentiment la joue. Puis, il disparut dans la foule. Les larmes commencèrent à ruisseler une à une sur mes joues pour échouer dans ma bouteille de Dr Pepper.

Maman démarra et, après un dernier adieu, nous nous mîmes en route pour ce long voyage. J'appuyai mon visage sur la fenêtre et regardai ces âmes magnifiques disparaître à tout jamais à l'horizon. Je songeai à mon ballon, me demandant s'il était toujours quelque part là-bas… Peut-être avait-il poursuivi son chemin très loin – loin de moi et de ce champ.

Notre cabane et ces champs reposent aujourd'hui noyés sous les eaux d'un barrage construit il y a quelques années. Seuls les souvenirs demeurent.

Chapitre 6

DIEU AIME-T-IL AUSSI LES HANNETONS ?

Nous habitions désormais dans la ville d'Artesia, au Nouveau-Mexique. Ma mère avait trouvé deux emplois. L'un d'entre eux était un travail de serveuse dans la cafétéria d'un supermarché. Elle se levait à quatre heures du matin, préparait le petit déjeuner qu'elle nous mettait au chaud dans le four, et faisait cinq kilomètres à pied pour être sur place à cinq heures. Elle aimait son travail, et sa personnalité unique faisait qu'elle avait toujours du monde. Elle avait créé sa propre clientèle. Les gens lui étaient fidèles et attendaient même qu'une de ses tables soit libre. Son salaire était correct et ses pourboires généreux. Bien sûr, le fait qu'elle fût jolie et célibataire y était certainement pour quelque chose.

De retour à la maison, après ses cinq kilomètres à pied, elle s'attelait à une journée de travaux ménagers et finissait par le repassage de son nouvel uniforme destiné au boulot suivant – celui de serveuse dans un casse-croûte, le soir de dix-huit à vingt-trois, juste en face de là où nous habitions.

Cet endroit était tenu par un couple de personnes âgées, gentilles et profondément religieuses. Loy et moi allions de temps en temps y faire un tour. Nous faisions semblant d'être des clients et souvent, le vieux couple charmant nous offrait une gomme à mâcher, ce qui nous comblait de joie, bien évidemment.

Notre maison était un plain pied de trois pièces situé au bout de six autres logements construits en enfilade, à l'image des baraquements de l'armée. Il n'y avait qu'un seul arbre et pas un seul brin d'herbe. Les pelouses étaient un luxe réservé aux gens riches.

Les portes avant et arrière de l'appartement étaient toutes deux abritées par de grands porches. Nous avions un vrai salon – bien que très petit, bien sûr –, une chambre et une grande cuisine avec l'eau courante et un four à gaz. J'étais émerveillée de ne pas avoir à couper du bois pour alimenter la cuisinière. Il suffisait de tourner le bouton, de tendre une allumette sur le brûleur et illico presto, le feu était instantané !

Mon frère aîné Donnie s'était finalement engagé dans la marine. Gayle, quant à lui, était rentré de la Guerre de Corée et sa réputation n'était déjà plus à faire. Il était bel homme et avait beaucoup de succès auprès des femmes. Il aimait boire, passer du bon temps et s'habiller avec élégance. Il portait toujours un chapeau Stetson, des chemises westerns, un large ceinturon, des jeans Wrangler amidonnés et repassés méticuleusement avec un pli sur chaque jambe, et de belles bottes de cow-boy aux fers rutilants. L'ensemble lui donnait l'air d'un homme à la fois dur et sensuel, mettant au supplice n'importe quelle « femelle » jeune ou âgée !

C'était vraiment un beau gars ! Sa chevelure abondait de boucles gominées magnifiques d'un brun foncé. Ses yeux couleur noisette étaient bordés d'épais cils noirs, son nez était en trompette et son large sourire dévoilait des dents d'un blanc perlé. L'ensemble lui donnait un certain air d'innocence. Gayle mesurait un mètre quatre-vingt-trois et son corps bien développé exhibait une belle musculature. Il courbait toujours légèrement les épaules pour se donner une certaine allure. Il était conducteur de bulldozer et de tractopelle pour une entreprise de travaux publics. Je l'adorais. Les rares fois où je le voyais, il m'appelait Sissy et m'apportait un petit cadeau ou me donnait une pièce. Mais ses absences étaient fréquentes. Les impératifs de sa vie d'homme l'obligeaient à des activités plus stimulantes.

Charles se faisait plus rare encore. La seule chose dont je me souvienne de lui à cette époque était qu'il était lui aussi très beau, avec des cheveux légèrement plus clairs que ceux de Gayle et une personnalité fort différente. Il ne buvait pas. Il travaillait dur et passait la plupart de son temps libre à la rivière pour « le gros poisson ». Il ne se mettait pas facilement en colère, mais lorsqu'on l'y poussait, il pouvait foudroyer n'importe qui. Il était connu dans la famille et autour des bars comme étant « une machine de combat filiforme, féroce et aussi rapide que l'éclair ». Il restera cependant toute ma vie un mystère.

Wanda, quant à elle, avait épousé un homme issu d'une famille très unie de pure lignée espagnole. Billy, son époux, ressemblait davantage à une vedette de cinéma qu'à un mari. Ils vivaient à Los Angeles avec son fils à elle, Markey, qu'elle avait eu d'une tragique liaison précédente. Leur propre fils Sudsy était né avec une malformation et dut endurer une intervention à cœur ouvert de douze heures, alors qu'il n'avait que quelques mois. Il allait, par la suite, à l'âge de douze ans, devoir en subir une autre à laquelle, malheureusement, il ne survécut pas.

Ils essayèrent d'avoir une famille heureuse, mais Billy était profondément loyal envers son « autre famille », qui lui reprochait d'avoir trahi son rang. Maman recevait environ deux lettres par semaine, avec souvent des photos de ses petits-enfants chéris. Elle se languissait de tous les revoir.

Donnie, lui, adorait la vie de marin et son gros attirail de guerre. Son surnom était « Donnie L'Œil Tueur ». Ses lettres racontaient ses aventures que maman lisait et relisait sans cesse à ma demande. J'étais émerveillée devant les photos qu'il envoyait. Je n'avais jamais vu l'océan ni un navire. Tout cela m'était aussi étranger que magique. Maman lui préparait souvent des gâteries qu'elle lui envoyait par la poste. C'était sa façon à elle de lui dire « Je t'aime, tu me manques ». Je n'avais jamais entendu maman dire à quiconque « je t'aime » avec des mots. En fait, je ne savais même pas que ces mots existaient, ce qui donnait foi à la maxime « ce que tu ne connais pas ne peut te faire mal ». En y repensant, je ne me souviens pas avoir été embrassée, ni même prise dans les bras par maman. Je ne savais donc pas que cela pouvait me manquer.

En fait, la personne la plus proche de moi était mon plus jeune frère, Loy. J'avais cinq ans et il en avait trois. C'était un bel enfant. Il avait des cheveux noirs épais, un regard profond couleur noisette, des sourcils fournis et une peau magnifique avec un joli petit nez couvert de taches de rousseur. Il était la joie et la fierté de ma mère. C'était son petit dernier.

Puisque je n'allais pas encore à l'école — je ne savais même pas ce qu'on y faisait —, Loy et moi passions nos journées à jouer ensemble. Nous ne savions pas non plus ce qu'était une nounou et nous avions peu de vrais jouets. Mais la nature nous fournissait de nombreux trésors très divertissants. Nos favoris étaient les hannetons. Ces grands insectes vert métallique étaient magnifiques et inoffensifs. On leur accrochait un fil sous les ailes pour les tenir en « laisse » et ils tournoyaient dans les airs comme des hélicoptères. C'était bien plus passionnant que des jouets en plastique qu'on devait faire tourner à la main et à bout de bras. Nous enfourchions ensuite des bâtons — nos chevaux — auxquels nous accrochions nos ficelles à hannetons. Nos chevauchées étaient frénétiques, soulevant derrière nous de grosses traînées de poussière. Quelles parties de rigolade !

Nous garions ensuite nos « chevaux » à la porte arrière de la maison et attachions nos « laisses à insectes » à des buissons pour la nuit. Il est fort probable que nos hannetons exténués suppliaient que nous mettions fin à cette torture, mais nous leur laissions toujours une certaine longueur au cas où ils aient eu envie de jouer par eux-mêmes. Il était donc fréquent de retrouver au petit matin des cordelettes entortillées dans les feuilles, au bout desquelles pendaient de misérables petites créatures désespérées. Un jour, je courus libérer mon insecte et découvris qu'il s'était pendu. Je ne savais pas s'il s'agissait d'un accident ou s'il ne supportait plus ces incessants rodéos poussiéreux. Je l'emportai au « Cimetière des Hannetons » où reposaient à jamais tous mes héros, morts au service de leur propriétaire, c'est-à-dire de « moi » ! Aussitôt les funérailles terminées, je me précipitais à la recherche d'une nouvelle recrue volontaire !

Un jour d'été chaud et indolent, alors que Loy avait garé hâtivement son bâton-cheval pour courir subitement aux toilettes, et que je m'appliquais à cacher sous le porche une crotte de nez visqueuse qui m'avait empêchée de respirer, je fus surprise par un homme provenant du coin de la maison. Je me mis à rougir violemment, pensant avoir été prise en flagrant délit, mais je reconnus vite l'intrus. C'était « l'vieux Charlie ». Il était ivre. Il portait une chemise blanche, sale, avec un pantalon kaki, à peine retenu sur les hanches par une étroite ceinture. Il puait la gnole.

– Hé, mais c'est toi, ma p'tite Judy !

Il se pencha un peu, chancelant. Ses paupières tombaient lourdement sur ses yeux injectés de sang.

– Et moi aussi, je sais qui tu es, lui dis-je du coin de l'œil en reculant, dégoutée par son haleine fétide.

Il sortit de derrière son dos un paquet-cadeau et un bâton de sucre d'orge. Il me les tendit.

– Tiens, c'pour toi. J'ai ach'té c'cadeau pour toi, p'tite fille.

Je mis le bonbon directement dans ma bouche et le regardai ouvrir la boîte avec ses doigts brunis par la nicotine. Il en sortit une robe à rayures, vertes et blanches.

Il me la montra un instant en la tenant en hauteur, puis me la donna. Il était si fier de la robe et de son geste généreux. C'était sa manière de demander pardon.

– J'savais que t'aimerais les rayures vertes et blanches, me dit-il, souriant.

– Euh…, répondis-je tout en examinant mon cadeau.

– Et tiens, cette p'tite pièce toute brillante est aussi pour toi.

Je pris la pièce de dix centimes sans dire un mot. Une vieille voiture déglinguée et remplie d'hommes déboula alors du coin de la rue et s'arrêta net dans un nuage de poussière. Le conducteur joua du klaxon.

– Hé, Charlie, viens… faut y aller. On attend ! hurlèrent-ils.

Le bon vieux Charlie me tapota la tête, me caressa les cheveux et sans un mot, tourna les talons. Il prit la flasque de Jim Beam enfoncée dans sa poche arrière et avala une lampée tout en se traçant un chemin vers la voiture. Il y monta, puis disparut. Quand Loy sortit, je lui tendis le sucre d'orge et enfilai la robe. Je déposai avec précaution ma pièce de dix centimes sous le porche, et Loy et moi reprîmes nos bâtons-chevaux pour dévaler la rue bordée d'arbres.

Plus tard dans l'après-midi, nous nous hasardions dans le grand stationnement du motel d'en face. Il n'y avait pas d'asphalte. Nous galopions sur la terre couverte de feuilles d'ormes. Soudain, une jolie petite fille blonde sortit et s'assit sous le porche. Elle était vêtue d'une robe en taffetas rose, avec un ruban de satin rose autour de la taille, des chaussures en cuir verni et un nœud rose dans les cheveux. Elle buvait du thé. Je la regardai et lui fit signe. Je n'avais jamais vu de vêtements aussi somptueux sur une gamine de cet âge. Elle ressemblait aux poupées que j'avais vues en magasin, sans expression dans leur boîte en plastique.

Face à ma nouvelle robe déjà salie, mes cheveux filasse et mes pieds nus, elle ressentit sûrement l'envie de vomir, car elle me répondit par une grimace du même rose que sa robe, comme si elle venait d'avaler une cuillerée de Pepto-Bismol.

— Euh… maman dit que je ne peux pas jouer avec vous, déclara-t-elle avec une certaine suffisance.

— Pourquoi ? répondis-je innocemment.

— Parce que ! rétorqua-t-elle.

— Parce que quoi ? insistai-je.

— Parce que tu es sale et que maman dit de ne pas te toucher, me répondit-elle d'un ton supérieur.

— De ne pas me toucher ?

— Non ! Maman dit que tu es une pauvre racaille qui ne vaut rien ! rajouta-t-elle, le nez pointé en l'air.

Les lèvres pincées, je lui jetai une boule de terre en plein visage ! Bon sang, je tirais bien ! J'allais lui en envoyer une autre, mais cette fois, j'y ajoutai un peu de bave pour qu'elle soit plus épaisse et plus gluante ! Je visai, et vlan ! En plein dans le mille ! Elle bondit, renversa son thé sur sa robe, cassa la tasse et hurla pour appeler sa mère. Mon Dieu ! Elle criait tellement qu'on aurait cru que je lui avais flanqué un coup de poing ! Quelle chochotte ! Sa mère apparut à la porte.

— Que se passe-t-il ? demanda-t-elle.

— Elle m'a traitée de racaille et m'a dit qu'elle avait pas le droit de me toucher ! répondis-je avec audace et défi, les mains appuyées sur les hanches.

La mère regarda l'état de la robe de sa petite poupée puis vit la figure de sa fille. Un œil était englué par de la terre baveuse et l'autre en avait récolté sur les cils. Oh grand Dieu, quelle braillarde !

— Tu *es* une moins que rien… Tu es une sale petite racaille minable ! Fiche le camp avant que je te rosse ton derrière boueux !

Elle emmena sa petite mauviette et claqua la porte devant mon nez.

J'éclatai en sanglots. Je pris Loy par la main et courus à notre appartement. Maman était rentrée. Elle était en train de mettre son uniforme du soir.

— Maman, pourquoi on est des racailles ?

J'avais le cœur serré.

— Qu'est-ce que tu dis ? De quoi tu parles, Judy ?

— La maman de la petite fille là-bas m'a dit que j'étais une racaille, et qu'elle n'avait pas le droit de me toucher.

Maman finit de s'habiller tranquillement puis sortit par la porte de derrière avec Loy. Je suivis. Elle me demanda juste où habitait cette femme. Je pointai du doigt la porte en question. Maman s'avança et commença à crier.

— Jolene Foster, sors ton foutu cul de ramasseuse de coton!

Elle attendait. Oh, mon Dieu, elle était en colère! Et dans ces cas-là, elle prenait vraiment un air de brute virile. Je restai lâchement en arrière. Madame Foster finit par sortir, en peignoir, avec des rouleaux dans les cheveux. Maman continua :

— Moi, je sais pourquoi t'es dans cette tenue en pleine journée. Quand j'en aurai fini avec toi, je m'occuperai de ton p'tit ami, sale pute!

Stupide, la femme s'élança vers ma mère pour essayer de la faire taire. Helen la dangereuse — alias maman — ne s'aperçut même pas de cette piteuse tentative. Au contraire, elle la gifla avec une telle force que je jure avoir vu quelques rouleaux être éjectés de cette créature sans cervelle. Puis, aussi rapide qu'une mouche, maman la percuta de sa gauche et propulsa la pauvre idiote à moitié sonnée en dehors du porche. Elle s'étala violemment dans une position tout à fait indécente.

Maman s'avança pour se pencher au-dessus de sa victime. Elle lui annonça alors :

— Personne ne traite mes enfants de racaille... en particulier une putain comme toi!

Sous le choc, madame Foster murmura :

— J'vais pas me battre avec toi. C'est contre mes croyances religieuses.

— Tes croyances religieuses, hein? Ah! Dommage pour toi, y m'semble que l'doux Seigneur t'a oubliée, ma grande! T'as intérêt à prier fort. J'en ai pas fini avec toi!

Là-dessus, «Maman la féroce» attrapa le balai de madame Foster, se jeta sur elle, la mit sur le capot d'une voiture et la roua de coups. Le reste des rouleaux s'envola. Ébahie, les yeux écarquillés, j'observais la scène. J'étais persuadée d'une chose, cette femme allait définitivement éliminer le mot «racaille» de son vocabulaire. Maman l'en avait convaincue!

Les voitures passantes commençaient à s'arrêter. Leurs occupants nous regardaient, bouche bée, incrédules. L'attraction était plus qu'inhabituelle sur une voie publique. Certains s'approchèrent et même applaudirent. Maman finit par abandonner sa victime sanguinolente et boiteuse. Ensuite, fidèle à sa parole, elle alla chercher son autre proie... le petit ami ! Tout le monde retenait son souffle, moi y compris. On entendit bientôt un terrible bruit de casse, puis un autre, et enfin les cris d'un homme – je ne suis pas sûre. Maman réapparut enfin. Elle s'était aussi chargée du petit ami ! Son uniforme blanc était couvert de sang et elle marmonnait :

– Elle croit que c'est qui la vraie racaille !

Elle m'attrapa alors la main et nous ramena à la maison, laissant derrière nous un véritable carnage.

– Et que personne ne bronche ou je lui casse la gueule !

Quelques jours plus tard, un samedi, maman nous acheta de nouveaux vêtements et une nouvelle paire de chaussures. Elle nous expliqua que monsieur et madame Andrews, les gentils patrons du casse-croûte, avaient proposé de nous emmener à l'église le dimanche suivant. Nous ne savions pas trop ce qu'était une église, donc maman nous donna une petite leçon quant à la façon de se tenir, en insistant particulièrement sur le fait de bien garder le silence.

– Et lorsque viendra le moment de prier, nous dit-elle, vous devrez pencher la tête en avant et fermer les yeux très fort !

Je demandai pourquoi. Elle me répondit que cela donnerait au Seigneur le temps de bien nous regarder, et que s'Il aimait ce qu'Il voyait, Dieu et Lui – Dieu était son père –, ils nous béniraient tous deux de leurs sourires. Mais nous ne devions absolument pas lever les yeux.

Le lendemain, maman nous aida à prendre notre bain et à nous habiller. La veille, elle avait enroulé mes cheveux dans de fines pinces qu'elle enlevait maintenant l'une après l'autre. Elle se mit ensuite à me brosser les cheveux avec l'énergie d'une créatrice, provoquant une véritable furie électrostatique. Plus elle essayait de calmer mes cheveux, plus ils se rebiffaient. C'était de pire en pire.

– Qu'est-ce que tu regardes comme ça ? demandai-je à Loy.

Je voulais savoir.

– Bon sang ! On dirait que tu viens de voir passer un monstre ou un truc comme ça !

Son expression devint soudain étrange, comme s'il commençait à se demander si en fait, ce n'était pas moi le monstre. Je bondis, l'écartai de mon chemin et fonçai vers la salle de bain. Je grimpai sur les toilettes, me penchai sur le lavabo et là, horreur ! On aurait dit une gosse qui venait de mettre ses doigts mouillés dans une prise. Mes cheveux, habituellement souples, se dressaient droit sur ma tête. Même ma frange avait été électrocutée ! Je tentai d'arranger un peu tout ça quand je reçus moi-même un court-jus ! Ma chevelure était complètement électrifiée et visiblement très en colère !

Maman vint me chercher et me pressa de passer à autre chose. Notre nouvelle aventure nous attendait. Elle prétendit ne rien remarquer, mais ce matin-là, je constatai avec désolation que ma mère était parfois capable d'oublier complètement ce qu'elle savait côté esthétique. Je fis donc secrètement un pacte avec moi-même. Plus jamais je ne la laisserais toucher à ma coiffure.

Avant de partir, je courus décrocher la ficelle avec mon hanneton et l'enroulai dans un mouchoir que je déposai dans la poche de ma robe. Je voulais que mon hanneton rencontre Dieu, lui aussi.

Monsieur et madame Andrews nous attendaient dans la voiture. Maman nous y conduisit et nous donna à chacun une pièce. Je pensais que c'était pour s'acquitter de son incompétence de coiffeuse. Loy, quant à lui, prit sa pièce et la planqua directement dans sa poche. Il jubilait.

– Bon, vous vous souviendrez bien, vous gardez les yeux fermés et tout ça. Et les sous que je viens de vous donner sont pour Dieu. Vous les donnerez au moment de la quête lorsqu'on vous passera le panier.

Elle souriait.

– La quête ? demandai-je. Tu veux dire qu'on doit payer le repas du Seigneur et de Son Père ?

Madame Andrews me sourit nerveusement. Son mari se retourna et sursauta en me voyant. À cause de ses épaisses lunettes, ses yeux terriblement globuleux lui donnaient l'impression que mes cheveux sauvages s'accrochaient au revêtement du plafond de sa voiture. Il était sous le choc. Sa réaction ressemblait fortement à celle que venait d'avoir mon frère en me voyant. Il nota soudain que c'était impoli de me regarder ainsi et s'efforça de me sourire. Il mit ensuite rapidement le moteur en route. Maman nous fit au revoir de la main et nous partîmes.

Loy avait retiré la pièce de sa poche et commençait à la tripoter. Il se pencha ensuite vers moi et me murmura à l'oreille :

– J'espère vraiment que ça s'ra un super spectacle pour un quart de dollar ! Tu crois qu'on pourra avoir une boisson gazeuse et des bonbons ?

Je haussai les épaules.

Nous arrivâmes à temps pour le service religieux. En montant les marches, une brise légère se leva et entraîna les mèches de mes cheveux dans un curieux tourbillon de sons inhabituels. Elles se mirent à cliqueter dans tous les sens. Madame Andrews observait ce curieux brouhaha.

Une fois assis, Loy et moi adoptions poliment la posture parfaite de petits anges silencieux quand le frère Phillips, fils du couple Andrews, s'avança vers la chaire. Il commença son sermon sur « les pécheurs », « les flammes de l'enfer » et sur « être brûlés vivants » pour « ceux qui le méritaient ». J'étais horrifiée. Loy et moi nous regardions, abasourdis. Nous étions terrifiés par l'enfer! Je jetai ensuite un rapide coup d'œil sur ce que faisait madame Andrews. Elle ne bougeait pas. Agrippée à sa Bible, elle hochait doucement la tête. J'entendis quelqu'un hurler :

– Amen, prions le Seigneur.

Je me tournai en direction de la voix. Tout le monde acquiesçait. Certains avaient même des larmes qui coulaient. Je pense qu'ils avaient tous autant peur que moi. Finalement, frère Phillips s'arrêta. Il demanda à chacun de s'incliner en prière. C'était le signal. Après avoir entendu tout ce que Dieu ferait s'il ne nous aimait pas, je fermai hermétiquement les paupières, espérant qu'Il nous regarderait, Loy et moi, et qu'Il nous aimerait.

Pendant la prière, les gens gémissaient et criaient de toutes parts, mais je restais résolument les yeux clos. C'est pour cela que je ne vis pas que mon hanneton avait rampé hors de ma poche, qu'il avait probablement pris une profonde inspiration, et qu'il s'était envolé vers la liberté. La corde s'était déroulée, mais l'extrémité était restée prisonnière de mon mouchoir. Soudain, j'entendis un hurlement et un grondement de pieds tapant violemment sur le sol, le tout suivi d'un chœur de « Amen ». Puis, le cri se transforma en un affreux rugissement. Je crus qu'il s'agissait d'une personne transportée par la « Grâce de Dieu ».

En fait, il s'avéra que « la Grâce de Dieu » n'était que mon hanneton qui avait « consacré » à son insu une vieille dame assise derrière nous, en se prenant dans la laque de ses cheveux. Il avait essayé de s'en sortir seul, mais la dame avait senti quelque chose et s'était tapoté la tête. Le bout de ses doigts avait effleuré l'insecte, qui les avait confondus avec la liberté. La pauvre femme avait fait un bond en hurlant de peur. Le hanneton à nouveau libre virevoltait au-dessus de sa tête, emmêlant le cordon dans sa chevelure. Crier, gigoter et sauter étaient courants lors des sermons du dimanche, et personne n'y prêtait attention. Les gens entonnaient simplement avec passion des « Amen, sœur, amen ».

Le prédicateur finit par trouver qu'elle en faisait un peu trop. Il ouvrit les yeux et resta interdit par ce qu'il vit. Devant lui, au quatrième banc, pauvre sœur Sue avait renversé le vieux monsieur à côté d'elle, l'avait abandonné au sol, et dansait avec furie, le chemisier à moitié déboutonné et un sein à l'air qui allait et venait sous ses faux pas. Son visage était enrubanné par de la cordelette blanche juste assez longue pour permettre au hanneton de voler devant ses yeux. Frère Phillips se précipita vers elle, trébucha dans le tapis et s'étala de toute sa sainteté ! Tout le monde arrêta de dire amen, ouvrit les yeux et se retrouva estomaqué devant le spectacle. Tout le monde, sauf Loy et moi, bien sûr. Nous espérions tellement que Dieu nous aime… beaucoup !

Le vieux frère Phillips se releva et courut au secours de sœur Sue. Ils faisaient un sacré cirque derrière nous, mais nous n'osions pas ouvrir l'œil. Il attrapa le hanneton et commença à démêler la ficelle enroulée autour du visage de sœur Sue. Il suivit ensuite la cordelette jusqu'à ma poche et me secoua l'épaule. J'ouvris les yeux pour voir si c'était Dieu qui me disait qu'il m'aimait ! Loy fit de même et lui demanda :

– C'est le moment d'acheter à manger à Dieu et à son gosse ?

Il cherchait sa pièce dans sa poche. Le hanneton rampa hors de la main du pasteur et s'envola entre madame Andrews et moi. Elle s'effondra, évanouie ! Monsieur Andrews bondit sur sa femme pour l'aider. J'attrapai mon insecte et le grondai pour avoir tué la pauvre madame Andrews, et pour avoir fait fuir le Bon Dieu. Personne ne bougeait. Sœur Sue fut escortée de façon pathétique jusqu'à la sortie, puis ce fut à notre tour, à Loy, mon hanneton et moi, de nous retrouver dehors.

Nous fûmes sévèrement réprimandés pour notre comportement. On nous apprit que les hannetons n'avaient pas leur place dans la Demeure de Dieu.

– Attendez voir que j'dise à maman que vous nous avez crié d'ssus, disait Loy, menaçant. Elle vous…

Je lui fermai la bouche de la main. Quelle grande gueule!

— Dieu n'aime pas les hannetons? demandai-je, alors que mes cheveux se mettaient à nouveau à chanter.

Debout devant moi, frère Phillips cherchait ses mots. Soudain, monsieur Andrews apparut à la porte, soutenant sa pauvre épouse qui tentait de se rafraîchir le visage avec son mouchoir.

— Wouah, m'dame Andrews, vous êtes pas morte!

Je courus vers elle, laissant le bon pasteur entre les mains de Loy.

— Non, mon enfant... pas encore, en tout cas, maugréait-elle, accrochée à sa Bible.

Je pris mon insecte et lui présentai.

— Mon hanneton est réellement désolé de vous avoir fait peur. Il est vraiment gentil et...

Je m'étalai sur ses vertus quand il reprit son envol. La pauvre dame suffoqua et monsieur Andrews attrapa la ficelle. L'insecte lui fonça sur la tête en vrombissant. Je me précipitai sur la cordelette. Il hurlait pour que je le laisse partir. J'hésitai. Je me tournai vers Loy, puis vers le frère Phillips, puis à nouveau vers les victimes, et enfin vers mon hanneton bien-aimé. Je décidai de le détacher, et lui redonnai sa liberté.

Monsieur Andrews nous emmena ensuite rapidement vers la voiture. Loy hésita, regarda le pasteur et lui lança :

— Dieu est un vieux salaud méchant. Il nous a même pas donné d'bonbons. Vous savez quoi? Moi j'viendrai plus jamais ici!

Monsieur Andrews soupira, exaspéré, et accéléra le pas.

Plus tard dans la soirée, nous racontâmes tout à maman. Une fois notre histoire terminée, elle se leva sans un mot, alla dans la salle de bain et referma la porte derrière elle. Quelques instants après, un énorme éclat de rire jaillit. Je me retournai vers Loy, interrogative. Il me répondit par un haussement d'épaules. Qu'y avait-il donc de si drôle?

CHAPITRE 7

RÊVES, SERMONS ET POCHETTES-SURPRISES

Zora Neale Hurston a dit une fois : « Il y a quelque chose dans la pauvreté qui sent la mort. Nos rêves, meurtris par la saison sèche, se détachent de nos cœurs comme des feuilles mortes, et viennent pourrir à nos pieds. » Maman nous élevait seule. Elle détestait ces « parasites » qui « profitaient » de l'aide sociale. C'était uniquement ses efforts assidus qui remplissaient nos placards, nous donnaient un toit et des chaussures aux pieds.

Nous ne fêtions jamais Noël — ni aucune autre célébration, d'ailleurs — dans le sens commercial du terme. Nous n'avons jamais eu d'arbre de Noël avec ses lumières colorées, ses décorations brillantes et joyeuses, et ses paquets enrubannés remplis de mystère au pied des branches. Nous n'avons jamais eu non plus de déguisements de fantômes, de sorcières, de gobelins ou de monstres pour fêter Halloween. Le faste de ces cérémonies faisait partie d'un monde auquel nous n'appartenions pas. Il nourrissait les rêves de ma mère et devenait un espoir pour nous. Mais hélas, le dur labeur quotidien et l'énergie colossale consacrée à la survie ne nous permettaient jamais ce genre de frivolité. Fort heureusement, Loy et moi ne savions pas que nous passions à côté de quelque chose. Nous n'avions pas non plus conscience qu'il existait une vie meilleure que celle que nous vivions. Nous ne nous plaignions pas de notre sort ni ne connaissions la honte. L'innocence ne ressent jamais la honte.

À la fin de l'été 1951, les rêves de ma mère d'une vie meilleure pour ses enfants se bousculaient de plus en plus. Elle savait qu'à l'automne, j'allais devoir être scolarisée et être exposée aux distinctions sociales ainsi qu'à la privation des choses qui ne m'avaient jusqu'alors jamais manqué — avoir des tenues vestimentaires dignes d'une petite fille plutôt que les vieux habits hérités de mes frères, avoir de vraies chaussures d'école pour tous les jours, et enfin, disposer de tout le matériel scolaire. Notre condition sociale allait devenir trop visible. L'école allait me faire découvrir les grandes fêtes traditionnelles, mais aussi le contraste amer avec la réalité de notre vie précaire. Ces rêves et ces cauchemars hantaient silencieusement le quotidien de ma mère.

Dans les années 1950, être une femme sans instruction, divorcée et avec des enfants rendait le chemin vers la prospérité très ardu, voire infranchissable. La solution prenait souvent la forme d'un nouveau mariage. Un tel choix annihilait certainement le rêve d'un accomplissement personnel avec la maîtrise de sa destinée, mais « se vendre un peu aujourd'hui, pour un gain important et sûr à long terme » fut l'option que maman choisit, comme bon nombre de femmes lorsque les portes leur sont toutes fermées.

Ses deux autres mariages ne lui avaient apporté que de la misère. Cette fois-ci, elle allait rechercher des qualifications bien différentes chez un mari. Ce ne serait plus un engagement amoureux, mais plutôt un mariage de raison. Il lui fallait trouver un homme respectable, gentil, doux et aimant, qui prendrait soin d'elle et de ses enfants. Après tout ce qu'elle avait enduré, cela en valait la peine.

Ce rêve était sur le point de devenir réalité. La popularité de maman auprès de sa clientèle, dans ses deux emplois, était immense. Sa beauté ne gâchait rien, évidemment. Un de ses clients, Bill Angley, s'était épris d'elle. Il était propriétaire du magasin d'articles sportifs de la ville et avait un certain statut auprès de la communauté. L'opportunisme et la réussite de cet homme d'affaires divorcé l'avaient démuni de toute humilité. Sa fortune lui offrait de nombreux amis qui riaient toujours de ses blagues, mais passaient sous silence ses nombreux défauts. Il avait soixante ans et belle allure malgré sa corpulence. Il était toujours bien habillé, et père de deux charmantes petites filles.

Bill et son ex-femme avaient eu plusieurs magasins de meubles. Tous deux étaient près de leurs sous, centrés sur eux-mêmes et avides de tout diriger. Ils se querellaient sans cesse au sujet de leurs affaires financières et familiales. Une dispute plus virulente que les autres mit fin à leur mariage. Les filles avaient choisi de suivre leur mère. Elle en eut la garde, et Bill leur en voulut pour le restant de ses jours. La paternité avait fait de lui un homme amer. Il trouvait les enfants agaçants, belliqueux et foncièrement irritants, en particulier les filles.

Ma mère plaisait à Bill. Il trouvait que sa simplicité, sa beauté et son ardeur au travail répondaient aux qualités indispensables chez une femme. Maman abdiqua peu à peu devant ses flatteries puis ses avances. Sa résignation se transforma sensiblement en une certaine gaieté. Elle souriait davantage, riait plus et se sentait mieux de manière générale. Je ne savais pas quel en était le catalyseur, mais sa joie était magnifique à regarder. J'allais bientôt comprendre.

Un jour, en fin d'après-midi, maman était occupée à préparer le repas avec un enthousiasme particulier. Elle avait lavé puis repassé les vêtements qu'elle avait choisis pour nous ce soir-là. Il s'agissait de nos habits les plus beaux. Ensuite, elle nous avait parlé d'une personne qu'elle avait invitée à dîner, et avait insisté pour que nous restions calmes et courtois. À l'heure convenue, un homme apparut à la porte et maman nous présenta. Il serra d'abord la main de Loy, avec une certaine fierté masculine, puis m'ignora. Maman nous demanda de l'appeler « papa Bill ».

Nous étions tous les quatre à table, mais maman et « papa Bill » discutaient comme si nous étions invisibles. J'avais l'habitude de me servir seule, et lorsque je tendis la main vers le plat de pommes de terre, Bill me frappa sévèrement au bras.

— Tiens-toi bien. Ne te sers pas toute seule ! me dit-il avec autorité.

— Mais j'ai faim ! répondis-je en lançant un regard à l'impitoyable Bill.

— Écoute ton nouveau papa Bill. Il ne fait ça que pour ton bien ! me dit maman.

Elle se tourna ensuite vers Loy.

— Lloyd Gene, demain, je vais te préparer quelques affaires. Tu vas nous accompagner à notre lune de miel.

Elle avait oublié de parler de moi.

— Je peux venir aussi ?

Sans lever les yeux de son assiette, elle continua :

— Non, ma Judy. Papa Bill va apprendre à Loy certains sports. Tu resteras avec la veuve.

Elle me lança enfin un coup d'œil et poursuivit.

— Tu vas apprendre à faire quelque chose de tes cheveux hirsutes, et lorsque nous reviendrons, nous déménagerons dans une vraie maison.

Ils continuèrent tous à manger, sauf moi. J'avais perdu l'appétit. J'étais visiblement exclue et pensais que cela venait de mes cheveux en désordre. Je sentais aussi que l'intrus ne m'aimait pas et qu'il souhaitait que je disparaisse de la vie de ma mère. J'allais découvrir plus tard que Bill avait essayé de la convaincre de m'abandonner avant leur mariage. Il n'aimait pas les petites filles et croyait que le bonheur n'était possible qu'en leur absence. Maman avait insisté et réussi à me garder. Mais le ressentiment qu'il exprima envers moi durant les années qui suivirent fut sa façon de m'exclure de sa vie. Pour lui, je n'existais pas. Son trésor, c'était Loy, le fils qu'il n'avait jamais eu.

Ma famille fut absente plusieurs semaines, et je passai le plus clair de mon temps avec la veuve et madame Andrews. Ces deux femmes étaient très pieuses. Elles étaient constamment au service de la Bonne Parole. Je fus donc littéralement endoctrinée au sujet de Dieu et de Jésus-Christ. Elles me lisaient des anecdotes de la Bible et m'emmenaient chaque dimanche à l'église pour écouter les prêches du pasteur. Ces derniers étaient très différents des histoires à la fois magnifiques et sobres racontées l'été au cours de catéchisme.

Souvent, les mercredis soirs, un prédicateur intégriste invité déclamait avec fougue des sermons atroces sur les « malheurs des pécheurs ». Un soir, après une de ces prestations, une petite fille du catéchisme m'aborda pour me dire qu'elle avait durement prié pour moi, car ma mère était une pécheresse. J'étais abasourdie et lui demandai pourquoi elle pensait une chose pareille. Elle soupira et me répondit : « Parce qu'elle ne va pas à l'église ! »

Dès le retour de ma famille, je fus immédiatement mise dans une école de luxe toute neuve, l'école primaire Hermosa. N'ayant pas été préparée à tout cela, je dus travailler les maths, l'écriture et la lecture avec acharnement. De leur côté, maman et papa Bill étaient occupés à organiser notre nouvelle maison. Bill avait bien sûr accaparé le choix des meubles, mais c'était une très belle maison avec deux chambres à coucher, un salon, une salle à manger, une cuisine et une salle de bain. Oh ! J'allais oublier, il y avait aussi cet autre recoin minuscule où se trouvait le téléphone et l'éventuel espace bureau. Sa seule source de lumière était une petite ouverture donnant sur le hall d'entrée. Bien sûr, Bill avait décidé que cet endroit serait ma chambre et que la grande pièce avec ses deux fenêtres et sa penderie serait celle de Loy. Maman refusa. Elle trouvait normal que la plus grande chambre soit pour moi, car j'étais la plus âgée et de surcroît une fille. Bill explosa de colère devant l'audacieuse désobéissance de ma mère. Cette altercation avait entaillé son égo, mais maman avait fini par gagner. Il se vengea en habillant ma chambre d'épais rideaux bruns et d'un couvre-lit sombre. C'était l'opposé des roses, des jaunes, des dentelles et des murs lumineux dont rêvent les petites filles. Loy hérita donc du recoin qui ne pouvait accueillir qu'un lit et une petite commode. Néanmoins, cette maison était pour nous un véritable château.

À l'école, je déployai un ardent désir d'apprendre. Je voulais tellement savoir lire, et bien lire. Au début, la souffrance de l'ostracisme et le snobisme de mes camarades de classe rendirent mes études difficiles. Je me sentais rejetée par tout le monde. J'entendais souvent les autres crier « Eh, garçon ! » du fait de mes habits sales, de ma chevelure sauvage et de mes taches de rousseur. Les garçons me donnaient des coups de pied et m'appelaient « la loupée ». Une fois, à Pâques, une fille de ma classe arriva à l'école vêtue d'une tenue flambant neuve destinée spécialement à cette fête annuelle. Elle avait des chaussures en cuir verni noir, et ses boucles dorées sentaient encore la toute dernière permanente Toni Perm. Je la trouvais très belle et me précipitai pour le lui dire, mais elle m'arrêta et me lança un « tu es laide ! » avant de cracher sur mon pantalon. Je la regardai, ahurie, et finit par réagir.

— Un jour, Amy Watts, je serai la fille la plus belle de cette ville stupide !

Elle me toisa, soutenue par les gloussements de ses amis autour d'elle. Toute cette cruauté altéra grandement la confiance que j'avais en moi, et lire à voix haute ou aller au tableau devant cette faune dangereuse m'effrayait.

L'aliénation sociale m'amena à espérer davantage en l'existence de Dieu, qui, m'avait-on dit, était amour total. Parfois, dans la cour de récréation, lorsque les choses devenaient trop dures pour moi, j'allais me trouver un endroit pour regarder le ciel tranquillement. Je m'adressais alors à Dieu.

— Dieu, tu es là-haut ? Tu es sur ton nuage et tu me regardes ? Je sais que tu es là. Je t'aime, Dieu. Tu es mon ami. Et toi, tu m'aimes ? J'ai été une bonne petite fille ? Je l'ai été, tu sais, parce que j'ai fait comme tu as dit. Lorsque les autres m'ont giflée, j'ai tendu l'autre joue. Mon Dieu ! C'est vraiment dur de ne pas leur mettre le poing dans la figure.

Puis, je me souvenais de ce que le pasteur avait un jour dit à un vilain garçon dans l'église :

— Salomon a dit : « L'homme est mauvais de naissance. Il est le diable depuis son plus jeune âge. »

Il devait quand même y avoir quelques gosses gentils quelque part ! Une douce brise me caressait alors le visage et les cheveux. Je sentais le souffle du vent me réconforter et m'inonder du courage de retourner en classe quand la cloche sonnait.

— Mon Dieu, aide-moi à être une enfant meilleure. Je dois y aller. Amen.

À la maison, mon boudoir sombre et lugubre était devenu mon refuge. Souvent, Loy, qui souffrait de claustrophobie dans l'obscurité de sa niche, se joignait à moi. Bill et maman étaient toujours occupés à l'extérieur de la maison. Ils aimaient tous les deux jardiner, et passaient et la plupart de leur temps libre à créer un paradis floral. Le soir, ils s'y retrouvaient pour des moments paisibles en sirotant du thé glacé. Du fait de la froideur de Bill, je m'étais depuis longtemps retirée de ces instants de partage familial. Il était mon beau-père, mais manquait de la moindre gentillesse ou compassion à mon égard. Pour moi, il était comme « né sans humanité » ! Mais j'avais appris à « honorer père et mère », et m'efforçai de réaliser leurs souhaits aux dépens des miens.

— Judy, viens ici et sois plus sociable ! s'écriait ma mère.

— Je suis occupée, maman.

Je faisais des dessins de Moïse, de Noé dans le déluge et d'autres scènes bibliques que je collais sur un grand tableau de feutre, comme au catéchisme. Je faisais cela, car j'allais donner un cours important aux enfants du voisinage.

— Donc, quand Moïse a écarté la mer Rouge, c'était parce que Dieu l'aimait et que les Égyptiens lui cassaient les pieds, leur expliquai-je.

— Comment Dieu peut-il séparer l'eau ? nargua un petit en se curant le nez.

— Dieu peut tout faire !

— Mais il faut Lui demander, pas vrai ? demanda un autre.

— C'est ça. Vous pouvez lui parler. La Bible dit : « Demandez, et vous recevrez. »

— Est-ce que Dieu peut donner un peu d'argent à mon père pour une nouvelle voiture ?

— Eh bien, ton papa devra peut-être Lui demander très fort ! répondis-je avec confiance.

— Ah ouais ? Mon père dit que Dieu n'existe pas ! rétorqua le gosse d'un ton hargneux.

— Ton papa se trompe. Dieu est mon ami. Dieu m'aime et vous aime tous. Il aime même ton papa ! dis-je, satisfaite.

C'est alors qu'un gamin plus imposant s'approcha de notre petite réunion religieuse. C'était Sammy.

— J'pense que tu racontes que des conneries ! Dieu, il aime personne… c'est pas vrai, j'te crois pas, c'est pas ton ami. Tu lui as jamais parlé, face de rat ! me lança-t-il.

— Oh que si !

Je me levai et lui envoyai mon traditionnel regard défensif, les poings sur les hanches.

— N'importe quoi ! C'est que des conneries, tes trucs !

C'en était trop. J'allais devoir me battre comme le roi David ! Je me frayai un chemin vers lui et lui en envoyai une au visage. Je continuais de prêcher tout en lui faisant sortir sa morve !

— Et maintenant, tu vas te la fermer, sinon c'est moi qui m'en charge !

Je le giflai.

— Tu ne sais pas de quoi tu parles… espèce de larve stupide. Dieu t'aime, pécheur ignorant !

Je le giflai à nouveau et lui donnai un coup de pied.

— Dieu t'aime !

Les enfants assistaient au « grand drame » en gloussant et en se moquant. Pour eux, la violence était un moyen de régler les problèmes. Pour moi aussi, d'ailleurs, quand on en venait à mettre en cause l'existence de Dieu.

Après avoir éclairci les choses avec Sammy, j'emmenai mes petits étudiants en bas de la rue. Les fidèles suivirent et Sammy s'enfuit chez lui en courant, emportant au loin ses derniers braillements.

Durant les cinq années qui suivirent, ma réputation en classe s'améliora. Maman passait de longues journées à me confectionner de magnifiques robes qui correspondaient bien mieux au style de mes camarades d'école. Les six jupons amidonnés que je portais sous ses créations originales me donnaient l'air d'être en tutu. Les socquettes assorties à mes chaussures basses brun foncé et blanc étaient affreuses. Je les détestais. J'avais appris à donner un certain mouvement à mes cheveux, et mes résultats scolaires progressaient. À l'âge de dix ans, j'étais remplie d'une belle confiance en moi et me délectais de ma nouvelle popularité à l'école.

Un matin de mon année de sixième, madame Tyner congédia les garçons et demanda aux filles de rester en classe. Lorsque le dernier, Jake Harper – mon idole –, eut quitté la salle, madame Tyner nous emmena aux toilettes des filles. Nous découvrîmes, entre les lavabos, une machine étrange nouvellement fixée au mur. Elle attendit que le silence soit complet pour commencer.

– Jeunes filles, je voulais vous informer personnellement que nous avons installé cette machine pour votre utilisation. Des accidents peuvent de temps en temps se produire, et elle peut vous aider en cas de besoin. Elle exige une pièce de cinq centimes. Ce sera tout, vous pouvez maintenant rejoindre les garçons pour la récréation.

Sur ce, nous regagnâmes immédiatement la cour et commençâmes à spéculer, mes amies Pam, Cheryl, Ellen, et moi, sur le pourquoi et le comment de cette chose.

– Moi, je suis certaine de savoir ce que c'est ! dit Pam.

– C'est quoi ?

Nous étions toutes à l'écoute.

– Mais c'est évident, vous ne devinez pas ? C'est un distributeur de pochettes-surprises. Exactement comme celles du carnaval de l'école !

– Waouah ! C'est super chouette comme idée !

Pam jubilait. Moi aussi. C'était vraiment gentil de la part de l'école de proposer cela aux enfants. Un distributeur de jouets-surprises, juste pour nous !

– Vous croyez qu'il y en a un chez les garçons ? demanda Cheryl.

– On s'en fout ! Venez, on va en chercher une.

– Ouais, on peut se servir des sous du lait ! dis-je en courant aux toilettes des filles.

Pam s'imposa et fut la première à insérer sa pièce. Elle tourna le bouton. Et vlan ! La machine délivra une pochette-surprise remplie de jouets. Ça valait le coup pour cinq centimes ! Et sans même regarder ce qu'elle avait récolté, nous nous précipitâmes l'une après l'autre pour répéter le rituel. Pendant ce temps, Pam finissait de déchirer son sachet, l'enveloppe de tissu et le coton. Elle contemplait à présent son trésor. Puis, ce fut notre tour, et là, devant nos yeux, au milieu des morceaux déchiquetés… il n'y avait rien !

– J'arrive pas à y croire. On s'est fait rouler ! dit Pam en jetant son dernier bout de coton.

Cheryl était furieuse devant son sachet inutile.

– Je pense que nous devrions montrer ça à madame Tyner, et elle nous rendra nos sous. Elle sait peut-être même pas qu'il n'y a rien dans ces sachets !

– Oui, c'est une bonne idée, je suis sûre qu'elle arrangera ça. Apportons-lui ce qu'on a eu.

C'était mon idée de génie !

Nous étions en chemin pour aller trouver madame Tyner quand la cloche sonna. La recréation était terminée et tout le monde regagnait la salle de classe. En tant que « comité de justice », nous nous avançâmes vers la maîtresse pour lui remettre en mains propres les débris de nos pauvres pochettes-surprises, preuves irréfutables de l'escroquerie. Elle tressaillit, horrifiée. Un des garçons, Robin Whittey, saisit brusquement le morceau que tenait Ellen et commença à gifler la tête de Clovis Hardung avec. Madame Tyner sauta en l'air, affolée.

– Robin Whittey, pose cette… cette chose sur mon bureau immédiatement ! Et vous tous, asseyez-vous et taisez-vous !

Nous ne bougions plus. Visiblement, le fait que l'école ait tenté de truander des petits enfants en leur volant leurs centimes la mettait terriblement en colère. Elle était aussi rouge qu'une betterave !

– Mesdemoiselles…, murmura-t-elle. Ce n'est pas ce que vous croyez. Je pense qu'il serait préférable et plus sage que ce soit vos mamans qui vous expliquent ce malentendu. Je vais écrire un mot que vous emporterez chez vous et tout sera beaucoup plus clair demain matin.

– Mais, Madame Tyner, nous ne pourrons pas récupérer nos sous ?

Je désirais en savoir plus.

– Si ce ne sont pas des pochettes-surprises, c'est quoi ?

– Je suis désolée, je ne peux pas vous rembourser. Ce serait contre la politique de l'école. S'il vous plaît, il faut que vous compreniez…, plaidait-elle.

Ne voulant décidément pas en rester là, je soupesai la preuve, puis eus subitement une idée brillante.

– Oh, je vois, Madame Tyner. Ce sont des pansements au cas où on se ferait mal ?

Elle n'appréciait visiblement pas l'insistance de mon génie.

– Chère Judy, ça s'appelle des « protections ». Je suis certaine que ta mère t'expliquera tout ça.

L'esprit visiblement agité, elle se mit vite à écrire à chacune un mot qu'elle plia avec soin. Elle y inscrit ensuite en gros : « PERSONNEL ! »

— Bon, vous apporterez tout à l'heure ce mot à votre maman, mais en attendant, vous allez gentiment retourner à vos sièges.

Une fois à la maison, je m'empressai de donner la missive à qui de droit. J'allais enfin découvrir ce qu'était une « protection ». Après avoir lu, maman déchira la feuille sans dire un mot. Puis, elle m'envoya faire mes devoirs et nettoyer ma chambre. Je me sentis trahie.

À cette époque, l'éducation sexuelle ne faisait pas partie du programme scolaire. Les histoires de choux et de cigognes étaient laissées aux bons soins des parents courageux, les bonnes manières exigeant qu'on ne parlât pas de cela en public. C'était comme si personne n'avait de sexe ! Puisque maman restait muette à ce sujet, je poursuivis ma sixième et ma septième année ignorant tout des « protections ». Un jour, alors que j'étais en huitième année, je fus choquée en rentrant de classe de retrouver du sang partout sur mes sous-vêtements. Je crus que j'allais mourir, comme dans la série *Dr Kildare*. Je me mis à pleurer et téléphonai immédiatement à ma mère qui travaillait à mi-temps dans le magasin de Bill. Elle me répondit que je n'étais pas mourante, et que j'étais simplement « menstruée ». Un peu plus tard, elle rapporta dans son sac un paquet sur lequel était écrit « protections hygiéniques ».

— Vas-y, mets-en une. Tu les changes tous les jours jusqu'à ce que tes règles soient terminées.

Puis, elle retourna préparer le dîner. Ce fut tout ! C'était donc ça, une « protection » ! Mais pourquoi je saignais ? Je voulais comprendre. Je savais seulement que je me sentais très honteuse d'avoir à en porter, et que je détestais le mot « menstruée ». Mon Dieu, comme ce mot était vilain. D'ailleurs, je ne l'entendis que dans la bouche de ma mère ! Ce ne fut que plus tard, grâce aux discussions intimes avec mes amies, que je compris que ça signifiait « tu peux désormais avoir des bébés ». Je préférais nettement leurs mots pour exprimer cette facette sombre de la vie de femme. Elles disaient « avoir ses règles ». Mais ma mère ne me dévoila jamais les mystères de la sexualité. Je dus m'aventurer seule dans ce domaine.

Chapitre 8

« LA FOI A BESOIN DE TOUTE LA VÉRITÉ »

J'eus mes premières règles à treize ans, ce qui fit enfin de moi une adolescente. Mon apparence avait un peu changé. J'étais devenue assez mince et mes cheveux avaient grandement poussé. Grâce à ma nouvelle coupe, ils n'étaient plus en bataille. J'avais encore un air de garçon manqué avec mes grandes aptitudes athlétiques et mes réflexes rapides. Il ne me manquait qu'un brin de raffinement, mais cela n'allait plus tarder.

J'avais aussi appris par moi-même à manier le bâton de majorette. Je m'entraînais chaque jour. Un dimanche matin, alors que je m'entraînais avec application en vue de l'examen de fin d'année prévu le mercredi suivant, ils passèrent à la radio *En avant soldats du Christ*. Le rythme militaire m'emporta. Je levai haut le pas en contournant le saule pleureur, paradai entre le linge étendu au soleil et testai le roulement rapide de mon bâton au milieu des géraniums suspendus dans la serre. Soudain, la musique s'arrêta et la voix de maman retentit.

– Judy, tu vas à l'église ou pas ? Viens t'habiller, tu vas être en retard. Tu m'entends ?

– Oui… une minute !

Maman avait préparé une tarte aux pacanes… petit sacrilège !

– Oh Seigneur ! Que cette cuisine est sale ! dit-elle alors que j'arrivai.

– Hum hum, c'est vrai, répondis-je en prenant en douce un morceau de tarte.

– Regarde-toi, ma fille ! Quand vas-tu te décider à devenir plus féminine ? Regarde-moi ces cheveux ! Allez ! Va faire quelque chose !

— Mais maman, j'ai fait quelque chose ! C'est la mode… Tu vois ?

Je lui montrai ma coupe moderne en faisant un tour complet sur moi-même.

— J'ai tué douze lièvres, hier. Mes tirs étaient excellents. Je suis meilleure que Loy !

— Seigneur, accorde-nous ta miséricorde ! Je ne sais pas ce que j'ai fait pour avoir tous ces bébés. J'aurais dû quitter ton père bien avant d'avoir des enfants, dit-elle machinalement en mettant la tarte à refroidir sur le rebord de la fenêtre.

— Oui, maman, je sais.

J'avais entendu ce refrain de nombreuses fois et cela ne me faisait plus rien depuis longtemps.

— C'est simple, regarde ton nez. Il est si retroussé ! J'sais pas, mais ça vient pas de moi. C'est un nez Hampton !

— Eh bien, maman, ce qui est très bizarre, c'est que ton nez ressemble beaucoup au mien.

Et je lui pinçai le bout du nez.

— Tu vois, tu ne peux pas tout mettre sur le dos des Hampton ! Et puis, tu sais, mon nez me donne de quoi m'accrocher à quelque chose, et je fis mine de me traîner hors de la cuisine en me tirant par le bout du nez.

— Ça suffit ! Petite insolente ! dit-elle d'un ton sec. C'est qui le patron ici, hein ?

Un large sourire traversa son visage et mes bêtises la firent éclater de rire.

Je retournai dans ma chambre. Elle était sombre, mais agréable. J'ouvris les rideaux bruns et la chaude lumière du matin dansa sur les murs en animant les nombreuses photos de vedettes découpées dans les magazines. Ma préférée était carrément affichée au-dessus de mon lit. C'était Richard Chamberlain, alias docteur Kildare. Au sol s'étalaient un jeans Levi's, des chaussettes sales, des espadrilles, mes devoirs de classe et quelques verres de Coca-Cola jetables gardés en souvenir des séances de cinéma du samedi après-midi. Je m'approchai du miroir. Je me vis et fis la grimace. J'étais loin d'être Candice Bergen, qui avait pourtant à peu près mon âge. J'étudiai les différents angles de mon meilleur profil et j'observai mon nez... Hum, pas si mal, finalement ! Mais de face, rien à faire ! Je soulevai ensuite mes cheveux pour examiner mon front. Il était trop large. Maman disait que c'était un signe d'intelligence. Mais pour moi, c'était vraiment un défaut génétique. Alors, je cachais tout cela sous une frange et c'était beaucoup mieux ainsi. Un dernier coup de brosse énergique dans mes cheveux et la voix de maman retentit à nouveau.

— Je veux que tu fasses la chambre de Loy et que tu repasses son jeans. Il a baseball ce soir.

Je tirai la langue au miroir.

— Oui, maman ! Je vais m'occuper du lit de l'infirme et faire son repassage ! Faudrait surtout pas que cette précieuse petite créature s'épuise... En plus, il pourrait se froisser un muscle s'il faisait son lit. Ce serait un drame terrible qui s'abattrait sur le monde !

Et en vitesse, j'installai la planche à repasser, je branchai le fer, je ramassai son linge sale, j'arrangeai son lit, je poussai du pied ses paires de chaussures jusque sous son lit, je fourrai tout ce qui traînait sur sa commode dans le tiroir du haut où s'entassait une montagne d'objets soi-disant perdus-trouvés. Je revins ensuite au repassage, aspergeai d'eau son fameux blue-jeans et passai le tout à la vapeur.

Mon travail d'esclave terminé, je courus à ma garde-robe. J'en sortis une robe rose froissée assortie d'une ceinture rose ainsi que les dix mille jupons obligatoires. Je me demandai vraiment quand j'allais enfin pouvoir porter des jupes droites comme tout le monde. J'en avais assez de traîner cette allure de poupée Kewpie, grandie trop vite dans son costume à dentelles. Je mis les socquettes blanches du dimanche. Je les méprisais profondément. Puis, je me mis à la recherche de mes chaussures, également blanches et sans talons. J'étais la seule habillée en gamine à ce genre de réunion. J'aurais tout donné pour que maman m'achète ces souliers aux talons compensés. Je fis un tour sur moi-même ; je ne ressemblais à rien ! Je finis par trouver mes chaussures. Je les enfilai, accrochai mes patins à roulettes, enfonçai mon chapeau de paille sur ma tête et, attrapant ma Bible au passage, m'élançai par la porte. Je longeai rapidement le trottoir jusque chez les voisins, deux pâtés de maisons plus loin. Je devais faire le chemin avec eux pour me rendre à l'église, leur façon de s'occuper du « troupeau ». Et leur troupeau, c'était moi.

Le doux soleil matinal, la brise parfumée de roses et d'herbe fraîchement tondue enivraient mes sens. Mon esprit passait en revue les questions que j'avais l'intention de poser à mon professeur de catéchisme, sœur Effy Bell. Ma connaissance de la Parole divine augmentait et certains événements de la Bible me contrariaient. J'avais besoin d'éclaircissements de la part de quelqu'un qui savait. Aujourd'hui était un jour comme un autre pour résoudre ces troublantes contradictions.

Le panneau, très visible, annonçait : « Le Seigneur veille sur Artesia. » C'était pour accueillir tous ceux qui entraient dans l'église et même les âmes perdues qui n'y venaient pas. L'église avait été bâtie à l'intersection de deux rues menant chacune à plusieurs bars westerns. Je suis certaine que la culpabilité inspirée par cet écriteau incitait à quelques verres de plus pour noyer cet affreux souvenir. Les bars faisaient fortune par ici, juste à quelques pas de la Rédemption.

Je détachai mes patins et courus jusqu'à ma classe. Je les déposai à l'entrée et allai m'installer rapidement à ma table dans une posture de prière méditative. C'est ce moment-là que Karla Easystreet choisit pour faire son entrée. On l'appelait Easy pour faire plus court. Sa tenue incendia mes yeux verts angéliques. Elle se tenait là, ses vingt-cinq kilos élégamment glissés dans une jupe fourreau très serrée. Une courte veste épousait sensuellement ses formes artificiellement généreuses — elles n'existaient pas encore le dimanche précédent. Un chapeau tambourin coiffait son chignon à la française et de longs bas à rayures noires couraient jusqu'à ses chevilles nues, surélevées par de hauts talons aiguilles. J'étais horrifiée. Mon Dieu ! Il ne lui manquait que des lèvres écarlates, un fume-cigarette et un caniche noir avec collier de diamants. Elle ne fit que quelques pas délicats vers la chaise vide, probablement parce que sa jupe rendait ses mouvements difficiles. Alors qu'elle s'efforçait de croiser les jambes, je lui jetai un de ces regards de sainte, méprisant et hautain. « Pauvre petite âme en perdition ! » Tommy Cox, dit « le lubrique », la regardait de façon bien différente. Mon Dieu, quel culot ! Je retournai à mes talons plats et remontai modestement mes pauvres socquettes. « Hors de ma vue, hors de mon esprit ! »

Sœur Effy Bell arriva enfin et se rendit au tableau de feutre pour raconter une nouvelle histoire imagée. Son apparence générale ne changeait que très peu d'un dimanche à l'autre. Elle portait toujours sa chevelure grise clairsemée en chignon serré et un collet de pèlerin attaché à sa robe en soie aux motifs floraux des années 1930. Le pendant inégal de sa robe découvrait ses bas de soutien et ses souliers aux lacets noirs. Elle était anormalement mince, mais c'était une femme gentille qui craignait Dieu et qui sentait toujours bon la lavande. J'ouvris ma Bible pour avoir ma liste de questions sous les yeux, puis levai la main pour poser une question à sœur Effy Bell.

— Sœur Judy ! Oh là là ! Vous avez déjà des questions ! Les voies du Seigneur sont bien mystérieuses, dit-elle, un peu taquine.

— Louange au Seigneur pour ses voies mystérieuses, sœur Effie Bell, car en effet, mes questions concernent précisément ces « mystères ». Je sais que la lumière du Seigneur vous illumine pour que vous puissiez chasser les ténèbres de mon ignorance.

J'étais très poétique, je l'avoue. Et les autres, également impressionnés, conclurent en chœur par des « amen » solennels.

Sœur Effie Bell sourit. Elle vint s'asseoir près de moi et ouvrit sa Bible sur ses genoux.

— « Il sera beaucoup demandé à qui l'on a beaucoup donné… » Luc, chapitre 12, verset 48. « Suis-je le gardien de mon frère ? » Genèse, chapitre 4, verset 9, dit-elle à tous.

Les livres s'ouvrirent et le bruissement des pages remplit la pièce. Les ignorants étaient à la recherche des versets. Plus tard, ils allaient être mis à l'épreuve.

— Louange au Seigneur. Euh ! Sœur Effy Bell…

Je jetai un coup d'œil à mes notes.

— Vous avez remarqué la contradiction entre les deux histoires du Livre de la Genèse ? D'abord…

Je dus m'éclaircir la gorge afin de poursuivre :

— D'abord, comment la lumière a-t-elle pu exister avant le soleil ? Et deuxièmement… Ah, j'aimerais savoir qui exactement a épousé Caïn ?

Je jetai un coup d'œil à mes notes. Je m'aperçus que sœur Effy Bell fronçait légèrement les sourcils. Son doigt suivait les phrases du Livre de la Genèse. Elle s'arrêta et me regarda un instant, en se mordant les lèvres.

— Mon enfant, tu dois avoir confiance en la Parole du Seigneur… Et en ses voies mystérieuses.

Aussi mystérieuses qu'elles fussent, elles n'allaient pas me réduire au silence ! Je poursuivis donc ma requête.

— Maintenant, à propos de Loth et de ses filles… Comment Dieu a-t-il pu consentir et même encourager Loth à violer ses propres filles ? Et Abraham qui a donné sa femme Sarah à un roi pour sauver sa peau ; je veux dire… sa vie. Et Ésaü qui a arnaqué Jacob, son père adoré. Ce sont des crimes horribles, mais dans la Bible, Dieu ne lève même pas le petit doigt ! C'est presque comme s'Il approuvait !

Il y eut d'abord des sursauts d'étonnement, puis le silence. Les membres de la congrégation feuilletèrent les pages en vitesse, puis il y eut un autre silence. Ceux qui m'entouraient étaient estomaqués. Ils lisaient ces versets probablement pour la première fois. Le visage de sœur Effy Bell passa du livide au cramoisi. Elle se tortilla sur sa chaise.

— Je suis certaine que tu ne dois pas avoir lu correctement ces versets…

En vitesse, je retrouvai les versets et commençai à les lire en insistant beaucoup sur ce qui était choquant. Elle se leva et me coupa dans mon nouvel élan.

— Soyez comme de petits enfants…

Je l'interrompis à mon tour.

— Mais je suis une petite enfant et ça ne change rien de ce que racontent ces versets. Est-ce que Loth, Abraham, Jacob et Sarah étaient pécheurs ? Est-ce qu'ils sont allés en enfer ?

Je voulais savoir. Après tout, ces écrits étaient de Dieu et comme Il en était l'auteur et que je voulais Lui plaire, il était primordial de comprendre quels pécheurs Il avait sauvés et quels étaient ceux qu'Il avait laissés libres. J'avais dû me faire comprendre, car elle restait là, paralysée et muette.

Mon « demandez et vous recevrez » ne m'avait procuré qu'une agitation grandissante. Je poursuivis mon interrogatoire.

— Continuons avec le Nouveau Testament…

Je regardai les autres autour de moi, comme pour les instruire.

— Matthieu et Luc ont retracé la généalogie de Jésus jusqu'à la famille du roi David. Ah oui ! J'allais presque oublier ! À propos du roi David ! Eh bien, le Commandement « tu ne tueras point » s'applique-t-il aussi à David ? Parce qu'il a tué beaucoup de monde, vous savez ? Bon, revenons à Matthieu et Luc. En accord avec la Bible, Matthieu est remonté jusqu'à vingt-huit générations séparant David de Jésus alors que Luc en a trouvé trente-trois. Et en plus, regardez ici ! dis-je en lui montrant les noms anciens inscrits sur chacune des listes. Il y a très peu de noms qui apparaissent sur les deux listes. Ces listes ne correspondent pas. Comment peut-on alors affirmer que Matthieu et Luc représentent la vraie parole de Dieu ?

Alors là, j'avais dépassé les bornes ! Sœur Effy bondit de sa chaise, agrippée à sa Bible avec rage :

– « Homme de peu de foi, pourquoi as-tu douté ? » Matthieu, chapitre 14, verset 31. « Car c'est par la grâce que vous êtes sauvés, par votre foi. Et cela ne vient pas de vous, la grâce est le don de Dieu. » Éphésiens, chapitre 2, verset 8.

Elle resta ensuite debout et me foudroya d'un regard pieux.

Les épaules m'en tombaient. J'étais désespérée. Je regardai un moment par la fenêtre, refermai ma Bible en silence et puis sortis un mouchoir de ma poche que je me mis à chiffonner. Je sentais les regards choqués de chacun me transpercer de feu. Je levai la tête et répliquai avec douceur :

– Sœur Effy Bell, pour être crédible, la foi a besoin de toute la vérité. Je désire ardemment croire en Dieu, obéir à Ses Commandements, être semblable à ceux qui ont écouté le Sermon sur la Montagne. Mais la seule chose que j'aie pour m'assurer que Dieu existe, c'est Sa Parole écrite… Ce… ce livre est la seule garantie me prouvant qu'Il est réel. Vous continuez à parler d'avoir la foi, mais sœur Effy… ce livre pousse à une croyance illogique en des événements passés discordants. C'est difficile de prêter foi à des contradictions.

La cloche sonna et mit fin au calvaire de sœur Effy. Il était temps de rejoindre l'église et de se rassembler pour le sermon du matin. J'allai m'asseoir sur le troisième banc, à l'écart des discrets bavardages et des joyeuses embrassades. J'étais dans un état de confusion extrême et de désespoir profond. J'étais complètement perdue intérieurement. Finalement, l'orgue claironna et l'assemblée se leva pour chanter des cantiques. Ensuite, frère Phillips rejoignit la nef et commença son sermon. J'étais d'ordinaire très attentive à ses paroles, mais là, mes pensées étaient trop troublées. Je fus réveillée en sursaut par les chuchotements autour de moi. Le sermon s'était brusquement arrêté et l'assemblée tout entière regardait vers l'arrière de l'église. Je me retournai également. À ma grande surprise, Tommy, ma belle-sœur, et Marion, mon demi-frère, venaient d'entrer dans l'église. Tommy était profondément croyante et fréquentait toujours l'église. Mais mon frère... Jamais ! Pour lui, nous n'étions qu'un tas d'hypocrites, victimes de vulgaires fables.

Marion avait toujours souhaité que Tommy se maquille un peu comme la plupart des femmes. Elle était belle naturellement, mais il aimait de temps en temps l'effet du rouge à lèvres. Elle n'osait pas en mettre, car notre église condamnait le maquillage. C'était un péché !

— Une femme qui se maquille est le diable déguisé pour tenter le cœur des hommes honnêtes ! nous disait-on.

De son côté, Tommy essayait de sauver mon frère et de l'emmener à l'église avant le Jugement dernier, qui pouvait arriver à tout moment, comme demain, par exemple ! Mais là, ils avaient apparemment fait un compromis. Elle se permettrait de pécher, juste pour une fois, avec un peu de rouge à lèvres discret couleur pêche, en échange de la présence rédemptrice de son époux à l'église. J'aurais pu dire : « Les dés sont jetés ! »

J'étais très fière de voir mon frère, et Tommy était ravissante. Je leur souris et leur signifiai de la main à quel point je la trouvais belle. Je me retournai ensuite vers frère Phillips et le surpris en train de les fixer du regard, prêt à bondir.

— Arrêtons-nous un moment, je vous prie ! Je vois que sœur Tommy s'est jointe à nous ce matin. Recule, Satan ! Et béni soit l'homme qui endure la tentation, alléluia ! Oh, Jésus, alléluia !

Il rugissait.

J'étais mortifiée, rouge de honte. Je me tournai lentement dans leur direction. Le visage de mon frère manifestait son mépris et celui de ma douce et chère Tommy était d'une pâleur mortuaire.

— Très chère enfant de Dieu, c'est un péché de peindre ton visage, car le diable agit ainsi à travers toi... Tenter la chair est un péché. Tu dois prier pour que le Seigneur Jésus te pardonne... Viens, monte vers l'autel du pardon. Prions pour ton âme, ici et maintenant !

Il lui tendit la main, attendant qu'elle réponde à son geste. Debout, les larmes inondant ses joues, elle se mit à marcher vers l'autel en essuyant son rouge à lèvres du revers de la main. Elle s'agenouilla et frère Phillips lui imposa les mains avec force. Il commença alors ses lamentations.

— Sœur Tommy, demande maintenant à Dieu de te pardonner, par l'intercession du Seigneur Jésus. Inclinons nos têtes en signe de contrition pour nos péchés.

Le prédicateur et la congrégation entonnèrent avec ferveur :

— Oh, précieux Jésus, sauve la pécheresse de la damnation. Aide-la Seigneur à se repentir et sauve-la de la damnation éternelle ! Repens-toi ! Alléluia ! Louanges au Seigneur !

Je ne pouvais pas me joindre à leurs prières. Je cherchai mon frère des yeux alors qu'on accomplissait cet acte monstrueux et humiliant envers son épouse bien-aimée. Son banc était vide, il était parti. Je regardai à nouveau cette pauvre femme agenouillée qui hurlait et implorait le pardon. Et pour quoi ? Uniquement parce qu'elle avait mis du rouge à lèvres. Une fureur grandissante et frénétique s'emparait maintenant de l'assemblée tout entière. Je commençai à me demander s'ils imploraient le même Dieu que celui qui avait ordonné à Loth, et l'avait même béni pour cela, de violer ses propres filles, issues de son sang et de sa chair. Était-ce le même Dieu qui avait béni Abraham, lui qui avait échangé son épouse, Sarah, avec un roi Égyptien pour avoir la vie sauve ? Était-ce le même Dieu qui avait choisi David comme roi pour lui permettre ensuite de massacrer à l'épée des milliers d'enfants de Dieu ? Pourquoi n'étaient-ils pas considérés comme des pécheurs pour toutes leurs atrocités ? Alors que ma pauvre belle-sœur était devenue une pécheresse pour un soupçon de rouge à lèvres ! C'en était trop pour moi ! Je décidai de me lever. Je jetai un long regard sur cette foule fanatique. Je voulais me souvenir de ces instants. Je savais au plus profond de moi que de tels moments donnent toujours naissance à la sagesse, car ils apportent une vérité qui vous libère de l'ignorance.

Je déclarai alors haut et fort :

— J'aime mon propre Bon Dieu. Le Dieu de mon âme ne jugerait jamais ses propres enfants comme ça ! Je n'appartiens plus à cette église. C'est fini !

Je fis demi-tour pour sortir. Je ne l'ai jamais regretté.

J'ai quitté l'église et ses dogmes, mais je n'ai jamais abandonné Dieu ni les enseignements de Jésus-Christ. Son message est simple : « Dieu et le Royaume des Cieux se trouvent en chacun de nous, et aimer Dieu, c'est aimer tout le monde. » Jésus a été et demeure une lumière vivante dans ma vie. Je m'efforce de ne juger personne, quelle que soit sa croyance. Par contre, comme Jésus, j'ai choisi d'aimer tout le monde. Cela fait un persécuteur en moins, sans compter la souffrance épargnée à tous ceux que j'aurais pu juger.

Quelques années plus tard, en rendant visite à maman, je lui demandai ce qu'était devenu frère Phillips.

— Oh ! Eh bien, tu sais, Judy, madame Phillips est morte d'un cancer. Et frère Phillips est devenu fou — aussi timbré qu'un vieux taureau dans un verger de pêchers. Dieu ! Que son âme repose en paix.

— Oui, son âme reposera en paix, dis-je.

Chapitre 9

LA RENCONTRE : L'OVNI ET LA PERTE DE MÉMOIRE

Nous étions mardi soir. Je fouillai dans le linge sec à la recherche de ma jupe à motifs de caniches turquoise, celle des grandes occasions. J'étais nerveuse, mais aussi très excitée à l'idée de la journée du lendemain. J'allais passer l'examen pour intégrer le corps des prestigieuses majorettes du lycée Artesia. Je voulais être de toute beauté pour recevoir les félicitations après ma victoire.

Une fois toutes mes affaires prêtes, je courus faire couler l'eau du bain, y ajoutai des tonnes de bain moussant et me savonnai profusément. Quelle fabuleuse sensation, ces bulles de rêve ! Tout était parfait, jusqu'à l'élégant ruban rose dans mes boucles de soie… Tout, enfin presque ! Alors que je commençais à me passer le gant sur les jambes – Mon Dieu ! Une éponge de mer aurait été tellement plus agréable ! –, j'aperçus mes poils en broussaille collés par le savon. Doux Jésus ! Je n'avais jamais remarqué qu'ils étaient *aussi* longs, et encore moins qu'ils frisaient ! Je me demandai si quelqu'un les avait déjà remarqués. Je m'imaginai aux épreuves de sélection… faisant tournoyer mon bâton, le lançant très haut avant de le rattraper derrière mon dos, avec tous ces regards admiratifs rivés sur moi… puis ces mêmes regards choqués à la vue de mes poils tourbillonnant en rythme eux aussi !

Hors de question ! Je me penchai jusqu'à l'armoire à pharmacie au-dessus du lavabo et cherchai… Il était là ! Le fameux rasoir Gillette « Pour un rasage parfait, une fois que les jeux sont faits ». Voyons ! J'avais besoin de ce rasage parfait, *avant* le début du jeu ! Bien entendu, je ne n'avais jamais rasé *quoi que ce soit* de toute ma vie. Cela ne pouvait pas être *si* difficile que cela. Je changeai donc la lame, saisis le blaireau et la coupelle, et me glissai à nouveau doucement dans mon bain délicieux.

La mousse étalée sur ma jambe droite, je commençai à passer le rasoir. Je ressentis un léger picotement, mais aucune trace de sang. J'examinai mon travail… hum, doux comme de la soie ! Je continuai avec davantage de confiance et plus de rapidité… même sensation de picotement, oui, légèrement. C'est alors que soudain, je me coupai au genou. Zut ! Je paniquai, désemparée. Je me précipitai à nouveau vers l'armoire à pharmacie, cherchant désespérément des pansements. Il n'y en avait pas un seul ! Je claquai la porte. Seigneur ! On pourrait tous mourir avec une pharmacie pareille ! C'est alors que je remarquai que les bulles devenaient… rose foncé ! Je bondis hors de l'eau, saisis une serviette et vis avec horreur que du sang ruisselait sur mes deux jambes. J'appelai au secours.

— Mon Dieu, ma fille, qu'est c'que t'as fait, mais qu'est c'que tu t'es fait ? Seigneur ! Oh Seigneur ! Tu vas être belle à voir demain, dit maman en hochant la tête.

Loy entendit tous ces cris et entra pour voir ce qui se passait. Il éclata de rire en se moquant.

— Je vais te tuer, pervers que tu es ! criai-je.

Maman disparut. Je clopinai jusqu'à ma chambre, où elle me rejoignit avec une boîte de pansements.

— Mais maman, pourquoi ils étaient pas dans l'armoire à pharmacie ?

— Parc' que j'les avais mis… dans un endroit sûr, répondit-elle en collant de gros pansements sur mes coupures.

— Maman, ne mets pas ces horreurs sur mes jambes, c'est beaucoup trop gros ! T'en as pas des plus p'tits qui s'verraient moins ? Et pourquoi t'as caché ces pansements ? Tu crois p't-être que quelqu'un va les voler ou quoi ?

— J'veux être sûre d'en avoir quand j'en ai besoin !

— Excellente idée, maman. Maintenant, j'sais qu'c'est pas la peine d'les chercher, j'me viderai de mon sang !

Je ne réussis jamais à comprendre pourquoi elle cachait ces choses-là.

Une fois mes genoux pansés, maman partit et me laissa là, à contempler le dégât. Quel spectacle horrible ! Zut, j'avais oublié tout le côté gauche de ma jambe gauche... le côté visible. Bravo ! C'était vraiment réussi !

Le lendemain matin, je m'empressai de me pomponner. Je me fis une queue de cheval drapée dans une écharpe de soie blanche, laissant quelques accroche-cœurs près des oreilles. Je me faufilai dans la chambre de maman pour me badigeonner le visage de poudre et me pincer les joues pour avoir des couleurs, sans oublier un doigt de vaseline sur les sourcils et une pointe de rouge à lèvres rouge cerise. J'enfilai ensuite mon pull en cachemire blanc tout neuf, ma jupe évasée, mes socquettes blanches ourlées et mes souliers Oxfords. Je m'aspergeai rapidement le cou de muguet, le tout accompagné des airs de Santo and Johnny, *Sleep Walk* et *Peggy Sue,* que je faisais passer sur mon tourne-disque. Mon Dieu ! Quelle belle nana j'faisais ! C'est ce que je pensais de moi après un ultime regard au miroir. Je vérifiai mes jambes. Ma jupe descendait jusqu'au-dessous des genoux et seuls deux petits pansements étaient apparents.

Alors que je passais le long des salles de classe avec mes amies, je reçus quelques sifflements admiratifs. Je prétendis ne rien remarquer, à part quelques-uns pour lesquels je me retournai, feignant d'être agacée.

— Ça va ! Calme-toi, face de crapaud !

Les cours terminés, je mis mon short et mes bottes de majorette, me rougis les joues en les pinçant, et rejoignis le gymnase. Le jury était installé à une longue table. La fanfare était prête, ainsi que toutes les filles qui allaient concourir. Kelly Moore était la première à passer. Je l'observais faire son enchaînement. Elle était en troisième et plutôt jolie, avec une grosse poitrine. Elle avait beaucoup de talent — avec le bâton comme avec les garçons ! Ce fut ensuite le tour de Pamela Sue Boyls. C'était vraiment une beauté. Elle avait de magnifiques mèches blondes, des yeux d'un bleu acier, d'épais cils noirs, une superbe peau caramel, une grosse poitrine elle aussi et de très belles jambes. Dès qu'elle eut terminé, elle s'approcha de moi et son regard tomba sur *mes* jambes.

– Oh, Jude ! Qu'est-ce qu'est arrivé à tes jambes ? demanda-t-elle.

– Oh, ces jambes ! Mes jambes ? Je me suis entraînée si tard hier soir que je me suis fait dévorer par les moustiques. Quelles horribles bestioles, pas vrai ?

– Oh ! Ma pauvre ! C'est vraiment terrible ! J'en reviens pas qu'un truc pareil te soit arrivé !

Elle s'apprêtait à partir quand elle se retourna vers moi en riant.

– Essaie Nair la prochaine fois. C'est ce que j'utilise tout le temps !

C'était mon tour. J'accomplis mon enchaînement à la perfection. Je compensai mes failles – ma poitrine – par mon talent. Tout se termina avec des cris et des sifflements enthousiastes. Ensuite, il fallait attendre ; les résultats n'allaient être divulgués que dans l'après-midi. Nous nous changeâmes pour retourner en classe. Ce fut durant le cours d'anglais que le haut-parleur annonça : « Les cinq gagnantes sont les suivantes : Kelly Moore, élève de septième, Pamela Sue Boyls, élève de huitième, Janet Miller, élève de huitième, Barbara Downs, élève de huitième et – je ne respirais plus – Judy Hampton, élève de huitième. Félicitations à vous toutes ! » Je sautai de joie. Toute la classe applaudissait. Wouah ! Je faisais partie des pros ! J'avais travaillé dur pour ce titre honorifique. J'étais fière de moi et impatiente de finir les cours pour courir recevoir mon uniforme de majorette.

Dès la sonnerie, je me précipitai vers les casiers pour y déposer mes livres et jeter un œil dans le miroir. Je me dirigeai ensuite rapidement vers le bureau de la fanfare. À peine entrée, les autres gagnantes se mirent à crier et à sauter frénétiquement dans tous les sens, transportées de joie par la victoire. Je hurlais avec elles.

Monsieur Buzz – nous l'appelions toutes ainsi à cause de ses cheveux en brosse – apparut à la porte. C'était un des professeurs les plus chouettes que j'aie jamais eus. Il avait été sergent dans l'armée et cela se voyait. Sa fanfare remportait les compétitions chaque année. Il était extrêmement drôle, ce qui lui permettait de se mêler aux jeunes avec aise. De plus, il démontrait beaucoup de respect à l'égard des femmes.

– Mesdames, à vous voir réagir, je constate que vous êtes très déçues d'avoir été sélectionnées ! dit-il en riant, les mains sur les hanches.

– Ah oui, Monsieur Buzz, on est toutes en pleine déprime ! dis-je en faisant semblant d'être désespérée.

Tout le monde riait et les blagues allaient bon train.

– Mesdames, vous avez toutes fait d'excellentes performances. Vous avez fait preuve d'aisance et de précision. Et je tiens à ajouter que vous êtes les majorettes les plus jolies que j'aie vues depuis longtemps. Toutefois, avant de distribuer vos uniformes, j'aimerais faire une collecte pour acheter – il sortait son portefeuille de sa poche arrière en se retenant de rire – un rasoir électrique à Judy !

Il tenait en l'air un billet de vingt dollars entre ses doigts. Tout le monde éclata de rire.

– Vraiment super à vous, les amis ! répliquai-je en rougissant.

– Je suis sérieux, Judy, t'as des jambes superbes, ma petite, prends-en soin !

– Voyons, votre majorette en chef sera Kelly Moore. C'est la plus jeune. Kelly aura la responsabilité d'organiser les groupes et de préparer les chorégraphies. Souvenez-vous ! Croyez en vous et en vos rêves ! Vous êtes les meilleures et si vous savez que vous êtes les meilleures, vous réussirez dans la vie. Ne pensez jamais à la possibilité d'échouer, car alors vous échouerez. *Ne soyez pas des perdantes. Soyez des gagnantes !* Compris, les filles ?

– Entendu, Monsieur Buzz !

Nous étions unanimes.

Une fois nos uniformes attribués, Kelly nous proposa de passer la nuit de vendredi à samedi chez elle pour commencer à travailler nos futurs enchaînements. Ce serait notre soirée pyjama « Majorettes ». J'étais folle d'excitation, impatiente d'être à vendredi soir.

Je rentrai à la maison et remarquai tout de suite que quelque chose manquait. Le téléviseur ! Elle avait été remplacée par une plante dans la salle de séjour. Je me précipitai d'abord dans la cuisine et ensuite dans la cour arrière. Je cherchais maman. Je la trouvai occupée à retourner la terre dans un bac à fleurs.

— Maman, tu vas *jamais* deviner ce qu'est arrivé aujourd'hui !

— Les vers ont attaqué mes bégonias, saletés de vermines ! Non, qu'est c'qui s'est passé ?

Elle continuait à traquer les vers.

— Ta fille, *moi,* a été sélectionnée pour être majorette. C'est sensationnel, non ? Je suis tellement fière !

— C'est bien, Judy, vraiment bien !

Elle se releva et essuya la sueur de son front.

— Oh, Seigneur, j'ai tellement besoin d'un bon bain. Et toi, j'veux que tu nettoies ta chambre. Y'a un sacré désordre. Et j'veux qu' tu nettoies celle de Loy Gene, et aussi la cuisine avant le dîner ! Allez, vas-y !

J'étais blessée. Elle avait manifesté si peu de joie — comme si cela n'avait aucune importance, ni pour elle ni pour personne d'autre. J'avais tellement fait d'efforts pour que maman et papa Bill soient fiers de moi, mais la seule chose qui comptait pour eux était le baseball de Loy Gene. Ils ne parlaient que de cela. Tous les soirs, papa Bill l'entraînait et vantait ses compétences durant le dîner. Par contre, il ne m'adressait JAMAIS la parole, ne me regardait jamais m'exercer au bâton, ne me demandait jamais mes résultats scolaires et n'assistait jamais aux rencontres parents-enseignants. Jamais ! Parfois, je pense que maman restait discrète envers moi juste pour maintenir la paix dans la famille.

– Maman, Kelly Moore est la majorette en chef. Elle organise une soirée pyjama chez elle vendredi soir pour qu'on commence à s'entraîner toutes ensemble. J'peux y aller, s'il te plaît ?

Elle parut choquée.

– Kelly Moore ? Tu t'moques de moi ? La seule chose qu'elle sait faire tourner, c'est ses nichons !

C'était mon tour d'être choquée.

– Maman, s'il te plaît. Pourquoi tu dis des choses pareilles ? Elle est gentille et super bonne au bâton.

– N'essaie pas d'm'amadouer. Tout ça, c'est d'la foutaise. Elle est dingue des garçons. Elle pense à rien d'autre qu'à s'qui s' trouve dans leurs jeans. Je l'ai vue, elle traîne toujours avec des garçons. Elle est comme sa mère. Y'en aurait long à dire sur ces deux-là !

– Maman, comment tu peux parler comme ça ? Où t'as...

Elle leva la main comme pour me gifler.

– Fais pas la maline avec moi ou j'vais t'en mettre une qui va t'remettre les idées en place !

Les sanglots me montèrent aux yeux. Maman pouvait être si dure, parfois, si cruelle. Pourquoi n'était-elle pas comme les autres mères – gentille, aimante et apportant son soutien à ses enfants ? Je n'avais jamais invité mes amies pour passer la nuit, ni même la journée pour jouer avec moi. J'avais peur de ce qu'elles penseraient d'elle... et de moi.

Voyant couler mes larmes, elle abaissa la main avant de continuer.

– J'dis les choses comme j'les pense. J'l'ai vue ta Kelly, de mes prop' z yeux. J'sais c'qu'elle a en tête. T'es juste une p'tite idiote qui sait rien de rien. Tu peux y aller vendredi soir, mais si j'vois un seul garçon, ma fille, j'te ramène par la peau des fesses. J'veux pas qu' tu t'fasses engrosser. Ah, ça non !

Elle alla vers la brouette et la fit rouler jusqu'au portail de derrière.

Je restai là un moment à la regarder. Je ne savais pas ce qu'elle voulait dire par « se faire engrosser » – elle craignait peut-être que je me fasse battre. Une chose était certaine, je ne pourrais pas rester chez Kelly si des garçons arrivaient. Maman n'avait toujours eu qu'une parole.

Je me sentis un peu soulagée. En me dirigeant vers la maison, la télévision me revint soudain à l'esprit.

– Maman, où est la télé ?

Elle pointa son nez par-dessus le portail.

– Y a plus de télé ! cria-t-elle du fond du jardin.

– Pourquoi ? Elle est où ?

– Oh ! Y'a un tube qu'a pété ou que'que chose. Ton papa Bill l'a virée. Y pense que Loy Gene la regarde trop. Y veut qu'il travaille mieux à l'école. J'suppose que c'est pour le mieux. Mais c'est sûr que j'vais regretter la vieille fofolle.

Sa tête disparut.

La fofolle, c'était Lucille Ball. Maman l'admirait. Elle était la seule personne capable de la faire rire autant. Dommage ! Loy et moi allions être privés de dessins animés le samedi matin. Je me demandai si Bill s'en était débarrassé pour pas payer la réparation – il était tellement radin – ou s'il voulait vraiment que Loy étudie davantage. Les deux, probablement.

En tout cas, cette nouvelle m'attristait. Je retournai à la maison et montai dans ma chambre. C'est alors que j'eus le choc de ma vie. Quand j'ouvris la porte, je crus m'être trompée de pièce. Il y avait un beau couvre-lit couleur crème avec des coussins en satin rose, pêche et bleu sur lesquels siégeait triomphante ma poupée de mariage Lady Alexander. Des rideaux en dentelle habillaient élégamment les fenêtres. Une lampe de chevet vert pâle dépolie avec un abat-jour en satin assorti était posée sur ma table de nuit. Il y avait deux autres lampes placées sur ma coiffeuse avec, sur un napperon en dentelle, une brosse et un peigne roses incrustés d'or avec le miroir assorti, un flacon vaporisateur bleu contenant mon eau de

Cologne favorite My Love, un poudrier blanc avec sa houppe, un long pinceau brun à la pointe dorée, deux rouges à lèvres, un tube de mascara et une petite bouteille de traceur brun avec son petit pinceau. Il y avait aussi un nécessaire à ongles avec du vernis rose pâle. Je me tenais là, bouche bée, à contempler chaque objet. Je n'avais encore jamais eu de maquillage à moi. Je pris un des rouges à lèvres et découvris sa magnifique couleur rose. J'en mis un peu sur mes lèvres. Il m'allait à merveille !

Les yeux encore rivés sur le miroir, je remarquai une boîte. C'était un rasoir électrique Lady Schick. Je bondis et courus voir maman. Elle était dans la cuisine à se laver les mains. Je me précipitai vers elle et la serrai très fort dans mes bras.

— Qu'est c'qui te prend ? Seigneur ! Ma fille, tu éclabousses toute la cuisine, dit-elle, tentant de dissimuler un sourire.

— J'm'en fiche. J'nettoierai tout. Maman, je t'aime… petite casse-pieds ! Ma chambre est super. Maman. Vraiment sensas ! Je t'aime tellement. Et le maquillage ! Wouah ! Comment t'as deviné quoi acheter ?

Je la serrais toujours à l'en étouffer.

— Lâche-moi, j'peux plus respirer et ne me traite plus jamais de casse-pieds ! C'est la mère Simmons au supermarché, Dieu bénit son âme. C'est la crème des vieilles… c'est elle qu'a choisi tout ce maquillage et l'reste. J'vais t'dire, Judy, j'savais qu'tu s'rais majorette parce que j'en ai rêvé. Mes rêves me disent toujours c'qui va arriver. Ç'a toujours été comme ça !

Elle réfléchit un instant. Un sourire se dessina sur ses lèvres et ses joues se colorèrent légèrement. Elle continua. Le ton de sa voix était doux.

— Dans c' rêve, j't'ai vue parader. T'étais vraiment belle. Tous mes gosses ont tourné comme ça, mais je commençais à croire que toi, tu rest'rais effacée, différente des autres. Mais dans l'rêve, t'étais vraiment belle. J'suis donc allée faire des courses parce que j'ai imaginé qu'le rêve me disait de t'aider comme ça.

Elle se retourna pour prendre un torchon qui était sur le poêle et continua à me parler tout en s'essuyant les mains.

— J'veux qu' tu t'entraînes à t'mettre du maquillage. Maintenant, mets-toi au travail. J'ai l'souper à préparer.

Je réfléchis à ce qu'elle venait de dire du rêve qu'elle avait eu de moi. Cela n'avait rien d'étrange dans notre famille. Les rêves de notre mère devenaient réalité et ses « soupçons » étaient une authentique faculté psychique très active qu'elle utilisait tout le temps. Elle n'était peut-être pas instruite, mais son bon sens et sa faculté à savoir à l'avance ce qui allait se produire lui donnaient une intelligence unique, faculté malheureusement non enseignée à l'école. Toutes ces jolies choses qu'elle avait achetées spécialement pour moi étaient sa manière de me dire qu'elle m'aimait — ce qu'elle n'exprima jamais en paroles.

Loy rentra après avoir joué avec ses amis. Il posa la même question que moi à propos du téléviseur et il obtint la même réponse. Mécontent, il jeta son gant de baseball sur le canapé.

— Merde ! Ça va vraiment dev'nir chiant, ici. Si seulement on pouvait plus s'amuser ici, comme les aut' gosses. Qu'est-ce qu'on va faire maintenant… rester assis à jouer aux dominos pendant que papa Bill et maman avalent leur vin à la noix ? Ça va être vraiment super, hein ?

Je me sentis soudain désolée pour mon petit frère. Tentant de le réconforter, je lui relatai les bonnes nouvelles.

— Eh ! Tu sais quoi ? Je suis majorette, maintenant. C'est super, non ?

Son visage s'illumina.

— *Cool*… Ça c'est *cool*, dit-il gentiment. T'as ton ch'min tracé, sœurette !

Vendredi soir arriva enfin. Une fois l'école finie et mes tâches ménagères accomplies, maman me conduisit chez Kelly.

— Souviens-toi de c'que j't'ai dit, me rappela-t-elle à notre arrivée. Pas de garçons et pas de batifolage, tu m'entends ? Si queq'chose d'bizarre arrive, t'appelles la mère Cole. Elle m'prévient et j'viens t'chercher !

Une chose de plus que désapprouvait papa Bill : le téléphone.

— Maman, il va rien se passer, j'te promets. Au revoir. À demain. Je rentrerai à la maison à pied, d'accord ? dis-je en sortant de la voiture.

Maman démarra. Je courus jusqu'à la porte avec toutes mes affaires. Je frappai et attendis. Il y avait de la musique. Elvis chantait *Jailhouse Rock*. Kelly arriva habillée d'un short très serré et d'un pull bouffant bleu. Son visage était tout rouge et en sueur. Elle avait le souffle coupé. Les autres filles étaient déjà là à danser, à boire du Coca-Cola et à manger des sandwichs au fromage et aux piments préparés par madame Moore. Je fus vite de la partie. Madame Moore apparut et se présenta à moi en tant que madame Hentington. Je rougis.

— C'est *cool* non ? Ma mère vient de se remarier. Pas vrai, maman ? dit Kelly en passant son bras autour du cou de sa mère et en l'embrassant sur la joue. J'ai tout fait pour qu'elle profite encore un peu et qu'elle vive sa vie... mais l'vieux Jack lui a mis le grappin d'ssus, pas vrai, m'man ? T'avais aucune chance... eh, il a de l'argent, ma chérie !

Madame Hentington lui donna gentiment un coup de coude. Elvis entama *Fools rush in where angels fear to tread*, et Kelly se mit à chanter tout en montrant du doigt sa mère qui se retira vers la cuisine en hochant la tête.

— Ta mère est vraiment chouette, Kelly. C'est ton beau-père qui l'a engrossée ?

Je me retournai, choquée. Je ne parvenais pas à croire que Janet Miller ait pu poser une question pareille. Je ne savais même pas ce que cela voulait dire, mais cela sonnait vulgaire. À mon avis, Kelly n'allait pas donner suite.

— Tu veux rire ? Merde, elle voulait pas d'un autre gosse. Elle a moi… ça suffit !

Elle s'affala sur le canapé, prit une rasade de Coca-Cola et enfila son doigt dans le goulot de la bouteille.

— Ils baisaient sans arrêt de toute façon, alors pourquoi pas le légaliser ?

On se regarda toutes. Janet avait cet air de « mauvaise fille » sur le visage, Pam ricanait et Kay la vraie prude rongeait ce qui lui restait d'ongles… Je ne cessai de regarder par-dessus mon épaule, m'attendant à voir la mère de Kelly arriver à tout moment.

— Comment tu l'sais qu'ils passent leur temps à baiser ? Qu'est-c'tu fais, tu t'caches sous l'lit et t'écoutes ?

C'est Janet qui posa cette question, pas moi. Mais j'étais contente qu'elle l'ait posée.

— C'est pas difficile. Tous les matins, sa poire vaginale pend à la porte de la salle de bain toute mouillée… floc, floc ! Et ça gémit. Seigneur, ça m'excite rien que d'y penser.

Elle soupira. Sa tête reposait sur les coussins du canapé.

— Ouais, j'ai surpris mes parents un après-midi, dit Janet avec malice. J'arrêtais pas d'entendre ces bruits sourds, alors je suis juste entrée pour voir ce qui se passait. J'oublierai jamais leur tête quand ils m'ont vue… wouah !

— Génial ! Je parie que tu t'es fait botter les fesses, dit Kelly. Qu'est-ce qu'ils t'ont dit qu'ils faisaient ?

— Vous allez pas l'croire, mais il m'a dit qu'il la massait parce qu'elle s' sentait pas bien. Il m'a vraiment pris pour une idiote !

Janet croisa les jambes et prit une bouchée de son sandwich. Je ne résistai plus.

— Hé, c'est quoi une poire vaginale ?

Tous les rires cessèrent subitement et les filles m'observèrent, incrédules. Puis, elles s'esclaffèrent en me montrant du doigt. Janet me donna même un coup de coude et tomba sur mes genoux, pliée en deux. Pam avait les deux mains sur le visage, hilare, et même Kay la prude n'était plus si prude que cela. Elle était là, bouche bée, yeux et narines grands ouverts, sans émettre un son. Elle était vraiment bizarre. Elles étaient *toutes* bizarres. Et puis, Kelly se pencha en avant et essaya de parler au milieu des rires.

— Hampton, tu plaisantes ? Tu sais pas c'que c'est qu'une poire vaginale ? Oh ! Mon Dieu, elle est vierge ! Hampton, tu serais pas *vierge*, par hasard ?

J'avais tellement rougi d'embarras que le visage m'en brûlait. Je ne m'étais jamais trouvée avec des amies qui parlaient ainsi. Je n'avais jamais imaginé ma mère et papa Bill en train de faire... ça ! J'avais l'impression de venir de Mars, je ne *savais* rien de toutes ces choses-là !

— Hampton, regarde-moi et lis sur mes lèvres « P-o-i-r-e v-a-g-i-n-a-l-e » ! Bon, je vais t'en montrer une, suis-moi.

Elle se leva. Nous la suivîmes toutes. Je continuai de me retourner, craignant de voir surgir sa mère. Nous nous glissâmes ensuite dans la salle de bain et là, accrochée à la porte, se trouvait une pochette rouge d'où sortait un long tube, avec à son extrémité, un vaporisateur obscène. Tout le monde ricana. Cela ressemblait à une bouillotte. Kelly la décrocha puis s'accroupit, nous montrant comment se servir de cette chose infâme. J'étais à nouveau très gênée. La démonstration terminée, Kelly me demanda si maman en avait une. Pas de réponse. Je n'avais jamais rien vu de pareil dans notre salle de bain ni même ailleurs. En y réfléchissant, elle était certainement « mise en sécurité » avec les pansements !

Nous passâmes le reste de la soirée dans la cour de devant, à travailler la nouvelle chorégraphie. Des garçons roulaient parfois devant la maison, lentement, examinant les lieux. Kelly s'arrêtait alors pour aller leur parler. Une Chevy Impala bleu et blanc avec deux gars à l'avant fit plusieurs fois le tour. Kelly devenait « excitée », comme elle le disait !

— Je suis *folle* de Dennis Harper. Oh, mon Dieu, qu'il me plaît ! Je donnerais n'importe quoi pour qu'il repasse et s'arrête. C'est l'homme le plus *sexy* du monde !

— C'est qui ? demanda Janet.

— Vous sortez d'où ? Il est au lycée, il joue au foot et toutes les filles meurent d'envie de sortir avec lui. Il a soi-disant des « doigts fripons ».

Je craignais qu'ils s'arrêtent et entrent. Maman le saurait. Elle avait raison là-dessus, Kelly *était* folle des garçons, et je l'avoue, un peu dévergondée. Nous reprîmes notre entraînement, mais voilà que l'Impala bleu et blanc fit à nouveau son apparition avec « Doigts fripons » au volant. Il s'approcha lentement du bord du trottoir. Kelly lâcha son bâton et se dirigea vers la voiture tout en tirant son short vers le bas. Janet fit de même… décidément très audacieuse. Kay, Pam et moi allâmes nous asseoir sagement sur le porche.

— Mon père me tuerait si c'était moi là-bas, dit Pam. C'est sûr que Kelly et Janet en savent un paquet sur… enfin, là-dessus !

— C'est sûr ! J'arrive pas à croire que la mère de Kelly la laisse parler aussi vulgairement. Vous avez déjà eu un amoureux ? demandai-je.

— Tu veux rire ? répondit Pam. Papa dit que je dois attendre d'être au lycée… et même, il voudra le rencontrer d'abord. Mes parents sont vraiment stricts.

Pendant tout ce temps, Kay frappait le sol de son bâton qu'elle tenait entre ses jambes, les yeux fixés au sol et l'oreille à l'écoute.

— Et toi, Kay ?

Elle secoua la tête.

— Je veux être *quelqu'un* un jour. Je passe mon temps à étudier.

C'était vrai. C'était une excellente élève, pas très originale, mais avec un sacré cerveau !

Soudain, j'entendis Janet prononcer mon nom. Je regardai en direction de la voiture. Kelly s'était retournée et me regardait. Puis, elle dit quelque chose en secouant la tête. Dennis, penché au-dessus du volant, me regardait lui aussi. J'entendis des rires. Ils démarrèrent et les filles rentrèrent à la maison. Elles murmuraient entre elles et ricanaient.

– Eh ! Jude, devine qui te trouve sexy ? dit Janet en levant les sourcils.

– Ferme-la, merde ! rétorqua aussitôt Kelly.

– Regarde-moi qui parle là ! Tu l'as juste mauvaise parce que Doigts fripons, étudiant de terminale à Artesia, craque pour Hampton et pas pour toi, ma chérie ! À croire qu'il aime les vierges !

Kelly était furieuse et moi-même plutôt en colère aussi. La manière dont il m'avait regardée ne m'avait pas plu, et je ne trouvais pas les garçons plus âgés intéressants. Tout cela me dégoûtait.

– Ferme-la, oublie ça ! Ça m'intéresse pas ! dis-je, énervée, me sentant à la fois sale et coupable.

Il commençait à faire sombre. Nous rentrâmes à l'intérieur. Monsieur et madame Hentington étaient assis, dans les bras l'un de l'autre à regarder la télévision. Je fis semblant de ne rien remarquer. Nous allâmes dans la chambre de Kelly. C'était une très belle pièce. Des tonnes de tasses à Coca-Cola étaient empilées verticalement dans les coins. Il y avait beaucoup de choses de l'école punaisées aux murs à côté des photos d'Elvis, de Fabian et de Chuck Berry. Son lit était sous une des deux fenêtres et sa coiffeuse adossée au mur de la chambre de ses parents. C'était peut-être pour cela qu'elle en savait tant sur l'intimité de ses parents. Les murs n'étaient pas épais ! Nous nous mîmes à écouter des disques, à nous vernir les ongles, à nous boucler les cheveux et surtout à parler… de garçons ! Kelly eut alors une idée géniale consistant à développer avec nos doigts un code silencieux pour communiquer en classe sans que personne ne puisse comprendre. L'idée était sensationnelle ! Il nous fallut des heures pour apprendre à interpréter le langage qu'elle inventait, mais nous y parvînmes toutes, finalement. Nous pouvions désormais commérer entre nous, par signes.

Le tourne-disque jouait le dernier tube de Bobby Darin. Janet se tenait appuyée au mur près de la fenêtre du fond à synchroniser les mots sur ses lèvres. Soudain, tout un côté de son visage fut éclairé d'une étrange lueur rouge. Je crus un instant que Doigts fripons s'était faufilé dans la maison et avait allumé une lampe rouge pour nous faire peur... Quel idiot ! Mais Janet se retourna pour regarder par la fenêtre.

— Oh ! Mon Dieu ! C'est vraiment bizarre ! balbutia Janet.

Nous nous précipitâmes toutes vers la fenêtre. J'y parvins la première. Je n'en croyais pas mes yeux.

— Cette chose me donne les chocottes. Qu'est-ce que c'est ?

Il était environ une heure et demie du matin. La lune croissante était basse à l'ouest, et au-dessus du bâtiment situé à deux pâtés de maisons de chez Kelly, de l'autre côté du terrain vague, nous vîmes, suspendue dans les airs à environ trois cents mètres au-dessus du toit, une énorme boule orange intense de deux fois la taille de la maison. Elle était d'un rouge sang tellement vif que tous les environs baignaient dans cette teinte mystérieuse. Je n'arrivais pas à détourner les yeux. Je m'efforçais de comprendre de quoi il s'agissait. Cette boule n'émettait aucun son. Elle était simplement à l'arrêt, en plein ciel. Il me vint à l'idée que c'était peut-être une sorte de planète, car elle semblait être recouverte de cratères. Soudain, des éclairs aveuglants jaillirent de cette chose. Prise de panique, je courus vers le lit et me mise à prier. La pensée me traversa que c'était la fin du monde. Dans l'Apocalypse, il est écrit que lors des derniers jours, la lune deviendrait couleur sang et que Jésus ferait son apparition dans le ciel. C'était « l'Enlèvement ». Les purs qui allaient être sauvés iraient au paradis. Ceux qui resteraient devraient subir le châtiment de Dieu. Je pensais que c'était bien la « lune devenue sang » que nous venions de voir au-dessus du toit des voisins.

— Qu'est-ce que tu fais ? T'as perdu la tête ? me demanda Kelly avec insistance.

L'étrange lumière rouge inonda mon visage, lui donnant un air de gargouille.

– Je prie pour nous. Tu sais pas ce qui s'est passé ? Jésus est venu et nous a *toutes* laissées derrière lui.

Je pleurais.

– Oh ! Père ! Ne nous abandonne pas. Nous ne sommes que des enfants. Fais partir cette chose. Reviens nous chercher, s'il te plaît.

Les éclairs traversèrent la fenêtre au-dessus du lit sur lequel je me trouvais. J'entendis quelqu'un pleurer.

– J'ai peur... aide-nous !

L'une d'entre nous se glissa alors sous le lit pour s'y cacher. J'avais la tête enfouie sous une peluche... Je sanglotais.

– Eh ! Les filles ! C'est parti ! s'écria Janet. Cette chose a disparu !

Nous nous précipitâmes toutes à la fenêtre. Tout était redevenu normal. La lueur pâle de la lune éclairait à nouveau doucement les maisons et seules des étoiles scintillantes brillaient dans le ciel. Je me sentais soulagée. Je ne me souviens de rien d'autre de ce soir-là, pas même du moment où nous sommes allées nous coucher, ni même si nous nous sommes couchées. Je ne me souviens d'aucune discussion... je ne me souviens d'absolument rien ! C'est resté comme un trou noir dans ma mémoire, et ce fut apparemment la même chose pour chacune d'entre nous. Le lendemain matin, une mouche chatouilla mes sourcils et me réveilla. Quand j'ouvris les yeux, je vis entrer Kelly avec un plateau ; elle apportait du jus d'orange pour tout le monde.

– Debout, les filles. Ma mère est en train de préparer le petit déj'. Si vous veniez donner un coup de main ?

Une fois levées et après une toilette de chat, nous nous rendîmes à la cuisine tout en bavardant de choses habituelles. La mère de Kelly nous avoua que nous avions été des invitées parfaites. Elle n'avait pas eu besoin de nous surveiller une seule fois de la soirée.

– Cool, pas vrai, m'man ? Nous avons appris à parler avec nos mains, tu vois ?

Kelly fit une démonstration et nous en fîmes l'interprétation. Le petit déjeuner fut magnifique. Nous avons ensuite nettoyé la cuisine, nous sommes habillées et sommes sorties pour reprendre l'entraînement. La journée était chaude et ensoleillée.

À mon retour, maman me questionna.

– Eh bien ! Il s'est passé des choses excitantes ?

– Non, rien de spécial !

Je ne lui révélai jamais un mot sur les garçons dans la voiture ni sur Doigts fripons.

– Non, on s'est juste entraînées à nos enchaînements.

Peut-être penserez-vous que je suis blasée, que je ne vous dis pas tout ce qui s'est passé cette nuit-là, ou encore que j'ai inventé cet événement. Eh bien non ! Nous avons toutes fait la même expérience soir-là lors de notre soirée pyjama. Je ne vous cache rien, du moins pas intentionnellement. Si vous imaginez que nous étions plutôt nonchalantes le lendemain matin, vous avez raison. Ni mes amies ni moi-même ne nous souvenions de quoi que ce soit, comme s'il ne s'était rien passé.

Ce ne fut que quatre ans plus tard que l'incident me revint en mémoire. Vous allez donc devoir patienter encore quelques chapitres pour découvrir enfin ce qui se passa réellement cette nuit-là !

Chapitre 10

CHÉRIE, JE T'AIME

Ma métamorphose s'était finalement accomplie à dix-sept ans. J'étais passée de l'état de vilain petit canard à celui de cygne à l'étonnante beauté. Maintenant experte en maquillage, je laissais l'éclat abricot de mes joues embellir mon teint naturel. Mes grands yeux bleu-vert et mes cils épais et pâles étaient accentués par un léger mascara, ce qui me donnait un regard vif et pétillant. Mon nez retroussé était généreusement parsemé de taches de rousseur, reflet d'une innocence intérieure. J'avais adopté le blond platine pour mes cheveux — le look Marylin Monroe — teinte magnifique, ni dure ni bon marché, mais en réalité tout à fait éblouissante. Ma poitrine opulente s'épanouissait au-dessus de ma taille de guêpe.

On me disait souvent que je ressemblais à une de ces filles posant à moitié nues pour des calendriers, mais certains me souriaient sournoisement comme si j'étais coupable de quelque mystérieuse indécence. C'était ma nature de rejeter les compliments et de me sentir coupable dans mon cœur, attristée par ces chuchotements calomniateurs.

Je les soupçonnais d'avoir raison. J'étais laide. Quand je me regardais dans le miroir, je ne voyais ni la beauté éclatante, ni la couleur, ni le contour. Je ne percevais que distorsion et laideur. Je ne savais pas que c'était la distorsion et la laideur des autres, dues à leur esprit envieux. J'étais tout simplement trop innocente, trop naïve pour percevoir la malice de mes pairs et comprendre que la raison pour laquelle je faisais sensation résidait dans cette combinaison magique imbattable : le look « gamine sexy » fusionné au look « garçon manqué ingénu ». Je ne compris jamais réellement de quoi il retournait. Pour moi, ma « différence » tenait à ma choquante laideur. Afin d'échapper à ma souffrance, je passais la plupart de mes loisirs à monter mon cheval. J'étais alors insoumise, libre et solitaire.

Mon cheval s'appelait Slim. C'était un magnifique alezan, et c'était mon ami. J'avais toujours aimé les chevaux depuis l'époque où je passais de longues heures à jouer dans le jardin d'hiver de ma mère à monter des chevaux de bois, en faisant semblant d'avoir un ranch. Je chérissais ce rêve, et je disais que quand je serais grande, j'épouserais le propriétaire d'un ranch et j'aurais beaucoup de chevaux. Récemment, cependant, j'avais eu ces rêves lucides qui m'intriguaient profondément. J'avais ce rêve récurrent où je chevauchais ce hongre splendide dans un parc magnifique, mais ce parc était situé dans une ville. Il y avait des gens qui allaient et venaient, vêtus de manière étrange. Les femmes portaient bonnets et robes longues, les hommes, haut-de-forme et redingotes. Les voitures étaient tirées par des attelages de toute beauté, et les femmes qu'elles transportaient y tenaient des parasols. Je connaissais tout le monde dans ce rêve. Je connaissais même le nom du cheval que je montais. Il s'appelait Redskin. Je le montais en amazone, et portais une longue robe noire. Quelqu'un m'interpelait en m'appelant « Lily » et je me retournais pour voir qui c'était. C'est alors que je me réveillais. Chaque fois, il me semblait me réveiller d'un profond sommeil, et j'avais l'impression que le rêve... bien qu'il se déroulât à une époque révolue, était encore tout frais dans ma mémoire, comme la journée d'hier. Étrange.

Je me souviens avoir questionné maman au sujet de ce rêve. Elle m'avait regardée avant de répliquer :

— Oh ! C'est probablement qui tu étais à ce moment-là... avant.

Je pensai qu'elle ne m'avait pas entendue et je lui demandai alors ce qu'elle voulait dire par « avant ». Elle hésita et puis ajouta :

— Regarde l'herbe là-bas. Elle va mourir. Mais elle va revenir au printemps. Tu vois, Judy, dans sa bonté, le Seigneur a tout créé, et tout a sa saison où pousser. Quand l'hiver viendra, elle mourra, mais elle revivra au printemps. Elle renaît. Ton rêve a peut-être à voir avec ta vie un autre printemps, il y a de cela longtemps.

Une partie de moi comprit ce qu'elle essayait de me dire, mais une autre partie était dans la confusion. J'ai donc laissé tomber : une attitude que l'on adopte souvent dans ces circonstances.

Un léger vent chaud soufflait sur le désert doré, faisant se balancer les arbres rares ici, bruissant au travers des herbes folles. Le ciel pâle s'illumina d'un bleu violet profond alors que le soleil cuivré déclinant était comme suspendu sur l'horizon. De gros nuages orange et blancs naviguaient à grande vitesse, projetant des ombres mouvantes sur la sauge pourpre. Alors que je chevauchais Slim, la senteur de sa douce écume et de la selle au cuir bien huilé emplissait le vent autour de moi. Ses sabots faisaient se soulever la poussière de safran qui, scintillant dans la lumière, venait se déposer sur mes cheveux et saupoudrer mes cils.

Soudain, Slim effraya un lièvre. Je m'arrêtai et dégainai mon fusil de calibre .22. Visant avec soin, je le tuai. Le lièvre attaché au pommeau de ma selle et, chevauchant le vent, je rentrai à l'écurie. Là, je brossai Slim, lui donnai son grain et, après lui avoir donné câlins et caresses, rentrai à la maison.

J'entrai, essoufflée et heureuse. Les odeurs familières de poulet frit et de purée de pommes de terre, mêlées à celle de la fumée de cigarette, flottaient dans la maison. Je savais que j'étais en retard et me rendis directement à la cuisine pour leur présenter mes excuses, mais aussi pour me vanter un peu à propos de mon lièvre. Maman et papa Bill étaient occupés à jouer aux dominos sur la table.

— Bonsoir. Désolée, je suis en retard, mais j'ai tué un lièvre aujourd'hui. Je vais le donner à Loy.

Je sortis sur la galerie arrière pour y déposer le lièvre. Maman me regardait avec une certaine admiration et un petit peu d'envie.

— Tes jeans sont vraiment serrés, dit-elle à mon retour. Les jeans, c'est dangereux pour les femmes comme pour les hommes.

Que Dieu me garde, je pourrais tomber enceinte rien qu'à regarder des jeans d'homme.

Elle prit alors une petite gorgée de son vin Mogen David et papa Bill une bouffée de son cigare de Havane.

– Oh ! Maman, soupirai-je. Longtemps après avoir entendu la femme de Charles te dire quelque chose comme ça, je ne me risquais pas à regarder des jeans pour hommes de peur que cela m'arrive.

Je me lavai les mains à l'évier, et pris conscience que je ne savais toujours pas *comment* on tombait enceinte.

J'étais sur le point d'ouvrir la porte du réfrigérateur quand maman déclara :

– Prends garde à toi, petite fille. Tu sais que les hommes ne pensent qu'à profiter de toi. Ils obtiennent toujours ce qu'ils veulent, ils te font un gosse et te laissent te débrouiller avec. Oh ! Seigneur ! Ils sont égoïstes et mauvais. Je ne veux pas que tu deviennes une traînée pour faire plaisir à un homme.

Je claquai la porte du réfrigérateur, tournai sur mes talons, me sentant comme avilie à cause des hommes et de leurs besoins naturels.

– Je ne suis pas une putain. Ne me redis jamais une chose pareille, car s'il y a quelque chose que je ne serai jamais, c'est bien cela.

Mes joues étaient rouges de honte. Papa Bill ne souffla pas un mot. Je suppose que lui, il pensait que j'en étais déjà une. Les filles sont des traînées, les hommes des saints !

– Je n'ai pas dit que tu en étais une, mais si j'étais toi, je ferais attention.

Elle prit une bouffée du cigare de Bill et le regarda un moment. Elle souffla alors la fumée bleue et âcre dans ma direction et déclara avec une certaine exaspération :

– Va t'laver. T'as le visage tout rouge et sale. Tes cheveux sont tous mêlés et recouverts de poussière. Rends-toi présentable.

Je levai les yeux au ciel et soupirai :

– Oui, maman, je sais. Est-ce que Suzanne a appelé ?

– Non, mais Shirley a appelé. Elle veut que tu la rappelles. Et ne passe pas la nuit au téléphone.

Je traversai la maison et m'arrêtai devant dans le miroir du couloir. On aurait dit que j'avais traversé une tempête de sable et mes cheveux en débandade avaient perdu leur éclat.

– C'est vraiment bête que je ne sois pas belle comme ma sœur ! soupirai-je.

Me sentant déprimée simplement du fait de m'être regardée, je me retournai pour aller vers la petite fenêtre qui menait à l'antre tout noir de Loy où se trouvait le téléphone. Grâce à Dieu, Maman avait réussi à convaincre papa Bill de nous permettre d'avoir un téléphone. Je suis sûre qu'elle avait dû faire un compromis quelconque pour obtenir cette nécessité absolue.

– Shirley ? demandai-je.

Tout bas, elle me dit :

– Jude, écoute. Tu peux parler ? Tu ne vas pas croire ce que j'vais t'dire…

Je jetai un œil dans le couloir et dans la salle de séjour. Rien à l'horizon. Tout bas, je lui répondis :

– Oui, que s'est-il passé ? T'es encore privée de sortie ?

– Non, crapule ! Mais écoute bien ça. Guy a bandé trois fois hier soir !

Les mots lui jaillissaient littéralement de la bouche.

– Toute la soirée, ses jeans ne faisaient que monter et descendre. C'était vraiment quec'que chose à voir !

Je ne savais pas de quoi elle parlait, comme d'habitude, mais je n'osai pas faire allusion à ma stupidité. J'aurais eu l'air d'une imbécile, ce qui n'était pas « super » du tout. Et puis, tous les gens *comme il faut* le savaient ou prétendaient le savoir.

– Vraiment ? Génial ! Super génial ! Tu t'es vraiment éclatée, je parie ? dis-je d'un ton convaincant.

— Vraiment... Tu savais qu'il était aussi viril ?

— Non. Pas vraiment. Super ! Qu'est-ce que t'as fait alors ? demandai-je, essayant d'en rire, et m'assurant que maman n'était pas dans la salle de séjour à écouter.

— Eh ben quoi, chérie ! Je me suis fait monter et j'ai profité de la chevauchée ! répondit-elle d'une voix discrète.

— Oh ! Moi aussi. C'était vraiment sympa. Je reviens juste de monter Slim. Et j'ai eu un lièvre du premier coup. Super, non ? répondis-je, impatiente de partager mes bonnes nouvelles.

— Oh, dit-elle platoniquement.

— Shirl, c'est vraiment super, je suis contente que tu arrives finalement à quelque chose avec Guy. Tu m'en diras plus demain à l'école. Bises. Ciao.

— Oui, bien sûr. Ciao.

Après avoir raccroché, je me rendis silencieusement dans ma chambre et fermai la porte. Le vent s'était levé et les branches de l'épicéa balayèrent ma fenêtre lors d'une grosse rafale. Il y eut des craquements dans toute la maison. Je considérai l'assortiment de maquillage sur ma coiffeuse. Étalés en désordre se trouvaient pinces à cheveux, peignes, barrettes, rubans et bombes de laque. Les murs étaient tapissés de verres de Coca-Cola en plastique, souvenir de tous mes rendez-vous amoureux. Je portai ensuite mon regard sur les pompons orange et blanc et l'assortiment de bâtons placés dans le coin. Et pour finir, sur ma Bible placée sur ma table de nuit. Je mis une pile de disques quarante-cinq tours dans le tourne-disque et le mis en marche. Les Everly Brothers entamèrent *Cathy's Clown*. J'aimais vraiment les Everly Brothers. Je m'étendis sur le lit et me mis à repenser à ma conversation avec Shirley. Elle était majorette depuis la huitième année. Et Guy Roberts, un élève de dixième, venait assister à nos matchs au lycée simplement pour la voir. Je savais qu'ils « s'embrassaient et se caressaient » beaucoup — c'est ce qu'elle disait à tout le monde —, mais elle n'avait jamais mentionné rien d'autre qu'être « débordante de passion ». Aucune des personnes que je connaissais n'était « allée jusqu'au bout ».

C'était maintenant *Blue Bayou* qui jouait. J'adorais la voix de Roy Orbison ! J'entendis Loy rentrer à la maison et papa Bill l'accueillir avec des questions sur son match de baseball. Je me levai, fis bouffer mes cheveux, rentrai mes joues (look Audrey Hepburn, qui pourrait faire mieux ?), et ouvris la porte doucement.

— Loy ? dis-je à voix basse.

— Eh ! Jude, maman dit que tu as eu un autre lièvre.

— Il est sur la galerie arrière.

Loy allait s'y rendre, mais je le saisis gentiment par le bras, lui faisant signe de venir dans ma chambre. Il était conscient de mon espièglerie — et aussi de mon sérieux.

Mon petit frère, qui avait maintenant quinze ans, était un beau mec. Même mes amies en étaient amoureuses en secret.

— Eh ! Qu'est-ce qui se passe ? dit-il en souriant.

Je m'assis sur le bord du lit. J'essayai de mettre ma question en mots qui ne sonneraient pas trop stupides.

— Loy, c'est quoi, bander ? dis-je à voix basse.

Il faillit s'étrangler et tomba sur mon lit, me regardant fixement.

— Bander ?

— Oui, bander. Mon amie Shirley — tu connais Shirley —, elle m'a appelée ce soir et elle m'a dit que Guy a bandé trois fois hier soir. Je ne veux pas avoir l'air stupide, mais qu'est-ce que cela veut dire, bander trois fois ?

Loy s'assit près de moi sur le lit. Il hésita un moment et puis il dit :

— Es-tu en train de me dire qu'un gars comme Kerry Butts... ou n'importe quel gars avec lequel tu es sortie... avec lequel tu es sortie pendant un certain temps... tu es en train de me dire qu'aucun n'a jamais couché avec toi ?

– Couché avec moi ? Kerry Butts, ce qu'il voulait, c'est se marier avec moi, c'est tout. Je n'ai jamais pu imaginer m'appeler madame Butts. Qu'est-ce que tu veux dire ?

– Eh bien, tu sais, aller jusqu'au bout...

– Loy, je vais te dire quelque chose. Je ne sais pas ce que cela veut dire. Tu sais, je n'ai jamais eu de discussion sur le sexe et le reste, pas même avec mes amies... simplement des choses comme « peloter », ou la « passion dévorante », tu sais, ce genre de bêtises, mais la plupart du temps, cela me rendait vraiment mal à l'aise... vraiment... mais j'aimerais... si tu voulais bien... m'aider à savoir des choses.

J'avais les yeux fixés au sol.

– Et, Loy, je n'ai jamais rien fait. J'ai embrassé un garçon, oui, mais on ne s'est jamais « roulé un patin ». Je ne veux pas être une pute... et si je me marie un jour... je veux que mon mari sache que j'ai été une fille bien.

Je pris ma Bible et l'ouvris à la page dans Matthieu, et lui dit :

– Écoute, Jésus a dit : « Bénis sont les purs, car ils verront Dieu. » J'ai le sentiment que faire cela – aller jusqu'au bout – m'empêcherait de voir Dieu. Idiot, hein ?

Loy prit la Bible, la ferma et la remit sur la table de nuit. Il passa son bras autour de moi.

– Jude, voici les dernières nouvelles. Tu es la fille la plus sexy de toute la ville. Je veux dire, même mes amis perdent le souffle quand tu es là. N'importe quel gars en ferait autant. T'es vraiment belle ! De toute façon, donne-moi donc le nom d'une fille bien, à ton avis.

– Mes amies... sauf peut-être Shirley.

– Shirley ? Et Sarah, Pam, Cheryl et Suzanne ? Elles l'ont toutes fait.

J'étais choquée, mais curieuse aussi. Suzanne ? Jamais de la vie !

— Elles l'ont fait ?

— Bien sûr.

— Et toi, Loy, tu l'as fait ?

— Bien sûr ! dit-il en haussant tranquillement les épaules.

— Tu mens.

— Pas vrai, je l'ai fait.

— Quand ? Je ne te crois pas.

— Quand j'étais en septième.

— Où ? Qui ?

Loy s'éclaircit la gorge.

— Sur le béton, dans le terrain vague.

Je restai là, figée, à le regarder. C'était trop. Sur le béton… dans un terrain vague… entouré de maisons.

— Les gars sont comme ça.

— Et les filles ? Monsieur Expérience ? répliquai-je.

— Il y a les salopes, et celles qui le font seulement quelquefois.

J'étais comme hypnotisée. Quelle était la différence ?

— As-tu déjà mis une fille enceinte ?

Il se redressa et, avec autorité, déclara :

— Non, j'ai toujours une capote.

C'était clair, il en profitait pour mettre en valeur la fleur de l'expérience.

— Une capote ?

— Bien sûr. Te souviens-tu du jour où tu es venue au match de baseball et, tu nous as vus, Tom et moi, en train de gonfler des ballons ? Gonfler des ballons à un match de baseball ? Ce n'était pas des ballons. C'était des capotes.

— Où les avez-vous trouvées ?

— À la station-service, dans les toilettes.

— Comme les machines à tampons dans les toilettes des femmes ?

— Ouais, mais pour les filles, c'est différent.

— Oui, je me souviens quand je suis allée trouver maman pour lui dire que j'avais l'impression que j'allais mourir.

— Quoi ?

— Oh ! Parce qu'il y avait du sang dans ma culotte et j'avais vraiment mal au ventre. Je croyais que j'allais mourir. Elle m'a dit : « Ne sois pas stupide ! Tu ne vas pas mourir, tu es simplement menstruée », mais elle a oublié de me dire ce que c'était.

Tijuana Brass était en train de chanter *El Toro* sur le tourne-disque. Loy continua.

— Tu vas devoir demander cela à une fille. J'peux seulement te parler de bander, des capotes et autres choses du genre.

Euh… Monsieur Expérience n'avait pas tant d'expérience que cela après tout.

— Alors, c'est quoi, bander ?

— Voyons… bander, c'est quand le truc des garçons, tu sais, quand il devient gros.

Il s'éclaircit la voix de nouveau. J'essayais de me faire une idée de ce qu'il me disait.

— Cela devient gros comment ?

— Oh ! Un vrai pénis de mec viril, ça peut faire seize ou dix-huit centimètres et…

— Dix-huit centimètres ! Tu veux dire dix-huit centimètres de long ?

J'essayais de calculer un pénis allant à l'infini.

— Oui.

— Y en a des plus petits, comme dix centimètres ?

— S'il mesure dix centimètres, c'est pas viril, c'est une « petite queue ».

— Comment peux-tu en savoir autant sur les « petites queues et les grosses » ?

— Parce que je les ai vues, répondit-il sans façon.

— Tu les as vues ?

— Bien sûr. Quand on est sous la douche après l'entraînement, on regarde les trucs des autres et on compare.

— Sale pervers ! T'es vraiment bizarre. C'est horrible !

Loy riait et s'amusait bien à m'éduquer avec ces histoires de cul. Je me mis à me tortiller mes cheveux, tout en songeant à toutes ces choses dégoûtantes.

— Tu vois, Jude, un pénis, quand il est mou, il pend… tout mou.

(Oh ! Mon D-I-E-U.) Il riait.

— Ceux qui en ont un petit prennent leurs douches derrière la porte !

Il se roulait de rire sur le lit. Et moi, j'étais là, assise, sans bouger.

— Oh ! Loy. Bon sang ! Parle-moi plus de mes amies.

— Elles l'ont fait seulement quequ'fois.

— Oh ! Loy Gene !

Je posai mes deux mains sur ma tête ; j'étais choquée, je n'en croyais pas mes oreilles.

— J'en reviens pas que tu saches rien d'ça, belle comme t'es !

— Je veux être une fille bien… toujours. Je vois toujours pas comment un mec bandé comme ça peut faire entrer son pénis. J'en suis morte de peur. Loy, crois-tu que si une fille utilise un Tampax, elle est toujours vierge ?

Il me regarda droit dans les yeux. Je crois que j'allais un peu trop loin pour lui.

— J'en sais rien, Jude. Tu vas devoir demander à une fille.

C'est alors que Maman nous appela :

— Hé ! Vous deux ! Le dîner est prêt.

Je l'attrapai par le bras et serrai fort.

— Promets… Jure de ne pas souffler mot de tout cela à quiconque. Promis ?

— Promis. Ils n'en auraient pas cru un mot de toute façon.

Je me levai et me dirigeai vers le miroir pour ajouter un peu de rouge à lèvres.

– Jude, pourquoi te mets-tu tout cela sur le visage ? demanda Loy.

– Eh ! Beau mec ! Il y en a comme toi qui sont beaux naturellement.

C'était une petite taquinerie, mais en même temps, cela m'attristait de devoir me maquiller.

– Moi, je pense que t'es très belle.

Je tournai mon regard vers lui. Il était tellement gentil. J'aurais tellement aimé me sentir belle.

– T'es mon petit frère. C'est pour ça que tu penses que je suis belle.

– Mike Phipps, lui aussi, te trouve belle.

Je tournai sur mes talons, tout excitée.

– Il t'a dit ça ?

– Certainement. Il dit ça à tout le monde. Il a le béguin pour toi. T'es-tu regardée ? Mon Dieu, qui n'en ferait pas autant ? Un de ces jours, sœurette, ça ne sera plus un mystère pour toi non plus.

– Que t'a-t-il dit d'autre ? Quoi… est-ce tout ce que tu sais ?

J'insistai, voulant tout savoir.

– Ah ! Ah ! Toi aussi, tu le trouves à ton goût !

– Ben, il est super au football américain et il a une p'tite amie… c'est tout.

– Et il te plaît…, insista-t-il.

Légèrement embarrassée, j'avouai :

– Je le trouve craquant.

– C'est un « vrai mâle ». Du moins, c'est ce que dit tout le monde. Mais je n'ai jamais pris ma douche avec lui et je n'ai pas pu le vérifier.

– Loy, t'es vulgaire et dégueulasse ! Oublie ça. J'veux plus en parler !

Je lui tournai le dos et fis semblant de m'intéresser à une babiole sur ma coiffeuse.

— OK. Tu as laissé le lièvre sur la galerie arrière ? demanda-t-il en se levant pour aller vers la porte.

— Oui.

— Phipps sait-il que tu tires vraiment bien au fusil ?

— Fais pas l'idiot ! Je ne suis jamais allée chasser avec lui ou qui que ce soit d'autre. Je ne veux pas qu'il le sache, t'entends ? Ça fait pas distingué, donc tu t'tais, compris ?

Le lendemain, nous passâmes la période de temps entre les cours à bavarder à propos de notre soirée pyjama, prévue pour le vendredi soir.

— Moi, j'apporterai mes disques, des chips et du maquillage, et toi tu peux apporter des biscuits à l'avoine. N'oublie pas d'apporter tes journaux intimes, dis-je.

C'est alors qu'apparut Mike Phipps, qui se dirigeait vers nous avec d'autres beaux mecs. Mes amies s'éloignèrent… Mike avait les cheveux brun foncé, des yeux marron innocents, une forte mâchoire, et il portait toujours sa veste de football. Souriant, je levai les yeux.

— Un élève de dixième comme moi peut-il se permettre de demander à une élève de onzième comme toi de sortir avec lui ? Après l'école, par exemple ? On ira prendre un Coca-Cola.

Il avait une main posée sur le casier. Mon Dieu qu'il était sexy !

— Oh ! Je suis… Je ne peux pas. Je veux monter mon cheval aujourd'hui. Cela fait plusieurs jours que je ne l'ai pas monté… désolée.

Merde ! Je parlais comme une intello coincée !

— Ah ouais, vraiment ? Près du terrain de rodéo ?

Il souriait et me regardait droit dans les yeux. Je fixai les yeux sur le coin déchiré de mon livre d'histoire.

— Ouais… je veux dire… non. Parfois, je vais aussi loin que cela.

Je parlais comme une idiote. Je levai alors les yeux vers lui. Il se passa la langue sur les lèvres et sourit. Ses amis, serrés les uns contre les autres, jetaient des regards furtifs dans notre direction.

— Mon p'tit frère a raison, t'es beau. À bientôt.

Il sourit et rejoignit sa bande de copains. Alors qu'ils s'éloignaient, j'en entendis un crier :

— Hé ben, ça alors ! Quelle nana !

Comme la femme de Loth, je me tenais là sans bouger, telle une authentique statue de sel. J'avais les genoux qui tremblaient, mais je repris conscience et partis avant de mouiller ma culotte.

Plus tard, ce jour-là, alors que je chevauchais à travers la campagne, avec des lièvres qui couraient partout autour de moi, mais incapable de me concentrer suffisamment pour tirer, je descendis de cheval et m'affalai sous un arbre, alors que Slim grignotait dans les buissons avoisinants. Une brise se leva, riche des senteurs douces des fourrés et de la sauge tout proches. Je fermai les yeux, permettant ainsi aux événements de flotter autour de moi dans une vision semblable à un rêve. Le visage de Mike m'apparut soudainement — sa bouche aux coins retroussés et les yeux pétillants. Mon cœur se mit à battre dans mes oreilles. Aucun autre garçon ne m'avait jamais fait une telle impression.

Mais Loy m'avait dit que c'était un de ces « beaux mecs » et, étant donné le sens de ce mot, je ne voulais pas de ce sentiment stupide. Les « tombeurs » étaient bons pour d'autres filles comme Shirl, mais pas pour moi. J'ouvris les yeux et tournai la tête pour voir ce que Slim faisait. À ma surprise, Mike Phipps était là, accroupi à mes côtés. Voilà une rêverie qui était allée un peu trop loin.

— Bonjour, dit-il, en souriant.

— D'où sors-tu ?

J'étais bonne à la chasse et avais l'oreille fine ; je ne l'avais pourtant pas entendu approcher.

— Ça fait combien de temps que t'es ici ?

Il se leva, et, les yeux baissés sur ses bottes, il dit :

– Depuis un bon moment. Je t'ai vue depuis la grande route, et puis tu as disparu derrière la colline. Je suis donc venu voir si je pouvais te trouver, et voilà ! J'avais pas l'intention de t'épier.

– Tu faisais *quoi*, alors ? dis-je d'un ton brusque, avec le sentiment d'avoir été prise au dépourvu.

– Eh ! C'est juste que, assise sous l'arbre, le vent dans les cheveux, quel tableau magnifique tu faisais ! De toute façon, je viens souvent par ici chasser les lièvres.

– C'est drôle, je ne me souviens pas t'avoir vu par ici.

C'était vrai. Ceci paraissait un peu suspect.

Je me relevai, j'époussetai mes jeans et me retournai pour le regarder au travers de mes cheveux que le vent faisait voler sur mon visage. Je ne savais pas qu'il était chasseur, mais en réalité, je ne savais pas grand-chose de lui.

– Judy, quelqu'un t'a-t-il déjà dit que… assurément, tu es une fille à faire rêver ? Mon Dieu, tu es si belle !

Son visage était sérieux et mon cœur se mit à battre si fort qu'il aurait pu l'entendre, pensai-je. Je changeai de sujet.

– Tu vas à a la chasse… aux lièvres ?

– Oui, j'ai mon fusil de calibre .22 dans la voiture. Es-tu déjà allée à la chasse ?

– C'est pas vraiment une activité pour les filles.

Je fronçai les sourcils innocemment pour cacher mon mensonge.

– Hé ! Aimerais-tu venir avec moi ? On s'amusera !

Je me retournai pour regarder mon cheval. Mon fusil et mon étui n'étaient pas visibles depuis ce côté. Que faire, alors ?

– J'aime ton cheval, déclara-t-il. T'as fière allure dessus. Si tu veux le rentrer à l'écurie, je peux t'y retrouver.

Je réfléchis une minute… et décidai de le faire.

– OK ! Ça te dérange pas, t'es sûr ? Ça va me prendre un petit moment.

– Eh ! Ça en vaut la peine. Je te retrouverai à l'écurie.

Il fit demi-tour et disparut de l'autre côté de la colline. Je montai en selle et traversai le terrain de rodéo, nerveuse tout le long du chemin. Il était arrivé. Il m'aida à nourrir mon cheval tandis que je le brossais. Je montai dans sa voiture et nous partîmes. Je souhaitais que ce qu'il avait à l'esprit fût bien la chasse aux lièvres, et pas de « se garer ». Finalement, il s'arrêta sur une route isolée. C'était l'heure du test. Quand il sortit pour ouvrir le coffre, je sortis aussi pour m'assurer que c'était bien un fusil de chasse et pas une couverture qu'il était allé prendre. À mon grand soulagement, c'était un magnifique Remington automatique.

On se mit à marcher. Un lièvre fut pris de peur et Mike dégaina son fusil, tira, et le manqua. Je secouai la tête légèrement.

– Tu veux essayer ? Je vais t'aider. C'est vraiment facile.

J'hésitais…

– Je te promets que tu ne vas pas te faire mal. Je ne permettrais pas que cela t'arrive.

– Oh ! OK.

Il me donna le fusil et passa ses bras autour de moi pour m'aider à le soutenir.

– Tu vois cette bouteille de bière là-bas ? Maintenant, regarde dans le canon ; tu vois ce petit guidon ? Aligne-le sur la bouteille… et ensuite, appuie doucement sur la détente.

Il laissa aller et je tirai. Je touchai la bouteille en plein milieu.

– Hé ! Le centre de la cible la première fois ! Essayons une autre fois. Il y a une canette de bière Coors à droite. Voyons si tu peux la toucher.

Il remit son bras autour de moi.

– Maintenant, abaisse un peu la joue… aligne-toi avec le guidon et appuie de nouveau sur la détente.

Boum ! Un autre tir réussi. Mike semblait un peu surpris.

– Est-ce la première fois que tu fais ça ?

— À vrai dire...

— Attends un instant.

Mike disposa une rangée de pierres, trouva quelques bouteilles et canettes de plus et les plaça sur les pierres.

— Peux-tu tirer toute seule, cette fois-ci ?

J'étais de plus en plus excitée par le défi, oubliant que ceci pourrait lui faire peur.

— Vite comment ?

Cela le fit rire.

— Aussi vite que tu peux appuyer sur la détente.

Je tirai donc en une rapide succession et ne manquai pas une seule fois.

Mike se mit à rire tout fort.

— Pourquoi ne m'as-tu pas dit que tu pouvais tirer aussi bien que ça ? Pourquoi m'as-tu dit que tu ne sais pas tirer du tout ?

— Parce que ça ne fait pas très distingué..., dis-je en toute sincérité.

— Sûrement pas !

Il lança une bouteille en l'air. Boum ! Il se tenait là, le vent dans les cheveux, son visage exprimant une absolue fierté.

— Punaise ! Je ne connais personne de meilleur que toi. Quelle femme tu fais ! Croyais-tu que ça ne me plairait pas que tu saches tirer au fusil ? Je savais que tu étais différente des autres filles. Elles ne comprennent rien à ce qu'aiment vraiment les garçons. Mais toi... tu es belle, et être capable de tirer au fusil n'y enlève rien.

Il s'avança alors, me prit le fusil des mains et plaça ses deux mains sur mon visage. Je sentis cette même faiblesse m'envahir.

— T'es une femme de rêve ! Tu es le genre de femme dont j'ai rêvé. Depuis le premier jour où je t'ai vue, j'ai souhaité t'tenir comme ceci.

Il plaça ses bras autour de moi et posa sa tête contre la mienne. Mon Dieu ! Il sentait tellement bon. Sentir ses bras autour de moi, c'était merveilleux. J'avais l'impression que j'allais fondre. Il m'attira contre lui et m'embrassa tendrement. Avec la passion totale d'une adolescente, ainsi commença mon premier amour.

Au cours du mois qui suivit, nous allâmes au cinéma quelquefois, et chasser après la classe. Je m'arrangeais toujours pour éviter toute situation compromettante. Alors, un soir, après un film, nous partîmes faire un tour près de là où nous allions habituellement à la chasse. Mike stationna la Cadillac de ses parents sur le côté de la route dans un endroit désert. Il monta un peu le son de la radio. C'était Le Wolf Man Jack d'Oklahoma qui était l'animateur, et il jouait *Only the Lonely* de Roy Orbison. C'était une chanson d'amour. Mike plaça ses bras autour de moi et me rapprocha de lui. J'étais là, dans ses bras, la pleine lune brillant sur mon visage, alors qu'il me caressait les cheveux avec tant de douceur.

– Chérie, tu es tellement belle. Si seulement tu pouvais voir ton visage ce soir, tout éclairé par la lune.

Il se pencha, m'embrassa... de nouveau. Notre respiration se fit plus forte. Alors commencèrent les caresses. Je me soulevai, l'embrassai sur le cou et puis sur l'oreille. Il chuchota :

– Chérie, allons sur le siège arrière.

Je m'écartai légèrement de lui.

– Pourquoi ?

– Cela vaudrait mieux. Pour éviter de te serrer entre moi et le volant.

Il s'arrêta, me regardant dans les yeux.

– Ma chérie, je suis tombé tellement amoureux de toi. J'en ai perdu l'appétit, le sommeil et, même quand je joue au football, je ne peux m'empêcher de penser à toi... je te désire tellement. Tu sais comment je me sens ce soir.

Il murmurait les mots de Roy Orbison dans mon oreille.

Je ne savais rien de l'amour. Ma sœur, Wanda, m'avait dit un jour que c'était juste « un état d'esprit », qu'en réalité, l'amour n'existait pas. Je contemplai ces pensées tout en regardant son magnifique visage. Peut-être que je l'aime, peut-être que Wanda se trompe.

— Moi aussi, je t'aime, Mike, mais que se passera-t-il si c'est seulement une amourette et qu'on *pense* s'aimer vraiment ?

Il me mit la main sur la bouche.

— Chérie, je connais la différence. Il ne s'agit pas de cela. Viens.

Ceci dit, il me poussa sur le côté et se hissa jusque sur le siège arrière.

— Viens avec moi, et laisse-moi te tenir et te montrer ce que c'est que l'amour.

Je me levai, passai une jambe par-dessus le siège et me heurtai la tête contre le plafond de la voiture. Je me hissai de l'autre côté et tombai juste sur monsieur Merveilleux. Il se mit à rire. Il me tira à lui et commença à me caresser les cheveux alors que Henry Mancini chantait *Moon River*. Il me glissa alors sous lui. Je le regardai dans la douce lumière. De nouveau, des baisers, et il commença alors à glisser sa main le long de ma jambe, et lentement sous ma jupe. Je fis un bond et rabaissai ma jupe. Il attendit et puis il déboutonna sa chemise, attirant doucement mon visage sur sa poitrine. Il sentait si bon !

— Ne te fais pas de soucis, je ne vais pas te faire mal. Je t'aime. Je veux que tu saches à quel point je t'aime.

Je me relaxai un peu, et puis il recommença à aller sous ma jupe.

— Mon Dieu, tu portes une gaine !

Il s'écarta un peu, souriant.

— Chérie, tu n'as pas besoin de porter une gaine, certaines filles oui, mais pas toi.

J'étais très gênée. C'est tellement laid, une gaine.

— Détends-toi. Je sais quoi faire.

J'avais le sentiment de n'être qu'une fille de plus dans sa collection. Il enleva lentement ma gaine et mes chaussures. Rapidement, je rabaissai ma jupe et fermai les yeux de toutes mes forces.

– Mike, j'ai vraiment peur.

– Chérie, tu as le cœur qui bat si fort, murmura-t-il tout en commençant à déboutonner ses jeans.

J'ouvris les yeux et me redressai.

– Je ne peux pas… je ne peux pas. Je n'ai jamais fait cela. Je ne veux pas… s'il te plaît, je suis désolée.

Honteuse, je tournai la tête et regardai la nuit par la fenêtre. Je sentais des larmes chaudes couler sur mes joues. Mike prit mon menton pour essayer de me faire tourner la tête, mais je ne bougeais pas. Mon Dieu, pourquoi ceci était-il en train de m'arriver, de nous arriver ? Pourquoi ne pas continuer à simplement nous amuser ensemble ? Étions-nous obligés d'en arriver à ça ?

– Chérie, s'il te plaît, regarde-moi.

Il parvint à tourner mon visage et une grosse larme roula dans sa main.

– Ma chérie, tu n'es jamais… allée jusqu'au bout avec quelqu'un ? J'ai horreur de te poser cette question. Cela me rend fou de penser que tu l'aurais fait. Ne sais-tu pas ce que nous sommes en train de faire ?

Je pensai à mon expérience avec oncle Harrison et eus envie de vomir. Peut-être n'étais-je pas vierge. Peut-être m'avait-il dérobé ma virginité. Cette seule pensée était trop pour moi.

– Mike, j'ai peur… peur de tout. Je n'ai jamais rien ressenti de tel jusqu'à aujourd'hui, et ça me fait peur. On dirait peut-être que je sais tout, mais ce n'est pas vrai. Je suis différente. S'il te plaît, ne dis rien à personne, pas même à tes amis.

Il se rapprocha de mon visage et essuya doucement mes larmes.

– Chérie, je ne savais pas que tu étais vierge. C'était stupide de ma part de penser que tu ne l'étais pas. Mais, tu vois, je suis fier que tu le sois. Ça me fait t'aimer encore davantage. Oui, les copains me taquinent. Ils croient que toi et moi, on fait l'amour, mais ils donneraient n'importe quoi pour être dans mes souliers. Terry dit qu'il mouille son pantalon rien qu'à te regarder. Je lui ai répondu que je le tuerais s'il répétait cela. Je t'aime. Tu es à moi, ma chérie, et ce que nous faisons n'est l'affaire de personne.

Je me mis à pleurer.

— Je suis désolée, Mike. Je ne peux tout simplement pas.

— OK. Je comprends. Ne t'en fais pas.

Mike me raccompagna chez moi. J'ouvris la porte de la maison silencieusement de peur que maman ne m'entende et me pose des questions. Tout était silencieux. Je rentrai dans ma chambre sur la pointe des pieds et me regardai dans le miroir. Quel spectacle ! Je me mis à pleurer doucement. J'étais incapable de rester à l'intérieur et quittai ma chambre pour aller dans la cour de derrière. Tout paraissait magique dans la clarté de la lune. Je m'assis sous le saule, à regarder les étoiles dans le ciel.

— Oh ! Père, pardonne-moi, je t'en prie, pour ce que j'ai failli faire. Je sais que c'est mal, mais je ne peux m'empêcher d'avoir de tels sentiments. Fais-les partir. Je ne veux pas être une pute. Je t'en prie, aide moi.

Les larmes coulaient à flots sur mon visage. Comme pour me répondre, une douce brise nocturne se leva, faisant bruisser les feuilles. Je perçus le sifflement d'un train comme un gémissement dans le lointain. Je me demandai où il allait.

Le lendemain matin, alors que je me rendais sur le campus de l'école, Mike était là, debout près d'un arbre. Il m'attendait. Je fis semblant de ne pas le voir et me dirigeai dans une autre direction, mais il m'avait vue et vint à mes côtés.

— Comment va ma femme chérie ? Tu es très jolie, aujourd'hui.

Je me tournai pour le regarder. La lumière matinale brillait sur son visage. Il était tellement beau. C'était un vif matin d'automne et j'observai son souffle prendre forme dans l'air.

— Mike, as-tu dit quoi que ce soit à quelqu'un ?

– Quoi ? Dire à quelqu'un que nous étions passionnés hier soir ? Que j'ai voulu te faire l'amour, mais qu'on ne l'a pas fait et que tu es encore ma vierge ?

Il me paraissait exaspéré.

– Mais en as-tu parlé ?

– Chérie, je t'ai dit que ce n'est l'affaire de personne, la nôtre seulement, OK ? S'il te plaît, crois-moi. Nous, les mecs, on n'est pas tous des abrutis.

On reprit notre marche et il mit son bras autour de moi. Plus tard ce jour-là, Suzanne, Janet et Cheryl étaient en train de parler devant mon casier alors que je prenais mes livres pour la classe suivante.

– Jude, t'agis de façon bizarre récemment. Qu'est-c'qui va pas ? Toi et Mike, vous vous êtes engueulés ? demanda Suzanne.

– Non...

Je me précipitai en classe, laissant mes amies à se regarder, interloquées.

À midi, Mike et moi nous assîmes ensemble à la cafétéria.

– Ma chérie, je t'en prie, ne sois pas si triste, plaida-t-il.

Je me mis à pleurer.

– Je ne peux pas m'en empêcher. Je me sens si sale. J'veux pas être une traînée.

Je laissai tomber ma fourchette et me cachai la tête dans les mains.

– Écoute, tu es la fille de mes rêves. Tu es innocente, tu es belle, tu viens chasser avec moi. Ça ne fait pas de toi une pute.

Je levai les yeux vers lui.

– Mike, ne comprends-tu pas que si quelqu'un découvrait jusqu'où on est allés, il me prendrait pour une vraie cochonne.

– Personne ne te ferait passer pour une salope. Je le tuerais.

Il frappa la table du poing.

– Est-ce que ta mère a dit quelque chose hier soir ?

— Non. Je ne l'ai pas vue hier soir. Mais elle soupçonne toujours que je couche avec quelqu'un. Une fois, alors que j'étais allée à la rivière avec Cheryl et Suzanne, elle a trouvé du sable dans mes sous-vêtements et m'a accusée d'avoir couché avec quelqu'un. C'était affreux. Quand je lui ai dit la vérité, elle m'a dit que j'étais une menteuse. Oh ! Mon Dieu, je me sens si sale.

— Hé ! Garde ton calme, c'est tout. Souviens-toi, nous n'avons rien *fait*.

— Alors, pourquoi je me sens comme si on l'avait fait ?

Il soupira et sourit ensuite :

— Parce nous en avions envie. Moi, j'en ai encore envie. Je t'aime... fille de rêve ! La fille de *mes* rêves.

C'était un samedi après-midi et les filles et moi étions assises dans la voiture de Janet au A&W, à siroter des Coca-Colas et à manger des frites. Nous avions toutes d'énormes bigoudis dans les cheveux. J'avais deux canettes de jus de fruit dans les miens, un maquillage complet et portais des jeans serrés avec un chemisier à rayures et des socquettes assorties. J'étais assise à ma place habituelle à l'arrière. La conversation allait bon train. On parlait des garçons.

— Gene et moi, on l'a fait tellement de fois que tous les deux, on n'en pouvait plus.

C'était Janet, aussi appelée « la nymphe », qui parlait ainsi.

Je me tournai pour regarder par la fenêtre.

— Tu penses te marier ? demanda Cheryl d'un ton anodin.

— Pour quelle raison ? Merde, j'veux pas me retrouver enceinte, c'est tout. Ça lui arrive d'oublier sa capote, tu sais !

— Hampton, sois franche, toi et Mike, vous l'avez fait ?

Suzanne retourna la tête, attendant ma réponse.

— Non, espèce d'imbécile, on l'a pas fait.

Quel culot !

— Vraiment ? Il est tellement bien. Quel corps ! Comment peux-tu résister ?

Je jetai un regard fulgurant en direction de Suzanne. Janet alluma une cigarette.

– Suzanne, t'as *intérêt* à pas y toucher. T'es une fouille-merde. Janet, peux-tu souffler cette merde ailleurs ?

– Oh ! Ça va, Hampton, qu'est-ce qui te prend ? T'es tellement chaste ! aboya Janet.

Je me tournai vers Janet et lui envoyai :

– Tu me traites de chaste une fois de plus et je vais... te casser la gueule !

Janet resta silencieuse un instant, choquée par mon emportement inhabituel. Elle rétorqua finalement :

– Une chose est sûre. Quand Hampton le fera enfin, nous aurons une... super soirée pyjama ! Avec les détails les plus délicieux qui soient.

Je lui donnai un coup dans le bras avec gentillesse en la traitant de *douche bag*.

– D'accord ! Qui a pété ? demanda Cheryl.

Tout le monde sauta hors de la voiture et se mit à rire avec hystérie. Janet s'étouffait avec la fumée de sa cigarette et nous nous montrions toutes les unes les autres du doigt.

– Allons, Mesdames, fichons le camp d'ici.

Janet partit à fond de train, un sillage de garçons nous suivant dans leur voiture.

Ce soir-là, plus tard, toutes quatre nous retrouvâmes au cinéma avec nos amoureux, main dans la main, à manger du maïs soufflé. Nos coiffures bouffantes (transformées grâce aux canettes de jus de fruit et aux bigoudis) rendaient l'écran pratiquement invisible pour les quelques malchanceux assis derrière nous.

Mike m'embrassa tendrement et me serra la main. Au même moment, une mouche des vignes, venue de nulle part, atterrit sur ma joue. Elle restait là. Je crus que quelqu'un m'avait donné une gifle. Tout le monde se mit à rire si fort que le directeur du cinéma vint nous menacer de sortir si nous ne nous taisions pas. Gentiment, Mike retira l'insecte de mon visage, retenant son envie de rire. Et ensuite, il se mit à me lécher le visage.

— Mon Dieu! Tu as si bon goût!

Mike habitait tout près de l'école. Nous allions souvent chez lui pour manger à midi. Ses parents travaillaient tous deux durant la journée et il n'y avait jamais personne dans la maison à cette heure-là. Un jour, alors que nous étions assis sur la pelouse à étudier, Mike se leva soudain pour aller dans la maison. Il me demanda de rentrer. Il m'emmena dans sa chambre et commença à m'embrasser. Je me laissai faire et il me dirigea gentiment jusqu'à son lit. Je réussis avec difficulté à regarder ma montre et, le souffle coupé, dit :

— Nous ferions mieux de retourner à l'école avant que la cloche ne sonne.

— Excellente excuse.

Une semaine ou deux plus tard, Mike et moi étions appuyés contre un arbre. Il essayait de me prendre dans ses bras. Je restais impassible.

— Chérie, allons, qu'est-ce qui ne va pas? Pourquoi es-tu aussi triste?

Il plaça sa main sur ma joue.

J'imagine que je ne suis pas très heureuse. Je suis une raseuse.

Jetant un regard aux alentours, il arrêta son attention sur la nouvelle fille dans la ville qui passait par là. Elle était absolument sexy.

— Pourquoi es-tu si malheureuse? Tu es tellement plus belle quand tu es heureuse.

Après un instant d'hésitation, je déclarai :

— Mike, je pense que nous ferions mieux de nous séparer, du moins pour un certain temps.

— Nous séparer ? Que veux-tu dire ?

— Je pense qu'il serait préférable que tu sortes avec d'autres filles pour un moment. Tu serais mieux avec quelqu'un avec qui tu peux… t'amuser.

Mike était stupéfait.

— Chérie, je ne veux pas te quitter. Je ne veux pas m'amuser avec d'autres filles… ne comprends-tu pas dans ta jolie tête de mule que je t'aime… que je te veux ?

— Mais on est en train de devenir trop sérieux et…

— Trop sérieux ? C'est quoi, trop sérieux ? Je t'ai dit que je t'aime. Tu ne penses pas que c'est acceptable ?

— Moi aussi, je t'aime… peut-être trop. Regarde autour de toi, Mike. Tu peux avoir n'importe quelle fille ici. Une fille qui n'est pas paumée comme moi.

Il porta son regard autour de lui puis se retourna vers moi.

— Ça a à voir avec le fait d'aller jusqu'au bout, n'est-ce pas ?

— Mais c'est ce dont tu as besoin, n'est-ce pas ? Il y a des filles qui le feront. Moi, je ne peux pas.

Mike donna un coup de poing dans l'arbre.

— Je n'ai pas besoin d'aller jusqu'au bout avec quelqu'un d'autre.

— Regarde, je ne veux pas que tu me détestes et que tu ne me respectes pas. J'ai entendu dire que quand les garçons se séparent d'avec une fille, ils disent partout que c'était une salope. Je ne veux pas que tu penses la même chose de moi… jamais !

Il leva la tête et me regarda droit dans les yeux.

— Ça n'arrivera jamais.

— S'il te plaît, va trouver Paula, cette nouvelle fille. J'ai remarqué comment tu l'as regardée. Tout le monde dit qu'elle est sexy. Je sais qu'elle ira jusqu'au bout avec toi.

Mike commençait à être un peu désespéré. Je l'écartai de moi, fait que je devais regretter plus tard. Il se mit à rire sarcastiquement.

— Oh ! Tu penses donc que Paula ira jusqu'au bout avec moi, hein ? Et tu dis aussi que je devrais le faire ? Tu te prends pour qui ? Je ne veux pas le faire avec Paula. Je n'aime personne d'autre que toi. Merde ! Ne peux-tu comprendre ça ?

— Et ne peux-tu pas comprendre que *je ne veux pas aller jusqu'au bout* ?

Mike frappa de nouveau l'arbre du poing. Son regard indiquait confusion et colère. Je me retournai et me dirigeai vers l'école. Mais avant même d'arriver, je me rendis compte que j'avais tout gâché. Je ne voulais pas le quitter. Mais quand je me retournai, il avait disparu.

Plus tard ce jour-là, Cheryl, Janet et Suzanne arrivèrent en hâte vers mon casier. Suzanne commença :

— Que s'est-il passé entre toi et Mike ? Tout le monde raconte que vous vous êtes séparés.

Cheryl ajouta :

— Tu as perdu la tête ou quoi ?

— Perdu la tête pour quoi ?

— C'est vrai, n'est-ce pas, Hampton ? Allons, toi et Phipps vous êtes séparés.

— Faux, ma chère Janet.

Et je ne puis plus me retenir et avouai :

— J'avais le sentiment que nous devenions trop sérieux.

— Mais… qu'y a-t-il de mal à cela ? C'est le mec le plus génial de cette foutue école.

— Je ne veux pas en parler, OK ?

— Bon, ça va. Mais il me semble que tu devrais te faire examiner la tête.

Je haussai les épaules et tentai de changer de sujet… Suzanne, l'impitoyable, remit cela.

— Écoute, Hampton, j'espère que tu sais ce que tu fais parce que, quand il va trouver une autre fille et que tout à coup tu ne l'auras plus, merde, j'espère que t'auras vraiment pris la bonne décision. Il n'y a pas une seule fille qui va le laisser partir une fois qu'elle aura mis ses petites mains sales sur lui. Tu es vraiment stupide.

Je claquai la porte de mon casier et lui lançai un regard fulgurant.

— Fiche le camp. C'est pas de tes affaires.

Sur ce, je m'éloignai et sortis de l'école. Les filles me suivirent.

Je me dirigeai en direction de la voiture de Janet quand Suzanne s'écria :

— Eh ! Jude, attends !

Je m'arrêtai, les larmes aux yeux.

— Tu veux me dire une fois de plus que je suis stupide ?

— Hé ! T'es amoureuse de Mike Phipps ? Je veux dire, tu l'aimes vraiment ?

Je restai silencieuse un instant, m'essuyai le visage et enfin, pour la première fois, compris ce qui me tracassait réellement.

— Cela veut dire quoi, être vraiment amoureuse de Mike Phipps ? L'amour, c'est seulement un état d'esprit.

Elle avait l'air ahurie.

— Un état d'esprit ? D'où te vient une idée pareille ?

— J'sais pas. Mais je comprends que parfois, on peut se convaincre soi-même de ce qu'on est censé ressentir. Alors qu'en réalité, c'est pas ce qu'on ressent.

— Oh ! Mon Dieu ! J'ai jamais entendu personne parler de l'amour comme étant un état d'esprit. C'est quelque chose qu'on *ressent*… non ?

— Non, pas qu'on ressent, mais qu'on pense.

— Peut-être tu ferais mieux de ne pas penser autant !

Je portai mon regard sur les autres filles ; sans doute pensaient-elles que j'avais perdu la tête.

— Tu veux savoir ce que je pense ? demanda Suzanne.

— Quoi ?

— Je pense que ton état d'esprit, c'est de la merde !

Le samedi après-midi suivant, nous allâmes ensemble traîner dans Main Street, nos rouleaux sur la tête comme d'habitude.

— Arrêtez ici ! dis-je d'un ton décidé.

Janet freina et, brusquement, arrêta la voiture dans le stationnement de l'épicerie. Je descendis de la voiture et entrai dans le magasin. Je revins bientôt avec un grand sac de gomme à mâcher et me mis à en lancer à toutes les filles. Janet avait une cigarette à la bouche.

— Si tu n'éteins pas cette cigarette, je sors et je pars à pied.

— D'accord, Hampton, calme-toi. T'es pire qu'un gendarme !

Suzanne abaissa la fenêtre et fit sortir la fumée d'un geste de la main.

— S'il te plaît, remonte la fenêtre, m'écriai-je. J'ai mes rouleaux qui se défont et j'ai les cheveux qui volent partout !

On s'enfila autant de gomme à mâcher que possible et on se mit à faire des bulles aussi grosses que le visage. Janet commença à faire la course avec une voiture pleine de mecs. Cheryl se mit à enrouler ses cheveux autour d'une vieille socquette. Les autres décidèrent de retirer leurs socquettes et de faire la même chose. Nous avons dû faire forte impression sur ces gars avec nos bulles et nos cheveux enroulés sur nos socquettes, car ils s'éloignèrent à toute allure ! Janet les interpela :

— Vous en voulez plus ? Hé ! Revenez !

— Je trouve ça vraiment triste, toi et Mike, dit Cheryl tout en regardant le seul ongle qu'elle avait de long. Je suis sincère, Hampton. Ce gars t'aime tellement.

— J't'ai dit, c'est juste un état d'esprit pour lui aussi, répliquai-je tentant de me convaincre moi-même.

— Merde ! D'où te viennent ces idées merdiques ? C'est l'amour, c'est tout !

— Hampton ! Bon Dieu ! T'as vraiment besoin de t'faire baiser… et par Phipps ! Tu ne nous servirais plus cette histoire d'état d'esprit de merde. Que vas-tu faire? demanda Janet tout en donnant un coup de klaxon à l'intention d'un mec.

– J'sais pas.

– Si quelqu'un te donne un rendez-vous, iras-tu? demanda Cheryl.

– J'sais pas. Personne ne m'a encore demandé.

– Personne ne va te demander un rendez-vous parce que tous les mecs suivent Phipps et ils croient que t'es sa nana, dit Suzanne.

– Que vas-tu penser quand tu le verras avec quelqu'un d'autre?

Cheryl me regardait droit dans les yeux. Janet cracha sa bulle rose et alluma une cigarette.

Cette question me faisait comme un trou brûlant dans la tête. Je lui avais dit de me quitter, de trouver quelqu'un d'autre, mais cette pensée commençait à faire mal. Pourquoi avais-je mal si c'était juste « dans mon esprit » ?

– Je ne sais pas cela non plus. Eh! Les filles, je veux rentrer à la maison.

Nous tournâmes dans ma rue. Janet se mit à crier :

– Oh! Merde!

La voiture de Mike était stationnée devant ma maison. Mon cœur se mit à battre très fort. Nous nous approchâmes et Janet donna un coup de klaxon. Nous lui fîmes toutes un signe de la main. Je descendis de voiture et les filles s'éloignèrent en klaxonnant aussi fort que possible. Je passai devant lui sur la galerie.

– Chérie, je veux parler. S'il te plaît, est-ce qu'on peut parler?

– Je ne veux pas te parler, pas maintenant!

Je lui fermai la porte au nez, courus jusqu'à la porte de derrière et dans la pergola où je tentai de me cacher parmi les fleurs... Je tremblais. Mike entra et se tint à la porte de la pergola. Je fermai les yeux aussi fort que possible comme pour le faire partir. Il s'avança vers moi et s'accroupit parmi les fleurs.

— Chérie, je ne veux pas qu'on se sépare. Je t'en prie, ouvre tes yeux, si beaux. Ne me rejette pas de ta vie.

Il se pencha et m'embrassa sur la joue. J'ouvris les yeux. Il semblait sortir d'un rêve, un rêve magnifique.

— Avec qui es-tu sorti le week-end dernier ?

Il parut surpris.

— Moi ? Avec personne.

— Ce n'est pas ce que j'ai entendu dire, dis-je, mentant de nouveau.

— Qui ? dit-il en se rapprochant de moi.

— Ça ne changera rien.

— Qui t'a dit ça ?

— Je ne veux pas le dire. Je ne veux pas poser de problème à personne.

— C'est un foutu mensonge !

Je me levai et, essayant de l'ignorer, me dirigeai vers l'autre côté de la pergola.

— Arrête de m'éviter. Arrête de jouer avec mes sentiments, c'est stupide. Je veux savoir qui t'a dit ça.

— Qu'est-ce que ça changerait ? Tu lui… casserais la gueule ?

— Ouais, je leur casserais la gueule.

— Quel mâle !

— Eh ! Quand je ne suis pas avec toi, la seule chose que je fais, c'est tirer les lièvres, jouer au billard et travailler fort au football. Demande à Terry, il te le dira.

— Je te crois ! Pour toi, Terry me dirait que blanc, c'est noir.

Je m'apprêtai à m'éloigner, mais il me saisit par les deux épaules.

— Chérie, tu me déchires le cœur. J'en ai perdu le sommeil. Ça me fait mal, vraiment mal.

Je me séparai de lui brutalement et sortis de la pergola en courant. Mike me suivit et me plaqua au sol. Je le frappai.

— Espèce de bâtard !

Mike me tenait les bras. Il était très fort.

– Je t'interdis de me traiter de bâtard.

– Ça ne m'empêchera pas de le faire, bâtard !

Je me mis à lui donner des coups de pied et quand cela ne fut plus suffisant, je me mis à crier.

– Judy, arrête.

– Non, je te déteste, Mike Phipps. Si seulement je ne t'avais jamais connu. Je ne veux plus te revoir. *Jamais !*

Grâce à une prise de lutte, Mike réussit finalement à me maintenir au sol. J'avais envie de le tuer.

– Tu ne me hais pas. Tu m'aimes. Tu le sais. Et moi aussi, je le sais. C'est pour ça que t'es obsédée. Tu ne veux pas l'admettre, c'est tout.

Cela fit l'affaire. Je me mis à crier encore plus, réussis à me dégager et à m'échapper.

– Je te déteste… Bâtard ! Tu ne sais pas de quoi tu parles. Tu crois que tu m'aimes. Mais c'est juste que tu ne peux pas m'avoir.

Il se releva et, me regardant de haut, la tête baissée, déclara :

– T'as raison. Rentre, petite fille. Tu es libre. Le bâtard ne va plus t'ennuyer. Ce que je veux, c'est une vraie femme, pas une petite fille. Je me suis trompé.

Il brossa sa veste et, sortant par le portail de derrière, alla à sa voiture. J'entendis la voiture démarrer et s'éloigner. Je restai là, seule. Je me mis à pleurer.

– Oh ! Mon Dieu, je t'en prie, aide-moi. Mike, je ne le hais pas. C'est moi que je déteste. Moi ! C'est tout ! Mais qu'est-ce qui m'arrive ?

Je posai ma tête sur le sol ; je sanglotais.

Quand j'ouvris les yeux, Mike était là, près de l'arbre, un sourire compatissant aux lèvres.

– Tu vas me demander pardon ?

Je n'avais qu'une seule chose en tête : mon mascara qui coulait sur mon maquillage. Rapidement, je tentai de l'essuyer. Je me levai pour rentrer.

— Ne rentre pas. Viens avec moi, je vais t'acheter un Coca-Cola.

— Aucune chance que j'y aille dans cet état !

Il parut comprendre.

— D'accord ! T'as cinq minutes.

Je lui adressai un sourire et courus dans la maison. Je courus dans ma chambre pour tenter de refaire tout mon maquillage en cinq minutes. Mike entra et resta là, appuyé contre la porte, à me regarder.

— Seigneur Dieu ! Hampton, pas étonnant que tu ne sois pas heureuse ! À quelle heure te lèves-tu tous les matins pour faire tout ça ?

Je me mis à rire et, bafouillant, déclarai :

— Je ne suis pas née belle, comme toi.

— Nouvelle erreur ! Tu es née superbe. La différence est que je le sais alors que toi, tu ne le sais pas.

J'arrêtai de me maquiller.

— Mike, as-tu pensé sortir avec quelqu'un d'autre ?

— J'y ai pensé… pendant une minute. Mais je ne l'ai pas fait parce que je n'en avais pas envie. Et si je l'avais fait, un autre garçon aurait pensé que la voie était libre et t'aurait demandé de sortir avec lui. Et alors, je savais que nous ne pourrions jamais être ensemble à nouveau.

Il me prit par les épaules.

— Allons, t'es déjà belle et j'ai soif.

Le lendemain soir, après le cinéma, nous achetâmes rapidement un Coca-Cola au service au volant et partîmes. Nous stationnâmes la voiture au même endroit qu'auparavant. Nous commençâmes à nous embrasser et à nous caresser. Je me sentais si bien près de lui. Les fenêtres se couvraient de buée.

— Chérie, tu es tellement merveilleuse. Tu te sens bien ?

— Oui, j'aimerais que cette nuit ne finisse jamais. Mike, je t'aime. Peut-être t'aimerai-je toujours.

– Ma chérie, ne te fais jamais de soucis. Je ne te ferai jamais de mal.

Je le regardai commencer à déboutonner mon chemisier. Il le retira doucement de mes épaules. Puis, le soutien-gorge. Lorsqu'il tomba au sol, je restai là, assise, avec la lueur de la lune qui pénétrait par la fenêtre embuée. Mike me regarda.

– Mon Dieu ! Tu es plus belle que je ne l'avais imaginé dans mes rêves. Je veux t'aimer. Je veux te faire l'amour.

Il m'embrassa, et nous nous allongeâmes sur le siège. Je l'aimai totalement.

– Chérie, nous sommes désormais une seule personne. Une seule vie.

Chapitre 11

VIVE LA REINE !

Nous étions vendredi soir, chez Suzanne, et la soirée pyjama battait son plein. Il y avait partout éparpillé au sol des petits gâteaux et des verres vides. La vieille horloge sonna minuit. Nous avions toutes les cheveux enroulés autour de rouleaux, de pinces, de socquettes ou de cannettes, et nous étions assises à discuter de quoi ? De garçons.

— Tout ce que j'peux dire, c'est qu'une fois que tu t'y mets, y a rien de mieux ! déclara Janet en se mettant du vernis à ongles.

Cheryl, habituellement silencieuse, posa alors une question importante.

— Ouais, d'accord, mais comment tu leur dis de mettre une capote ? Bon sang, c'est plutôt embarrassant !

— Eh ! Rien que l'idée de tout ce qu'il y a à faire, enlever son pantalon, se battre avec la fermeture du soutien-gorge, bref, ça me fait pouffer de rire, moi ! dit Suzanne, la bonne fille du groupe, en ricanant.

Je pris un petit gâteau et commençai à le grignoter.

— Eh ! Hampton, qu'est-ce que tu fais avec Phipps ? Et nous fais pas le truc de « l'état d'esprit de la baise », c'est à vomir ! insista Janet.

J'avalai mon petit gâteau. Cela m'était difficile de me résoudre à exprimer mes sentiments, mais j'essayai tout de même.

Esquivant la question, je me tournai vers Cheryl et lui demandai :

— Écoute, tu t'es sentie comment après ta première fois ?

Un grand silence s'imposa dans la pièce. On aurait pu entendre une miette tomber des lèvres de Janet. Je suppose qu'elles ne m'avaient encore jamais entendue poser cette question.

— Je sais pas. J'imagine que j'avais peur que quelqu'un parle, tu sais. J'avais peur de tomber enceinte, et que mes parents poursuivent Tim pour viol sur mineure. Tous les journaux en parleraient. D'autres garçons allaient me demander de sortir avec eux, pensant que je suis une fille facile. Ce genre de saletés, quoi !

— Tu te sens comment, maintenant ?

— Tu veux dire avec Billy ?

— Ouais, dis-je en me mordant la lèvre inférieure.

— Je sais pas. Je l'aime, c'est tout.

— Mais tu ne t'es pas sentie comme une putain, sale ?

— Eh ! Pourquoi tu poses toutes ces questions ? Hampton, t'es allée jusqu'au bout avec Mike ? C'est ça qui se passe ?

— Non, ne sois pas stupide, dis-je d'un ton sec.

Cheryl me regarda un instant puis continua.

— Regarde, quand tu aimes quelqu'un, tu veux plus que ça. Je pense que tu devrais juste le faire. Tu verras alors si Mike t'aime vraiment ou pas.

— Tu veux dire juste sauter sur la banquette arrière et « vlan-merci beaucoup Madame » ?

— C'est pas plus mal qu'autre chose, vu qu'on veut pas que ça se sache... c'est sage. Jude, regarde, comment vas-tu savoir tout ça si t'essaies pas ? Mais un conseil : ne mets pas de gaine. Ça casse tout...

Cheryl était sérieuse, mais toutes les autres éclatèrent de rire de nouveau.

Le lendemain matin, nous étions encore toutes endormies quand la mère de Suzanne, Joe Ella, vint nous réveiller. C'était la mère la plus chouette que j'aie jamais connue. Elle avait la personnalité la plus cinglée imaginable. En réalité, elle se comportait comme nous. J'adorais aller chez Suzanne. Je m'y sentais comme chez moi.

— Eh, vous, les fofolles, c'est l'heure du petit déjeuner. Vous avez une sacrée allure. À vous en couper le souffle ! Tout ça pour trouver un petit ami ? Heureusement qu'ils vous voient pas ce matin !

Évitant la lumière du jour, nous allâmes l'une après l'autre à la salle de bain en titubant. Janet était assise sur les toilettes à fumer, tandis que nous faisions notre toilette en grognant et en maudissant le miroir.

– Merde ! J'ai mes règles !

– Un mois de plus sans souci ! dit Cheryl en riant.

– Mon Dieu ! J'ai bien dormi, déclara Suzanne en bâillant.

– Moi aussi. J'ai fait des rêves tellement paisibles sur la Lumière et sur Dieu, et tout ça ! dis-je en essayant de retirer le mascara agglutiné sur une dizaine de mes cils.

– Hampton, t'es plutôt religieuse, hein ? C'est là ton problème, probablement. Tu crois que c'est un péché de coucher à droite et à gauche, déclara Cheryl.

– Eh bien, j'aime Dieu, mais je ne pense pas être religieuse ou quelque chose comme ça, parce si c'était le cas, je ne serais pas avec des traînées comme vous !

J'attrapai un rouleau de papier de toilette et le lançai sur Cheryl. Je m'appliquai ensuite à retirer les socquettes et les cannettes de mes cheveux.

Noël 1964 fut merveilleux. Maman n'avait encore jamais voulu que nous ayons un arbre de Noël parce que « papa Bill et moi, on veut pas s'ennuyer avec ça cette année ! », disait-elle. Ceci me rendait triste à chaque fois. Mais cette fois-ci, par contre, elle s'était « débrouillée » pour en mettre un.

Les parents de Mike étaient très festifs. Leur maison était vraiment joliment décorée pour l'occasion. Tandis que madame Phipps s'affairait à confectionner des gâteaux de Noël, Mike, qui avait fait beaucoup d'emplettes, me taquinait en tentant de me faire deviner ce que contenaient toutes ces grosses boîtes. Cela me ravissait. La veille de Noël, nous nous rassemblâmes tous chez eux pour manger des châtaignes grillées, déguster une « potion » spéciale que monsieur Phipps avait préparée, et chanter nos chants de Noël favoris, même si nous chantions un peu faux.

Le moment venu d'ouvrir tous les cadeaux, Mike alla sous l'arbre prendre non pas *un*, mais *quatre* cadeaux magnifiquement empaquetés et me les tendit. Avant même de les ouvrir, il me donna la plus belle carte de Noël que j'avais jamais vue. Il fallait regarder au travers d'un petit trou pour y voir prendre vie une scène hivernale à trois dimensions. Il y avait écrit à quel point il m'aimait, et cela pour toujours. Je me mis à pleurer. Il m'aida à déballer tous mes cadeaux – une boule de quilles bleue avec mon nom gravé dessus, un sac fait main pour y mettre la boule et une ceinture style Western avec mon nom au dos. Le plus petit de ces cadeaux était un délicat collier constitué d'une chaîne en or avec une bague de fiançailles ornée d'un diamant miniature. Je restai à la fois stupéfaite et très heureuse. Mike me dit alors qu'il s'agissait d'un collier « de promesse de fiançailles ». Il me le passa autour du cou et m'embrassa en disant :

– Joyeux Noël, chérie... celui-là, il est à garder !

À ce moment-là, j'avais déjà fait quelques démarches pour m'inscrire à l'université et me faisais du souci au sujet de ma liaison avec Mike. Je me demandais où elle allait nous mener. J'étais en dernière année et il était une année derrière moi. Il obtiendrait certainement une bourse de football qui lui permettrait d'aller dans une université quelconque. Je craignais ce qui nous arriverait si nous nous voyions par intermittence, moi mon diplôme obtenu, et lui le lycée à finir. J'avais toujours souhaité me marier et avoir des enfants, mais comme j'étais la première Hampton à terminer le lycée, j'étais déterminée à suivre des études universitaires. Je ne voulais pas « devoir » me marier. Je souhaitais mettre fin à l'ignorance qui régnait dans ma famille et accomplir quelque chose, ce qui pour moi voulait dire obtenir un diplôme universitaire. Mais quel en serait l'impact sur Mike et moi ? Serait-il préférable de terminer notre liaison dès maintenant ? De cette façon, Mike serait lui aussi en mesure de poursuivre ses propres rêves. Je me forçais à croire que si nous étions liés par un amour véritable, si Dieu voulait que nous soyons ensemble, il en serait ainsi. Je m'inquiétai malgré tout de la possibilité que Mike trouve quelqu'un d'autre si je quittais la ville. Et si, une fois allée jusqu'au bout avec lui, il en venait à me haïr ? Deviendrais-je juste une autre salope ? Cette pensée me terrifiait. Oh, mon Dieu ! priai-je, protège-moi. Il me fallait faire confiance que, peu importe le chemin pris par nos vies respectives, ce que nous aurions partagé nous paraîtrait toujours doux et innocent. Sinon, je savais que mes premiers pas dans l'intimité seraient à jamais associés à la honte et à la culpabilité.

Cinq mois plus tard, ma famille était réunie pour le dîner. Comme d'habitude, papa Bill avait peu de choses à dire et maman s'efforçait de générer une conversation. J'avais reçu une lettre et étais très impatiente de partager les bonnes nouvelles.

— J'ai une surprise pour tout le monde. J'ai été acceptée à l'Université de Texas ! Voilà la lettre.

— Loy Gene, passe-moi les pommes de terre, dit papa Bill.

— Vraiment ? dit maman d'un ton plutôt triste.

Loy était le seul à être enthousiaste.

— Oui, c'est formidable, non ? répondis-je

— Eh bien…, commença maman.

Puis, elle s'arrêta net.

— Maman, je peux aller à l'université, non ?

Elle m'offrit de reprendre des patates douces, mais je refusai.

— En réalité, c'est pas possible. Nous sommes pas assez riches pour gaspiller d'l'argent pour l'éducation d'une fille.

Papa Bill enfourna une bouchée de jambon sans me quitter du regard.

— Mais si j'avais un travail tout en étudiant, pourriez-vous m'aider un peu ? Il y a beaucoup de jeunes qui font ça, plaidai-je, sentant que mon rêve était sur le point de s'effondrer.

— J'peux pas t'aider. Faut que j'fasse marcher le magasin. C't homme a l'diabète. Seigneur Dieu ! Tout mon argent sert à payer des dépenses médicales.

— Mais Loy va aller à l'université, non ?

— Il va avoir une bourse. Seigneur Dieu, il peut choisir l'université qu'il veut grâce à ses résultats en baseball. Toi, t'es bonne à rien !

Je sortis de table et entendis papa Bill déclarer :

— Helen, ça vaut pas la peine de donner de l'instruction à une fille. Elle va partir avec un gars quelconque et avoir des gosses, c'est tout.

Je me rendis aussi vite que possible dans ma chambre et mis un quarante-cinq tours au hasard. Je tombai sur *It's Judy's Turn to Cry* (C'est au tour de Judy de pleurer), et c'est en effet ce que je fis toute la nuit.

Le lendemain, Mike et moi venions de sortir de la réunion annuelle du Club, où devaient être nommés la reine et le roi de l'année. J'étais adossée au mur, me sentant très déprimée, mais faisais de mon mieux pour que Mike ne sache pas ce qui n'allait pas. Le directeur sortit soudain. Il rayonnait.

— Puis-je me permettre d'être le premier, Judy, à vous offrir mes félicitations pour avoir été choisie comme reine de cette année ?

— Monsieur Price, s'il vous plaît, je ne veux pas être la reine de l'année ! Nommez quelqu'un d'autre.

Mike et monsieur Price restèrent abasourdis.

— Pourquoi tu dis ça ? murmura Mike à mon oreille.

Je l'ignorai.

— Monsieur Price, il y a tellement de filles plus qualifiées que moi dans ma classe. Je ne mérite pas ça, honnêtement, non.

— Judy, voilà quelque chose de très inhabituel. Est-ce que tu ne *veux* pas de ce titre?

Mike reprit rapidement :

— C'est juste qu'elle ne se sent pas bien aujourd'hui.

Je me dirigeai vers la sortie en guise de réponse. Mike me suivit et mit le bras au travers de la porte pour m'empêcher de sortir.

— Eh! Tu es la reine de l'année, c'est un honneur; exactement comme quand tu as gagné le titre de la plus belle fille de l'année. J'y pense, tu n'en voulais pas non plus. Chérie, que se passe-t-il? Qu'est-ce qui ne va pas?

— Je ne pense pas que je devrais être la reine de l'année.

— C'est drôle, parce qu'il y a plein de gens qui pensent le contraire!

— Regarde, la reine de l'année, c'est quelqu'un qui représente l'école, qui est belle et consciencieuse. Quelqu'un qui va emporter ces atouts à l'université.

Les larmes me montèrent aux yeux.

— Et alors… quel est le problème?

— Je ne suis rien de tout cela. Je ne vais pas à l'université.

— Chérie, que veux-tu dire, tu ne vas pas à l'université? Tu as d'excellents résultats au lycée.

— Je n'y vais pas, c'est tout.

Je détournai la tête et regardai un couple appuyé contre un arbre.

— Chérie, es tu enceinte?

— Non, je ne suis pas enceinte.

Mike me prit lentement la tête et la tourna vers lui. Son visage exprimait tellement de tendresse.

— Regarde, c'est OK… Je t'aime.

— Mike, cela n'a rien à voir avec ça. Rien du tout. Mes parents n'ont pas assez d'argent pour que j'aille à l'université. Mon beau-père pense que je n'en vaux pas la peine, de toute façon.

Je me mis à pleurer de colère, emplie d'un sentiment d'impuissance et d'amertume à propos de mon avenir.

— Viens, chérie. Tu peux travailler et payer tes études toi-même, ça montrera à ton beau-père qu'il se trompe !

— Ça te plairait, hein ?

— Qu'est-ce qui me plairait ?

— Que je parte dans une école quelque part tandis que tu restes ici à jouer au super sportif pour que tu puisses coucher avec ce gros cul de Paula.

Je déversai toute ma colère sur Mike sans pouvoir m'arrêter.

Mike était terrassé. Il me fixait du regard, essayant de comprendre la raison de mes paroles, puis il déclara :

— Merde, Judy, qu'est-ce que tu fais ? Qu'est-ce qui ne va pas ?

— Je ne sais pas. Je ne sais plus rien. Et ne me lance pas d'injures.

— Chérie, tu me parles bien plus grossièrement que moi.

Je ne répondis pas.

— Eh ! La vraie raison pour laquelle tu ne veux pas aller à l'université, c'est que je ne n'ai pas encore fini le lycée ? C'est ça ?

— C'est vrai. Je ne veux pas te quitter, mais je veux vraiment y aller. Mike, je veux sincèrement devenir avocate, devenir quelqu'un. Pour l'instant, je ne suis personne.

— Mais je croyais que tu voulais te marier et avoir des enfants.

— Oui, mais je veux aussi être instruite. Je ne veux pas finir comme ma mère et le reste de ma famille. Ils sont si misérables. Moi, je veux être quelqu'un !

— Chérie, on peut être quelqu'un tous les deux. Pourquoi pas être quelqu'un ensemble ?

— Comment ? Tu penses pouvoir jouer au football à l'université, poursuivre tes études, avoir une femme et des enfants, tout ça à la fois ?

— Je ne serais pas le premier à le faire. Mais il faut d'abord que je termine le lycée.

— Je te crois ! Comme ça, tu pourras être « Monsieur Muscles » ici pendant que je suis partie. Tu finiras avec Paula ou quelqu'un d'autre avant six mois. Je le sais. Tu es un homme. Les hommes sont comme ça.

— Tu es folle. Tu te comportes comme une pute de premier ordre ! explosa-t-il.

J'explosai aussi.

— Salaud ! Personne ne m'a jamais traitée de pute ! Même pas toi !

— Je viens de le faire ! Et c'est la vérité. Tu m'as blessé pour la dernière fois !

Sur ces paroles, je retirai sa bague de lycée et la lançai sur le sol en marbre du hall.

— Autant en finir maintenant ! C'est terminé... terminé !

— Tu as raison, tu ne mérites pas d'être la reine de l'année !

Calmement, il ramassa sa bague et disparut.

Le lendemain matin, j'apportai ma robe de fête scolaire pour l'inauguration de la Cour annuelle. Mes amies m'aidèrent à m'habiller dans les toilettes. Elles ne disaient pratiquement rien sauf que j'étais belle et que ce qui s'était passé entre Mike et moi était « fichtrement triste ».

Tous les étudiants étaient assemblés dans l'auditorium attendant l'entrée de la cour annuelle. J'hésitai à quitter les toilettes parce que Mike en faisait lui aussi partie. La robe que je portais, en satin rose pastel magnifique orné de fleurs en cristal, était celle que j'avais gardée pour accompagner Mike au bal.

Je finis par sortir. Mike était vêtu d'un costume de sport blanc avec un œillet rose. Son regard était triste et indiquait de la colère.

La cérémonie commença d'abord par le passage de la Cour annuelle puis par l'élection de la reine et du roi de l'année. Nous défilâmes ensuite le long de l'allée centrale sous les feux de la rampe, accompagnés d'une merveilleuse mélodie. Tout le monde se mit à applaudir. Le président des élèves me donna un baiser, ce qui provoqua des sifflements de la part de l'auditoire. Il paraît qu'au moment où le président m'embrassa, Mike, présent sur la scène, me lança un regard empli de colère. Puis, je repartis. Tout était fini.

Le lendemain, alors que je faisais une meringue au citron dans ma classe d'art ménager, je me remémorai Mike me traitant de pute. Je l'imaginai aussi en train de raconter à tout le monde que j'étais une fille « facile ». Je me mis à battre la meringue avec frénésie. C'est alors que Mike apparut à la porte. Il resta là un instant, me jetant un regard sévère, puis disparut. Je flanquai la meringue dans la tarte, pensant : « Je vais lui balancer à la figure ! Ce sera une bonne vengeance ! »

La cloche du déjeuner retentit et je demandai à Caris Hensley de m'accompagner à la maison. Il voulut partager un morceau de la tarte avec moi, mais je lui répondis qu'elle était destinée à Mike. « Le veinard ! » fut son seul commentaire. Je lui demandai ensuite s'il voulait bien venir me chercher une demi-heure plus tard pour me reconduire à l'école. Il accepta avec joie.

À mon arrivée à l'école, je fus quelque peu choquée. Tout le monde m'attendait. Apparemment, quelqu'un de ma classe avait révélé mon plan d'« entartrer » Mike. Ils se regroupèrent tous autour de moi, se demandant si j'allais vraiment le faire. J'étais abasourdie et leur demandai comment ils le savaient. « Toute l'école le sait ! » fut la réponse unanime.

Pas tout le monde…

Mike et son ami Terry apparurent et s'arrêtèrent net. Tous les regards étaient fixés sur lui. La cloche retentit, annonçant la reprise des cours, mais personne ne bougea. Finalement, Mike et Terry s'avancèrent vers la porte. Là était ma chance ! Je me dirigeai vers lui dans le couloir. Les élèves tentèrent de se glisser derrière moi pour regarder.

— Qu'est-ce que tu fais ? demanda-t-il. Qu'est-ce qui se passe ?

— Mike Phipps, personne ne me traite de pute et s'en sort comme ça !

Je saisis la tarte et *vlan* ! En plein dans la figure ! Je me retournai rapidement pour partir, mais il me donna un coup. Tommy, un joueur de foot baraqué, saisit Mike.

— Allons, Mike, lui fais pas mal. Elle souffre déjà assez comme ça, tu le vois pas ?

C'est alors que mon professeur d'espagnol, collet monté, fit irruption et demanda à savoir ce qui se passait. Voyant Mike maintenu par Tommy, il conclut qu'il avait tenté de me frapper ou quelque chose du genre.

— Monsieur Phipps, les jeunes hommes ne frappent pas les jeunes femmes. Ne remets jamais la main sur une femme, du moins pas dans mon école !

Pauvre Mike !

Monsieur Price apparut et ordonna à tout le monde de retourner en cours, sauf à Mike et moi, qui devions le rejoindre dans son bureau. Je me rendis à l'étage et m'assis dans la salle d'attente. Mike entra et s'assit à mes côtés.

Je me retournai pour le regarder. Il avait des morceaux de meringue dans l'oreille. Je commençai à me sentir coupable de tant de stupidité. J'avais envie de lui déclarer à quel point je l'aimais, et combien j'étais désolée, mais mon égo blessé me l'interdit. Toute cette misérable affaire était de ma faute. Je méritais les tourments, et ce jour fut définitivement le commencement d'une longue souffrance.

Monsieur Price nous fit signe d'entrer dans son bureau. Il nous regarda, faisant un effort pour ne pas rire.

— Je n'ai pas besoin de connaître toute l'histoire. Cependant, je veux vous faire les remarques suivantes : toi, Mike, et toi, Judy, vous avez représenté cette école avec dignité. Mon sentiment est que vous devez vous présenter des excuses, quelle que soit la cause de tout cela. Vous retournerez ensuite en classe et continuerez d'y être un bon exemple. Vous pouvez sortir.

Nous sortîmes tous deux. Mike partit de son côté sans rien me dire, et je descendis lentement l'escalier. J'entendis les concierges se plaindre du comportement des enfants d'aujourd'hui.

Trois jours plus tard, j'entrai dans le hall. Tout le monde tournait en rond, prêt à entrer en classe. Je remarquai mes amies. La discussion était animée et Janet montrait la porte d'une classe.

– Salut ! Les filles, c'est quoi, tous ces chuchotements ? demandai-je.

– Hampton, tu m'aimes, pas vrai ? Eh ben, si tu m'aimes, ne va pas près de cette porte, dit Janet, qui avait perdu son calme habituel.

– Pourquoi ? dis-je en me retournant pour regarder.

– Oh ! Merde ! dit Cheryl. C'est trop triste. Faut que je parte d'ici ! dit-elle en se retournant pour aller aux toilettes.

– Parce que Mike est là avec quelqu'un, dit Janet en inspirant profondément.

– Avec qui ?

– Cathy, la jolie fille que Mike avait laissé tomber pour sortir avec moi.

– Qu'est-ce qu'ils font ?

Je craignais la réponse.

– Ils… eh bien, la rumeur dit qu'ils sont de nouveau ensemble. Oh, merde, je trouve tout ça tellement triste. Je vous aimais, toi et Phipps. J'avais toujours gardé l'espoir de trouver quelqu'un moi aussi, et que ce soit comme vous. Merde ! Jude, je suis désolée.

J'étais hébétée. Je m'avançai lentement vers la porte et regardai. Mike et Cathy étaient assis côte à côte. Ils avaient rapproché deux bureaux et Mike lui tenait la main. Ils levèrent tous deux les yeux et m'aperçurent là, à les regarder. Ils reprirent rapidement leur conversation intime. Je me retournai sans dire un mot et sortis de l'école.

Je me rendis auprès de Slim, mon meilleur ami. Je mis la selle et partis à toute allure, coursant dans le vent, libre. J'avais envie d'abandonner mon monde derrière moi — l'école, les blessures, les batailles, les soirées pyjama, aller jusqu'au bout, maman, papa Bill et Mike. Je chevauchai le plus loin possible dans la campagne. Plus que tout, je souhaitais me perdre moi-même. Un lièvre bondit et se mit à courir. Je saisis mon 22, visai et fis feu. Raté ! La petite créature détala. Je descendis de cheval et me laissai tomber au sol, sanglotant sur ma vie si misérable. Je restai là toute la nuit.

Dès les premières lueurs du jour, je saisis les rênes de Slim et me mis à marcher. Je contemplai le soleil qui embrasait l'horizon. Les montagnes lointaines étaient enveloppées d'une brume violette. Un moqueur perché dans un arbre accueillait l'aurore de sa joyeuse mélodie tandis que d'autres oiseaux prenaient leur envol depuis les buissons environnants. Bien que faisant partie de la majesté de cette matinée, je me sentais comme une fugitive à l'âme troublée. Je voulus prier. Je voulus demander à Dieu de m'aider, mais restai incapable de trouver les mots. Il n'y en avait pas.

J'aurais voulu demeurer dans ce lieu pour toujours, mais je finis par me mettre en route vers la maison, où je trouvai maman dans tous ses états. Je lui dis que c'était fini avec Mike et lui expliquai pourquoi je m'étais enfuie. Elle se calma et répondit que « c'était pour le mieux » !

Les jours qui précédèrent la grande fête de l'école furent solitaires. Je fis mon possible pour éviter tout le monde. Dean Hall, un camarade de classe que je connaissais depuis la sixième, découvrit que je n'avais pas de partenaire pour le bal. Il me demanda et j'acceptai, ce que je n'allais pas tarder à regretter.

Alors que je dansais avec Dean, je remarquai Mike et Cathy qui dansaient avec la tendresse d'un couple marié. Je demandai à Dean de faire une pause et me rendis auprès de Cheryl, où était servi le punch.

— Je ne me suis encore jamais saoulée.

— Tu vas pas faire ça ici, dit-elle, en prenant une petite gorgée de punch. Hampton, je suis avec Robin et toi avec Dean. Allons nous saouler. Tu sais, amusons-nous pour de bon. Ces deux gars prendront soin de nous.

Me retournant, j'aperçus Mike en train d'embrasser Cathy. Cheryl avait décidément une bonne idée.

Dean conduisait une camionnette verte et rouillée qui ne possédait pas de vitres latérales. On ne pouvait pas voir à l'intérieur, c'était parfait pour se cacher. Robin et Dean étaient partants.

Ils nous conduisirent chez nous pour qu'on puisse enlever nos robes longues pendant qu'ils allaient acheter le nécessaire. Cheryl et moi enfilâmes nos Levi's, nos pulls et nos chaussures de sport. Cheryl mit son pull à notes, sur lequel étaient imprimées toutes les notes qu'elle avait reçues en musique. Nous laissâmes nos cheveux tels quels, remontés sur la tête, laqués une première fois, épinglés, laqués à nouveau, avec des petites mèches figées. Nous ressemblions à Mae West en jeans.

Quand maman nous demanda ce qui se passait, je lui dis que j'allais me saouler. M'attendant à être réprimandée pour ma hardiesse, je reculai d'un pas. Elle répondit simplement :

— Fais ça bien parc'que gare à d'main matin !

Une voiture klaxonna dehors. Je l'embrassai pour lui dire au revoir et nous étions parties pour une aventure inoubliable.

Dean et Robin s'assirent à l'avant, en route vers une destination inconnue — je ne m'en suis jamais souvenue — tandis que Cheryl et moi, à l'arrière, jetions un œil aux courses : scotch, gin, vodka, whisky, plus un sac rempli de citrons et de limes, une salière et quatre tasses. Robin se retourna pour nous lancer une bouteille de cerises rouges.

— Attrapez ça, c'est pour vous… comme vous avez pas… ha ! ha !

Cheryl et moi nous regardâmes. Je le traitai de taré, et Cheryl lui envoya un « enfoiré de fils de pute au gros cul ! ». Mon Dieu, cette fille disait tout ce qui lui passait par la tête !

Cheryl déboucha la bouteille de scotch.

— Essayons ça. Ce que tu fais, tu prends une gorgée tout en tenant ton citron. Quand tu avales, tu suces le citron. Comme ça, t'as pas le goût.

Robin se retourna pour regarder. Je pris la bouteille dans ma main et en descendis une énorme gorgée. Beurk ! Je n'avais jamais rien bu de plus mauvais. Mon visage faisait des contorsions et ma gorge brûlait. Cheryl me passa le citron aussi vite que possible et saisit la bouteille. Je suçai le citron tout en regardant Cheryl boire d'un trait comme une pro cette pisse de chauve-souris.

Toujours occupée à sucer la pelure du citron, je dis d'une voix rauque :

— Ce truc brûle. C'est tout ? Quand est-ce que je vais être saoule ?

Robin et Dean faisaient des vannes et riaient entre eux. Je pense qu'ils étaient heureux parce qu'ils pensaient terminer avec nous. C'était du moins ce qu'ils espéraient. Mais les choses prirent une autre tournure.

— Ouais, ça va s'arrêter de brûler et tu seras saoule, déclara Cheryl, avec le ton de quelqu'un d'expérimenté.

— OK, prenons-en un coup de plus, alors, répliquai-je.

Pour deux filles qui n'avaient jamais bu, nous descendîmes deux litres de scotch et presque toute la vodka. Inutile de dire que ce qui se passa ensuite fut basé sur des ouï-dire. Je n'en ai pas le moindre souvenir.

— On boit pas et on baise pas… et on va pas avec des gars qui l'font…

Selon les témoins, nous chantions toutes deux ce petit air à l'unisson.

Puis nous portâmes un toast envers diverses personnes : des tantes et des oncles, Billy, le fiancé de Cheryl qui était parti à l'université, et Mike, qui était parti avec Cathy. Nous buvions, la radio braillait et nous riions à gorge déployée.

Je levai une autre bouteille pour porter un toast.

– Que Mike Phipps aille se faire foutre, et l'foot avec !

– Ouais… que Phipps aille s'faire foutre… il est meilleur au foot qu'avec ses couilles, fit Cheryl en écho.

Nous avalâmes quelques gorgées de plus et dévorâmes nos citrons.

– Mer… de ! gémit Cheryl J'crois que j'ai des brûlures d'estomac ou qu'que chose. J'me sens pas bien.

– T'es censée t'sentir bien, dis-je en retour.

Dean nous jeta un regard et déclara :

– Je crois qu'elles sont saoules.

– Allons chercher quelque chose à manger, dit Robin, exaspéré.

Selon une source sûre, je me mis soudain à me tenir le ventre et mes yeux se mirent à tourner, sans doute à cause de Dean qui fit un tour complet dans le stationnement du A&W.

– Oh ! Ciel !

Slash ! Je venais de vomir sur Cheryl.

– Hampton, t'as dégueulé sur mon pull à notes.

– Désolée… oh !

Je regrette de devoir admettre que je réitérai cet acte hideux.

– Hampton, t'as vomi sur mes cheveux !

Malheureusement pour elle, son petit postiche était désormais recouvert de vomi. Saoule comme j'étais, je lui arrachai et le lançai à travers la camionnette. Il atterrit sur le visage de Robin.

– Oh ! Mon Dieu ! J'arrive pas à croire que t'aies fait ça, Hampton.

Pauvre Robin !

— C'est à cause de Phipps ! s'écria Cheryl avec amertume. Tout ça, c'est la faute de Phipps !

Une voiture s'arrêta à côté de la camionnette aromatisée. Deux garçons en sortirent et ouvrirent la porte de la camionnette.

— Doux Jésus ! C'est un vrai film d'horreur là-d'dans. Qui a vomi ?

C'était le gentil Jake.

— Sarah Bernhard, espèce de trou du cul, criai-je.

— Vraiment drôle. Hampton, c'est toi ? demanda-t-il.

Je pris ça comme une provocation supplémentaire. Je ramassai le postiche plein de vomi et lui balançai à la figure. Il l'évita. Une autre voiture remplie de garçons s'arrêta.

— Quelqu'un a vu Hampton ?

— Ouais, elle est ici… tellement saoule qu'elle en a perdu la boule. La reine du dégueulis est ici, cria Jake, qui n'était plus aussi suave.

Cheryl se mit à hurler.

— C'est à cause de Phipps. C'est lui qui l'a poussée à boire. Hampton n'avait jamais fumé et jamais bu, et v'là c'qu'elle est devenue à cause de Phipps !

Je décidai alors de passer la tête par la porte arrière pour voir ce qui se passait.

— Quelle tristesse ! Quelle foutue tristesse ! fut ma seule réponse.

Cheryl récupéra son postiche sur le siège avant.

— Vous voyez, il l'a fait vomir sur mes ch'veux. Ah, les hommes !

Nous tombèrent alors toutes deux en larmes.

Dean et Robin décidèrent qu'il était temps de nous reconduire chez nous. Ils nous enfournèrent, Cheryl et moi, dans l'arrière de la camionnette en évitant le vomi. En chemin, Cheryl et moi restâmes toutes deux allongées l'une contre l'autre, nous vidant les tripes à chaque virage.

La camionnette s'arrêta devant chez moi à neuf heures et demie du matin environ. Le soleil brillait.

Je me traînai jusqu'à la vitre. On aurait dit Lady Macbeth après avoir parcouru cent kilomètres à pied sur une mauvaise route. Mes cheveux étaient collés par les vomissures. Le pull de Cheryl en était également recouvert. Je le portais désormais sur moi, va savoir comment ! Je tentai de sortir de la camionnette, mais j'étais tellement ivre que je me hissais en vain et m'effondrai sur le trottoir. Dean essaya de trouver sur moi un endroit sec où me saisir pour m'aider à me relever.

— Mais Hampton, je veux pas te toucher…

— Merde à toi, Dean… trou du cul !

C'est alors que Dean entendit Cheryl qui gémissait. Il me laissa donc sur le trottoir, remonta dans sa camionnette et démarra.

J'étais tout simplement incapable de me relever. Je rampai, essayant d'atteindre la porte d'entrée. Je levai les yeux.

— Ce soleil de merde brille. Qu'est-ce qu'il fait là si tard ?

Madame Cole, notre voisine, ouvrit la fenêtre et appela :

— Ca va, Judy ?

— Ce soleil de merde brille.

— Oui, c'est normal à cette heure de la journée, Judy.

Je pense qu'elle avait compris. Je poursuivis ma recherche du porche d'entrée. La porte s'ouvrit. Mes deux frères, Loy et Gayle, apparurent.

— C'est toi, p'tite sœur ? Non, c'est pas possible. C'est juste une soularde ! dit Gayle d'un ton moqueur.

— Merde à vous, dis-je, menaçante.

— Eh, Gayle ! dit Loy en riant, tu ferais mieux de m'aider.

Loy et Gayle s'approchèrent de moi, mais s'arrêtèrent net en tombant presque au sol tellement l'odeur était forte.

— Merde à vous deux, m'écriai-je. J'ai pas besoin de vot' aide de cueilleurs d'coton !

Ils éclatèrent de rire, et Loy me hissa jusque dans la maison.

— Maman, viens voir par ici. Tu devrais voir ta jolie petite fille si polie.

Maman arriva à la porte. Elle était encore vêtue de sa robe de chambre.

— Miséricorde ! C'est la jeune fille qu'est sortie de cet' maison hier soir avec les ch'veux qui sentaient la fleur ?

— Ce soleil de merde brille ! dis-je, comme un disque rayé jouant continuellement le même refrain.

— Ouais ! Comme une horloge ! C'est comme ça d'puis des années.

C'était maman dans un de ses moments poétiques.

Tout en se bouchant le nez, Loy tenta de me relever une nouvelle fois. Gayle se mit à rire.

— Allons, rentrons et je vais t'préparer c'que boivent les vrais ivrognes. Ils mélangent d'la bière, du lait et des œufs. Qu'est-ce t'en dis ?

Je me mis de nouveau à me hisser. Loy me prit dans ses bras et me porta jusqu'à ma chambre. Il me déposa sur mon lit.

— Faudra peut-être jeter le dessus de lit ! dit-il.

— Merde à toi ! répliquai-je en sifflant la même vieille chanson.

J'allais m'endormir quand Loy se pencha sur moi, un sourire aux lèvres. Il me glissa à l'oreille :

— Je hais Mike Phipps !

Je me souviens avoir parlé au téléphone avec Cheryl plusieurs fois ce jour-là au sujet de son pull à notes — maman dut le faire nettoyer à sec deux fois — et aussi pour lui raconter les difficultés que j'avais eues à retirer toutes les vomissures de mes cheveux. J'aimais Cheryl, c'était une grande amie.

Quelques jours plus tard avait lieu la journée de fin d'études — notre dernier jour en tant qu'élèves du lycée d'Artesia. Ceci se passait dans l'auditorium. Nous fûmes présentés à l'ensemble des élèves chacun notre tour, puis vint le moment de notre dernier passage le long de l'allée centrale. Cette journée fut riche en émotions.

Alors que j'étais sur le point de sortir, je me retournai et aperçus Mike. Il était assis dans la section des élèves de première, à côté de Cathy. Il leva les yeux et me sourit, me faisant « bravo » du pouce. Les larmes aux yeux, je lui rendis son sourire puis fis ma sortie… pour toujours.

Toutes mes amies voulurent passer le reste de l'après-midi à nager au réservoir. Je n'étais pas d'humeur à cela et me rendis à la maison, changeai mes habits et retournai au terrain de football de l'école. Je marchai de-ci de-là, l'esprit empli des souvenirs des matches de football, de moi-même en train de faire tourbillonner mon bâton, des encouragements des foules, de l'équipe Bulldog, des victoires et de Mike. Tout ceci était fini pour moi. Je m'assis sur un banc, la tête dans les mains. Soudain, j'entendis quelqu'un prononcer mon nom.

— Eh ! Hampton, c'est toi ?

Je levai les yeux.

C'était Kelly Moore qui était rentrée de l'université. Elle revenait voir son école.

— Salut ! Mon Dieu ! Ça fait des lustres que je ne t'ai pas vue ! Tu te plais à l'université ? demandai-je, me protégeant du soleil de la main.

— Formidable ! Surtout la semaine de bizutage ! Et les garçons… Hampton, t'en croirais pas tes yeux ! Pour passer du bon temps, il y a pas mieux que l'université !

— Je veux bien te croire. T'es en quoi ?

— Oh ! J'ai commencé avec le droit, mais il se peut que j'aille en physiologie. Tout le monde change sa matière principale, ajouta-t-elle sans façon.

— Mais si tu changes, ça te prend plus longtemps pour terminer tes études, non ?

— Bien sûr que si, mais qui a envie de terminer ? Je deviendrais volontiers une étudiante professionnelle. L'université, c'est là que se passe l'action !

— Tes parents vont pas être fâchés ? Ça coûte tellement cher !

— Ils s'en moquent. Ça leur coûte pas la peau des fesses. C'est pas Jack qui paie les factures, c'est mon vrai père. Il m'a laissé plein d'argent sur un fonds, pour mes études. Je vais prendre tout mon temps et en profiter au maximum !

Kelly continua de se vanter de ses conquêtes alors que moi, je souhaitais seulement avoir la chance d'aller à l'université. Je savais que pour moi, ce ne serait pas seulement une opportunité d'avoir du bon temps. Ce que je voulais, c'était étudier. Certains avaient vraiment toutes les veines dans la vie !

Mes pensées furent brusquement interrompues. Ma vision se brouilla pendant quelques instants et une lumière éclatante, une lueur rouge, apparut dans ma tête avec Janet qui communiquait par signes. Et puis, je me retrouvai à marcher dans cette lumière. J'étais dans un tunnel... bruits étranges... vrombissements... et ensuite, un bourdonnement, une voix au loin, qui appelait mon nom. Je m'avançai dans la lumière et m'y fondis. Flash ! Une mouche sur mes sourcils et Kelly servant du jus d'orange. La vision s'effaça et la voix de Kelly devint de nouveau audible.

— Hampton, tu m'as entendue ? Il y a quelque chose qui va pas ? Hampton, ça va ?

Je restai là, figée, m'efforçant de me souvenir d'un moment nébuleux du passé. Et puis tout remonta à ma mémoire : la soirée pyjama chez Kelly quand j'étais en huitième. Pourquoi ne m'en étais-je pas souvenu avant aujourd'hui ? Je levai les yeux vers Kelly, occupée à m'examiner avec curiosité.

— Kelly, tu te souviens de cette soirée pyjama chez toi la semaine où on avait toutes été nommées meneuses de claque ? Tu te souviens, on était venues pour répéter nos exercices et on était restées toute la nuit ?

– Euh... un peu. Il y a des souvenirs plus géniaux que ça. Ça fait tellement longtemps.

– Je sais, mais je... je viens juste de m'en rappeler, mais il y a aussi quelque chose d'autre que j'avais complètement oublié.

Je continuai à lui remémorer ce qui s'était passé cette nuit-là : les lumières, la chose rouge au-dessus de la maison du voisin. Et je lui demandai pourquoi on n'en avait jamais parlé le lendemain matin, ni même après.

– C'est incompréhensible qu'on n'ait jamais discuté d'une chose aussi étrange ! C'est comme si on n'était pas censées s'en souvenir !

Elle ne fit aucun commentaire, mais resta là, à faire tourner sa bague d'élève sur son doigt.

– Kelly, tu sais de quoi je parle ? insistai-je.

Elle se mit à regarder autour d'elle nerveusement.

– Kelly ?

– Hampton, laisse tomber, tu veux ? dit-elle d'un ton sec.

– Pourquoi tu veux que je laisse tomber ? Ça s'est bel et bien produit ! Pourquoi on ne s'en est pas souvenu ?

Son comportement me paraissait de plus en plus étrange.

– Je veux plus parler de ça. Il faut que je parte. À bientôt !

Sur ce, elle se dirigea d'un pas rapide vers sa voiture et partit, me laissant là, perplexe. Il nous était définitivement arrivé quelque chose cette nuit-là, et quelque chose ou quelqu'un nous l'avait fait oublier. C'était peut-être nous-mêmes qui avions voulu l'oublier, mais une partie de mon esprit, mon inconscient profond, avait conservé l'expérience, peut-être du fait même que mon esprit conscient refusait de l'accepter. Mais pourquoi moi ? Je n'avais pas la réponse à cette question. À qui pourrais-je parler de ça sans être prise pour une cinglée, ou sans qu'on tente de me convaincre que je n'avais rien vu du tout ? Je pensai subitement à monsieur Stanhope, le professeur de sciences de l'école. Je le considérais comme étant un enseignant brillant, bien sûr, et peut-être pourrait-il m'expliquer cette expérience.

Je me dirigeai d'un pas vif vers le bâtiment des sciences. Il était seulement quatorze heures trente et les élèves entraient et sortaient du bâtiment. J'allai jusqu'à sa porte de classe et frappai.

— La porte est ouverte, annonça-t-il.

J'entrai. Il était à son bureau, adossé à sa chaise, occupé à revoir un texte tout en mangeant des cacahuètes. Il était tellement absorbé dans son travail qu'il ne leva même pas les yeux pour savoir qui était là. J'étais si nerveuse que je ne savais pas comment l'interrompre ni comment engager la conversation. Je commençai donc avec le stratagème suivant :

— Que pensez-vous de la crise de l'accroissement de la population mondiale ?

Il déposa immédiatement ses dossiers sur le bureau et leva les yeux vers moi avec surprise.

— Vous voulez dire, si je suis pour ou contre ?

Je souris.

— La surpopulation pourrait être facilement enrayée si tout le monde devenait célibataire pendant cinq ans !

Il rit et finit d'avaler sa cacahuète.

— Mademoiselle Hampton, que puis-je faire pour vous cet après-midi ? En y réfléchissant, pourquoi n'êtes-vous pas avec les autres élèves de fin d'année à célébrer votre diplôme ?

— Eh bien, j'avais besoin de quelqu'un qui puisse me donner des réponses... au sujet de quelque chose que j'ai besoin de comprendre... et j'ai pensé que peut-être, si vous aviez le temps... peut-être que vous pourriez m'aider.

Il m'étudia un instant.

— Il est rare que des jeunes filles aillent demander l'aide d'un professeur de sciences.

— Oh ! Ça rien à voir avec ça. Il s'agit d'une explication, d'une explication scientifique.

J'étais visiblement nerveuse.

— Alors, excusez-moi d'avoir été présomptueux. Prenez un siège et voyons si je peux vous aider.

Je commençai avec hésitation, mais au souvenir de cette expérience vécue quand j'étais en huitième, mon récit se mit à couler de source. Monsieur Stanhope écoutait en silence, montrant un intérêt évident. Une fois mon histoire terminée, il me sembla avoir déblatéré pendant des heures. Je commençai à m'en excuser. Il leva la main simplement, juste pour m'indiquer que tout allait bien. Je restai donc là, assise et silencieuse, ne sachant pas à quoi m'attendre de sa part. Craignant le ridicule, je me mis à transpirer. Monsieur Stanhope se leva et se rendit près de la fenêtre.

— J'avais un compagnon de chambre à l'université qui avait été désigné par la NASA pour travailler sur les applications militaires de la science et des mathématiques. Je crois que cette décision avait été prise par intérêt politique. Pour une raison quelconque, même à l'époque de l'université, l'existence de « bogies » l'intéressait beaucoup.

— De « bogies » ?

— Oui, de « bogies »... des objets volants non identifiés, des ovnis. Mon ami les appelait des « bogies ». Ce phénomène m'est devenu très familier grâce à la recherche qu'il a faite sur ce sujet. À cette époque, il soupçonnait que les ovnis étaient un sujet d'inquiétude pour la CIA et l'armée de l'air. C'était dans les années 1950. De nombreuses personnes prétendaient en avoir vu, ce qui avait fait naître l'idée que les ovnis étaient hostiles et donc une menace pour notre sécurité nationale. Je sais que notre espace aérien avait été pénétré par l'aviation du bloc communiste et que cela avait été tenu secret. Il me semble que le silence du gouvernement en la matière a nourri l'imagination du public. Il y a eu probablement plus d'un million de cas reportés, mais l'armée de l'air les a fait passer pour des ballons météorologiques, des aurores boréales, des appareils expérimentaux ou des canulars. L'investigation officielle conduite par les militaires se nommait « Project Blue Book », et a officiellement été close du fait de ne pas pouvoir prouver de façon catégorique l'existence des ovnis. Il existe cependant un bon nombre de gens qui croient toujours que ces vaisseaux contiennent de la vie extraterrestre. Certains, à cause de leurs hallucinations paranoïaques, croient que les extraterrestres sont ici pour sauver l'humanité.

J'étais fascinée par son discours, mais il n'avait pas mentionné ma propre expérience. Peut-être ne croyait-il pas que les ovnis avaient une quelconque réalité, ou encore que j'aie pu en voir un.

— Et vous, Monsieur Stanhope ? Croyez-vous qu'ils existent ?

Il retourna à son bureau et s'assit.

— Je ne suis qu'un professeur de sciences, mais la science me tient à cœur. Je n'ai peut-être pas expliqué à mes élèves les méthodes scientifiques aussi bien que je l'aurais dû. La majorité veut juste apprendre les connaissances exposées dans les manuels autorisés. Je n'ai probablement pas toujours non plus enseigné ce qu'Einstein professait, que le sentiment religieux cosmique est la motivation la plus forte et la plus noble de la recherche scientifique. Je trouve difficile de poursuivre l'objectif scientifique ainsi que les faits scientifiques avec une imagination active, alors que ma tâche quotidienne consiste à réitérer les théories établies que mes élèves doivent apprendre. Je dois également admettre que je suis sceptique quant à toute doctrine qui n'est pas soutenue par des données empiriques.

— Vous voulez dire que vous êtes sceptique à propos de l'existence des ovnis, et même peut-être à propos de mon expérience ?

Je rougis et ressentis un frisson de déception.

— Je ne veux pas du tout dire que cette expérience ne vous soit pas arrivée, mais d'un autre côté, je n'ai aucun moyen de la prouver.

Il se mit alors à tripoter nerveusement son bloc de papier jaune. Je commençai à penser que cela avait été une erreur de lui avoir déversé tout cela. J'étais en colère envers moi-même pour avoir été aussi bête. Il sembla le remarquer.

— Mademoiselle Hampton, je ne veux pas que vous croyiez que je pense que vous avez imaginé tout cela.

Il inspira profondément, hésita puis poursuivit.

– Permettez-moi de clarifier. En tant que scientifique, j'ai besoin d'une preuve pour pouvoir vous aider, et m'aider moi-même, à comprendre. Je ne peux pas la désapprouver non plus, mais sans preuve suffisante, la seule conclusion que je puisse tirer est que ce dont vous avez été témoin est indéfinissable, et par conséquent peut-être une illusion.

– Mais Monsieur Stanhope, j'ai vu cette chose de mes propres yeux. Cela s'est réellement passé !

Je ressentis un besoin urgent de prouver que je n'avais pas perdu la raison.

– Avez-vous une preuve quelconque ? demanda-t-il gentiment.

– Aucune preuve, mais celles qui étaient avec moi l'ont vue aussi. Je ne suis pas la seule à l'avoir vue.

– Entendu, ont-elles une preuve ? Comme un morceau appartenant à l'objet ou une photo ?

Je commençai à me rendre compte que sans les preuves qu'il demandait, je ne pourrais pas soutenir ma déclaration.

– Non, rien de ça !

– Alors sans preuve tangible, cela demeure une hypothèse. Bien sûr, c'est le scientifique sceptique qui parle en moi. Je possède également un côté romantique. L'idée me séduit et je crois même à l'existence des ovnis. J'envie même peut-être le contact que tu sembles avoir eu. Cet aspect de moi te croit. Cela ressemble en de nombreux points aux comptes rendus investigués par mon ami – perte de mémoire, flashs lumineux et le fait que le vaisseau semblait défier la gravité. Dis-moi, as-tu lu le livre d'Ézéchiel dans la Bible ?

Je me sentis réconfortée par le tour que prit soudain la conversation, mais également un peu déconcertée par sa question. C'était étrange. Les scientifiques avaient toujours été dénoncés par les fondamentalistes, et pourtant, mon professeur de sciences connaissait suffisamment bien la Bible pour me poser une question à ce sujet. Fascinant.

— Ézéchiel ?

Je m'animai.

— À ce que je sache, personne n'a jamais donné une interprétation satisfaisante d'Ézéchiel. Êtes-vous en train de me dire que vous en avez une ?

— C'est seulement mon interprétation personnelle, bien sûr. La roue dans la roue était une machine, un ovni. Peut-être que l'ange était un extraterrestre. Mon sentiment est qu'Ézéchiel a décrit l'ange en lui attribuant les traits d'un animal par manque de connaissance de la haute technologie. Ce qu'il a peut-être vu est une sorte de scaphandre de cosmonaute. C'est du moins l'explication des mordus des ovnis. Ils prétendent voir une similarité évidente entre la « roue » et les apparitions contemporaines. Ils en concluent que, du fait de sa vaste description marquée par son manque d'instruction, Ezékiel était soit un génie du macabre, soit avait eu en effet un contact !

J'imaginai Ezékiel essayant de trouver le moyen de relater son expérience à ses amis et à sa famille. Je comprenais son dilemme.

— Monsieur Stanhope, demandai-je, vous croyez en Dieu ?

Je dus le prendre au dépourvu, car son visage rougit légèrement. Il prit une profonde inspiration, déposa le crayon qu'il ne cessait de faire tourner entre son pouce et son index, et s'adossa à sa chaise, les mains derrière la tête.

— Mademoiselle Hampton, je me suis toujours interdit de discuter religion en présence de personnes que je ne connais pas. On ne sait jamais qui pourrait être offensé.

Il fit une pause et, me regardant, demanda :

— Seriez-vous choquée si je vous posais la même question ?

— Excusez-moi, Monsieur Stanhope, je n'avais nulle intention de vous mettre au défi. J'espère ne pas l'avoir fait.

— Pas du tout. C'est juste que j'ai beaucoup appris de notre conversation et que j'aimerais en savoir davantage sur vos propres théories… sur votre idée de Dieu. Personnellement, je crois que tous les scientifiques ressentent qu'il existe une intelligence supérieure à l'œuvre dans la nature et le cosmos. Mais si vous me demandez si je crois au Dieu de la religion fondamentaliste, non. L'interprétation fondamentaliste de la Bible est en contradiction flagrante avec le processus de l'évolution. Toutes les grandes religions de la planète sont en contradiction les unes avec les autres et prétendent toutes posséder la vérité suprême, des prophéties offrant toutes sortes d'interprétations possibles, des fragments de soi-disant miracles jamais documentés. Comment se fait-il que Dieu n'ait encore jamais parlé à personne ? De nombreux fondamentalistes croient encore et enseignent encore que le monde ne date que de six mille ans alors que la science sait qu'il s'agit de milliards d'années. Mademoiselle Hampton, mon intention n'est pas de dissuader quiconque de ses croyances personnelles, mais quant à la mienne… eh bien, elle embrasse la prééminence d'une intelligence supérieure : la nature elle-même.

— J'ai moi-même tenté de trouver les réponses à certaines de ces contradictions.

— Et quelles réponses avez-vu obtenues ?

— J'ai été humiliée d'avoir osé demander et mettre à l'épreuve la parole de Dieu. Je n'ai jamais obtenu de réponse et ne suis jamais retournée à l'église. Je crois toujours en Dieu et en Jésus-Christ. Si tout le monde vivait selon la brillante simplicité du Sermon sur la Montagne, il me semble que tout serait pour le mieux. La science et la religion seraient même peut-être compatibles.

— Vous avez oublié la politique, dit monsieur Stanhope en riant. Je dois admettre que je ne me rappelle pas avoir eu de conversation aussi enrichissante avec une élève, jamais. Je n'ai pas été en mesure de vous aider à comprendre votre expérience, mais peut-être que le fait de savoir que d'autres personnes en ont eu de semblables vous apportera quelque réconfort. À propos, je regrette que vous n'ayez pas étudié les sciences plus sérieusement. Votre curiosité naturelle est un atout. Ah! L'université offre des opportunités tellement plus vastes que celles du lycée.

Ces derniers mots firent surgir en moi un sentiment de déception. Si seulement j'avais une telle opportunité. Je remarquai alors qu'il commençait à rassembler des feuilles sur son bureau et sentis que c'était le moment de partir.

— Monsieur Stanhope, ce fut un plaisir de vous parler. Vous m'avez aidée plus que vous ne le croyez.

Je partis et rentrai chez moi, résignée au fait de ne pas avoir d'explication. Une chose pourtant était certaine, je n'étais pas seule à avoir eu une expérience aussi étrange. Ceci me réconforta quelque peu. Peut-être qu'un jour comprendrais-je la signification complète de ce qui s'était passé la nuit de cette soirée pyjama. Pour l'instant, il me fallait décider quoi faire de ma vie.

Durant les semaines qui suivirent, je ne vis Mike qu'une seule fois. Il était assis sous son porche de devant, en compagnie de Terry, à regarder la VJ Day Rodeo Parade[1] qui passait devant chez lui. J'avais gagné le titre de VJ Day Rodeo Queen et je montais Slim en tête de parade, aux côtés du gouverneur du Nouveau-Mexique sur son magnifique étalon. Je souris à Mike en passant et il en fit de même. Mike et Cathy ont poursuivi leur liaison durant leur dernière année de lycée. Mike a obtenu une bourse pour le football à l'Université d'Arkansas et a joué pour les Razorbacks d'Arkansas.

Cathy est allée à la même université. Ils se sont mariés peu après et aux dernières nouvelles, ils ont eu trois enfants. Mike est devenu l'entraîneur en chef au lycée d'Artesia.

Je me suis bien souvent demandé à quel point nos vies auraient été différentes si j'avais pu exprimer mes sentiments plutôt que de les réprimer. Si j'avais eu suffisamment confiance en Mike pour lui raconter les horreurs que j'avais vécues avec mon oncle et le

1. N.d.T.: «Jour de la victoire sur le Japon», célébrant la capitulation du Japon à la fin de la Seconde Guerre mondiale.

ressentiment profond pour les hommes que ma mère m'avait transmis, il aurait peut-être eu une compréhension plus claire de la colère que je démontrais si fréquemment. Malheureusement, je ne m'étais jamais ouverte quand il avait tenté de m'aider.

Je suppose que maman avait raison quand elle disait que tout était « pour le mieux ». Nous sommes aujourd'hui tous les deux heureux dans nos vies séparées. Je crois que je l'aimais sincèrement pour enrichir ma vie de sa tendresse, de sa compassion et de son amitié, mais je ne crois pas que j'étais amoureuse de lui parce que je ne m'aimais pas suffisamment pour lui donner de moi-même complètement.

J'ai pris grand plaisir à écrire ce chapitre. Il a fait remonter à la surface bien des émotions et m'a permis de mieux comprendre pourquoi je m'étais coupé l'herbe sous les pieds. Je n'ai jamais eu l'opportunité de m'excuser auprès de Mike pour mon comportement avec sa bague de classe et la sinistre tarte meringuée au citron. Donc, après trente-trois années vécues avec un sentiment de culpabilité, s'il te plaît, Mike, accepte mes excuses.

Chapitre 12

L'ESPOIR, C'EST QUE NOUS VIVONS À NOUVEAU

J'avais pris la décision de poursuivre mes études. Je ne savais cependant pas comment réaliser un tel miracle. Une amie qui était en seconde année à l'Université Texas Tech devait retourner à Lubbock, au Texas, en août. Je suppliai maman de me prêter un peu d'argent pour pouvoir y aller, trouver du travail et un modeste logement. Inutile de parler du combat que suscita l'investissement dans cette aventure aussi risquée. Elle me prêta finalement cent quarante-cinq dollars, et me fit comprendre qu'il n'y aurait pas à attendre un sou de plus. Loy était de mon côté et me promit de m'aider du mieux qu'il pourrait. Je fis donc mes valises, mais mon départ fut loin de susciter un quelconque enthousiasme !

Le jour même de mon arrivée à Lubbock, je repérai une annonce pour un studio près du campus. Je me rendis à l'adresse indiquée. À ma stupéfaction, les propriétaires — une mère et sa fille du nom de White — me reconnurent immédiatement comme étant « Judy, la fille d'Helen ». J'avais demandé à Dieu de m'aider et Il semblait l'avoir fait. La mère, madame Ivy White, était une cousine de mon père. Les White furent ravis d'apprendre que je faisais partie de la famille et m'offrirent un rabais sur le loyer. La jeune mademoiselle White connaissait aussi très bien le gérant du magasin Safeway, tout proche. Ils sortaient ensemble, elle avait donc ses entrées. Je versai un mois de loyer et emménageai mes affaires. Une fois installée, mademoiselle White me conduisit à Safeway et me présenta au gérant, qui m'engagea comme caissière au rayon épicerie.

Ce n'était qu'un emploi à mi-temps, mais je leur dis que c'était parfait, car je cherchais une école. L'université était hors de prix, donc impensable, mais mon patron et mademoiselle White me recommandèrent le Business College de Lubbock, accessible à pied depuis l'appartement ou le magasin.

Je m'y rendis dès le lendemain. Je leur expliquai combien je voulais désespérément faire des études, et leur proposai de travailler au sein de l'école pour m'aider à payer les frais de scolarité. Affaire conclue, je travaillerais de sept à neuf le matin avant les cours, et reprendrais ensuite l'après-midi dans les bureaux, une fois les cours terminés. Les week-ends, les mardis soirs et jeudis soirs, je travaillerais à Safeway. À moi de trouver le temps d'étudier au milieu de tout cela.

Dès la fin de la première semaine, j'avais perdu cinq kilos, mais j'avais rencontré deux camarades de chambre qui allaient à une école de coiffure toute proche. Candy était une vraie poupée et Susan mignonne à croquer. Sa beauté était classique, mais elle ressemblait davantage à un elfe qu'à un humain. Notre appartement était si petit que même s'habiller était une véritable épreuve. Nos vêtements étaient suspendus partout, et se doucher était également une aventure ! La douche était encombrée de plusieurs paires de collants, slips et soutiens-gorges suspendus à une corde à linge improvisée que nous devions retirer et replacer une fois la douche terminée. Compte tenu de notre situation financière, nous avions décidé que si l'une ou l'autre était invitée à dîner, elle commanderait autant de nourriture que possible et rapporterait les restes à la maison. Tout mon argent partait dans mes cours. Les jours sans repas étaient nombreux.

– Candy Pooh, c'est qui, demain ? demandai-je tout en préparant un contrôle pour le lendemain.

– Un gars sympa avec une carte de crédit. Je lui ai dit que je voulais manger chinois, répondit-elle en se passant les mains dans les cheveux.

– Eh ! J'ai oublié de vous dire..., dit Susan. J'ai rendez-vous avec un bel avocat. Qu'est-ce qu'on commande à dîner ?

– Des côtes de bœuf, dis-je en me léchant les babines alors que je prenais mon uniforme de Safeway dans la salle de bain. Eh ! Les poupées, il faut que j'aille au boulot. Amusez-vous bien et n'oubliez pas le dîner !

Ce soir-là, je rentrai épuisée. Je n'avais même plus assez d'énergie pour faire mes devoirs. Candy et Susan arrivèrent presque au même moment, leurs sacs remplis de restes.

— Mon Dieu ! Je suis affamée. Qu'est-ce que vous avez ? Faites voir, dis-je.

Rien que l'odeur me revigorait déjà. Candy ouvrit son sac.

— J'ai commandé deux plats de plus en disant que c'était pour penser à lui plus tard quand je mangerais les restes à la maison.

— Et moi, j'ai eu en plus sa côte de bœuf à lui ! J'ai laissé les patates. Elles avaient l'air d'être molles. Il m'a dit que c'était pas un chien que j'avais, mais un cheval !

Susan éclata de rire.

J'attrapai une assiette et dévorai les restes.

— Super, les filles. C'est mon premier vrai repas depuis peut-être une semaine. Vous avez une autre sortie prévue ? Demain soir, par exemple ?

— Samedi soir, je me serrerai la ceinture pendant le repas !

Et pour me redonner le sourire, elle changea de sujet.

— Jude, tu as vu tes cheveux ? Il faut vraiment reprendre les racines. Laisse-moi arranger ça.

Candy prépara des flacons de décolorant, étala de vieux journaux par terre, et commença la décoloration avec Susan. Puis, vint le moment du rinçage. Lorsque Candy se mit à me sécher les cheveux, ils lui tombèrent dans la main par poignées. Elle avait laissé le décolorant trop longtemps.

— Oh ! Mon Dieu ! Jude, tes cheveux tombent en miettes. C'est affreux ! Merde ! Je suis vraiment désolée.

Je passai un peigne dans mes cheveux emmêlés. Il en était recouvert. Je souris en levant les mains.

— Mes cheveux sont simplement comme moi… en miettes !

Quelques semaines plus tard, alors que par un matin brumeux, je me rendais à l'école, je me sentais particulièrement à bout de force. J'avais une pile de livres sous le bras, et comme j'avais le sentiment que je n'aurais même pas l'énergie pour traverser la rue, je m'appuyai contre le poteau des feux de signalisation, m'efforçant de respirer profondément. Je me mis alors à pleurer, et levai les yeux vers le brouillard.

— Mon Dieu ! Je t'aime tellement. Pourquoi ne m'aides-tu pas à aller à l'école ? Viens à mon secours. C'est comme si j'allais mourir.

Les feux changèrent de couleur, mais j'étais trop faible pour bouger. Je laissai tomber mes livres et m'agrippai au poteau. Inutile. Je m'effondrai, inconsciente, sur la chaussée humide. Je ne me souviens de rien d'autre.

— Mademoiselle Hampton, comment vous sentez-vous ? Mademoiselle Hampton, vous m'entendez ? demanda docteur Weston.

J'ouvris les yeux en m'efforçant de bien voir. Lentement, le visage d'un homme apparut. Il portait une blouse verte. Je tentai d'avaler ma salive, mais ma gorge était si sèche que cela m'était difficile.

— Euh ! Puis-je avoir un verre d'eau, s'il vous plaît ? dis-je en regardant autour de moi.

C'est alors que je remarquai que je me trouvais dans une chambre d'hôpital. Pourquoi ? Je me souvins soudain m'être sentie mal au croisement. J'avais dû m'évanouir. Le docteur Weston me tendit un verre d'eau avec une paille et j'en bus la presque totalité.

— Je dois avoir la grippe ou quelque chose du genre.

Dans sa bienveillance, le docteur me jeta un regard sceptique.

— Non, je ne crois pas que vous ayez la grippe. Vous êtes très malade, jeune femme. À quand remonte votre dernier repas convenable ?

— C'est que j'essaie de garder ma ligne, dis-je en mentant.

— Il me semble que vous prenez ça un peu trop au sérieux. Vous souffrez de légère malnutrition, dit-il en avançant une chaise pour pouvoir s'asseoir près de mon lit.

— Vous plaisantez… de malnutrition ?

J'avais les yeux fixés sur lui, incrédule.

— C'est exact. Votre estomac est distendu et votre numération globulaire est dangereusement basse.

Il lut ma feuille de soins.

— J'ai travaillé dur et…

Il m'interrompit :

— Où ?

— Je travaille à Safeway près de mon école et aussi au Business College pour pouvoir payer mes études. Il y a beaucoup de jeunes qui le font.

— Qu'étudiez-vous ?

— Je veux devenir avocate !

Je dis cela sans croire que cela puisse arriver un jour. Il parut intrigué.

— Avocate ? Je ne savais pas que l'on pouvait faire des études juridiques dans une école de commerce.

— Je pense qu'en devenant secrétaire juridique ou femme d'affaires, j'aurai les moyens de suivre des cours du soir pour obtenir ma maîtrise et…

Rêve toujours, pensai-je.

— Je vois ! Autrement dit, vous n'avez pas l'argent pour vos études et c'est pour cela que vous avez ces deux emplois.

Il secouait la tête en se pinçant les lèvres.

Moi, cela ne me semblait pas si étrange que cela.

— C'est exact. J'imagine qu'à une époque, vous avez voulu devenir docteur, et maintenant, vous en êtes un, n'est-ce pas ?

— Oui, j'aime soigner les gens, et oui, je suis médecin. Je fais mon internat ici, dit-il en souriant.

Son attitude était plutôt sympathique.

– Docteur, je n'ai pas l'argent pour vous payer, vous ou l'hôpital, pour cette conversation. Je ne peux vraiment pas rester ici.

Je commençais à considérer le coût de tout ceci.

– Eh bien, voilà. Vous allez recevoir une facture pour tout ça et cette facture sera douce. Si vous ne pouvez pas payer, ne vous en faites pas. Ce qui importe, c'est de vous rétablir.

– Ce n'est pas juste pour vous.

– Il y a beaucoup de gens qui viennent ici et qui ne peuvent pas payer leurs soins. Les impôts, c'est fait pour ça. Détendez-vous. Un jour, c'est vous qui paierez beaucoup d'impôts.

Il rit et moi aussi.

– Dites-moi, vous est-il déjà arrivé de vous demander si vous ne parviendriez jamais à devenir médecin ?

– Bien sûr. Avec autant de choses à apprendre, certaines fois, je me disais « au diable, ça n'en vaut pas la peine ! ».

– Mais vous n'avez pas abandonné ?

– Non, je n'ai pas abandonné ! Un jour, vous accomplirez votre rêve. Mais pour l'instant, je veux que vous vous rétablissiez, ce qui veut dire que je veux que vous retourniez chez vous. Vous avez une famille qui peut s'occuper de vous ?

Il referma mon dossier.

– Oui, mais…

J'étais tellement déçue.

– Il faut que vous rentriez chez vous et que vous restiez avec des personnes qui vous aiment. Vous êtes très malade. Vous ne le croyez peut-être pas, mais c'est vrai. Vous ne pourrez pas continuer ainsi avec le travail, les études et la survie !

Je me mis à hocher de la tête et à pleurer. Il était impossible que j'abandonne. Si j'arrêtais maintenant, je perdrais tout ce pour quoi j'avais travaillé. Je ne voulais pas rentrer chez moi, vaincue et seule. Toutes mes amies étaient parties étudier, et ma mère travaillait au magasin tout en prenant soin de mon beau-père jour et nuit. On l'avait amputé d'une jambe et il était désormais dans un fauteuil roulant. La seule pensée de tout ça m'était insupportable. Devinant l'intensité de ma dépression, le docteur Weston se leva, posa sa main sur la mienne et se pencha tout près de moi.

— Je comprends vos sentiments, mais rien, pas même l'idée de devenir avocate, ne vaut la peine de mettre votre santé en danger. Vous n'arriverez à rien si vous mourez de faim !

J'acquiesçai de la tête. Soulagé par ce signe, il poursuivit.

— De toute façon, qui voudrait avoir affaire à une avocate squelettique ?

Je me mis à rire en dépit de ma détresse.

— Voyons, Mademoiselle Hampton, si vous pouviez commander tout ce que vous voulez dans le meilleur restaurant de Lubbock, ça serait quoi ?

J'avais du mal à penser à de la nourriture quand mon avenir venait de s'effondrer.

— Oh ! Euh... je crois que je commanderais une énorme entrecôte... avec euh... de la purée de pommes de terre, de la sauce, du pain et quatre litres de lait !

Tout cela commençait à bien sonner à mes oreilles.

— Parfait. Et si cela ne vous dérange pas, je vous accompagne. Ensuite, j'insiste pour que vous rentriez chez vous. Affaire conclue ?

— Je ne veux vraiment pas rentrer chez moi, mais... je suppose que je n'ai pas le choix.

— Bien. Je reviens tout de suite avec les hors-d'œuvre, Madame.

Je regardai la porte se refermer lentement derrière lui, puis me tournai sur le côté pour regarder le bracelet à mon poignet sur lequel était inscrit mon nom. Je commençai à me demander la raison de tous ces événements. Pourquoi Dieu n'avait-il pas exaucé mes prières ? Dieu aide ceux qui s'aident eux-mêmes... et il était évident que j'étais même allée au-delà de mes forces ! Quelle était donc la volonté de Dieu ? Qu'étais-je censée apprendre de tout ceci ? « Comment s'affamer en trois leçons » ? Et qu'avais-je à gagner à retourner chez moi ? Oh ! Mon Dieu ! demandai-je, pourquoi ne m'es-tu pas venu en aide ? Qu'ai-je mal fait ?

Le dîner fut merveilleux – même si j'étais dans l'incapacité de beaucoup manger – et le docteur Weston était charmant. Je savais qu'il allait réussir, car son souci pour les gens était vraiment sincère. Il avait fait du bon travail avec moi.

Le bon docteur prit le plateau et me quitta avec l'ordre de dormir, ce que je fis. Cependant, peu de temps après, je fus réveillée par un rire de femme – un rire qui était comme atténué. Cela devait être une infirmière, mais il y avait aussi un parfum... comme des milliers de fleurs épanouies un soir d'été. C'était divin. Je me retournai et ce que je vis me laissa stupéfaite. Flottant devant le miroir de la salle de bain se tenait une femme – la plus belle femme que j'aie jamais vue. La lumière qui émanait d'elle, une lumière surnaturelle, emplissait la chambre. Elle se regardait dans le miroir et riait. Sa chevelure rayonnante blanche comme neige enroulée en arrière et remontée sur le haut du front ondulait de chaque côté de ses tempes. Ses sourcils épais surplombaient ses yeux bleu acier scintillant comme des étoiles. Son nez était court et parfait, ses dents brillaient d'un blanc de nacre et sa peau était dorée. Le drapé de sa robe bleu turquoise venait d'une étoffe incroyable qui semblait avoir sa propre vie.

Mais je ne pouvais voir d'elle que sa moitié supérieure. En dessous de la taille, son corps se fondait dans une brume. Je contemplai sa beauté avec le sentiment étrange de la connaître. Je savais également qu'elle était enchantée par sa propre beauté. Je me redressai sur le lit d'hôpital et dis :

– Vous êtes si belle, qui êtes-vous ?

Elle se retourna doucement et m'adressa un sourire brillant et familier. Elle se mit ensuite à flotter au-dessus de mon lit. Prise de panique, je me glissai à nouveau sous les draps. C'était tout à fait étrange. Bien qu'il me fût possible de ne voir qu'une moitié d'elle, je pouvais distinctement entendre le bruissement du tissu qui caressait le sol. J'entendis une voix dans ma tête dire : « Judy, je suis venue te dire adieu. Je suis si heureuse. » Je compris soudain qu'elle allait m'embrasser sur la joue. Comment je le sus ? Cela demeure un mystère, mais je le savais. Je me souviens m'être détournée et avoir levé ma main droite comme pour dire non. Le frémissement s'arrêta et je sentis quelque chose de très chaud me toucher la main – quelque chose qui ressemblait beaucoup à un baiser. Quoique ce fût, j'étais terrifiée. Puis, le même bruit reprit pour s'atténuer, comme s'il s'éloignait. Je me retournai lentement de nouveau et elle était encore là, flottant vers la porte. Elle m'adressa un sourire très familier et s'évapora, emportant l'odeur du parfum avec elle.

Je restai là, stupéfaite, tremblant comme une feuille. Je ne parvenais pas à croire ce que je venais de voir. Je me remémorai soudain ma main et l'inspectai avec soin, y recherchant des traces du rouge à lèvres rose. Il n'y avait rien malgré la certitude qu'elle y avait déposé un baiser. Je songeai alors à la familiarité qui avait émané de cette chose. Il me semblait connaître qui elle était – ou ce qu'elle était. Des frissons me parcoururent le dos et envahirent mon corps tout entier. Était-ce un rêve ? Avais-je rêvé ce parfum ? Je n'avais jamais rien rêvé de tel, et encore moins d'un parfum ! C'est alors que la porte s'ouvrit lentement. Je me figeai ! Peut-être était-ce elle, de retour ? En voyant l'infirmière entrer, je m'effondrai de soulagement, le cœur battant la chamade.

– Oh ! Je ne voulais pas vous effrayer. On dirait que vous venez de voir un fantôme !

Si elle savait ! Elle s'approcha de moi et me fis remarquer que je semblais être glacée.

– Vous auriez vu par hasard, euh… quelque chose d'inhabituel… je veux dire une femme, très belle, dans le couloir, à l'instant ?

Elle arrangea mes couvertures.

– Non, seulement les employés habituels. Le poste des infirmières est au bout du couloir et je sais qui est là ou pas. Il ne se passe pas grand-chose durant la nuit. Malheureusement d'ailleurs, car cela peut devenir ennuyeux. Voyons, maintenant, êtes-vous réchauffée ? Puis-je vous apporter quelque chose ?

– Non, merci. Je me sens mieux.

– Tâchez de dormir.

Souriant, elle sortit silencieusement.

Je ne dormis guère, troublée par mes rêves. Je me réveillais constamment pour regarder vers le miroir.

Le lendemain matin, après une prise de sang, un échantillon d'urine, deux piqûres et deux cachets, je décidai d'appeler maman. Il fallait bien qu'elle sache ce qui m'était arrivé. J'appellerais ensuite madame White pour lui demander de bien vouloir avertir l'école et Safeway, et aller chercher ma paie pour moi. Il y avait un téléphone public tout près dans le couloir. Bien que me sentant étourdie en me levant, je finis par pouvoir aller jusqu'au combiné. Je dus passer par une standardiste pour appeler à frais virés. Celle-ci m'annonça que le numéro n'était plus en vigueur. Je lui demandai alors d'appeler madame Cole, qui accepta l'appel et partit chercher maman. J'attendis.

– Eh ! Bonjour, ma p'tite Judy, j'suis vraiment contente que t'appelles. Comment ça va pour toi là-bas ?

– Je suis à l'hôpital... rien de grave. Il paraît que je ne mange pas bien. De toute façon, maman, ne t'en fais pas... mais le docteur m'a dit que je devais revenir à la maison.

– Qu'est-c'qui va pas ?

– Je viens de te le dire. Je suis crevée... j'ai travaillé trop dur, j'imagine.

– Oh ! Je vois. Rent' donc à la maison. Mais Judy, j'veux t'dire quelqu'chose.

J'eus le sentiment de savoir ce qu'elle allait dire.

– Quoi donc ?

– Bon, j'vais t'le dire tel quel. Suzanne est morte hier soir dans les bras d'sa mère. Je connais pas tous les détails, mais il semblerait qu'elle avait une tumeur au cerveau ou quelqu'chose du genre. J'voulais t'le dire de toute façon. Je sais à quel point tu l'aimais.

D'une certaine manière, je ne parvenais pas à croire ce qu'elle venait de me dire, cela ne pouvait tout simplement pas être vrai. Et pourtant, je savais que cela l'était, je le savais depuis le début. La belle dame dans ma chambre la veille au soir m'avait paru familière parce que cette femme, c'était Suzanne !

– Judy, tu m'entends ?

– Oui, maman. Je savais qu'elle était morte. Elle est apparue dans ma chambre hier soir. Je ne l'ai pas reconnue tout de suite avec la lumière, l'odeur, les cheveux blancs. Mais le sourire, je savais que c'était le sourire de Suzanne. Elle m'a embrassé la main. Dans ma tête, j'ai entendu cette voix qui me disait adieu et qu'elle était vraiment heureuse. Maman, je sais que ça paraît cinglé, mais je ne l'ai pas rêvé.

Maman hésita, mais n'exprima pas ses pensées.

– Bien sûr, ma chérie, rentre à la maison. Je vais t'envoyer un billet de bus. Tes frères sont ici.

Quelques jours plus tard, mon bus traversa Lubbock et je pus revoir le campus de l'Université Texas Tech. C'était tellement beau. Les feuilles dorées des arbres tombaient doucement au sol. Il y avait des étudiants partout, en train de marcher, d'être assis ou bien sur leurs bicyclettes... Quelle chance ils avaient ! Puis la scène disparut de ma vue et de mes pensées.

Mon esprit ne cessait de revenir à Suzanne et à l'aspect miraculeux de son apparition. Mais pourquoi ses cheveux étaient-ils aussi blancs que neige et ses yeux de couleur différente ? C'est vraiment bête, pensai-je. Comment se faisait-il qu'un fantôme change la couleur de ses cheveux et de ses yeux ? Je me souvins alors du jour où nous lui avions décoloré les cheveux. Elle était toute contente, mais sa mère était tellement furieuse qu'elle l'avait amenée chez le coiffeur pour qu'elle retrouve sa couleur naturelle. Je me souvins aussi de combien elle avait pleuré... Elle nous avait avoué alors qu'elle avait toujours rêvé d'avoir les cheveux de la même couleur que moi !

Je restai là, ébranlée par ce que je venais de comprendre. Cela doit être parce qu'une fois morts, nous sommes transfigurés dans l'autre vie, glorifiés ! La transfiguration a sans doute à voir avec la façon dont nous nous voyons nous-mêmes, avec l'apparence que nous souhaitons avoir. Cela expliquait pourquoi Suzanne se regardait dans le miroir en riant ! Et ses yeux aussi ! Elle était tombée amoureuse d'un gars simplement pour ses yeux bleu acier. Elle m'avait dit qu'elle aurait voulu avoir des yeux de cette couleur-là. C'est certainement le sens de cette phrase de la Bible qui dit qu'en un instant, nous sommes transformés. Cela ne signifie pas simplement que notre vie se poursuit après la mort, mais que nous changeons notre apparence pour celle que nous aurions aimé avoir dans notre vie. Un frisson glacé me parcourut le dos. J'étais tellement heureuse pour Suzanne. Elle était enfin libre d'avoir l'apparence qu'elle souhaitait. Elle était revenue pour partager son bonheur avec moi.

Il me revint alors à l'esprit une soirée pyjama lors de notre dernière année de lycée. Nous avions fait un pacte, la première d'entre nous qui casserait sa pipe reviendrait pour faire savoir aux autres si les soirées pyjama existaient au paradis... Frissons ! Mes yeux se remplirent de chaudes larmes. Suzanne avait tenu sa promesse. J'avais oublié cet incident, mais pas Suzanne. La vie continuait donc bien après la mort et apparemment même plus joyeuse. Suzanne connaissait une paix que je ne connaissais pas moi-même. Je me demandai si elle se tenait devant Dieu, à le regarder, ou si elle se préparait seulement pour une soirée pyjama céleste. J'appuyai mon visage contre la vitre, riant et pleurant à la fois. Je souhaitais de toute mon âme pouvoir être avec elle, mon amour et mon chagrin étaient si profonds.

Quelques jours plus tard, maman, Loy, Gayle et moi étions assis à la table du dîner. Papa Bill était déjà couché. Je me sentais déprimée et ailleurs. Soudain, la conversation changea. Maman commença :

— Pour vous dire, dans mes rêves, j'sais toujours qui va mourir dans la famille… et ça s'est toujours passé comme ça.

Elle prit sa serviette pour s'essuyer les mains.

— Merde, oui ! ajouta Gayle. J'ai rêvé que d'la fumée sortait d'la grange et l'jour d'après, elle a pris feu.

— Mais Suzanne, c'était pas un rêve, leur dis-je. Elle se trouvait vraiment dans ma chambre !

J'étais quelque peu déconcertée que tous paraissaient penser que j'avais rêvé.

— Je sais, je sais c'que tu veux dire, dit maman, tentant de me rassurer. Je ressens une présence avec moi presque tout le temps. J'sais pas ce que c'est, mais la foi, j'joue pas avec, non merci.

Loy jeta les yeux autour de la table avant de les fixer sur moi.

— Je l'ai jamais dit à personne, mais un soir, après l'entraînement de baseball, j'étais vraiment démoralisé et j'ai senti comme une main froide contre mon front. Ça m'a redonné du tonus. Ça s'est passé alors que j'étais allongé dans ma chambre. Je sais que c'était réel.

Maman ajusta ses lunettes, mit son coude sur la table et prit une fourchetée de nourriture de l'autre main.

— On a eu beaucoup d'choses comm' ça dans ma famille. Wanda raconte que, d'temps en temps, elle voit une sort' de personnage puissant dans sa cuisine. Il lui a dit de pas maudire autant les gens. Mais, vous connaissez Wanda, elle a quand même continué, et pendant longtemps. Et aussi quand son fils Sudsy est mort, y'a eu une lumière brillante qu'est apparue dans sa chambre, exactement comme Suzanne dans la chambre de Judy.

— Vous savez, beaucoup d'gens voient des ovnis par ici, reprit Gayle. J'en ai vu deux moi-même… des gros. Vous vous souv'nez de c'match de foot où sept mille personnes ont vu un d'ces engins au-d'ssus de l'est du Texas ? Les journaux parlaient que d'ça ! Et puis l'armée d'l'air a annoncé qu' c'était rien qu'des ballons météo. C'est des conneries ! Un ballon météo, ça r'ssemble pas à ça. Vous pouvez m'croire, cet engin, il était tout éclairé, il était vraiment brillant, et ses lumières clignotaient !

Mes yeux restaient fixés sur Gayle. Cela paraissait très familier – du moins, c'est ce que ce pauvre Ézékiel et moi-même pensions.

– C'est sûr, les mystères d'l'univers deviennent de plus en plus grands, répondit maman. Même les astronautes disent qu'y a un trou ou quelqu'chose au pôle Nord. Y sortent p't-être par c'trou-là !

Elle resta là à étudier ce qu'elle venait de dire, moi aussi.

– Ouais, j'ai entendu dire qu'ils volent et qu'ils voltigent. Ils disent qu'un homme a même été emporté dans un ovni et qu'à son retour, il s'est retrouvé dans une cabine téléphonique. Un bûcheron qui travaillait à Williams, en Arizona. Le gouvernement lui a fait passer une série de foutus tests avec des détecteurs de mensonges et tout ça. Il disait la vérité. Mais ils disent qu'il s'agit de trucs militaires expérimentaux. Moi, j'y crois pas, dit Loy en tendant le bras vers la tarte aux potirons.

Il me revint à l'esprit ce que monsieur Stanhope avait dit à propos des investigations de l'armée de l'air, et aussi une citation d'un livre que j'avais lu à l'école – quelque chose comme « l'armée est une nation au sein d'une nation : c'est un vice de notre époque ». Je me demandai si l'auteur avait vécu une expérience du même ordre.

– Gayle, dit maman, interrompant mes pensées, va apporter du café et une part de c'gâteau à papa Bill.

– Laisse, maman, j'y vais. Après ça, je vais me coucher. Je suis vraiment fatiguée.

J'étais sans énergie et avait décidé de sortir de table.

Le lendemain matin, maman me demanda de désherber la cour de devant. Elle me dit que ce serait une bonne thérapie et que le soleil me ferait du bien. Alors que j'étais occupée à le faire, une voiture s'arrêta le long du trottoir. C'était Caris Hensley, un garçon que je connaissais depuis le lycée. Je choisis de rester là où j'étais et de ne pas m'avancer vers lui.

— Oh ! Salut, Caris !

— Salut, Judy. J'suis surpris qu'tu sois rentrée d'l'école ? dit-il, les bras autour du volant.

— Oui, je vais être à la maison un petit bout de temps.

— C'est dur, hein ?

— Pas vraiment, je me débrouillais très bien. J'ai pratiquement toujours eu d'excellentes notes.

— Pourquoi t'es pas à l'école, alors ?

— Je suis tombée malade et j'ai dû faire une pause.

Mon Dieu ! Il y a des gens qui mettent leur nez dans tout !

— Eh ! Tu t'es coupé les cheveux ?

— Ouais, trop court.

— Tes cheveux étaient si beaux, mais t'es mignonne comme ça.

— Merci.

J'espérais qu'il s'en aille.

— Et j'ai toujours aimé ton nez… on dirait un tremplin de *looping* !

Je souris.

— Caris, tu es retourné à l'école après avoir abandonné ?

— Non, mon père avait b'soin de moi à la station-service.

— C'est une manière de se défiler, tu ne crois pas ?

— Non, tu vois, mon père avait pas d'argent !

— Allons, Caris, je sais ce que tu faisais. Tu avais cette superbe bagnole, et travailler à la station-service te permettait de l'entretenir et de faire le plein. Utile pour aller faire la fête, non ?

— Ouais, c'est à peu près ça.

Il avait baissé la tête. J'eus le sentiment qu'il se sentait honteux d'avoir dû admettre la vérité.

— Eh ! Moi aussi, j'ai lâché. Et alors ?

— Mon Dieu ! J'croyais que tu r'tournerais à Princeton ou un endroit du genre !

Sa surprise était authentique.

— Princeton ? Où as-tu entendu parler de Princeton ?

— C'est une d'ces universités dans l'vent. J'ai toujours imaginé qu't'épouserais quelqu'un comme un sénateur ou même un président !

Je me mis à rire.

— Un président ? Oh ! Tu as respiré un peu trop de vapeurs d'essence.

— Eh ! Pourquoi pas ? T'es aussi jolie que Jackie Kennedy !

Je secouai la tête. Comment les gens pouvaient-ils avoir des idées pareilles ?

— Tu n'es pas sérieux ? Tu croyais que j'allais épouser un sénateur ?

— Ouais, j'ai toujours pensé qu'tu finirais à Philadelphie, à Paris ou quelque part comme ça !

— Pas exactement. Lubbock, au Texas, est plutôt loin de Philadelphie ou de Paris.

En disant cela, je me sentis triste de ne pas aller à Philadelphie.

— Eh ! Tu veux une bière aux épices ?

— J'ai horreur de... de n'importe quelle bière, en fait.

— T'aimes sûrement l'Coca-Cola ?

— Ouais.

— Tu veux bien que j't'en achète un ?

Je n'avais envie d'aller nulle part, mais aussi stupide que cela paraisse, je partis avec lui.

Nous roulions, les vitres grandes ouvertes, avec les Beatles à la radio. Nous passâmes alors devant la maison de Mike Phipps.

— T'as eu des nouvelles de Mike Phipps quand t'étais à ton école ?

— Non, pas une seule fois.

Pourquoi avait-il décidé de parler de Mike ?

— C'était un grand joueur de foot.

— Oui, il jouait bien au football.

Que pouvais-je dire d'autre ?

— T'aimes toujours danser ? J'ai toujours adoré te r'garder danser.

— Ça fait un moment que je n'ai pas dansé. Je ne sais pas.

— Tu voudrais bien v'nir danser avec moi, un d'ces jours ?

Je ne souhaitais aller nulle part avec lui, ni avec personne de son genre. La seule chose qui l'intéressait était de bien s'amuser. Je ne ressentais nullement le désir de m'envoyer en l'air avec quelqu'un qui se foutait d'être instruit. Ce n'était pas mon style !

— Non, je ne crois pas. J'ai autre chose à faire de mon temps libre, Caris, mais merci quand même.

— Tu penses quoi du match de foot de vendredi soir ?

Jésus ! Ce gars-là ne lâche pas ! Je lui lançai un de ces regards disant : « Tu comprends pas, mon pote ? »

— Eh ! T'es sûre que t'as pas d'nouvelles de Mike Phipps ?

C'en était assez.

— Oui, j'en suis sûre.

— D'toute façon, c'est quoi qui vous est arrivé ?

Je me ressaisis, m'efforçant de me souvenir que j'étais quelqu'un de bien, puis lui répondit les dents serrées :

— On s'est séparés. Pour le mieux.

— Tu l'aimais, Mike Phipps ?

C'en était trop ! Me retournant vers lui, je hurlai :

— Caris, tu serais pas impertinent, par hasard ?

— Désolé. Ça t'dit d'aller au cinoche ?

— *Non !* m'écriai-je, perdant mon sang-froid. *Je ne veux pas aller au cinoche. Et oui, j'aimais Mike Phipps.*

— Tu l'aimes toujours ?

Je laissai tomber.

— Je ne sais pas. Je me demande seulement ce qu'il fait, mais en même temps, je ne veux pas vraiment le savoir. C'est compréhensible, non ?

— C'est un grand joueur de foot !

Tout en me raccompagnant chez moi, il radotait sans cesse à mon sujet.

– J'ai tellement d'chance. J'croyais jamais t'revoir. C'est mon jour de chance aujourd'hui.

– Oui, mais je suis fatiguée. Merci pour le Coca-Cola. À bientôt.

Je m'étais lavé les cheveux et étais occupée à les sécher au soleil près du saule pleureur lorsque le téléphone sonna. Maman l'avait fait remettre « en cas d'urgence ».

– C'est Caris Hensley au téléphone, dit maman en m'appelant.

– Caris ?

Je cessais ce que je faisais.

– Ouais. C'est le p'tit Hensley dont l'père tient la station en bas d'la rue ?

– Oui, maman, c'est lui.

– Pourquoi tu veux lui parler ?

– Je n'en sais rien, maman. Il est gentil… inoffensif !

– Tu f'rais mieux d'aller lui parler alors, il attend.

– Salut !

– Judy, qu'est-ce qui s'passe de beau ?

– Il se passe que je me sèche les cheveux. On dirait que tu es très loin.

– C'est parc'que j't'appelle de Lovington. C'est là qu'j'habite maint'nant.

– Oh ! Je ne savais pas que tu avais déménagé.

– Ouais, mon père et ma mère ont une station-service ici. Écoute, j'vais venir c'week-end. Tu veux aller voir un film ou quelque chose du genre ?

– Quel film ?

– J'sais pas… p't-être au ciné-parc.

– Oh ! Tu veux dire… la fosse à passion ?

— La fosse à passion ?

— Oui, c'est une blague, Caris.

— On pourrait aller au Lampen. J'vais voir c'qu'ils y passent.

J'hésitai. Et alors, pourquoi pas ?

— D'accord, vendredi soir, vers dix-neuf heures.

— J's'rai là.

Clic.

Le vendredi soir, à dix-neuf heures précises, la sonnerie retentit. Je me rendis à la porte vêtue de mon jeans, d'une veste coupe-vent et de mes bottes westerns blanches, sans oublier mon fusil de calibre .22. Caris se tenait là, habillé d'une chemise amidonnée et d'une cravate. Sa voiture fraîchement lustrée était rutilante. Il ne s'attendait pas à voir un fusil à la porte.

— Pourquoi t'as ce truc-là dans la main ?

Sa voix indiquait une certaine panique.

— Caris, tu as déjà tiré un lièvre ?

— J'ai jamais tiré au fusil d'ma vie.

— Je trouve que tout jeune homme devrait faire cette expérience une fois dans sa vie. Allons, je vais te montrer comment faire !

Caris, sur son trente-et-un, en train d'imaginer le plaisir qu'il aurait d'aller avec moi au cinéma, se retrouva à conduire sa Chevy préférée, la 55 à deux portes bleu métallique, le long d'une route désolée. Au lieu de lui tenir la main tout en sirotant modestement mon Coca-Cola, j'étais penchée par la vitre avec mon 22, retrouvant la fougue de mes années de lycée.

— Maintenant, Caris, cherche bien ces yeux turquoise.

Me retrouver avec un garçon qui ne savait rien de la chasse me parut étrange. Il se pencha en avant et desserra sa cravate. Soudain, *bang !* Je tirai un lièvre. Caris eut certainement très peur parce que la voiture fit une secousse.

— J'l'ai eu ! Caris, fais demi-tour et retourne cent mètres en arrière. Je sais où il se trouve.

Je sortis de la voiture et allai ramasser le lièvre. Caris n'abandonna pas la sécurité de son poste de pilotage.

— Tu veux voir où je l'ai touché ?

Je lui tendis le lièvre de façon à ce qu'il puisse voir, mais il refusa.

— Ouais... j'vois, tu tires bien.

Il me semble qu'il se retenait de vomir.

— Écoute, il y en a beaucoup dans ce mesquite et ce cactus là-bas. Viens. Fonce dans cette direction à travers le désert !

Je n'avais pas pensé à l'effet qu'auraient les buissons et les cactus sur sa belle peinture et je crois qu'il n'osa pas dire non. Il fit demi-tour et s'aventura dans la campagne, créant une tempête de sable. Je me penchai par la fenêtre et tirai, rechargeai et tirai de nouveau.

— Seigneur ! J'ai entendu parler d'toi et de c'que tu sais faire, mais j'ai toujours cru qu'c'était des bobards.

— Eh bien, c'était vrai.

— Tu tires mieux que Mike Phipps ?

— Parfois.

— Ce qui veut dire que quand j'ai vu la voiture de Phipps par ici sur ces routes de campagne, vous étiez pas... dedans ?

Je me tournai vers lui et le regardai un instant. Le vent faisait sauvagement voler mes cheveux devant mon visage.

— Non, Caris, on était tous les deux à chasser les lièvres.

— Ça, c'est trop fort !

Je me rassis sur le siège. Tout cela n'avait maintenant plus rien de drôle et je lui demandai de me reconduire chez moi.

Après un long trajet en silence, Caris m'accompagna jusqu'à la porte. Je me retournai, et regardant la poussière qui recouvrait sa voiture, déclarai :

— Eh ! Regarde ! Je m'excuse vraiment pour la voiture, Caris... Et si je me faisais pardonner en t'apprenant à tirer ? Ça te plairait ?

— Sûr.

— Eh bien, voyons. Viens me chercher demain vers quinze heures trente et conduis-moi à Hobbs. Je te montrerai comment faire là-bas.

Il parut un peu surpris.

— Pourquoi pas ici ? dit-il en essuyant la poussière qu'il avait dans l'œil.

— Parce que je ne veux voir personne d'ici. Je ne me sens pas à l'aise. Ce n'est pas là que je veux être, c'est tout !

J'utilisai la même méthode pour enseigner à Caris que celle que j'avais suivie avec Phipps, sauf que cette fois-ci, c'était moi le professeur, et c'était Caris qui avait le plaisir d'apprendre. Alors que je posais le fusil contre sa joue pour lui montrer comment s'aligner avec le guidon, je me confessai :

— Avec Phipps, il fallait que je fasse semblant de ne pas savoir tirer. Je pensais que cela le rebuterait. Tu sais, j'avais besoin de l'impressionner avec ma féminité. Mais ce n'est pas le cas avec toi. Il suffit que je sois moi-même pour t'impressionner !

Il visa, tira et toucha la bouteille.

— Bien, Caris. Tu vas bientôt pouvoir abattre un oiseau en plein vol ou un lézard en train de courir.

— Seigneur ! Femme, tu es trop bonne !

Nous nous mîmes tous les deux à rire.

Les quelques semaines qui suivirent, nous allâmes ensemble au cinéma, en pique-nique et à la chasse. J'avais plaisir à être en sa compagnie, et à partager son amitié. Rien de plus. On n'est jamais sortis ensemble — même pas embrassés, ce que j'appréciais. Je crois que cela m'aurait rebutée.

Un soir, alors que nous étions au ciné-parc, Caris rapporta des hot-dogs et des Coca-Colas à la voiture. Il s'installa. Le film n'avait pas encore commencé.

— Judy, je voudrais te d'mander queq'chose.

J'étais affalée sur le siège passager.

— Vas-y.

— Ça fait tellement longtemps que j't'aime. Tu sais, j'venais aux matchs de foot simplement pour te voir. J'te regardais rentrer chez toi avec Phipps, et pour moi, il était le gars le plus chanceux du monde. Et me v'là maintenant assis dans ce ciné-parc avec toi… J'ai peine à y croire.

— Pourquoi dis-tu ça ?

— Parce que j'ai pas fini l'école, j'jouais pas au foot, j'étais pas populaire et j'faisais pas partie du groupe. J'suis tellement surpris qu'tu veuilles bien être ici… avec moi.

Je le regardai et me sentis soudain vraiment désolée pour lui. Et d'ailleurs, de bien diverses façons, je ressentais la même chose pour moi.

— Je suis très flattée, Caris, mais je crois que tu te trompes. Tout le monde t'aimait. C'est vrai. C'est seulement qu'on ne te voyait pas souvent, c'est tout.

— Ouais, mais toi t'étais toujours là où les choses importantes s'passaient.

— Tu veux savoir quelque chose ? Je ne me suis jamais sentie comme faisant partie du groupe. Je me sentais toujours seule. Ça paraît fou, mais c'est vrai. Même si j'étais amoureuse de Phipps et même si on était proches, je ne me suis jamais ouverte à lui. Sans doute que j'avais peur qu'il me critique. Toute mon enfance, on m'a critiquée. Je ne me suis même pas vraiment ouverte à mes amies non plus. Quand quelqu'un sent qu'il ne peut pas parler — je veux dire, vraiment parler —, il est un peu comme une bombe à retardement. J'avais beaucoup d'amies, et pourtant, je me sentais totalement seule. Peut-être que si j'avais été plus ouverte, comme je l'ai été avec toi, peut-être que les choses auraient été différentes. Peu importe ! On ne peut pas changer le passé.

— J'peux te d'mander queq' chose ? dit-il avec nervosité.

— Bien sûr.

— Tu vas faire quoi d'ta vie ?

— Eh bien, jadis, je pensais vouloir grandir, me marier et avoir des enfants.

— Pourquoi t'es allée à l'université, alors ?

— Parce que ce que je veux vraiment faire, c'est devenir avocate.

— Comment tu peux faire les deux ?

— Pourquoi pas ? Je ferais une excellente avocate et une excellente épouse et mère de famille.

— Alors, tu voudrais t'marier... avec moi ?

Je fus réellement prise au dépourvu. Je n'arrivai pas à croire qu'il ait pu me poser une question aussi stupide.

— Attends une minute !

— Eh ! J'ai rien, mais j'travaillerai d'toutes mes forces pour toi. J'me débrouillerai pour que tu puisses poursuivre tes études. J'te donnerai tout ce que tu veux. Alors, tu veux bien m'épouser ?

Je le regardai, incrédule.

— Caris, je ne suis pas prête à me marier. Je suis flattée, mais je ne ressens pas d'amour pour toi. Un jour, j'épouserai quelqu'un que j'aime.

— Mais tu viens d'dire que tu s'rais une épouse et une mère excellente.

— Oui, c'est vrai. Mais j'ai aussi dit que je serais une excellente avocate. Tu ne m'as pas entendue, Caris ? Je ne suis pas amoureuse de toi. J'ai de l'affection pour toi, mais...

— Qu'est-c'que tu vas faire d'autre ? dit-il, persistant. Tu veux plus vivre à Artesia. Viens donc vivre à Lovington avec moi. Tu s'rais fière de moi. J'travaillerais dur. J'prendrais soin de toi, et j't'aiderais à faire tes études. J'sais qu'tu m'aimes pas maintenant, mais avec le temps, t'apprendras à m'aimer. Ça vaut la peine d'attendre.

Je me retrouvai en fait à considérer sa proposition.

— Mais toi ? Ton instruction ?

— Pomper de l'essence demande pas d'savoir grand-chose.

— Mais gérer un commerce l'exige.

— Mon père a pas fait d'études et ça l'empêche pas d'gérer son commerce.

— Mais tu ne voudrais pas avoir une... profession quelconque ?

— J'veux t'épouser ! Et j'veux avoir une maison en briques et ma station d'essence à moi. Et j'veux être heureux !

Quelle conversation insolite ! Je n'y croyais pas ! Le film avait débuté, mais nous n'avions même pas installé le haut-parleur sur la vitre.

— Écoute, j'sais qu'tu m'aimes pas... mais t'apprendrais, je l'sais.

— Comment peux-tu le savoir ?

— Je l'sais, c'est tout. Donne-moi juste une chance.

— Caris, t'est-il déjà venu à l'esprit que l'amour est simplement un état d'esprit ? Je veux dire que là, tu t'es convaincu toi-même et maintenant, tu essaies de me convaincre de voir les choses comme toi, par la même logique !

— Quoi ?

— Tu sais, l'amour est un bon thème de chansons, un bon thème de films comme *Splendor in the Grass*, par exemple. Mais comment peut-on savoir que ça existe ? Je veux dire, comment peux-tu vraiment savoir que tu m'aimes ?

— Je l'sais, c'est tout. Chaque fois que j'suis sortie avec une fille, j'imaginais toujours que c'était toi.

— Tu ne vois pas que c'était une fabrication de ton esprit ? Un simple fantasme. C'est comme avec les vedettes de cinéma. On se convainc d'être épris de quelqu'un, surtout si cette personne nous est interdite. Et plus elle nous est interdite, plus on en est amoureux. Du moins, c'est ce qu'on pense. C'est pour cela que c'est un état d'esprit.

— Judy, tu vois... si pour toi l'amour est un état d'esprit, ça veut dire qu'tu crois pas que l'amour existe. Dans c'cas, tu trouv'ras pas mieux qu'moi !

Je le regardai, dépourvue d'émotion, et lui déclarai calmement que je l'épouserais… le soir même ! Étrange, non ? Il me semble que souvent, nous agissons par désespoir… sur un coup de tête, convaincus que tout serait préférable à notre situation du moment. Ma spontanéité était ma manière de fuir une fois de plus, de me couper l'herbe sous les pieds une fois de plus, et de le faire aussi rapidement que possible pour éviter toute chance de changer d'avis.

Ce soir-là, nous partîmes donc pour Juárez, pour nous marier au Mexique. Nous rentrâmes ensuite à Artesia afin de l'annoncer à ma mère le lendemain matin. Elle était en train d'éplucher des pommes de terre et écouta la nouvelle comme s'il s'agissait d'un bulletin météo.

– Pourquoi Caris Hensley ?

Je fus incapable de lui fournir une réponse. Mon visage s'empourpra. J'avais honte.

Elle finit les pommes de terre, déposa son couteau et s'essuya les mains sur son tablier.

Maman trouvait que j'avais épousé un niveau social inférieur au mien, mais se limita à dire :

– Voyons, allons t'dénicher un trousseau. Tu vas avoir b'soin d'un tas d' choses.

La famille de Caris fut aux anges.

– Nous v'là avec la fille la plus jolie du Nouveau-Mexique, déclara son père.

J'avais du mal à être excitée. Je mentis profusément.

Ses parents ne pouvaient retenir leur joie et nous invitèrent à passer chez eux notre première nuit de couple marié. Caris refusa sur-le-champ et il nous suffit de quelques heures pour trouver à proximité une maisonnette blanche, tout à fait charmante et bordée de hauts lilas blancs touffus. Je me lançai rapidement à arranger les lieux. Alors que je faisais le lit, Caris essaya de m'embrasser. Je fus incapable de m'y abandonner. Il tenta alors de déboutonner mon chemisier. Je le refermai aussitôt.

— Mais c'est not' lune de miel !

Merde, quelle allait être mon excuse maintenant ? Rester amis, par exemple ? C'était notre nuit de noces, la première fois où nous allions être intimes l'un avec l'autre. Je me rendis à la salle de bain sans oublier de prendre ma chemise de nuit. Caris avait allumé le transistor qui jouait alors *Moon River,* mon air favori. Je me mis à me brosser les dents avec plus d'ardeur que nécessaire. M'efforçant de ne pas penser à ce qui m'attendait, j'enfilai ma robe de chambre bleu pastel et m'essuyai la bouche. Soudain, j'entendis Elvis chanter *Suspicious Minds,* un des airs que Mike et moi-même aimions beaucoup. Je me regardai dans le miroir, mais la seule chose que j'y vis fut le visage de Mike… la façon dont il m'avait fait l'amour la première fois, avec sa tendresse, sa patience et son amour. Je commençai à me sentir mal, prise au piège.

— Eh ! Chérie, tout va bien ?

— Oui Caris, je me lave les dents avec soin, c'est tout. J'arrive dans une minute.

Je ne pouvais plus me permettre de penser à Mike, mais je ne pouvais pas non plus me résoudre à ouvrir cette porte !

— Si tu sors pas tout d'suite, j'défonce la porte. J'sais qu'y a quelqu'chose qui va pas.

— Non, tout va bien.

Je finis par ouvrir, et Caris était là en caleçon, le regard fixé sur moi.

— T'es tellement belle… viens par ici.

Il me conduisit jusqu'au lit où nous nous allongeâmes l'un près de l'autre. Il se mit à m'embrasser et je tentai d'y répondre. Il ne cessait de se lécher les lèvres. J'avais le sentiment d'être un soufflé appétissant recouvert de son délicieux nappage favori, une montagne de mayonnaise et de ketchup ! Il dénoua le ruban qui retenait ma chemise de nuit. Je la remontai aussitôt.

— Eh ! Nous sommes mariés, maintenant. J't'aime. J'te désire. J't'ai toujours désirée. T'es à moi, maint'nant.

J'en avais la nausée, mais le laissai faire.

Le lendemain matin, nous étions encore endormis quand la mère de Caris fit irruption dans la chambre et, sans autre façon, rejeta nos couvertures.

— Caris Hensley, lève-toi ! Il faut qu't'ailles au travail. Ton père t'attend !

Je me redressai, ahurie, essayant de saisir les couvertures. Sa mère fit demi-tour et sortit. Caris, en bon petit garçon, se glissa hors du lit pour aller à la salle de bain. J'étais encore sous le choc et époustouflée de l'impudence de cette femme.

Cet après-midi-là, je préparai le premier souper de mon mari — poulet au barbecue et purée de pommes de terre accompagnés de petits pois recouverts d'amandes effilées. J'avais cueilli un joli bouquet de lilas que j'avais placé dans une bouteille de jus de fruit au centre de la table. Les parents de Caris s'invitèrent, curieux de voir ce que j'avais préparé. Je leur proposai donc de se joindre à nous, mais ils refusèrent.

— Eh bien, Judy. On dirait qu'Caris s'est trouvé une cuisinière de choix ! déclara madame Hensley tout en goûtant le poulet.

— Non, ce n'est pas grand-chose, répondis-je, me tournant vers elle.

À ma grande surprise, elle était en train de lécher bruyamment et vulgairement la sauce barbecue sur le poulet. Je simulai un sourire et continuai :

— Je suis en réalité une très bonne cuisinière. C'est ma mère qui m'a appris et j'y ai apporté des améliorations de mon cru.

— T'sais, Judy, avant, quand Caris rentrait à la maison, y pleurait souvent. Y pleurait parc'qu'il t'aimait tellement. On savait pas quoi faire, et maint'nant, v'là qu'il s'est marié avec la plus jolie fille et la meilleure cuisinière d'Artesia.

Je fus envahie par un sentiment de culpabilité, et j'eus, la durée d'un instant, l'envie de m'enfuir. Je me mordis la lèvre inférieure, me sentant encore plus coupable d'avoir eu une pensée aussi égoïste. Après tout, j'avais rendu Caris et ses parents très heureux. Il est dit dans la Bible qu'il est préférable de donner que de recevoir. Eh bien, je donnai, tout en espérant, c'était chose certaine, que je me sentirais mieux très bientôt.

— Eh bien…, commençai-je, incertaine quant à ce que j'allais dire ensuite.

Puis, Caris rentra, salua tout le monde, m'embrassa sur la joue et s'installa face au repas qu'il s'attendait à voir servi pour lui.

— Mmmm. V'là un r'pas digne d'un roi, Judy. T'as d'la mayonnaise ?

— Oui, on a de la mayonnaise, bien sûr.

Quelle curieuse question !

— Eh bien, vas-y, donne-la-moi ! dit-il avec une certaine exigence.

Je me rendis au réfrigérateur…

— Et du ketchup aussi, s'il te plaît, chérie.

— Du ketchup ?

Je n'avais pourtant pas préparé des hot dogs !

Monsieur et madame Hensley me regardèrent placer les pots de mayonnaise et de ketchup sur la table. Ils échangèrent un sourire. Pour eux, manger sans ça, ce n'était pas manger ! Caris prit une énorme cuillérée de mayonnaise qu'il déversa sur le poulet avant même de l'avoir goûté. Mon lilas fut d'ailleurs lui aussi largement aspergé au passage. Il ajouta ensuite l'équivalent d'une tasse de ketchup sur le tout. Je le regardai, n'en croyant pas mes yeux ! Monsieur et madame Hensley faisaient des « Mmmm » bruyants très démonstratifs. Monsieur Hensley donna même une tape de satisfaction dans le dos de son fils qui engouffrait son repas.

— C'est vraiment bon, Jude.

— Comment tu peux dire une chose pareille, Caris ? répliquai-je gentiment.

— Comment j'pourrais m'tromper ? T'es la meilleure des p'tites femmes des environs.

Je me dirigeai vers l'évier et commençai à faire la vaisselle. J'avais perdu l'appétit.

Plus tard ce soir-là, alors que nous étions seuls, Caris restait nu, assis sur le lit, attendant que je sorte de la salle de bain. Il avait enlevé son bleu de travail, ses bottes recouvertes de graisse, ses socquettes et ses sous-vêtements. Il y en avait partout !

— Allons, Judy, ouvre cet' porte ! Y a pas de porte fermée entre mari et femme. On est une seule personne, maintenant. Faut pas d'choses cachées entre nous !

Je soupirai profondément, contrariée à l'idée de devoir aller coucher avec lui. J'ouvris finalement la porte et découvris que ses habits sales étaient encore éparpillés partout. Ces bottes, pourquoi ne les avait-il pas déposées sur le seuil de la porte de derrière ? Il avait laissé des traces de graisse partout.

— Caris, pourquoi tu ne ramasses pas tes affaires ?

— Parc'que c'est ton boulot ! Travailler dur toute la journée, c'est le mien !

Il alla dans la salle de bain et je me mis à ramasser ses vêtements sales. Mon regard balaya par hasard la salle de bain et j'aperçus Caris accroupi sur la toilette, comme sur un rocher ou quelque chose comme ça.

— Caris, il y a quelque chose qui ne va pas ?

J'étais choquée. J'imaginais qu'il était peut-être malade. Je n'avais jamais vu quelqu'un aller à la toilette de cette manière-là. Mais, bien sûr, je n'avais jamais étudié les différents modes d'excrétion de toutes les différentes espèces. Ma question le surprit.

— Y a rien qui va pas !

— Mais qu'est-ce que tu fais comme ça, alors ?

— J'chie un coup !

Je restai bouche bée.

— Mais pourquoi tu fais ça comme ça ?

— Parc'que j'ai toujours fait comme ça !

Incrédule, je me retournai en murmurant à moi-même « Oh ! Mon Dieu ! ».

Plus tard, ce soir-là, Monsieur « je chie bizarre » voulut faire l'amour. C'en fut trop pour moi, je ne pus vraiment pas m'y résoudre. Je n'arrivais pas à oublier l'homme de Néandertal assis sur son trône !

— Caris, s'il te plaît, je n'en ai pas envie. Pour l'amour de Dieu, tu ne me donnes jamais la chance d'en avoir envie.

Je tentai de m'esquiver.

— Eh ! C'est pas à toi d'décider si tu veux ou pas ! J'travaille dur, moi, toute la journée, et quand j'reviens à la maison, j'm'attends à pouvoir aimer ma femme.

Il se redressa sur un coude et me prit par l'épaule pour me retourner. Il me regardait de haut.

— Tu sais à quel point j't'aime ? J'arrive encore à peine à croire qu'tout ça c'est vrai.

Il m'embrassa sur le cou.

— Laisse-moi t'aimer… T'es à moi, maint'nant !

Je fis des efforts pour être réceptive à ses désirs.

— D'accord, mais s'il te plaît, pas maintenant. Ça ne me dit rien.

— Ça m'est égal ! J't'aime quand même, ma femme si jolie.

Je soupirai, me laissai faire, m'efforçant de penser à autre chose.

Un mois plus tard, je faisais cuire des œufs au bacon et les odeurs me donnèrent la nausée.

Caris entra dans la cuisine, s'attendant à avoir son petit déjeuner prêt.

— Qu'est-ce qui y a ? Pourquoi c'est pas prêt ?

— Désolée, dis-je en m'essuyant le front. Je ne sais pas, je me sens vraiment mal, c'est tout. Je vais finir de préparer ton petit déjeuner.

J'essayai de mettre les œufs dans son assiette, mais une envie de vomir me propulsa précipitamment dans la salle de bain, juste à temps !

Caris me suivit et me dit qu'il allait dire à sa mère de venir. J'étais allongée par terre et évitais de bouger.

Madame Hensley arriva tard dans la matinée et me demanda quand cela avait commencé. Elle fut la première à deviner la vérité. J'étais enceinte.

— J'vais t'emm'ner chez mon docteur, dit-elle avec insistance.

Le soir même, je me retrouvai assise tout habillée sur une table d'examen. Une infirmière me posa des questions sur mon passé médical. Une fois terminé, elle me dit sans façon.

— Déshabillez-vous et mettez cette chemise blanche, l'ouverture derrière.

Elle se dirigea ensuite vers la porte.

— Que voulez-vous dire, me déshabiller ? Pourquoi ?

Cette idée ne me plaisait pas.

L'infirmière s'arrêta, comprenant que cela posait peut-être un problème. Elle était très gentille.

— Eh bien, Madame Hensley, pour que le docteur puisse vous examiner.

— Pour quoi ?

— Vous n'avez jamais été examinée par un gynécologue ?

— Non.

— Oh ! Je vois. C'est une procédure toute simple. Vous devrez simplement vous allonger sur le dos. Vous serez recouverte par un drap et vous mettrez les pieds dans les étriers afin que docteur Quigley puisse déterminer si vous êtes enceinte.

— Mais je ne veux pas faire ça, dis-je en suppliant.

— D'accord, Madame, attendez ici un instant.

J'essayai de me calmer. La porte s'ouvrit et docteur Quigley apparut.

— Eh bien, Madame Hensley, comment vous sentez-vous ?

— Pas très bien, mais je ne veux pas de cet examen.

— Vous n'avez jamais eu d'examen gynécologique ?

— Non ! Je l'ai dit à l'infirmière. Et je n'ai pas changé d'avis !

Je sentais de chaudes larmes me monter aux yeux.

Docteur Quigley me dit avec patience :

– Croyez-moi, je vois des femmes tous les jours.

– Mais moi, je ne vous vois pas tous les jours !

– J'ai juste besoin de savoir si votre utérus est enflé, ce qui me permettra de déterminer si vous êtes enceinte, et si c'est le cas, à quel stade vous en êtes.

– Mais je ne veux pas. Je n'ai pas envie que vous regardiez entre mes jambes !

Docteur Quigley comprit alors le traumatisme que cela signifiait pour moi.

– Attendez un instant.

Il sortit de la pièce pour aller en parler à madame Hensley.

Quelques instants plus tard, madame Hensley ouvrit doucement la porte et s'avança vers moi, un sourire aux lèvres.

– Ma chérie, ça s'rait plus facile si j'restais ici pour te t'nir la main ? J'en ai eu tellement. C'est simplement dommage qu'y ait pas d'femmes médecins !

– Mais Madame Hensley, je ne veux pas avoir à faire ça. Si je suis enceinte, je suis enceinte. C'est tout ce qu'il y a à dire.

– Mais, ma chérie, ça s'rait mieux pour mon p'tit-enfant de voir comment y va. Pense à mon p'tit-enfant là-d'dans. J'suis certaine que tu veux c'qui y a d'mieux pour lui ! Allons, laisse-moi t'aider à t'déshabiller et te t'nir la main. Ça va prendre qu'une seconde.

J'obéis à contrecœur.

– Judy, il me semble que vous êtes enceinte d'un mois et demi environ et tout a l'air de bien se passer, m'annonça ensuite docteur Quigley.

– Que Dieu soit béni ! Je vais avoir un p'tit-enfant. Judy, t'as entendu ?

Madame Hensley jubilait. Quant à moi, j'étais tellement accablée d'avoir eu à « tout montrer » que seul un sentiment de honte m'habitait.

Durant les huit premiers mois de ma grossesse, je fus malade matin, midi et soir. Je ne possédais que deux robes de maternité et devais donc les laver chaque jour avec du Tide. Je m'en servais aussi comme shampooing. J'avais très peu d'argent. Caris me donnait vingt-cinq dollars par semaine pour la nourriture et exigeait d'avoir deux entrecôtes par semaine et trois repas par jour. Il prétendait le mériter, car il travaillait dur ! Moi, je n'avais pas droit à l'entrecôte ! La viande, c'était son privilège. Je n'eus jamais d'argent de poche non plus. Un jour, lors d'une visite de ma sœur Wanda, j'eus une forte envie d'une glace au chocolat-caramel. Je demandai donc cinquante cents à Caris, qui refusa, prétendant que « c'était fout' l'argent en l'air ! ». Cela contraria beaucoup ma sœur, qui l'envoya promener. Terrifié par l'agressivité qu'elle avait déployée, il sortit furtivement par la porte de derrière, et Wanda m'offrit cette gâterie. Je passais mes journées à vomir, à nettoyer ma petite maison, à laver le linge de Caris et à préparer ses repas. Quand il rentrait à la maison, il jetait ses vêtements partout, s'attendait à voir le repas servi, et versait de la mayonnaise et du ketchup sur tout, pendant que je vomissais dans la salle de bain.

Les douleurs de l'accouchement commencèrent, et je partis pour l'hôpital.

— Ce bébé n'est pas positionné correctement. Quand avez-vous perdu les eaux ? demanda docteur Quigley.

— Que voulez-vous dire ? demandai-je, perplexe.

J'en savais très peu sur les choses de la vie et encore moins sur ma grossesse. La seule chose qu'on m'avait dite était que « la nature suivrait son cours », et il était clair que j'en savais bien peu sur la « nature ».

— Avant de venir, avez-vous remarqué que vous perdiez de l'eau ? dit-il en reformulant sa phrase.

— Non, docteur, pas du tout, répliquai-je avec un sentiment de culpabilité.

Docteur Quigley sortit pour s'entretenir avec maman et madame Hensley qui s'étaient rendues en toute hâte à l'hôpital. À son retour, il me dit :

– Judy, je pense que c'est le moment de vous faire une anesthésie locale. Ce n'est pas douloureux. Il faut que je retourne le bébé.

– Comme vous voulez. Je veux seulement que la douleur cesse.

Docteur Quigley m'administra l'injection.

– Je peux m'endormir ? dis-je, épuisée.

– Vous pouvez faire ce que vous voulez, Judy.

Lorsque je me réveillai, embrumée, je vis docteur Quigley qui me tendait un bébé.

– Judy, je veux vous présenter un magnifique petit garçon qui vient juste de me pisser dessus. Il n'en pouvait plus d'attendre. Tout cela a duré trop longtemps.

– Il va bien ? demandai-je, somnolente et m'efforçant d'avoir une vision nette.

– Eh bien, j'ai eu peur qu'il ait une tête comme un ballon de foot à cause des forceps, mais il n'a pas une marque, regardez !

Je levai les yeux. Le bébé était calme et magnifique.

– Je peux le tenir ?

Docteur Quigley me donna le bébé. Quand mon regard se porta sur son petit visage, je me sentis en vie pour la première fois depuis des mois. Depuis mon mariage, je me réveillais chaque matin en voulant me rendormir à jamais. Même durant ma grossesse, j'étais trop déprimée pour ressentir une quelconque émotion envers la petite vie qui se développait en moi. Par contre, dès l'instant où ce petit brin de vie se trouva dans mes bras, je ressentis à nouveau que ma vie avait un but. En quelques secondes, mon monde avait changé. Je berçai le bébé et sans la moindre timidité, ouvrit ma chemise de nuit pour lui donner le sein.

Soudain, j'entendis une chanson que je reconnus. C'était *Brandy Leave Me alone*.

Je baissai les yeux sur mon petit garçon.

— Tu sais quoi ? Je vais t'appeler Brandy. Ça te plaît comme nom ?

Il continua simplement à téter en bougeant ses petits doigts. Caris ainsi que monsieur et madame Hensley avaient espéré que je l'appellerais Caris comme son père et son grand-père. Il en fut hors de question !

Dès mon retour à la maison, ma vie tout entière devint chaotique. Tout le monde venait rendre visite. Monsieur et madame Hensley raffolaient de Brandy et passaient des heures à s'attribuer les différentes parties de son corps auxquelles ils avaient soi-disant contribué. Maman n'en finissait pas de vanter la beauté de tous ses petits-enfants. C'était dans la famille. Quant à Brandy et moi, nous ne faisions pas partie du tableau. Ses propres traits n'étaient même pas de lui !

Caris se montrait de plus en plus possessif. Je n'avais rien de la mère typique et cela le rendait jaloux. Ses amis qui passaient à la station-service lui disaient qu'il avait « la femme la plus belle de la ville », et il revenait plusieurs fois par jour à la maison, furieux, pour surveiller ce que je faisais. Je n'avais pas le droit de sortir seule, sauf pour aller jouer au bingo le vendredi soir.

Du fait d'être toujours à la maison, j'exprimai ma créativité dans mon environnement immédiat. Mon passe-temps devint de faire pousser des fleurs. Maman me donna un magnifique rosier hybride rose et me recommanda de le mettre dans le jardin de devant, qui était ensoleillé le matin seulement. Je passais des heures à m'occuper de la pelouse et des fleurs tandis que Brandy jouait joyeusement dans son parc.

Un matin, je me levai tôt pour préparer le petit déjeuner de Caris. Je voulais finir toutes ces tâches ménagères rapidement, car mon rosier était sur le point d'éclore. Je me lavai le visage et sortis en peignoir rose, les cheveux détachés. J'étais tellement heureuse. Ma rose était en train de s'ouvrir aux rayons du soleil matinal.

— Rentre à la maison. T'es pas habillée pour aller dehors, cria Caris par la porte-moustiquaire.

— Regarde ma rose. Elle est prête à éclore, répondis-je, tentant d'ignorer le ton autoritaire de sa voix.

— J'ai dit : Rent' dans cet' maison ! Tu t'es r'gardée avec ton peignoir ? Qu'est-c't'essaies d'faire ? Tu veux t'faire voir par des types ?

Je le haïssais quand il était comme ça.

Je rentrai à la maison me sentant honteuse, salie et déçue. Caris me fixa des yeux, indigné. Il continua à me faire des reproches et à m'injurier tout en sortant de la maison. Je me recroquevillai, croyant que je le méritais. Je m'habillai enfin et sortis de nouveau pour aller voir ma rose. « Tu sais ce que je vais faire de toi, petite rose ? Je vais te faire concourir à une exposition. Tu es tellement belle. Je sais que tu vas gagner. Et en plus, je veux que le monde entier te voie. »

Cet après-midi-là, alors que nous étions en train de déjeuner, Caris m'annonça qu'il avait une surprise.

— C'est quoi ? dis-je, touchée qu'il ait pensé à moi.

— Maman a un bon coiffeur. Et si on t'faisait une coupe ?

— Oh ! C'est très gentil, mais ça ne me tente pas, j'aime bien mes cheveux comme ils sont.

— Mais maman dit qu'tu devrais vraiment être mieux coiffée. Elle a déjà pris un rendez-vous pour toi !

Cela me contraria légèrement. Ils ne m'avaient même pas demandé si j'étais d'accord.

— Demain matin. J't'y conduirai moi-même.

— Mais c'est impossible. Je vais présenter ma fleur à l'exposition, demain. Je sais qu'elle va gagner. C'est…

— Ouais, c'est une jolie rose, et alors ? Tu voudrais pas décevoir ma mère qu'a pris tant d'peine à faire quelqu'chose de gentil pour toi ?

Il commençait à serrer les mâchoires.

– Qu'est-ce qu'ils vont faire à mes cheveux ?

– Oh ! Sûrement les couper un peu ou quelq'chose comme ça. J'aimerais qu'tu les aies plus courts !

– Plus courts ? Je croyais que tu aimais que j'aie les cheveux longs !

– Oui, mais ça, c'était y a longtemps. Maint'nant j'veux qu't'aies la même coupe que ma mère ! Elle dit que, comme t'es mariée et qu't'as des enfants, t'as plus besoin de t'préoccuper d'tes cheveux. Ça t'prend trop de temps !

Ressembler à sa mère ? Eh bien, je n'avais pas cinquante ans et cela ne me disait rien d'avoir l'air d'une femme de cinquante ans. J'avais de beaux cheveux et cela ne me prenait pas tant de temps que ça. Et qu'est-ce que ça pouvait lui faire, à lui ? Je n'avais pas grand-chose à faire d'autre dans mes temps libres que de m'occuper de mes roses.

– Caris, tu ne veux pas venir à l'exposition florale ? Et, qui sait, voir ma rose gagner ?

– J'm'en fous d'ta rose, mais j'm'en fous pas d'tes ch'veux !

Il lança sa fourchette par terre.

– J't'ai dit de v'nir chez l'coiffeur, et t'as foutrement rien à r'dire à ça !

Je n'ouvris pas la bouche. Je ne voulais pas que Brandy se mette à pleurer.

Cet après-midi-là, le dîner était prêt sur la table, mais Caris était en retard. J'allai donc arroser ma rose. Je l'entendis entrer. Il enleva ses habits sales et ses bottes, et les jeta sur le tapis de la salle de séjour. Il regarda ensuite dehors et me vis en train de donner à boire à ma rose.

– Eh ! J'suis rentré !

Je me précipitai et sentis immédiatement une odeur de vinasse. Il s'assit et se mit à manger selon son rituel habituel tandis que Brandy jouait contre ses genoux.

— Caris, comment ça se fait que tu aies bu ? dis-je debout près de la cuisinière.

Il poussa Brandy qui tomba par terre, lâcha sa fourchette dans la mayonnaise et se retourna pour me regarder.

— Moi et d'autres gars mariés, on travaille vraiment dur. Vraiment dur. On s'est donc arrêtés pour boire quelqu'chopes de bière. Qu'est-ce qu'y a d'mal à ça ?

— Je me demandais, simplement...

Je me penchai pour prendre Brandy dans mes bras.

— Tu fais quoi toi, toute la journée ?

Sa violence me déconcerta.

— Je nettoie la maison, fais la lessive, m'assure que tes habits soient repassés et pendus dans le placard. Je prépare ton dîner et m'occupe de Brandy.

— Merde, c'est facile ! Moi, j'travaille dur tout' la journée. J'ai b'soin d'sortir avec d'autres gars. Tu peux t'foutre le cul sur l'canapé et r'garder la télé quand tu veux ! Merde ! C'est pas du boulot ça !

Il y avait plus que de la colère dans sa voix. Il y avait de la haine. Je ne comprenais pas pourquoi.

— Mais Caris, je ne regarde pas la télévision !

— Alors, pourquoi on a acheté c'foutu poste ?

Brandy se mit à pleurer à cause du ton de la voix de son père. Caris se leva et me prit Brandy des bras pour le redéposer par terre. Je le repris immédiatement pour l'emmener dans la chambre et le déposer dans son berceau. Je restai à jouer avec les oiseaux du mobile qui se balançait au-dessus de sa tête et le calmai avant de retourner dans la cuisine.

— J'ai pris une décision, dis-je. Je ne veux pas aller chez le coiffeur demain.

— La seule chose qui t'intéresse, c'est d'emmener cet' foutue rose à cet' foutue expo.

— Ce n'est pas une *foutue* rose et ce n'est pas une *foutue* exposition non plus. Ça ne te plaît pas qu'il y ait une rose extraordinaire qui pousse dans notre jardin ?

— J'me fous de cet' putain d'rose.

Il bondit, sortit dans le jardin et arracha violemment le rosier. Il revint ensuite et balança sur la table sa « proie innocente ». Je restai là, abasourdie devant ma rose et la terre qui était tombée de ses racines. Caris fit demi-tour et se rendit à la salle de bain. J'étais figée sur place. Je n'arrivais même pas à pleurer. Je me sentais comme la rose.

Je finis par laisser Caris me conduire chez le coiffeur. J'aurais tout fait pour préserver la paix dans cette famille et me remis donc entre les mains de la coiffeuse. Elle m'assura que j'aimerais mes cheveux quand elle aurait terminé et que je ne devais pas me faire de souci.

Deux heures plus tard, quand elle me tendit un miroir pour regarder ma nuque, je refusai. Mes cheveux avaient été coupés et coiffés en boule style matrone. De plus, ils avaient été teints en noir ! Cela me vieillissait de dix ans et pour le coup, je ressemblais vraiment à madame Hensley ! J'avais envie de hurler et de frapper quelqu'un… quelque chose, n'importe quoi ! Au lieu de cela, je remerciai solennellement la coiffeuse et me levai pour sortir. Caris m'attendait dans la voiture.

— C'est vraiment mieux comme ça ! Maint'nant, t'es belle.

Je m'assis dans la voiture sans dire un mot. J'étais en fureur et je m'efforçai de la contenir.

— Caris, je veux que tu saches que je sais pourquoi tu as voulu qu'on me fasse ça. Tu veux que j'aie l'air d'une vieille et que je ressemble à ta mère parce que tu es jaloux. Tu ne supportes pas que quelqu'un me regarde, pas même les garçons de l'épicerie. Maintenant, personne ne va me regarder et c'est ça qui te rend heureux, pas vrai ? Je me suis laissé faire simplement pour qu'on ne se dispute pas. Ça perturbe tellement Brandy. Mais je te jure que je ne te le pardonnerai jamais, jamais ! dis-je en me détournant.

Je haïssais ma vie.

Il fallut plusieurs mois à mes cheveux pour repousser. Mes racines blondes aux extrémités noires me faisaient ressembler à un zèbre. Brandy savait marcher maintenant, et il remplissait mes journées de joie. Caris rentrait à la maison de plus en plus tard. J'avais le sentiment qu'il me trompait, mais me sentant coupable d'avoir de tels soupçons, je tentais de les ignorer. Un jour, Brandy eut de la fièvre et j'appelai Caris à son travail pour demander la permission de le conduire chez le docteur. Il acquiesça, indifférent.

Après avoir longuement attendu dans la salle d'attente, le docteur conclut que Brandy avait la grippe et me prescrit une ordonnance.

Les bourrasques de neige étaient telles que nous eûmes du mal à rentrer de la pharmacie. Je finis par me garer et remarquai une voiture dans l'allée de notre maison. Elle était recouverte d'une épaisse couche de neige. Je ne l'avais jamais vue et me dis qu'elle devait appartenir à un de ses amis. J'emmitouflai Brandy et m'enfonçai dans les flocons tourbillonnants vers la maison. Quand j'ouvris la porte, une rafale me propulsa à l'intérieur en projetant la poignée contre le mur. La neige et la glace volèrent dans la salle de séjour. Les deux personnes assises sur le canapé sursautèrent, paniquées. Le vent leur soufflait au visage des morceaux de glace cinglants. À mon grand étonnement, Caris était là, auprès d'une femme que je ne connaissais pas. Elle se leva d'un bond, saisit son manteau et avec une excuse quelconque disparut en grande hâte dans la tempête. Je me tenais encore dans l'embrasure de la porte quand elle sortit comme une flèche.

Je refermai calmement la porte et fis face à Caris. Il m'expliqua qu'il s'agissait de la femme des produits Avon et qu'il voulait lui commander du maquillage pour moi. Je gardai les yeux fixés sur lui. La neige ruisselait de ses cheveux et de son visage, mais il ne faisait même pas l'effort de l'essuyer.

Je déposai Brandy dans son berceau, appelai ma mère pour qu'elle vienne me chercher et commençai à empaqueter les affaires de Brandy dans un sac de papier brun. Je ne dis pas un mot à Caris et il ne m'en dit aucun. Il était tellement terrifié par ma mère et mes frères qu'il se leva et sortit.

Alors qu'elle descendait la rue, maman remarqua Caris assis dans sa voiture aux côtés d'une femme. Elle ralentit, imaginant qu'il s'agissait de moi, mais la femme avait les cheveux noirs. Elle passa donc rapidement. Lorsqu'elle frappa à la porte, j'étais tellement heureuse de la voir que je la serrai dans mes bras pendant plusieurs minutes.

— Ma fille, si c'était moi, j'lui casserais la figure. J'lui enverrais un d'ces coups dans l'nez. Ça l'rendrait pas plus minable que c'qu'il est ! C'est juste un minable, Judy.

La tempête mugissait, et la petite maison grinçait et gémissait sous les assauts du vent. Un frisson de soulagement, et non de froid, me parcourut le corps.

— Peu importe, maman, je le quitte de toute façon. J'en ai assez de cette vie !

Deux semaines passèrent et je remerciai Dieu chaque jour d'être à nouveau chez moi. Un soleil hivernal brillait au travers des fenêtres, baignant les plantes d'intérieur de sa chaude lumière. Des odeurs de café fraîchement moulu, de clafoutis aux pêches et de cire pour meubles emplissaient la maison de ma mère. Maman m'enseignait comment faire un patron pour coudre des habits pendant que Brandy jouait sous la table avec une balle que maman lui avait achetée.

— Maman, comment tu as pu faire tout ça ? Je veux dire, comment as-tu réussi à nous élever tous avec des hommes aussi minables ?

Je m'adossai en soupirant.

— Tu vois, il a fallu que j'sois l'homme et la femme. J'ai vu mourir un d'mes enfants et j'ai vu les autres essayer d'survivre. J'ai été fermière, serveuse, couturière et infirmière. J'ai tout fait — même le boulot des hommes. Les hommes ont trop l'esprit à courir des lapins pour rester mariés.

Je portai mon regard sur une plaque faite main accrochée au mur. « Je ne passerai dans ce monde qu'une seule fois. Tout le bien que je peux faire, toute la bonté dont je peux faire preuve envers un autre, que je le fasse aujourd'hui, que je ne diffère en rien et ne néglige rien, car je ne passerai jamais plus par ici. »

Je soupirai à nouveau, me souvenant du jour où je lui avais raconté un rêve dans lequel j'étais quelqu'un d'autre. Maman m'avait dit qu'il s'agissait d'une autre vie que j'avais vécue. Son explication fut toute simple : « C'est comme l'herbe qui meurt en hiver et qui renaît au printemps ! »

Je me retournai vers elle pour lui demander si elle croyait que nous ne vivions qu'une seule fois. Elle me regarda, intriguée.

— Pourquoi tu poses cette question ?

— Je ne sais pas. C'est juste que j'ai parfois le sentiment d'avoir été ici auparavant. Et j'ai aussi ces rêves où je suis d'autres personnes, à d'autres époques... des rêves étranges. Et toutes ces robes que je faisais pour mes poupées, tu te souviens de ces longues robes ? Parfois, je savais exactement à quoi elles devaient ressembler. Je prétendais que la personne qui les faisait s'appelait Worth. C'est drôle, non ? Tu me disais « ouais, elles valent beaucoup d'argent » et j'essayais de te dire que Worth était le nom du couturier.

Songeuse, je considérai alors à quel point ces robes étaient élaborées.

— Mais maman, le plus étrange c'est que j'ai fait tellement de rêves où c'était moi qui les portais !

Nous nous mîmes toutes les deux à rire. Je me souvins alors d'autres rêves...

— Parfois, je rêve que je suis une petite fille et que je me noie ou quelque chose comme ça. Je me réveille toujours avant la fin.

Maman se leva et alla chercher une vieille boîte avec des photos. Elle en choisit une, la regarda un instant sans changer d'expression et me la tendit.

— J'crois pas que t'aies jamais vu cette photo.

— C'est qui ? dis-je.

Je dus reprendre mon souffle.

— C'est une photo de Bootsie, ma première p'tite fille qu'est morte.

Elle en prit ensuite une autre et me la tendit. Je n'en croyais pas mes yeux. C'était une photo de moi, bébé. On aurait dit le même bébé sur les deux photos.

— Mon Dieu, maman, elle me ressemble parfaitement.

— Parfaitement vrai, me répondit-elle d'un ton monocorde.

— Qu'est-ce que tu veux dire, maman ? dis-je en levant les yeux vers elle.

— J'sais pas. Mais j'ai toujours pensé qu'c'était vraiment curieux, dit-elle en continuant de me regarder attentivement.

— Pourquoi ?

— Eh ben, parfois, quand t'étais p'tite, l'idée m'était venue que t'étais Bootsie.

— Que j'étais Bootsie ?

— Oui, c'est ça !

Je regardai ma mère. Je m'efforçai de comprendre le sens de ses paroles. Le téléphone sonna et maman y répondit. Elle dirigea son regard vers moi.

— C'est Caris, dit-elle d'une voix monotone.

— Qu'est-ce qu'il veut ?

Mon entrain disparut.

— Y veut t'parler.

Elle me tendit le combiné que je pris avec nonchalance.

— Salut, Caris... Oui, je vais bien... Brandy va bien... une compagnie pétrolière ? Ça paraît intéressant. Caris... Je ne sais pas. Je vais y réfléchir. J'ai dit que j'allais y réfléchir. Au revoir, Caris.

Je raccrochai.

— Qu'est-ce qui s'passe ?

— Caris a trouvé du travail dans une compagnie pétrolière à Hobbs, il dit qu'il est vraiment désolé et veut que je retourne avec lui... pour Brandy.

— Que Dieu nous garde ! répondit-elle en secouant la tête.

— Maman, je suis fatiguée. Je crois que je vais aller m'allonger. Je ne me sens pas très bien. Tu peux surveiller Brandy ?

Maman acquiesça et je me rendis dans mon ancienne chambre pour m'étendre sur mon lit bien connu. Je me mis à rêver. « Une petite fille, elle a peut-être deux ans... elle joue aux billes... elle me ressemble, mais ce n'est pas moi... un homme se met à la frapper, à l'injurier et à la traiter de tous les noms... il lui fait mal au bras... puis il la projette par la porte... elle ramasse un sac de billes... un chien arrive en courant et lui lèche le visage... je la vois qui crie, mais je ne peux pas l'entendre. Elle va jusqu'au bord de la rivière... les billes se mettent à tomber de son sac et à rouler vers l'eau au ralenti... l'eau clapote à la réception des billes, je la vois se pencher au-dessus de l'eau... *(Non ! Arrête !)*... J'essaie de crier, mais elle ne m'entend pas... *(S'il te plaît, arrête ! Au secours* !)... elle tombe lentement dans l'eau... l'eau éclabousse, réfléchissant une lumière vive... *(Non !)*... l'eau la recouvre... de plus en plus profond... la lumière traverse l'eau... de plus en plus brillante... *(Au secours, au secours, au secours* !)

— *AU SECOURS !*

J'étais assise sur le lit, ruisselante de transpiration et emplie de terreur. Maman entra précipitamment.

— Qu'est-ce qu'y s'passe ?

— Maman, comment Bootsie est morte ? Tu ne me l'as jamais dit. Comment elle est morte ?

Elle ne me répondit pas tout de suite. Elle regardait par la fenêtre, les yeux fixés sur un merle. Je restai là, yeux écarquillés, attendant impatiemment sa réponse.

— Ils l'ont trouvée qui flottait dans un canal d'irrigation.

— Un canal d'irrigation ! Mon Dieu ! Comment a-t-elle pu aller là-bas ?

— Personne le sait. La dernière personne qui l'ait vue, c'est son père, Charlie, dit-elle en continuant à regarder l'oiseau.

— Je sais ce qui s'est passé, maman, dis-je à voix basse.

Je commençai à lui raconter, lentement. Une fois mon récit terminé, je fis une pause, puis lui déclarai :

— Mais maman, c'était comme si j'étais cette petite fille, et en même temps, comme si je la regardais tout le temps.

— Tu vois, c'est pour ça qu'j't'ai montré les photos.

Tout ceci m'était tellement étrange.

— Tu crois donc que… tu crois donc que je suis Bootsie ?

Maman haussa les épaules.

— J'sais pas.

Je me rallongeai sur le lit.

Une pensée prit forme dans mon esprit, mais j'étais incapable de la mettre en mots.

— Peut-être que ma vie est *comme* elle doit être.

— Toutes les vies sont *comme* elles doivent être. J'en ai jamais douté un seul instant. Seul Dieu sait pourquoi. Le fait de l'savoir m'a permis de t'nir durant toutes ces années.

Je me levai et allai regarder par la fenêtre. Le merle avait terminé son chant joyeux et s'était envolé. Un train siffla dans le lointain.

— Maman, je crois que je suis enceinte de nouveau. Je me demande qui est ce bébé. Qui il a été auparavant… et pourquoi moi ? Pourquoi suis-je sa mère ?

Je restai là, contemplant mon insolite question.

— Eh bien, il est là parc'qu'il doit être là ! Et seul le doux Seigneur sait pourquoi. Il faudrait p't-être que tu r'tournes avec Caris.

Je continuai à regarder par la fenêtre, émerveillée et résignée.

Chapitre 13

LA MORT DE LA ROSE ET DU LYS

Caris obtint un très bon poste chez Shell. Son salaire nous permit d'acheter une jolie petite maison en briques proche d'une école élémentaire, ainsi que des meubles qui lui donnèrent encore plus de caractère. Mon activité professionnelle demeurait restreinte, Caris étant toujours très possessif. Je décidai donc de créer chez nous une crèche familiale destinée aux mères qui travaillent. Brandy avait besoin d'un copain de jeu et j'avais moi-même besoin de compagnie. Une fois les dépenses en nourriture remboursées à Caris, je mettais de côté le reste de l'argent ainsi gagné. C'était la première fois depuis notre mariage que j'avais de l'argent à moi et je le gardai caché.

J'étais enceinte d'environ sept mois de mon deuxième enfant et je me sentais parfois vraiment épuisée. Je m'occupais malgré tout d'une douzaine d'enfants et parvenais à ce que la maison soit propre avec le dîner servi pour dix-sept heures précises, que Caris soit rentré du travail ou pas.

Caris possédait la voiture qu'il avait toujours voulue — une Chevy Malibu toute neuve —, la maison qu'il avait toujours voulue et la femme qu'il avait toujours voulue. Mes désirs ou mes opinions ne comptaient pas. Je m'étais résolue à essayer de tirer le meilleur de mon mariage pour l'amour de mes enfants. Certains jours, j'avais envie de m'enfuir de ce cauchemar ou alors de le remettre à sa place. Mais je me rappelais aussitôt les paroles de sa mère, qui me disait toujours : « Ma fille, tu peux tout supporter du moment que tes enfants ont leur vrai papa. » Je me rappelais aussi les images de tout ce que ma mère avait enduré pour survivre. Je choisissais donc de me mordre les lèvres pour ne pas faire d'esclandres. Parfois, je bouillais comme une cocotte-minute et je me demandais si je n'allais pas un jour faire sauter le couvercle.

– Combien d'enfants t'as gardés aujourd'hui ? me demanda Caris un matin en partant au travail.

– Douze, je crois. Je pensais organiser une session de coloriage aujourd'hui. J'espère que la petite Tammy va venir. C'est un vrai plaisir de s'occuper d'elle.

– C'est la p'tite dont la mère est morte ? demanda-t-il en me quittant à la porte, en route pour Malibu.

– Oui, c'est ma préférée.

– Eh ben, p't-être qu'on aura nous aussi notre p'tite fille à nous ! dit-il en reculant la voiture dans l'allée.

– Ça me plairait, lui rétorquai-je en rehaussant la voix. Tu seras là pour le dîner ce soir ?

– J'espère que oui. Sinon, j'essaierai d'appeler.

Il mentait. Il appelait rarement pour prévenir quand il rentrait tard. Il démarra.

Ce soir-là, quand le dernier de « mes bébés » fut parti, je cuisinai un succulent dîner. Voyant que Caris n'était toujours pas là à dix-huit heures trente, je le mis au chaud dans le four. Je préparai ensuite Brandy pour le coucher et lui lus *La petite poule rousse*. Il sombra dans des rêves paisibles avant même la fin de l'histoire. Je restai là à le contempler. Il était si beau avec ses cheveux blond norvégien coupés à la « John-John », ses yeux en amande et sa petite bouche en forme de bouton de rose. Je considérai la merveilleuse bénédiction qu'il avait été dans ma vie. J'offris à Dieu une prière de remerciement pour mon petit garçon. Puis, me sentant très fatiguée, je décidai de profiter du silence de la maison pour m'allonger un peu. Je mis ma chemise de nuit de maternité, ouvris les couvertures et étendis mon corps fourbu. En quelques secondes seulement, je me retrouvai perdue dans un rêve à la fois étrange et merveilleux.

J'étais invitée à une réunion très élégante dans une maison qui me paraissait familière. Des candélabres en cristal étincelant réfléchissaient les flammes de leurs chandelles. Des odeurs d'eau de rose, de lavande, de cire, d'huiles exotiques, de champagne et de caviar emplissaient l'air autour de moi. Il y avait de nombreuses femmes magnifiques coiffées de plumes en panache avec des boucles d'oreilles scintillantes. La rondeur de leur poitrine et la blancheur de leur peau étaient mises en valeur par les soieries, le satin ou le velours de leurs robes. Leur taille serrée accentuait leur minceur, et les drapés tombaient au sol avec grâce. Leurs faux-culs et leurs petites mains couleur ivoire ajoutaient à l'ensemble une touche de sensualité. Les hommes portaient des habits de soirée avec gilets de soie et cols amidonnés, et leur chevelure gominée était soigneusement entretenue. Il régnait dans cette pièce tellement de beauté, tant chez les gens que dans le décor, que l'intolérance à toute forme de laideur y était flagrante. Combien même elle aurait existé qu'elle aurait été bien dissimulée derrière la magnificence de ces robes somptueuses et de ces bijoux d'une immense valeur.

Il me semblait connaître mon hôte, Lord Houghton. Il demeurait à Londres, rue Arlington. Il était à cette l'époque l'homme le plus célèbre de Londres et j'étais heureuse d'avoir été invitée. Je savais que ce n'était pas la première fois, j'étais déjà venue lors de déjeuners, dîners et réceptions. Il avait un fils, Lord Crewe, diplomate très connu que j'admirais. Lord Houghton était un homme lettré qui avait publié des ouvrages d'excellente poésie. Il percevait vite les mérites d'autrui et avait souvent donné un coup de pouce à des génies en herbe sur le chemin de la célébrité. Aucun Américain de valeur ne pouvait passer par Londres sans être accueilli dans sa fastueuse demeure d'Arlington. Tout ceci apparaissait clairement dans mon rêve.

Après un dîner de douze plats, la réception habituelle eut lieu. Lord Houghton me mena avec grâce jusqu'à un homme mince et très grand au visage pâle et intellectuel. Ses cheveux jaunes étaient si longs que leurs boucles touchaient ses épaules. Sa barbe était courte et ses yeux rêveurs. Je ne me souviens pas de ses habits, mais ils n'étaient pas classiques. Il me fut présenté comme étant Joaquin Miller, le poète des Sierras, homme de la nature et peut-être la personnalité la plus pittoresque du monde littéraire. Il disparut du groupe peu après pour ne réapparaître qu'en fin de soirée. À mon grand étonnement, il me lut une strophe écrite sur un bout de papier déchiré :

– Au Lys de Jersey :

Si le monde entier de Dieu était un jardin
Et les femmes n'étaient que des fleurs,
Si les hommes étaient des abeilles
Y butinant l'été durant des heures sans fin,
Oh ! Je bourdonnerais dans le jardin de Dieu
Cherchant sans relâche le miel qui me conduirait à toi.

Quand il eut terminé, il ajouta avec insistance :

– Que cette strophe demeure ! C'est la seule que j'aie jamais écrite pour une femme de son vivant.

Je souris, exprimant mon appréciation de manière posée au milieu des applaudissements étouffés par les mains gantées… Puis, la scène devint floue… les odeurs… le moment… tout s'évanouit dans ma mémoire. J'émergeai du rêve et fut réveillée par une lumière forte et soudaine. Je me retournai pour voir d'où elle venait, quand une voix me poussa à ouvrir les yeux. La lumière éclatante du plafonnier de la chambre m'éblouit.

– Comment ça s'fait qu'tu dormes ? Tu m'as pas entendu rentrer ? Viens m'préparer mon dîner, j'ai faim !

Je restai assise sur le bord du lit un instant, m'ajustant difficilement à cette rude réalité tellement dépourvue de romantisme. Tout était si différent dans mon rêve. Je voulais y retourner.

– Eh ! Lève-toi… donne-moi mon dîner. J'ai pas toute la nuit ! s'écria Caris en retirant ses habits sales qu'il laissa par terre à ses pieds.

Il disparut dans la salle de bain et ferma la porte.

Je retirai le plat du four et tentai de lui redonner une certaine fraîcheur. Je pensais toujours à mon rêve pour ne pas l'oublier. Je décidai de l'écrire aussitôt que possible. Je me souvins qu'un jour, maman m'avait dit qu'elle notait toujours ses rêves les plus importants. Elle expliquait que cela lui permettait de les étudier et d'en découvrir la signification.

Caris arriva dans la cuisine et saisit une bière dans le réfrigérateur. Il s'assit à table et se plaignit que le repas ne venait pas assez vite. Il me demanda comment allaient Brandy et les autres enfants, combien d'argent j'avais gagné (je mentis), et exigea que je mette plus de soin à repasser le pli de ses Levi's. Je lui proposai de partager avec lui mon rêve, mais il rétorqua ne pas vouloir entendre parler de ça… Les rêves n'avaient aucun sens pour lui. Je me levai donc pour prendre une feuille de papier et me mis à retranscrire tout ce dont je me souvenais.

J'étais encore occupée à écrire quand Caris finit de manger. Il rota et péta très fort plusieurs fois. Je levai les yeux vers lui et considérai sa grossièreté comparée au raffinement des hommes de mon rêve. Ensuite, debout près de la porte de la chambre, il m'ordonna de venir me coucher, déclarant qu'il n'était pas normal qu'un homme comme lui, qui avait travaillé si dur, se mette au lit alors que je restais debout à dépenser de l'électricité. Emplie d'un profond ressentiment, je mis mes notes de côté.

Deux mois plus tard, je pensais toujours à mon rêve de temps à autre. J'avais écrit de mon mieux tout ce dont je m'étais souvenu parce que je voulais faire une recherche sur les noms des personnages à la bibliothèque. Mais qui allait s'occuper de tous ces enfants ? Mes seuls jours de libres étaient le samedi et le dimanche, jours où Caris était à la maison. Et il me surveillait jalousement. Je reportai cela à plus tard, pensant que je finirais bien par trouver le moyen de découvrir la signification de mon rêve éveillé.

Un jour, alors que j'étais occupée à lire aux enfants une histoire de la Bible relatant combien Dieu les aimait et comment, s'ils avaient la foi, ils pourraient faire tout ce qu'ils voudraient dans leur vie quand ils seraient grands, je ressentis une légère douleur et appelai docteur Quigley. Du fait que la naissance de Brandy avait été très difficile, il ne voulut prendre aucun risque et je fus admise à l'hôpital sur-le-champ. Je demandai à ma voisine de s'occuper des enfants et me rendis aussitôt sur les lieux avec notre deuxième voiture.

Docteur Quigley m'examina.

– Vous avez encore quelques heures devant vous. Comment vous sentez-vous ?

– Comme si j'allais avoir un bébé. Ça ne va pas être comme la dernière fois, si ? demandai-je, un peu anxieuse.

– Non, Judy. Ta grossesse a été plus facile cette fois, et le bébé est dans la bonne position. Pas de forceps cette fois-ci. Je serai de retour dans quelques instants. J'ai d'autres femmes en train d'accoucher en ce moment même !

Il sortit de la chambre à la seconde où Caris y entra, un Coca-Cola à la main.

– Bonjour, Caris, ce n'est pas pour tout de suite.

Caris s'efforça d'être agréable.

– Comment tu t'sens ?

– Comme si j'allais avoir un...

C'est alors qu'une très forte douleur survint. Je criai et commençai à accoucher sans retenue.

– Caris, je crois que le bébé est en train de naître... maintenant !

Il cracha la boisson qu'il avait dans la bouche.

– Oh ! Mon Dieu !

– Vite, cours, va chercher docteur Quigley. Dépêche-toi, dis-je à voix basse.

Caris sortit de la chambre en toute hâte dans un état de confusion totale. Il courut dans le couloir, se heurta à des gens et finit par croiser une infirmière qui l'arrêta.

– Puis-je vous aider, Monsieur ? demanda-t-elle.

– Ma femme est en train d'accoucher. *En c'moment !*

Il lui indiqua ma chambre du doigt.

— Calmez-vous, cela va prendre encore quelques heures. Elle n'est pas encore prête, dit-elle doucement.

— Mais elle a des douleurs très fortes et dit qu'le bébé est en train d'arriver.

— Entendu, calmez-vous. Je vais chercher le docteur.

La douleur continua, puis la puissance d'une dernière contraction me soulagea de mon fardeau. Je restai là un instant, épuisée. Docteur Quigley entra précipitamment dans la chambre. Je le regardai.

— Docteur Quigley, j'ai eu mon bébé dans mon lit!

Je me penchai et rejetai les couvertures. Le bébé se mit à pleurer. Docteur Quigley le prit. Il avait toujours son cordon.

— Vous m'avez menti, dis-je avec un rire exténué. Vous aviez dit que cela prendrait quelques heures encore.

— Eh bien, c'est la pleine lune, vous savez. Les bébés font parfois ce genre de chose quand la lune est pleine! dit-il en examinant le bébé.

Caris, toujours aussi possessif, regardait docteur Quigley pour vérifier si ce n'était pas moi que ce bon docteur inspectait.

— C'est quoi? demandai-je.

— C'est un garçon, Judy. Vous avez un deuxième magnifique petit garçon.

— Il va bien? demandai-je.

— Il a l'air d'aller très bien. Par contre, je ne sais pas combien vous demander pour ça, vous l'avez fait toute seule!

Caris ne supporta visiblement plus la situation et quitta la chambre.

Plus tard ce jour-là, après avoir été recousue et le bébé lavé, une infirmière me déposa le petit baluchon dans les bras. Les odeurs d'huile et de poudre pour bébé enivraient mes sens. Je contemplais ce merveilleux petit visage si tendre. L'infirmière s'excusa et nous laissa seuls, ce qui me permit de l'inspecter complètement. Oui, tout y était! Mais je remarquai que son front était légèrement enfoncé, qu'il avait un kyste sur la paupière gauche, que ses doigts étaient bleus et pelaient, et que son visage était rouge. Alarmée, j'appelai l'infirmière. Ce fut docteur Quigley qui vint. Après un examen approfondi, il me dit que son front se remplirait, que sa peau cesserait de peler dans un jour ou deux et que le kyste disparaîtrait. Pour ce qui était de son teint violacé, ce petit garçon venait de vivre une épreuve, après tout ! Il me donna une tape amicale sur l'épaule et sortit.

— Je t'aime et je te trouve beau. Je remercie Dieu de ta vie, dis-je à mon bébé en embrassant ce petit visage un peu cabossé.

Lorsque monsieur et madame Hensley entrèrent dans la chambre avec Caris, je leur souris et soulevai le bébé afin qu'ils puissent le regarder. Madame Hensley l'examina avec attention.

— Eh ben, Caris, c'est p't-être ton fils, après tout ! R'garde ce nez !

Caris enfonça ses mains dans ses poches et répondit d'un air penaud.

— J'te l'avais dit, maman. Tu vois, t'avais pas à t'faire du souci !

Je les regardai tous les deux. J'étais choquée. Ils se comportaient comme si rien n'avait été dit. Pourquoi ce bébé ne serait-il pas celui de Caris ? De qui d'autre pouvait-il être ? De la cigogne ? Blessée par leur cruauté, je leur demandai de partir, prétextant que je ne me sentais pas bien. Le lendemain, j'eus une merveilleuse surprise. Maman entra dans la chambre, accompagnée de Loy, qui avait fait tout le chemin depuis son université jusqu'à Hobbs. J'étais tellement heureuse de leur présence ! Je dis à Loy que je voulais appeler mon petit garçon comme lui. Maman en fut fière, mais Loy avoua qu'il n'avait jamais aimé son prénom et proposa d'appeler le bébé Christopher. Cela permettrait de l'appeler Chris ou Chrissy pour faire plus court. Loy passa de bons moments à jouer avec Christopher et retourna même chez les Hensley chercher Brandy afin qu'il puisse voir son nouveau petit frère. Étrangement, les

Hensley étaient toujours absents quand ma famille était avec moi, et cela me réjouissait beaucoup. Loy et maman repartirent une semaine plus tard, et je me retrouvai de nouveau à la merci de la méfiance de mes beaux-parents et de l'hostilité de mon mari.

Nous célébrâmes le premier anniversaire de Christopher le 4 décembre 1970. Il faisait froid. Le vent était glacé, mais le soleil pâle brillait glorieusement dans le ciel. Je décorais toujours ma maison magnifiquement pour la saison des fêtes. Je commençais début décembre et l'arbre était déjà installé et décoré. Il régnait un parfum de guirlandes de sapin frais et de pommes de pin. Ma petite maison aurait pu faire la couverture de *Better Homes and Gardens*. Caris rentra tard ce soir-là, comme d'habitude. Il faisait beaucoup d'heures supplémentaires en vue des « cadeaux de Noël », disait-il.

Un matin, je me réveillai tôt. J'ouvris l'œil et constatai qu'il n'était que quatre heures. Je me retournai. Caris était déjà habillé, debout devant la coiffeuse.

— Caris, tu vas où à une heure pareille ?

— Au travail. Rendors-toi. À bientôt.

— Tout va bien ?

— Oui, j'travaille dur pour Noël, c'est tout.

Je me rendormis. Quand je me levai ce matin-là, Caris était parti. J'allai voir comment allaient les enfants et me mis à préparer leur petit déjeuner. Puis, ils jouèrent dans le parc de Christopher, et je commençai à ranger la maison. Je ramassai le pantalon de Caris qu'il avait laissé par terre la veille au soir et remarquai une tache près de la braguette. Je l'examinai de plus près, elle était rouge et sentait le rouge à lèvres... à côté de sa braguette ! Puis, quelque chose tomba de sa poche. C'était la clef d'une chambre de motel.

— Oh ! Mon Dieu ! m'écriai-je en gémissant. Et en plus, il est stupide !

De rage, je jetai son pantalon à travers la chambre et me dirigeai vers le téléphone pour appeler son bureau.

— Monsieur n'est pas là, Madame Hensley. C'est la veille de Noël, je croyais qu'il était chez lui.

Je raccrochai et m'assis. J'essayai de maîtriser ma fureur. Je n'étais pas jalouse, mais en colère du fait de m'être engagée à demeurer mariée à ce salaud « pour l'amour de mes enfants » et d'avoir vécu comme une séquestrée martyrisée alors qu'il se tapait une imbécile de nana ! J'étais déterminée à faire quelque chose de ma vie une fois pour toutes. « Ne te précipite pas, ma fille. Réfléchis bien... et organise cela minutieusement. »

On écoutait les chants de Noël pendant que je finissais de décorer des biscuits pour les garçons.

— Où est papa, maman ? Pourquoi il est pas là pour manger des biscuits de Noël lui aussi ? me demanda Brandy tout en mâchant.

Chris suivait du doigt le visage du père Noël sur le nappage du biscuit.

— Il rentrera plus tard. Tu veux encore un peu de lait ?

Une pluie glacée commençait à tomber, ce qui rendait la soirée plutôt lugubre. Caris n'avait toujours pas fait son apparition. Je mis les enfants au lit et leur lus *La nuit avant Noël*. Je retournai ensuite au salon et m'assis. Je contemplai l'arbre de Noël avec tous les cadeaux soigneusement emballés. Je me souvins alors de mon premier Noël et de combien il avait été spécial pour moi. Je n'avais que six ans. Imaginez ne pas connaître la joie de Noël avant l'âge de six ans ! Face à l'abondance des paquets miroitants de mes enfants, je songeai à la sobriété de mon unique cadeau cette année-là. Et il y avait encore ceux du père Noël, cachés avec précaution !

Je me levai et remplis leurs chaussettes de petites gâteries. Je sortis ensuite du placard le tricycle et le cheval à bascule que j'avais assemblé toute seule la veille. Je les plaçai sous le sapin. Le père Noël avait terminé son travail.

Après m'être assurée de nouveau que tout était bien prêt, je décidai de prier.

— Mon Dieu qui est au ciel, je veux passer un marché avec Toi. Je veux que Tu fasses de moi une femme intelligente et qui réussit. Je ne veux pas être secrétaire ou caissière de supermarché. Je veux être quelqu'un d'*important* ! Je veux être un exemple pour mes petits garçons et leur montrer qu'une femme, leur mère, peut être quelqu'un d'important. Je vais devoir être à la fois la mère et le père de mes enfants, et Père, je ne veux dépendre de nul autre que de Toi. Je ne sais pas comment Tu vas l'accomplir, mais je veux que Tu m'aides à réaliser ce désir, quelles qu'en soient les difficultés, Père. Et si Tu y parviens, je dirai à tous ceux que je connais que cela vient de Toi !

Je me couchai, sachant que ma prière serait exaucée.

Le jour de Noël, Brandy et Chris étaient comme des petits fous à ouvrir leurs cadeaux. Ils s'amusaient tellement que nous n'entendîmes pas la voiture se garer. Caris entra. Il avait bu. Il alla près du sapin. Brandy et Chris essayèrent d'attirer son attention en lui montrant tout ce que leur avait apporté le père Noël.

— Joyeux Noël, Caris, dis-je en m'efforçant d'être aimable.

— Quelle merde, oui ! Combien t'as foutu d'argent en l'air pour tout ça ?

— Ne parle pas comme ça en présence des enfants, Caris. C'est Noël, ne leur gâche pas ça, dis-je.

J'emmenai rapidement les garçons et certains de leurs jouets dans leur chambre. Je ne voulais pas qu'ils le voient dans cet état minable.

Quand je revins au salon, j'étais calme et Caris se tenait toujours près du sapin à m'attendre.

— Caris, je pense que tu devrais prendre tes affaires et partir d'ici. Je sais que tu m'as trompée. J'ai trouvé la clef du motel dans ta poche. J'ai fait de mon mieux pour être une bonne épouse pour toi, mais la seule chose que tu m'aies donnée en retour, c'est de la misère. C'est fini, Caris. Je ne veux plus vivre comme ça, ni pour toi ni pour qui que ce soit. Je pense que tout irait mieux pour nous tous sans toi.

– Tu t'es écoutée parler ? bredouilla-t-il. J'me suis crevé l'cul pour toi et les gosses, et maintenant, tu m'dis que tu s'rais mieux sans moi ? Tu f'rais bien d'te faire soigner ta putain d'tête !

– Ne me sors pas encore cette connerie que tu t'crèves le cul pour nous ! Tu cours les femmes, c'est ça la vérité. Tu l'sais aussi bien que moi. Et sois pas assez stupide pour croire que je ne peux pas m'en sortir sans toi. Je le peux et j'ai bien l'intention de le faire. Donc, sors d'ici et va te crever le cul dans ta chambre de motel 372 !

Je ne bougeai pas, le mettant au défi d'essayer de faire quoi que ce soit.

Sur ce, Caris ramassa le tricycle tout neuf de Brandy et le lança sur le sapin de Noël. L'arbre tomba, faisant voler en éclats tous les ornements. Je me mis à hurler.

– Sors de notre vie ! Je n'en ai plus rien à faire si mes enfants ont leur vrai père auprès d'eux ou non, parce que tu es la pire des excuses qui soient, Caris Hensley. Tu ne nous mérites pas ni moi ni les petits. *Pars d'ici !*

Il se mit à rire comme un ivrogne.

– Non, cette maison est à moi ! J'ai gagné chaque centime pour la payer et elle m'appartient. Elle n'est pas à toi, ma p'tite ! C'est toi qui vas partir. Et tu reviendras parce que t'as nulle part d'autre où aller !

Il sortit en zigzaguant.

Je me précipitai dans la chambre où les garçons étaient en larmes. Je fis de mon mieux pour les réconforter en leur disant que nous allions aller dans un endroit où tout le monde est heureux. Puis, je pris les deux valises que j'avais achetées avec des coupons promotionnels, et me mis à faire les bagages. Je ne pris que le strict nécessaire. Les garçons se mirent à m'aider avec leurs affaires.

Je chargeai en vitesse la voiture avec tous les habits des enfants ainsi que certains de leurs jouets. Je dus laisser le tricycle tout neuf et le cheval à bascule que le père Noël venait d'apporter. Ils ne comprenaient pas pourquoi et se mirent à pleurer, mais je leur promis que le père Noël leur en apporterait d'autres plus beaux encore. Cela parut marcher. Ensuite, je courus à ma cachette pour y prendre l'argent. J'avais épargné 500 dollars, ce qui allait nous permettre de vivre un bon bout de temps. Je remerciai le Ciel de les avoir.

Il faisait froid et il pleuvait. Je démarrai le moteur, vérifiai la jauge à essence et mis les essuie-glaces. La radio passait *Joy to the World*. Des larmes de frustration, si longtemps contenues, me montèrent aux yeux. Je ne savais pas où aller — j'allais devoir me fier à la sagesse de Dieu pour cela —, mais nous étions enfin libres, et la joie que je ressentais m'aida à me soumettre à une foi aveugle. Je partis et ne regardai pas en arrière. Seule comptait la nouvelle vie qui nous attendait.

Je ne revins jamais dans cette maison ni à Hobbs, au Nouveau-Mexique. J'obtins mon divorce et la garde des enfants trois mois après avoir quitté Caris. Il ne me versa une pension alimentaire que de rares fois, lui-même et ses parents prétendant ne pas en avoir les moyens.

Je n'allais revoir Caris qu'une seule fois, le jour où il rendit visite aux garçons quand je travaillais à Waco, au Texas. Il vint avec sa nouvelle épouse. Brandy le revit une autre fois, à dix-sept ans, quand il voulut dévoiler le mystère qu'était son père. Il découvrit rapidement les raisons qui m'avaient poussée à le quitter, et une fois sa curiosité satisfaite, il revint à la maison pour ne plus jamais y retourner. Chris ne se souvient pas de Caris et n'exprima jamais le désir de le rencontrer. Selon les rumeurs, Caris se remaria quatre fois, et réside encore à ce jour près de ses parents.

Quoi de bon dans ce mariage tragique ? Maintes choses. Tout d'abord, mes deux garçons. Ils m'ont toujours aidée à avancer vers une vie meilleure. J'ai également appris une fois de plus que je me fourvoie quand je compromets mes rêves. Renier notre bonheur personnel pour l'amour de quelqu'un d'autre — dans mon cas, mes enfants – diminue notre chance d'accomplissement et de réalisation personnelle. Vous ne pouvez pas vivre pour quelqu'un d'autre et vous attendre à être heureux. C'est ce que mon mariage, bâti sur ce compromis, m'avait enseigné.

Chapitre 14

LA NAISSANCE D'UN NABAB

Mon chemin vers la liberté nous conduisit à Roswell, au Nouveau-Mexique, lieu de ma naissance. J'y trouvai une jolie maison, emménageai avec les garçons et cherchai du travail. Le taux de chômage y était très élevé et il était presque impossible d'obtenir un petit boulot, même avec un diplôme universitaire.

Je finis par répondre à une annonce du journal local qui recrutait des vendeurs pour une télévision câblée. Ma seule « expérience professionnelle » en porte-à-porte remontait à mon époque du scoutisme quand j'avais vendu des biscuits. Je décidai donc de ne pas la mentionner. Le boulot ne proposait aucun salaire. La rémunération se faisait uniquement sur le pourcentage de chaque vente. J'étais tellement désespérée que j'acceptai malgré tout. Mon chef me tendit quelques bulletins d'adhésion et m'indiqua le secteur de la ville où aller prospecter. Ce fut tout ! Ma formation de vendeuse s'arrêta là et je ne savais même pas pour quelle télévision je travaillais. Je suppose que ceci expliqua pourquoi tant de portes me claquèrent au nez. Le premier jour, je ne vendis rien et ne perçus donc rien, aucun argent. Zéro !

Mon ignorance absolue en matière de vente ne pouvait me conduire qu'à l'échec. Je décidai donc de passer la journée qui suivit au bureau pour tout apprendre sur le sujet. Connaissant alors mieux le produit, j'achetai un classeur à anneaux et recréai une installation du câble sur la couverture. Je dénudai même un câble coaxial pour en voir tous les composants. Je remplis mon dossier de photos montrant la différence entre une réception d'antenne normale et une réception avec le câble. Je travaillai sérieusement mon « baratin de vente » et priai fort pour que ça marche… et que je fasse de l'argent !

Le jour d'après, je fis six ventes. J'étais remontée ! Je priai ensuite chaque jour qui allait suivre pour réussir une vente supplémentaire, et dépassai bientôt tous les autres vendeurs, y compris mon chef. Une fois, je pris même ma journée pour accompagner les installateurs du câble sur le terrain. J'appris comment grimper à un poteau téléphonique et à faire le branchement initial, depuis le boîtier jusque chez le client. Quand, en fin d'après-midi, j'eus terminé, je reçus un coup de téléphone du chef de marketing à Los Angeles. Il avait décidé de me promouvoir au rang de directrice du marketing de mon bureau pour remplacer le vieux président. J'étais transportée de joie !

Rapidement, je transformai ce système de câble sans avenir à Roswell en une entreprise fructueuse. Les ventes montaient en flèche grâce aux efforts du personnel de vente que j'embauchais et que je formais moi-même. Ma situation financière était désormais assurée. Je faisais même plus d'argent que Caris avec Shell Oil. J'étais enfin devenue indépendante !

Lors d'un weekend, je partis rendre visite à maman et papa Bill. Elle était très contente de voir Brandy et Chris, mais aussi très inquiète pour papa Bill. Il venait de retourner à l'hôpital pour se faire amputer de son autre jambe. La gangrène s'était installée et ses orteils étaient devenus noirs. Les médecins craignaient qu'il ne survive pas à l'opération.

Je me rendis aussitôt à l'hôpital et y trouvai un vieil homme atrophié sous une tente à oxygène. Il me reconnut à peine et je dus lui dire qui j'étais. Il tenta de m'atteindre de sa main froide. Je la pris et la serrai avec tendresse.

— Judy... j'ai besoin de te demander quelque chose.

Il avait du mal à respirer.

— Tout ce que tu veux... je t'en prie, demande.

Je ressentis tant de pitié à le regarder.

— Je veux que tu me pardonnes. Je t'ai traitée de façon misérable... et j'ai eu tort... complètement tort. Je vais mourir, je le sais, et je veux partir le cœur propre… et en paix. S'il te plaît, pardonne-moi.

Ses yeux gris remplis d'une immense tristesse me suppliaient.

— Bien sûr que je te pardonne, papa Bill. Je l'ai toujours fait. Dieu m'a aidée à mieux comprendre les choses, papa Bill. Tu vois, j'aime Dieu et Dieu m'aime. C'est impossible d'une part d'aimer Dieu, et de l'autre, de ne pas t'aimer. Et puis, il y a beaucoup de choses pour lesquelles je dois te remercier. Tu ne m'as pas rendu la vie facile, c'est vrai. Mais ça a fait de moi une personne forte. Je t'en suis très reconnaissante. Merci énormément. S'il te plaît, sache-le et sois en paix à ce sujet. Vraiment.

Il se mit à pleurer et ça me brisa presque le cœur.

— Judy… j'ai peur de mourir. S'il te plaît, apprends-moi à prier… à parler à Dieu.

Sa demande me toucha profondément. Il n'avait encore jamais parlé à Dieu, mais en cette heure, il était devenu suffisamment humble pour finalement vouloir accéder à la Grande Source, à Dieu qui avait attendu toute la vie de Bill pour ce contact sacré. Je priai un moment en silence, demandant les mots justes. Ils arrivèrent en douceur.

— Père bien-aimé, en cette heure, je t'implore de regarder en moi et en mon âme la peur qui y réside. Père bien-aimé, je Te demande de la faire disparaître et de m'apporter la paix, et de retirer de ma vie ses souvenirs sombres. Père, pardonne-moi mon ignorance afin que je puisse atteindre l'exaltation de Ton amour et de Ta grâce en cette heure, car ma vie s'achève et je remets mon Esprit entre Tes mains. Au nom du Christ, amen.

Papa Bill répéta chaque mot puis me serra fort la main. Il me dit qu'il m'aimait. Je savais que la prière avait été entendue et je remerciai Dieu pour la vie de Bill et pour la mienne. Bill s'endormit paisiblement. Je partis.

Je décidai d'acheter une télévision pour sa chambre à la maison. Je suppose que j'imaginais qu'il allait guérir. Je fis donc livrer un téléviseur et un réfrigérateur, et rentrai à la maison annoncer mes achats à maman. Elle m'attendait à la porte. L'hôpital venait juste de l'appeler pour lui dire que papa Bill était parti dans son sommeil.

Je restai quelques jours de plus avec maman pour l'aider à organiser l'enterrement. La majorité de la famille vint aussi donner un coup de main. Le moment était triste, mais nous avions tous chaud au cœur de nous retrouver ensemble. Je me sentais en paix au sujet de papa Bill. C'était comme lire le dernier chapitre d'un livre, celui qui explique le mystère en apportant une compréhension finale. Je savais que papa Bill était en sécurité avec Dieu, et qu'il était enfin heureux.

Deux mois passèrent. Je reçus à nouveau un appel de la maison mère à Los Angeles. Je venais d'être promue au titre de directrice de marketing de la Californie du Sud. J'acceptai le poste et déménageai avec les garçons dans une très belle maison à Manhattan Beach. J'inscrivis Brandy à la petite école et Chris à la garderie. J'engageai une nounou noire de Roswell qui vint habiter avec nous. Tout était splendide ! En tant que directrice de ma nouvelle région, j'enseignai mes propres techniques à mes subordonnés, et les ventes augmentèrent radicalement.

Un jour, mon patron, Ben Mattson, me téléphona pour me voir. Je me rendis à L.A. avec ma Lincoln Continental bleue, jusque devant les bureaux de la compagnie. Le gardien du stationnement m'accueillit comme à son habitude.

— Bonjour, Madame Hensley. Comment allez-vous aujourd'hui ?

Il me souriait en ouvrant ma portière.

— Magnifiquement bien, Frankie, merci. Monsieur Mattson est déjà là ?

— Oui, M'dame. Il est arrivé il y a environ trente minutes.

Je le remerciai et m'engageai dans le hall de l'immeuble en remorquant ma mallette. Au dixième étage, je traversai les élégants bureaux en saluant les filles du secrétariat pour me rendre directement dans mon espace, petit, mais joli. Ma secrétaire m'annonça que Ben m'y attendait. Il était à la porte et je le saluai de ma traditionnelle accolade.

— Eh bien, beauté, comment se déroule ce magnifique mercredi matin ? me demanda-t-il en m'étudiant par-dessus ses lunettes.

— On ne peut mieux, mis à part le fait de vivre en Californie. C'est un lieu épouvantable, avec ce brouillard de pollution et ces embouteillages. Mais les garçons vont bien. Leur nounou Sarah Lee est une femme de maison merveilleuse et une fine cuisinière. Un peu dans la superstition, mais bon… elle dit sans arrêt qu'il y a un revenant qui vit chez nous !

Je riais en parlant.

— À propos, vous avez aimé mon dernier rapport ?

— Si je l'ai aimé ? Tu as fait davantage de ventes que tous tes prédécesseurs. Je suis vraiment époustouflé que tu en saches autant sur le gréage d'un complexe de câble ! dit-il en s'adossant à son siège.

— Qu'est-ce qu'il y a d'époustouflant ? C'est pas parce que je suis une femme que j'ai juste un cerveau de la taille d'un petit pois et un joli derrière. Ma mère m'a appris qu'avec un peu de savoir et beaucoup d'efforts, on peut aller loin. Elle disait qu'on devrait plus se salir les ongles et davantage se laver l'âme. C'est en quelque sorte ce que Dieu avait prévu.

— Tu es une drôle de jeune femme, Judy. Ta façon de t'habiller et ton allure, certains ici pensent qu'ils doivent t'appeler « Madame Hensley ». Mais ils trouvent que tu es trop amicale et chaleureuse pour un terme aussi formel. D'un autre côté, Judy ne te va pas non plus.

— Vous trouvez que je devrais porter un nom plus en vogue ? Comme ils donnent aux vedettes ?

Je le taquinai.

– Quand j'étais au Nouveau-Mexique, certains de mes employés me surnommaient Zebra parce que je portais beaucoup de noir et blanc.

– Hum, il faudrait donc que je t'appelle Zebra ?

– Admettez au moins que c'est original !

– Ça pourrait porter à croire que je dirige un zoo, mais disons que c'est plus chic que ça !

Il regardait autour de lui.

– Zebra Hensley, ça sonne comment ?

– Vous trouvez pas que ça fait un peu strict ?

– D'accord... Voyons, et Judy Zebra ?

Il était déterminé.

– Ça fait danseuse nue en bikini zébré. Vraiment !

– T'as raison, encore une fois. Ça n'ira pas. Alors... et si on prenait juste les initiales ?

Tout s'éclaira alors. Judy Zebra devint J.Z.

– Ça sonne comment, J.Z. ?

Il écrivit les lettres sur un morceau de papier.

Je les regardai en murmurant « J.Z. » plusieurs fois.

– Ça me plaît ! J.Z. ! Ça fait sympathique. Ah oui, j'aime vraiment. À partir de maintenant, appelez-moi simplement JZ. Et laissez tomber les points !

– D'accord, JZ. Tu es une femme puissante, tu mérites un nom puissant.

Il se redressa.

– JZ, j'aimerais que tu te joignes à ma petite fête dînatoire à la Maison de Gérard. Je veux y parler d'une nouvelle proposition de marketing et je pense qu'il serait bon que tu sois présente à cette discussion.

– Ça sera avec plaisir.

Nous étions six personnes à ce dîner. La cuisine française était excellente et je m'amusais beaucoup. Ça faisait longtemps que je n'étais pas sortie en ville. Je passais habituellement toutes mes soirées avec mes enfants. Et comme la plupart des gens qui réussissent, je ne pensais qu'à mon objectif. Ce type d'engagement ne laissait aucune place à une vie sociale, et encore moins à un soupirant. Mais là, c'était différent, il s'agissait d'un dîner d'affaires.

Mes pensées furent interrompues par un très bel homme, blond aux yeux bleus, vêtu d'un costume et d'une cravate sombres. Il venait visiblement d'arriver pour dîner, et à la vue de Ben, s'était approché de notre table pour parler. Il me regardait sans cesse, de façon à la fois évidente et subtile. Ben le remarqua et sauta sur l'occasion pour nous présenter. Son nom était Lynn de Shane.

— JZ, c'est un plaisir de vous rencontrer enfin, me dit-il avec douceur. J'ai entendu parler de vos remarquables aptitudes en marketing CATV, mais au risque de paraître effronté, vous me semblez bien trop jeune pour avoir autant d'expérience. Je suis très surpris.

— Eh bien, on va dire que j'ai usé beaucoup de chaussures, cassé beaucoup d'ongles, et brûlé beaucoup de nuits ! lui répondis-je en levant les yeux vers lui.

Ben s'adossa et but une gorgée. Les manières raffinées de Lynn m'impressionnaient. Ben perçut mon intérêt et s'empressa de convier Lynn à se joindre à nous. En un éclair, les serveurs lui avaient fait une place. Je trouvais plutôt bizarre qu'il soit venu dîner seul. Du moins, je n'avais vu personne l'accompagner. Il déclina l'offre du dîner, mais s'assit avec grâce et commanda un verre. Tous à la table le connaissaient, et l'atmosphère continua d'être détendue.

Lorsque le beau Lynn eut son verre — du brandy chaud —, il le fit tourner d'un geste harmonieux.

— Vous habitez Los Angeles ? me demanda-t-il.

La lueur de la chandelle dansait doucement dans son regard.

— Non, j'ai une petite maison à Manhattan Beach où se trouve mon bureau de base. Je suis une fille des petites villes qui préfère vivre dans les petites villes !

Les serveurs débarrassèrent les couverts et placèrent devant chaque convive un bol rince-doigts contenant des tranches de citron qui flottaient dans l'eau chaude. Je regardai, émerveillée. Je ne savais pas trop à quoi servaient ces bols. D'où je venais, cela aurait pu être des boissons chaudes. C'est d'ailleurs ce que je crus et me mis à siroter l'eau chaude citronnée. Je m'aperçus vite que tout le monde se trempait les doigts dans le bol avant de se les essuyer. Je suivis donc rapidement le rituel, et tentai de masquer ma méprise.

— Oh, j'aime trop l'odeur du citron chaud. C'est tellement apaisant pour les sens.

Lynn m'avait vue et sourit à ce que je venais de dissimuler. Je m'essuyai les lèvres et les mains comme si je l'avais toujours fait.

— Oui, continuai-je. J'aime vraiment le côté chaleureux des petites villes. Je suis très du style « à l'ancienne » et pour moi, L.A. est simplement trop sophistiquée.

Je reculai légèrement ma chaise et croisai les jambes, révélant de magnifiques genoux. Je fis cela pour mon confort, mais je suis certaine que Lynn, qui me regardait toujours, pensa que je flirtai. Il fut cependant peut-être un peu refroidi, car mon attitude continua d'être purement professionnelle.

— Je m'applique à faire de cette société une entreprise très compétitive. J'aimerais un jour la voir en tête de liste à Wall Street. Je grandirai avec elle, ce qui me rend très optimiste pour le futur de mes enfants et le mien.

C'était la vérité.

Les serveurs retirèrent les bols rince-doigts et remplirent nos verres en cristal de campagne. Ben se leva et porta un toast.

— J'aimerais porter un toast à l'imagination de JZ « Zebra » Hensley, qui nous a montré que nous, opérateurs des grandes villes, ne sommes pas aussi futés que nous le pensons quand il s'agit de comprendre les besoins du public. Elle sait aussi bien réparer un câble coaxial de ses propres mains que charmer le client avec son sourire. À JZ… Merci d'apporter ce sang neuf à notre société.

Tout le monde trinqua et but son champagne pétillant en mon honneur. J'étais profondément émue. J'avalai le mien… et me mis à tousser. C'était la première fois que j'en buvais, et c'était aussi la première fois que je prenais à nouveau de l'alcool depuis cette horrible soirée de ma promotion. Je fis une grimace. Je n'aimais pas ce truc-là non plus.

— Excusez-moi, dis-je, la voix enrouée. Je crois que j'ai quelque chose de coincé dans la gorge.

Je mentais une nouvelle fois pour sauver la face. Je pris une gorgée de plus pour paraître normale, mais elle était aussi mauvaise que la première. Monsieur Bel-Homme observait tout cela.

Puis, un serveur apporta un magnifique Alaska flambé. Nous applaudîmes tous. Il avança l'énorme plateau d'argent vers moi, invitée d'honneur de la soirée. Tout le monde me regardait. Ben en particulier. Il était très fier de sa petite surprise faite spécialement à mon égard. Je ne savais pas ce qu'était un Alaska, ni même ce que j'étais censée en faire.

— Wouah ! Merci, vraiment ! C'est… C'est tellement beau !

Je m'attendais à ce que le serveur le flambe, le serve ou fasse quelque chose. Je ne savais pas que c'était maintenant à moi de me pencher sur le plateau, de saisir cuillère et spatule en argent et de me servir avec élégance. On ne m'avait jamais appris ça au cours d'arts ménagers !

Le serveur attendait. Ben se mit à parler pour masquer mon ignorance des convenances. Il espérait certainement que je finirais par comprendre ce que j'étais censée faire. Ce que je fis !

— Oh, oh, qu'est-ce que c'est que « ça » ? dis-je sans vouloir me pencher trop près pour ne pas me brûler les cils.

Le serveur me répondit.

— Pardonnez-moi ?

— Quoi ? répondis-je.

Inutile de vous dire que le français n'avait pas non plus fait partie de mon éducation.

Lynn se pencha vers mon oreille et me murmura :

— C'est de la glace et de la meringue cuite au four avec de l'alcool, puis flambée ensuite. C'est très bon !

Je me tournai vers lui, étonnée.

— Vraiment ? De la glace ? Ils n'ont pas pu la cuire trop longtemps.

— Tout est dans le délai, me murmura-t-il à nouveau.

Je pris la spatule pour en saisir un morceau, mais la glace flambée était aussi dure que de la pierre. Je forçai un peu et finis par en casser un bout qui en un éclair jaillit hors du plateau pour retomber sur mes genoux ! Je restai ahurie, puis embarrassée.

— Oh, merde, c'est glissant !

Le serveur était mortifié, c'est le moins qu'on puisse dire. D'autres l'avaient immédiatement rejoint pour nettoyer ce qui coulait du plateau ainsi que ce qui était tombé sur ma robe. Personne à table ne réussit à dire un mot, pas même Ben.

— Peut-être que je suis justement trop « à l'ancienne », dis-je. Je peux tirer les gros lièvres de l'Ouest sans jamais les louper, mais il semblerait que lorsqu'on en vient à… euh… « pardonniez-moist », je suis perdue ! Je suis affreusement désolée.

Deux jours plus tard, je marchais le long d'une rue de Manhattan Beach accompagnée d'une femme du siège social qui m'avait prise en affection. Elle passait parfois me voir, juste pour déjeuner et bavarder au sujet de sa liaison avec le président de l'entreprise. Son souci était que le « président chéri » était marié… pour de bon ! De toute façon, elle était venue me rendre visite pour m'emmener faire quelque chose de bizarre.

— Alors, Twila.

Ben l'avait visiblement baptisée d'un nouveau nom, elle aussi.

— Tu m'emmènes où ? lui demandai-je.

— JZ, j'ai eu une « super » idée. Je t'emmène voir une voyante. J'ai pris un rendez-vous. Elle ne sait rien de moi et je veux savoir ce que mon petit chou à la crème adoré pense vraiment de moi. C'est grandiose, non ?

Bon. Pour quelle autre raison aurait-on envie de faire un truc aussi insensé ? C'est la question que je me posais au moment d'entrer dans la bâtisse de Gypsy inc. Le vestibule était assez sombre. On distinguait un mobilier d'époque et un grand tableau du Christ entouré d'avatars indiens vêtus de robes safran et de turbans. Je ne me souvenais pas avoir vu de représentation des disciples vêtus comme ces gars-là. Soudain, une femme indienne, âgée et gracieuse, apparut de derrière des rideaux ornés de perles de cristal. Elle se dirigea directement vers moi. Pensant qu'elle faisait erreur, Twila s'avança vers elle et lui expliqua qu'elle était celle qui avait pris rendez-vous. La vieille dame posa son regard sur elle, lui sourit, puis se tourna à nouveau vers moi.

— Je vous attendais, dit-elle.

Je pensai : « Tu parles d'une diseuse de bonne aventure ! »

— Euh... je pense que vous faites erreur, c'est moi qui ai pris rendez-vous, répéta Twila.

Mais la vieille femme l'ignora.

— C'est celle-ci que j'attendais !

Elle me prit la main avec douceur et m'emmena derrière les rideaux. Je me retournai et regardai Twila d'un air de dire « Qu'est-ce que je dois faire ? ». Nous entrâmes dans une pièce éclairée par des chandelles. Cela sentait l'encens et il y avait sur les murs d'autres tableaux d'hommes en tenues étranges. L'un de ces personnages avait une tignasse qui ressemblait à une permanente loupée ou à une chevelure électrocutée. Au centre de la pièce se trouvait une petite table avec deux chaises.

— Asseyez-vous, s'il vous plaît.

Elle murmurait presque. Détendez-vous, j'ai des choses à vous dire.

C'était très étrange pour moi.

— Mais je ne veux rien savoir. C'est mon amie qui a...

Je tentais de lui expliquer.

– Mais moi, je dois vous dire des choses. Serrez le poing et maintenez-le au-dessus de votre tête.

J'obéis. La vieille femme ne regardait même pas mon poing. Elle observait le milieu de mon front.

– Maintenant, mettez votre poing dans ma main et lentement ouvrez la main.

Je m'exécutai. Elle semblait être en transe, et scrutait simplement ma tête.

– Je vais d'abord vous parler de votre passé. Vous êtes une femme incertaine. Vous avez épousé un homme que vous n'aimiez pas. Vous avez eu deux enfants de ce mariage… deux garçons. Vous avez quitté cet homme. Vous n'êtes pas d'ici. Vous êtes du pays des coyotes !

Ça commençait à devenir intéressant.

– Vous pouvez me dire quel travail je fais ?

C'était le test.

– Vous êtes dans la télévision… La communication… dans le marketing… vous êtes très douée !

Gagné ! Je tentai d'avaler ma salive.

– Maintenant, il faut que je vous parle de votre futur !

Elle continua comme je haussai les épaules.

– Très bientôt, vous allez partir d'ici. Vous allez aller où il fait chaud… très chaud. Vous aurez le dos en feu.

Mon corps se raidit.

– Vous voulez dire que j'aurai un accident ou quelque chose ?

– Non, c'est juste que votre dos brûlera. Vous serez dans un lieu de chaleur intense pendant trois semaines. Ensuite, vous aurez deux offres professionnelles. L'une sera où le ciel est obscurci par le commerce. L'autre sera un lieu avec de grandes montagnes, de grands pins et des lacs qui reflètent les cieux comme des miroirs. Si vous allez vers les montagnes et les pins, vous rencontrerez L'Unique. Vous comprenez ?

— Je ne comprends rien de ce que vous me dites !

C'était vrai.

— Vous serez… Si vous rencontrez L'Unique, vous aurez une grande influence… une grande destinée. Je vous ai attendue. Maintenant, je vous l'ai dit. C'est chose faite.

Son visage redevint normal et elle se leva. J'étais dans la confusion totale, mais j'avais l'intention de comprendre tout ce qu'elle m'avait dit.

— Eh bien, merci… je vous dois combien ?

— Rien, ma chère. Rien. C'est seulement à vous que vous devez quelque chose.

Je sentis que cette dernière phrase sonnait vrai. Je la remerciai à nouveau et elle m'escorta jusqu'à l'entrée, où Twila faisait les cent pas. La vieille femme s'arrêta et la regarda.

— Tu donnes ta vertu, qui est un joyau, à un homme qui se la met dans la poche, c'est tout !

Puis elle tourna les talons et disparut derrière les rideaux. Twila était ahurie par ce que la vieille femme venait de lui dire.

Nous quittâmes la boutique et marchâmes en direction du bureau.

— Je ne sais pas du tout ce que ça voulait dire. Elle m'a dit que j'allais avoir une offre pour aller vers les grands arbres et les montagnes ou quelque chose comme ça. Si j'y vais, je rencontrerai L'Unique. C'est parfaitement clair, n'est-ce pas ? dis-je avec ironie avant de regarder ma montre.

— L'Unique ? C'est qui ? Un gars ?

— Tu comprends aussi bien que moi. Entre-temps, mon dos brûlera. Tu y comprends quelque chose ? Écoute, Twila, je dois retourner travailler, dis-je en regardant ma montre.

En arrivant, je vérifiai mes messages auprès de ma secrétaire et entrai directement dans mon bureau. Quelques instants plus tard, ma secrétaire ouvrit la porte.

— JZ, il y a un gars là-bas avec une jungle pour toi !

Elle se tourna et fit signe au livreur, qui entra avec deux larges paniers blancs remplis chacun de trois douzaines de roses. Il les posa où il put et me présenta la carte qui les accompagnait.

— Ça ressemble aux funérailles d'un gangster, ici, dit-il.

J'éclatai de rire et ouvris l'enveloppe avec curiosité : « Je viens vous voir. Affectueusement, Lynn de Shane. » Le livreur repartit et Lynn apparut immédiatement derrière lui. Ma secrétaire me lança un sourire faussement effarouché et sortit en refermant la porte derrière elle.

— C'était suffisamment rapide ?

Il souriait en tendant les bras.

— Comme vous le disiez, tout est dans le délai !

Lynn portait un pantalon de toile blanche à la californienne, des espadrilles blanches et une chemisette déboutonnée au col, révélant un bronzage à la Saint-Tropez. Ses cheveux blondis par le soleil étaient légèrement en bataille, ce qui le faisait beaucoup ressembler à Robert Redford.

— J'étais dans le quartier et j'ai pensé passer. Je peux m'asseoir ?

— Mais bien sûr, mettez-vous à l'aise. Quelle belle surprise. Je me demande à quoi votre ensemble ressemblerait avec un peu d'alcool et de glace dessus ? dis-je d'un ton enjoué.

Il regarda son pantalon et sourit.

— Pas aussi bien que sur votre robe. En fait, je suis venu pour en apprendre un peu plus sur… euh… sur les gros lièvres de l'Ouest !

Je l'étudiai un moment, yeux dans les yeux.

— Je crains de ne pas avoir le temps de vous en parler. J'ai du travail.

— Oh, allez. Faites une pause, allons marcher sur la plage. C'est une belle journée… la brume n'est pas épaisse aujourd'hui, on peut même voir la couleur du ciel. De toute façon, vous vous sentirez mieux pour travailler au retour.

Il parlait tout en se dégageant les cheveux des yeux.

Je réfléchis un instant puis décidai d'y aller. Je me levai, mis mon chapeau de plage et appelai ma secrétaire.

— Si quelqu'un appelle, raconte n'importe quelle sottise !

— N'importe quelle quoi ?

Elle pensait avoir mal entendu.

— Peu importe, je serai de retour dans une heure.

Nous sortîmes de l'immeuble et marchâmes vers la plage.

— Prenons une glace qui ne coulera pas, suggéra-t-il.

Je me mis à rire.

— OK.

Nous achetâmes deux cornets au Dairy Queen et allâmes les déguster assis jambes croisées sur le sable.

— Alors, parlez-moi de vous, demanda-t-il. J'aimerais en savoir plus sur vous.

Je lui lançai un regard suspicieux. Je le trouvai un peu intrusif, mais j'aimais qu'il s'intéressât à moi.

— Qu'aimeriez-vous savoir, Monsieur de Shane ?

Il avait arrêté de manger sa glace et le chocolat commençait à couler le long de son cornet. Mon Dieu qu'il était beau ! Mais les hommes comme ça sont en général perfides et tournés sur eux-mêmes. Je n'étais pas dupée par son attitude doucereuse.

— Toutes les données personnelles sur JZ. Je sais que vous savez tirer, chevaucher, pécher, piéger, ramasser du coton et connecter tout l'équipement d'une bâtisse. Vous savez probablement aussi cuisiner, coudre, nettoyer, et vous êtes même sûrement une super lanceuse au baseball.

Il lécha la glace fondue sur sa main.

— Tout bon jusqu'à présent.

— Alors, dites-moi, qu'est-ce qui s'est passé avec votre mari ?

— Comment savez-vous que je n'en ai plus ?

— C'est Ben qui me l'a dit.

— Oh.

— Alors, que s'est-il passé entre vous ?

J'hésitai à répondre, je ne voulais pas être trop personnelle avec lui.

— Pas grand-chose.

— Écoutez, si j'ai l'air d'enquêter, c'est parce que je suis sincèrement intéressé par vous. Vous pensez peut-être que vous êtes juste une femme de plus, mais je n'arrive pas à comprendre comment un homme a pu vous laisser partir !

— Ce n'était pas un homme. C'était un enfant.

— Je vois. Je vais m'y prendre différemment. Aimiez-vous l'enfant ?

Je fis une pause un bon moment, m'interrogeant sur le sens du mot « amour ». Je finis par répondre :

— Pour moi, l'amour est un état d'esprit.

— « Un état d'esprit » ?

Il sembla surpris.

Je me demandai pourquoi tout le monde restait abasourdi lorsque je disais cela. Bon sang, personne n'a donc de raisonnement personnel à ce sujet !

— Oui, vous savez, là où vous croyez être, mais n'y êtes pas. J'ai eu quelques autres états d'esprit. Dans chaque cas, je suis sûre de m'être convaincue que c'était de l'amour, mais en fait, ce n'était qu'un état d'esprit.

— D'accord.

Il détourna son regard et fixa l'océan.

— Alors ?

J'attendis sa réponse.

— Alors quoi ? demanda-t-il en continuant de contempler les vagues.

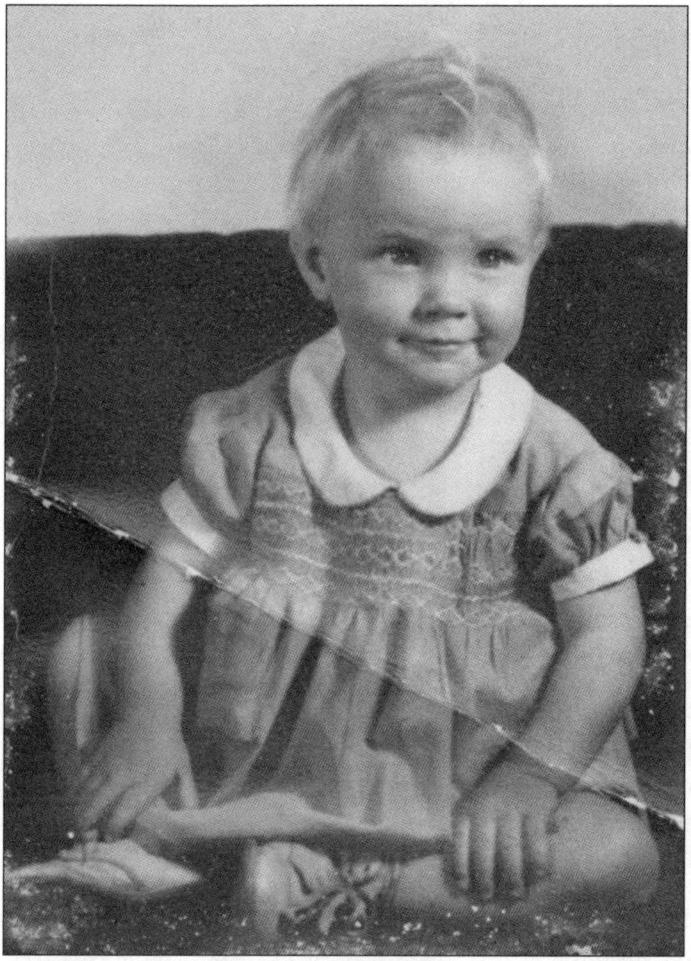

Rare photo de moi-même portant une robe.
Judith Darlene Hampton, née le 16 mars 1946.

Avec mon frère Donnie dans un champ de coton dans l'est du Texas. Quand ma mère était occupée à cueillir le coton avec les autres travailleurs, Donnie s'assurait que je ne faisais pas de bêtises.

(En haut à gauche) Momma, Donnie, Tante Pearl et moi dans l'est du Texas, peu avant de déménager au Nouveau Mexique.

(En haut à droite) Mon chien Puddles et moi à Artesia, Nouveau Mexique. Je porte une robe achetée par mon père, l'unique cadeau qu'il m'ait offert.

(Au milieu à droite) Papa Bill peu après son mariage avec Momma.

(En bas) La nouvelle et belle maison à Artesia où nous avons emménagé après le mariage de Momma et Papa Bill.

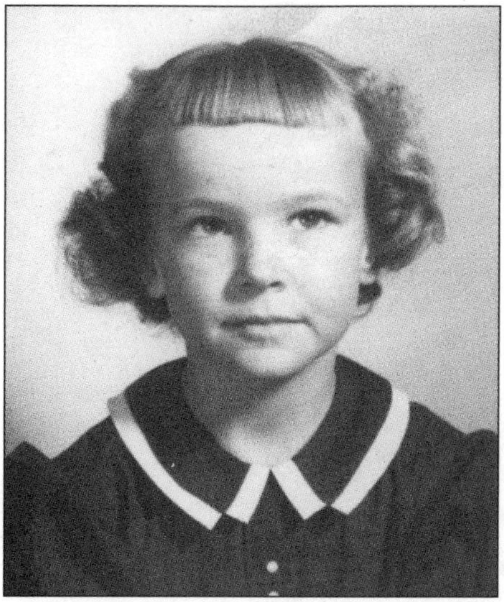
Moi-même, quand j'étais en troisième année. Pouvez-vous deviner qui a coupé ma frange ?

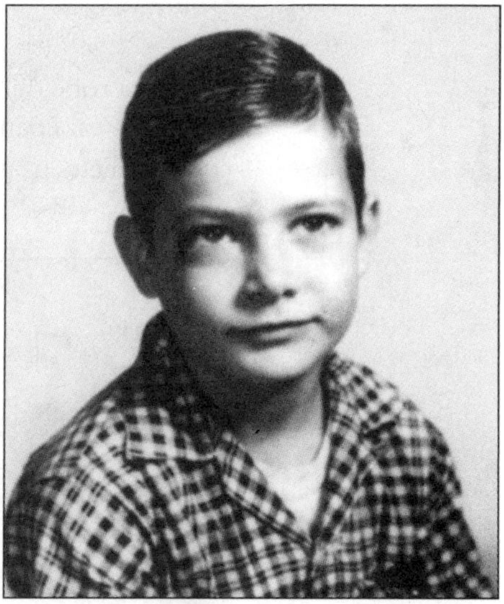
Lloyd Gene (Loy), mon petit frère, avec un œil au beurre noir.

À l'âge de huit ans, avec mes frères aînés et ma sœur.
De gauche à droite : Donnie, Gayle, Wanda et Charles.

Dans ma robe de bal. Le garçon manqué s'est épanoui en une adolescente réellement magnifique.

À seize ans, la plus jeune à être jamais élue comme Présidente de Theta Rho. (Rang du haut, septième à partir de la droite.)

(En haut) Je monte Slim, mon amie alezane. C'est avec Slim que j'ai passé mes moments les plus heureux de mon adolescence.

(En bas) Ma nomination comme «Reine du jour du rodéo», moment de grande fierté.

Mike Phipps, star de football, un des plus beaux garçons du lycée et mon premier amour.

Mike me fit douter que l'amour n'est en réalité qu'un état d'esprit.

Loy, à quatorze ans, un beau garçon qui en connaissait bien plus que moi sur la vie.

Je suis l'Esprit de la Lumière dans une danse que j'avais créée durant ma dernière année au lycée. Étrange et prophétique.

Photo du Livre de l'année du lycée : «Plus beau couple de 1964».

Élue Reine de l'année de ma promotion, Momma m'acheta une magnifique robe de satin rose. Malheureusement, je ne me sentais ni heureuse ni belle ce soir-là.

(À gauche) Mes deux fils, les plus grandes joies de ma vie. Cette photo fut prise avant notre départ du Nouveau Mexique. Brandy (à gauche) a deux ans et Chris, moins d'un an.

(En bas) Nous somme en 1980, dans la Grande Structure Blanche.

Un des premiers dialogues de Ramtha. Nos dialogues attirèrent jusqu'à plusieurs centaines de personnes chaque fin de semaine.

Avec Jeremy, Jeff (dernier à droite) et les membres de Earth, Wind and Fire.

Mon frère Loy, alors entraîneur au lycée de Portalas, au Nouveau Mexique.

Momma, aussi fringante et aimante aujourd'hui que lorsque j'étais enfant.

Avec mon ami très proche Thomas Sharkey, célèbre par son association avec Shirley MacLaine.

(En haut) En 1982, j'avais créé pour Ramtha un style de vêtement permettant une grande liberté de mouvement ; pantalon ample et tunique indienne.

(En bas) Site magnifique pour un dialogue au lever du soleil.

(En haut) Une marche au petit matin à Yucca Valley.

(En bas) Lors d'un dialogue à Yucca Valley. Soin du corps et de l'Esprit.

Voici la publicité figurant dans un magazine sur les chevaux arabes qui changea ma vie en me présentant l'amour de ma vie.

Après nous être déclaré notre amour, Jeff et moi trouvâmes refuge chez ma très chère amie Anne Marie Bennstrom.

Âmes sœurs : Jeff et JZ Knight.

Le Ram, qui ouvrit mes yeux et mon cœur à la grande aventure appelée «la vie».
Photo : © Thomas Sharkey.

Il ne chercha pas à réfuter comme les autres. J'en fus un peu déçue. Je le regardai ; il n'était certes ni un péquenaud ni un gars ordinaire.

— Maintenant qu'on en sait un peu plus sur moi, dis-je, parlez-moi de vous. D'accord ?

Il finit d'abord le reste de son cornet, s'essuya les mains sur sa serviette en papier et prit ensuite appui sur une main en s'étirant les jambes.

— D'accord. Je suis né en Californie, ce qui fait de moi une espèce rare. Tous les autres sont importés. J'ai épousé ma petite amie d'enfance et j'ai un fils. Ça n'a pas marché et on a divorcé. Ça m'a détruit à cause de mon fils. Il est le soleil de ma vie. Je le vois aussi souvent que je peux… Et je suis aussi un super lanceur au baseball.

J'écoutai attentivement tout ce qu'il disait, et découvris un homme gentil et attentionné derrière ce visage californien.

— Vous êtes vraiment uniquement un ami pour Ben, ou un associé ?

— En fait, Ben et moi, ça remonte à loin. Mais moi, je suis agent. Mon bureau est à l'étage du dessous de celui de Ben.

— Agent ? Quelle sorte d'agent ?

— Agent de comédiens.

Mon visage s'éclaira.

— Agent de comédiens ?

— Oui.

— Vous voulez dire de vedettes ? De vedettes de cinéma ?

— Oui, certains le sont… et certains sont même des comédiens et des comédiennes.

— Vous connaissez Richard Chamberlain ? Vous savez, docteur Kildare ?

— Oui, je le connais, mais je ne le représente pas.

— Oh ! Et vous connaissez Ann-Margret ? Elle est aussi belle que dans les films ?

Lynn se mit à rire.

– Oui, elle est belle. Mais aucune vedette ne ressemble à ce qu'elle est en vrai. Je veux dire, si vous voyiez Ann-Margret marcher sur la plage, vous ne vous arrêteriez pas pour la regarder. Presque toutes les femmes sur cette plage sont aussi belles.

Je regardais autour de moi. C'était vrai qu'elles étaient toutes belles.

– La majorité de ce que vous voyez est une illusion. Je le sais, car j'aide à créer cette illusion. C'est un gros commerce dans le coin.

– Vraiment ?

Lynn était charmé par ma naïveté.

– Alors, quelle est votre vedette favorite ? Pas forcément une que vous représentez, mais parmi toutes les vedettes, quelle est votre préférée ?

Il réfléchit un moment.

– Donald Duck !

– Donald Duck ? Oh, Seigneur !

– Oui.

– Eh bien moi, j'ai toujours aimé Bambi. J'avais tellement de peine pour Bambi. Je pleurais et pleurais… Vraiment !

Je dis cela avec tout mon sérieux, puis me mis à rire en me recouvrant rapidement la bouche.

– Pourquoi vous cachez-vous toujours la bouche quand vous riez ?

Sa perspicacité me déconcerta.

– Je ne me cache pas toujours la bouche !

– Si, vous la cachez.

– Je suppose que j'ai toujours pensé ne pas avoir un joli sourire. Mes dents sont crantées. On dirait les pneus d'un tracteur John Deere !

– Je trouve que non seulement vous avez une belle bouche, mais, qu'en plus, vous avez une belle personnalité. Vous ne ressemblez à personne d'autre et vous agissez comme personne d'autre.

Vous êtes une originale dans un monde de dupliqués. Il y a une lumière autour de vous.

— Une lumière ?

— Oui, vous êtes quelqu'un qu'on remarque. Vous êtes différente.

Il devenait trop personnel et je me fermai aussitôt. Il le perçut.

— Alors, vos enfants sont à l'école ?

— Oui.

— Je les rencontre quand ?

Bon sang ! Il fallait que je sorte de cela. Suffisamment d'intrusion !

— Je ne sais pas… il faut vraiment que je retourne au travail, maintenant.

Nous nous levâmes pour rentrer. Sur le chemin du retour, il parla peu et je n'émis que de grands silences. Le grand frisson ! Puis, il partit.

Le jour suivant, alors que j'arrivai au bureau, j'y trouvai le même livreur que la veille avec une gerbe d'œillets en forme de cœur. Il l'avait insérée entre les roses.

— Vous êtes morte et personne vous l'a dit ou quoi ?

Il me tendit la carte qui disait : « On ne peut pas se passer de ce qui est bon. Affectueusement. Lynn. »

Je levai les yeux et devinez qui était devant moi ? Vous avez compris, ce qui est bon et dont on ne peut pas se passer !

— Je n'ai pas pu m'en empêcher, Mizz Annie Oakley.

— Elles sont belles, Lynn. Mais vraiment…

— Vraiment quoi ? Aurais-je l'honneur d'un dîner ? Je vous promets que rien ne sera flambé, Madame.

Il me fit cette demande en imitant parfaitement John Wayne. Je ne pus qu'éclater de rire.

— Oh, brillant…

— O'Bryan ? C'est un vieux nom de famille irlandais, ça ! Je ne savais pas que vous les connaissiez.

Il roulait les « R » comme un Irlandais maintenant.

– Demain soir ?

– Pourquoi ?

Quelle question stupide !

– Parce que d'ici demain soir, vous aurez faim. S'il vous plaît JZ...

– D'accord !

J'abdiquai. Après tout, qui peut dire non à John Wayne ?

Je portai ma belle robe de soie blanche et laissai mes cheveux tomber par-dessus mes épaules. Lynn était habillé d'une veste du soir blanche et faisait on ne peut plus californien. Le dîner était déjà bien avancé et nous nous sentions bien ensemble.

– J'ai parlé de vous à Ben. Il m'a dit que vous étiez vraiment une jeune femme « à l'ancienne » !

– Bien sûr que je le suis. Pourquoi, vous ne m'avez pas crue ?

Il but une gorgée de vin.

– Parce que la plupart des gens que je connais disent qu'ils sont comme ceci ou comme cela juste pour l'effet que ça fait. En général, ils ne sont ni l'un ni l'autre.

– Eh bien, ce que vous voyez, c'est ce que je suis !

Je dis cela en baissant les yeux pour réajuster ma serviette sur mes genoux.

– Sauf que vous avez fait virer le directeur de votre district.

Je restai abasourdie par cette remarque venue de nulle part.

– Je n'ai jamais fait virer personne. J'ai juste été meilleure que lui dans ce qu'il faisait !

Incroyable !

– Vous voyez comme vous êtes honnête ? dit-il d'un ton joueur. J'ai entendu dire que vous avez participé à l'écriture du manuel de formation sur le marketing du câble.

– C'est vrai. Je l'ai écrit à partir de ma compréhension de ce que les gens voulaient vraiment.

– Vous voulez vraiment rester dans ce boulot ?

— Oui, bien sûr, pourquoi ?

— Vous avez déjà regardé des westerns spaghetti ?

— Vous voulez dire ces films avec Clint Eastwood et Charles Bronson ?

— Oui, ils sont vraiment authentiques. Ils savent réellement monter à cheval et manier le fusil ! Et vous aussi !

Cette conversation devenait étrange. Je me demandai si le vin ne lui avait pas fait un peu tourner la tête.

— Oui, et alors ?

— Vous savez monter à cheval, tirer au fusil, et vous êtes belle. Il y a un film qui commence à Rome dans deux mois. Je pense que vous serez superbe dedans !

Il avait vraiment perdu l'esprit !

— Vous ne savez pas parler sérieusement ?

— Mais je suis sérieux. Je désire vous faire passer une audition... si vous voulez bien.

Je posai ma fourchette et le regardai droit dans les yeux.

— Écoutez, Lynn, je ne suis pas une actrice.

— Aucune d'entre elles ne l'était avant de commencer.

Oh, mon Dieu, il était sérieux !

— Non, je ne veux pas faire semblant. Je ne suis pas une actrice, je ne l'ai jamais été et peu m'importe de commencer ou pas. Et en plus, je ne suis pas belle et jamais je ne quitterai mes garçons pour quoi que ce soit ! Jamais !

— Vous n'aurez pas à faire semblant, vous ÊTES belle, et vous pourrez emmener vos garçons avec vous.

Une peur m'envahit soudain. Je ne sais pas vraiment pour quelles raisons. Peut-être parce que j'étais confrontée à quelque chose que je ne voulais pas voir. Toute ma vie j'avais subi un sentiment d'infériorité. C'était devenu mon identité et je n'arrivais simplement pas à en accepter une autre.

— Non, Lynn, je ne veux plus en parler. S'il vous plaît !

Il me regardait, incrédule.

— La plupart des femmes sauteraient sur cette opportunité. Vous n'imaginez pas combien elles sont dans ma salle d'attente tous les jours, à espérer être découvertes. Qu'est-ce que vous avez ? Pourquoi ?

— Je n'ai rien. C'est juste comme vous le dites, il y a plein de femmes qui meurent d'envie d'avoir cette chance. Elles sont probablement beaucoup plus qualifiées que moi pour ce boulot. Pourquoi vous ne choisissez pas l'une d'entre elles ? Je n'ai pas besoin d'être une vedette de cinéma. Vous ne pouvez pas comprendre ça ?

Cette réaction m'était si familière. Les ombres de mon élection de la reine de l'année du lycée se dessinaient à nouveau sur moi. Je répétai à l'identique chacun des mots que j'avais prononcés à l'époque ! Cette conversation me mit mal à l'aise, ce qui provoqua chez Lynn un sentiment protecteur à mon égard. Il s'adossa et m'observa. Je semblai déterminée à prouver mon manque de valeur et à me mettre « échec et mat ». Il était sidéré.

— Je n'ai jamais rencontré quelqu'un comme vous auparavant.

Sa voix était douce.

— Je suis sûre que vous dites plus que vrai, répondis-je en ajustant ma serviette.

— Chère dame, vous faites naître en moi des sentiments profonds. Je ne connais pas encore avec certitude la nature de ces sentiments, mais ils sont incontournables.

Je levai les yeux pour le regarder.

— Eh bien… ce n'était pas mon intention.

— Je vais vous parler franchement.

Il se pencha vers moi et me prit la main.

— Je désire vraiment vous faire l'amour… vraiment !

Oh, mon Dieu ! J'avais déjà eu du mal à avaler l'histoire du film, mais là, c'était le bouquet !

— Je vous avais pris à tort pour un gentleman, Lynn.

Je retirai ma main et la cachai sous ma serviette, toujours sur mes genoux. Cette serviette était si utile !

— Je suis un vrai gentleman.

— Je ne pense pas que les gentlemen posent de telles questions.

Je commençai à rougir.

— Ce n'était pas une question, JZ, c'était ce que je ressens.

— Mais je ne vous aime pas.

— Mais vous avez dit que l'amour était un état d'esprit.

J'étais désarçonnée.

— Eh bien… c'est un état d'esprit dans lequel je ne suis pas.

— C'est un état d'esprit dans lequel je pourrais facilement être, rétorqua-t-il.

Le rouge de mes joues s'intensifia. La chasse était ouverte !

— Comment pouvez-vous dire ça ?

— C'est facile, je dis juste ce que je ressens.

— Écoutez, je suis une femme qui travaille dans un monde d'hommes. Je sais que beaucoup de gens pensent que les femmes réussissent en affaires en couchant avec leurs patrons. L'entrevue canapé est connu jusqu'au Nouveau-Mexique. Peut-être que ça fait partie de votre monde, mais ce n'est pas le mien. Vous comprenez ?

— Je ne vous comprends pas pour l'instant. Vous m'aideriez un peu ?

Mon Dieu, comme il était habile. Il savait vraiment y faire. Je commençais à me sentir intimidée par cet homme. Je n'avais jamais été avec un homme aussi beau, avec une telle personnalité, un tel pouvoir et une telle expérience. Il m'effrayait. Mes yeux se remplirent de larmes et je pus à peine les contenir. Il se pencha à nouveau vers moi.

— Je suis désolé. S'il vous plaît, dites-moi ce que vous ressentez vraiment.

Je sortis un mouchoir et tapotai sous mes yeux pour empêcher mon mascara de couler.

— Écoutez, permettez-moi d'être vraiment directe avec vous. Je ne sais pas ce que je veux, mais je ne veux pas m'engager avec vous. Même si vous êtes gentil, je ne peux pas.

— Vous avez déjà quelqu'un dans votre vie ?

— Non, mon seul et vrai ami a toujours été Dieu.

Ce fut le choc !

— Dieu ?

— Oui, Dieu. Je Lui parle tout le temps. Il a toujours répondu à mes prières et m'a aidée à devenir ce que je suis.

— D'accord, mais c'était quand la dernière fois que vous avez mangé une glace sur la plage avec Dieu ?

— En fait, jamais. Mais Il a toujours été là quand j'avais besoin d'aide.

Je me demandai s'il existait en Californie une personne qui priait un autre Dieu que la célébrité. Chaque fois que je disais quelque chose sur Dieu, les gens me considéraient comme si j'étais à côté de la plaque. C'était ce genre de moment qui me faisait me sentir nulle part à ma place.

— D'accord, mais pourquoi avez-vous toujours besoin d'aide ? Pourquoi ne vous rendez-vous pas « responsable » de cette aide ?

Je n'avais jamais pensé à cela de cette façon.

— Lynn, j'ai eu une vie difficile. Je crois que j'ai pris l'habitude de compter sur l'aide de Dieu. J'ai construit ma vie à partir de rien. C'est « moi » qui l'ai faite. Mais je l'ai faite avec Son aide.

Il baissa son regard sur la table et continua avec douceur.

— Oui, c'est vrai, c'est vous qui l'avez faite.

Je continuai de me tapoter sous les yeux, éprouvant un étrange mélange de courage et d'apitoiement sur moi-même.

— Alors, vous allez faire quoi de votre vie, à part être une femme d'affaires qui réussit ?

Je me redressai sur ma chaise.

— Je ne sais pas. Je suis visiblement à la recherche de quelque chose… ou même de quelqu'un… mais je ne sais pas ce que c'est. Je ne pense pas qu'il s'agisse d'un homme… mais de quelque chose. Je le sens autour de moi, je le sens à l'intérieur de moi.

— Vous ne pensez pas que c'est VOUS que vous recherchez ?

— Je ne sais pas ce que vous voulez dire par là.

Ma réponse était étrange.

— C'est ce qu'on cherche tous. Mais il faut en traverser beaucoup avant d'y parvenir… avant de savoir qui on est.

— Peut-être.

— Alors, vous ne voulez pas être Ann-Margret ?

Il souriait.

— Oh, Lynn, elle est si belle.

— Tout autant que vous, douce dame.

— Vous savez, j'ai vraiment du mal à gérer ce compliment. Depuis toujours. Je ne sais pas ce que je ferais sans Estée Lauder, L'Oréal et le prêt-à-porter.

— Vous ressembleriez à vous… vous seriez encore plus belle.

Lynn me sourit et demanda l'addition au serveur.

— On va faire un tour à l'océan ?

— Non, Lynn, s'il vous plaît, ramenez-moi à la maison. Mes petits garçons me manquent.

— Je peux vous appeler demain pour parler un peu plus de ce que vous recherchez ? Ce n'est visiblement pas un agent !

Je me mis à rire.

— Je vais y réfléchir.

— D'accord ! soupira-t-il. C'est trop dommage que le monde ne connaisse pas le bonheur de vous voir chevaucher dans un coucher de soleil italien avec cette magnifique chevelure dans le vent !

Le jour suivant, j'étais au téléphone avec Ben.

— Oui, Ben, mais je ne veux pas être la reine d'un western spaghetti… D'accord, donc tu penses que je suis folle. Tu n'es pas le premier à me le dire… Quoi ? Où ça ? À Waco, au Texas ! Pour installer le système ? Trois semaines ? En route pour la succursale suivante, alors ! Mais j'emmène mes garçons avec moi, Ben… d'accord…

Oui, et Sarah Lee aussi. Un appartement ? Il y a une piscine ? D'accord, je pars dans trois jours.

Chapitre 15

LE FANTÔME ET SARAH LEE

Les trois jours suivants furent consacrés à l'organisation du voyage. Je m'activais pour gérer le départ de Manhattan Beach alors que Sarah Lee s'occupait des bagages et de l'empaquetage du nécessaire de maison que l'entreprise de déménagement devait venir chercher. Le deuxième jour, je passais en revue les procédures administratives avec le nouveau directeur lorsque je reçus un appel urgent de Sarah Lee. Elle était dans un état de panique totale. Après avoir réussi à la calmer, elle me raconta l'horrible histoire qu'elle venait de vivre.

Elle avait fini d'habiller les garçons et était en train de cuire des œufs pour leur petit déjeuner quand la porte de derrière, à l'opposé de la cuisine, s'était ouverte en grand, toute seule. Un courant d'air s'était engouffré dans la cuisine, et elle avait vraiment perçu une présence. À ce moment-là, Brandy était arrivé de sa chambre en courant et s'était arrêté net en voyant quelque chose à côté d'elle. Il s'était mis à rire, tout content de ce qu'il voyait. Il avait même dit : « Bonjour, Fantôme, tu déménages avec nous ? ». Ensuite, il avait demandé au fantôme de le suivre pour retrouver Christopher.

Après son passage dans la salle à manger, on pouvait clairement voir les petites empreintes de Brandy sur la moquette à poil long, mais on pouvait aussi voir des traces de pieds bien plus grands qui le suivaient jusqu'à la chambre de Chris. Le fameux courant d'air l'avait suivi, laissant Sarah en état de choc. Elle avait même fait tomber par terre la poêle et les œufs. Elle était dans un état de frayeur absolue et pensait que ces traces étaient celles du fantôme. Le courant d'air était ensuite revenu dans la cuisine, lui était passé sous le nez et lui avait coupé le souffle. Elle était terrorisée jusqu'aux os.

Puis, la porte de la cuisine s'était gentiment refermée toute seule et les garçons étaient allés retrouver Sarah Lee en sautillant de joie pour lui annoncer la grande nouvelle.

– Fantôme a dit qu'il viendrait avec nous à Waco. Je suis content. J'aurais été triste s'il n'avait pas pu changer d'endroit. C'est notre ami!

Brandy et Chris avaient alors sauté dans tous les sens, ce qui avait probablement réveillé Sarah Lee du pays des morts, car elle avait subitement couru fermer la porte à double tour et attraper le téléphone. Elle s'était ensuite enfermée avec les garçons dans la chambre de Brandy. Alors qu'elle m'expliquait tout ça, ses fausses dents claquaient tellement que j'avais du mal à la comprendre. Elle me suppliait de rentrer immédiatement, ce que je fis bien évidemment.

À peine entrée dans la maison, j'entendis des pleurs assourdis provenant de la chambre de Brandy. J'essayai d'ouvrir la porte, mais elle était verrouillée. Au début, Sarah Lee ne voulut même pas croire que c'était moi, mais elle finit par ouvrir. Brandy et Chris jaillirent hors de la pièce et m'entourèrent les jambes de leur bras, les serrant très fort. J'essayai de faire sortir Sarah Lee de la pièce pour lui montrer qu'il n'y avait pas de «revenant» dans la maison, mais elle refusa catégoriquement. J'entrepris donc de faire mon enquête moi-même avec, comme aides-détectives, Brandy et Chris.

Une fois dans la salle à manger, les grandes traces de pas étaient toujours visibles. Elles venaient effectivement de la cuisine, se poursuivaient jusqu'à la chambre de Chris, puis en chemin inverse. La peur me saisit un instant à l'idée de qui avait bien pu en être la cause, mais je décidai qu'il était plus important que les enfants ne voient pas ce que je ressentais. Je regagnai donc la cuisine pour ramasser la poêle, les œufs et le beurre étalés sur le sol. Brandy me rejoignit et me tira sur le pantalon.

– Maman, Fantôme est venu dans la cuisine et a fait peur à nounou Sarah. C'est elle qui a eu ce petit accident, c'est pas moi et c'est pas Fantôme. Nous, on n'a rien fait tomber. Tu vas nous gronder quand même ?

C'était étrange que la seule chose qui inquiétât Brandy fût le risque de se faire gronder à cause de la poêle renversée. C'était bizarre que ce fantôme ait terrifié la pauvre Sarah Lee et pas les enfants.

Je décidai de mettre les enfants à table et d'aller chercher Sarah Lee. Elle gémissait et priait en parlant de gobelins et de revenants. Elle ne voulait plus sortir de son sanctuaire. Je retournai donc à la cuisine. Chris était sur la table et faisait tranquillement rouler sa petite voiture. Je le remis sur son siège et m'assis enfin. Les mains jointes, je tentai de mettre en mots les questions auxquelles je voulais que répondent les garçons.

Avant de commencer, Brandy me demanda :

— Maman, on va se faire gronder ? T'es en colère après nous ?

— Non, non, je suis juste un peu surprise. Je n'étais pas là ce matin et je ne sais pas ce qui s'est vraiment passé. Mais j'aimerais que vous m'aidiez tous les deux à comprendre, d'accord ?

Visiblement soulagés de savoir qu'ils ne seraient pas punis, ils acquiescèrent joyeusement.

— Bon, maintenant, les garçons… euh… j'aimerais savoir qui est Fantôme ?

Brandy voulut parler en premier.

— C'est notre ami. Il est très grand, comme Superman, et il vient nous rendre visite. Il est très lumineux aussi, comme la fée Clochette. Il est très gentil, maman. Un jour, j'ai fait un cauchemar et j'ai eu très peur. Il est venu dans ma chambre et il a enlevé tout le noir… Tout ! Tout brillait et j'ai plus eu peur du tout. Ensuite, il m'a souri et il a mis ses mains sur mon visage. Je me suis rendormi et j'ai fait des super rêves. Tu es en colère contre Fantôme, maman ?

J'aurais pu croire qu'il s'agissait juste d'un « ami imaginaire » inventé par les enfants. Mais comment cet ami aurait-il pu laisser des empreintes ? Je contemplai cette énigme un instant, puis répondis à la question de Brandy.

— Non, je ne suis pas en colère contre le fantôme. Et vous, vous avez peur de lui ?

— Non, c'est notre ami, hein Brandy ? répondit Chris en hochant la tête à son frère.

— Alors, pourquoi vous pleuriez tous les deux quand je suis entrée dans la chambre ? Vous aviez l'air d'avoir peur !

— C'est parce que nounou Sarah nous a fait peur. Elle a dit que c'était le diable. Maman, c'est quoi le diable ? demanda Brandy.

— Le diable n'existe pas. Mais beaucoup de gens pensent que ce sont les méchants contre lesquels Superman se bat toujours. Certaines personnes pensent que tout ce qui fait peur ou qui est différent, comme le fantôme par exemple, c'est le diable. Mais Dieu ne créerait jamais une chose pareille ! Il nous aime et Il aime tout le monde. Et quand on aime quelqu'un, on ne veut ni lui faire du mal ni lui faire peur, pas vrai ? Eh bien, Dieu non plus. Et même si le fantôme est un gentil, Sarah Lee ne le voit pas comme vous le voyez. Pour elle, il est différent et ça lui fait peur. Alors, elle pense que c'est un méchant. Vous comprenez ce que j'essaie de vous dire ?

Ils écoutaient attentivement.

— Mais si Fantôme était un méchant, il nous aurait déjà fait du mal. Et il l'a pas fait. Il dit qu'il nous aime et qu'il est censé nous protéger. Il dit que c'est Dieu qui lui a demandé, mais nounou Sarah me croit pas. Elle le déteste ! expliqua Brandy, l'air attristé.

— Non, je ne crois pas qu'elle le « déteste ». C'est juste qu'il n'est pas son ami comme pour vous, et donc, il lui a fait peur.

Je nettoyai le sol de la cuisine et commençai à préparer un petit déjeuner tardif pour tout le monde. Je continuais de penser au fantôme et à tout ce que les garçons venaient de me raconter. Je trouvais plutôt ironique que les enfants n'aient pas eu peur du fantôme, mais qu'ils aient été effrayés par la superstition religieuse hystérique de Sarah Lee. Époustouflant ! Ce n'est pas ce que nous ne voyons pas qui nous fait peur, c'est ce que nous voyons : des gens prisonniers de leur ignorance, de leurs croyances et de leurs superstitions fanatiques. Des gens rendus fous par la culture dans laquelle ils baignent. Pas étonnant qu'il y ait tant de guerres et de souffrance humaine. J'aimerais tellement que les gens arrêtent de dire « C'est le Diable qui m'a fait faire ça ! ». Merde ! Les gens font ce qu'ils font parce qu'*ils veulent le faire !* Pas à cause d'un pseudo fantôme qui les a poussés à le faire ! Et les pires sont ceux qui accusent les autres d'être possédés par de telles idioties. Merde, ces hypocrites sont les plus diaboliques de tous ! Les gens sont complètement timbrés !

J'étais frappée par ce que mon petit Brandy venait de me dire au sujet du fantôme. S'il était méchant, il aurait eu plein d'occasions de nous faire du mal. Mais visiblement, il ne l'avait pas fait, et selon Brandy et Chris, il les avait même réconfortés. J'avais souvent prié Dieu pour qu'il nous protège, en particulier ici, en Californie. Et lorsque je le faisais, je sentais en effet une présence. Tout cela me rassurait et je crus mes enfants, même sans les empreintes sur la moquette. Quoi que fût, ou qui que fût ce fantôme, je remerciai Dieu de sa bénédiction pour la présence de ce gardien estimé.

Pendant que les garçons mangeaient, j'apportai un plateau à Sarah Lee. La frayeur ne lui avait pas enlevé l'appétit. Elle dévora son repas. Ce faisant, je lui fis part de ma conversation avec les enfants ainsi que de mes propres pensées au sujet de Dieu et du fantôme. Lorsque j'en vins à la partie où je remerciais Dieu pour la présence du fantôme, elle se mit à sauter en hurlant, jetant le plateau sur le sol. Elle courut dans toute la maison, les bras en l'air, hurlant que le diable m'avait eue, moi aussi. D'un geste, elle prit sa valise et y mit toutes ses affaires. Je restai là, muette !

Finalement, Sarah Lee s'arrêta quelques instants pour me dire qu'elle ne pouvait pas vivre avec « des démons et des revenants » ni avec « des gens et des enfants qui étaient leurs amis ». Rien de ce que je disais ne put la faire changer d'avis. Comme aurait dit maman, « grâce à Dieu ! ». J'appelai donc la gare d'autocars et organisai son retour pour le Nouveau-Mexique. Elle refusa de prendre l'avion, comme si le diable volait aussi. Elle ne voulut même pas que je l'accompagne à la gare routière. Il fallut donc que je lui appelle un taxi « sûr ». Pendant que je l'escortais jusqu'à la voiture, elle ne cessa de pleurer. Quand le taxi démarra, je remarquai un autocollant collé à l'arrière qui disait « Faites l'amour et non la guerre ». Je suis sûre qu'elle ne le remarqua jamais.

Lors de notre dernier jour en Californie, ma secrétaire m'avait aidée à finir nos bagages et à tout charger dans la fourgonnette. Ben m'avait appelée pour me proposer de nous emmener à l'aéroport. Tout était prêt. Les garçons étaient mignons dans leurs blazers tricolores bleu, blanc et rouge, et leurs petites cravates assorties. Ils étaient tout excités à l'idée de monter dans un gros avion. On sonna à la porte. Quand j'ouvris, je fus surprise de ne pas voir Ben, mais un chauffeur qui m'annonça que ma voiture m'attendait. Je jetai un œil dehors et là, devant la maison, se tenait une limousine noire rutilante. Je le questionnai sur Ben. Il me répondit simplement qu'il avait eu un empêchement et qu'il avait envoyé la voiture à sa place. Il prit nos bagages et nous le suivîmes. Lorsqu'il ouvrit la portière, les enfants crièrent de joie. Puis, à ma grande surprise, là, dans la voiture, se trouvait Lynn.

— Vous avez appelé, Madame ? dit-il avec un accent très anglais.

Je me mis à rire. Il se présenta aux garçons et les aida à s'installer. Il ouvrit alors une bouteille de lait et en versa un verre à chacun.

— Ah, c'est bien mieux que le champagne, n'est-ce pas ?

Sur la route de l'aéroport, Lynn alluma la télévision pour les garçons, qui répondirent par des « wouah ! ». Je lui racontai ensuite l'histoire du fantôme, ce qui le fit rire durant tout le trajet. Lorsque nous arrivâmes à l'aéroport, le chauffeur enregistra nos bagages,

Lynn porta Christopher dans ses bras, et j'aidai Brandy jusqu'à la porte d'embarquement.

— Lynn, c'était tellement merveilleux de te revoir. Et la voiture et tout ça... Tu es tellement attentionné. Je n'étais jamais montée dans une limousine, tu sais ! Et les garçons... je pense que tu as vu leurs réactions. C'était superbe pour eux aussi. Je te remercie infiniment.

Ses yeux étaient humides et sa voix brisée, un doux murmure.

— Tu le mérites tant... et plus encore.

Il fit une pause.

— Tu te souviens, au dîner, lorsque je t'ai dit que j'avais de profonds sentiments pour toi ? Eh bien, c'est toujours le cas. Je suis heureux pour ton nouveau départ, mais c'est comme si j'avais tenu dans mes mains la chose la plus rare au monde. Je voulais tant la garder pour qu'elle ne disparaisse jamais, mais j'avais peur de la briser. Quand cet avion vous emportera, toi et tes petits garçons, ça créera un véritable vide en moi... C'est qu'il doit y avoir quelque chose, là. JZ, je t'aime pour ta beauté intérieure et extérieure, et je ne voudrais jamais te voir la perdre simplement pour satisfaire aux attentes de quelqu'un d'autre. Fais-moi confiance quand je te dis que s'il y a vraiment un Dieu là-haut, Il va devenir le point de focalisation de nombreuses personnes comme moi, parce que nous aurons été touchés par toi... et ça va faire sacrément plaisir à ce vieux bonhomme !

Il inclina la tête et une larme tomba de ses yeux.

Je n'arrivais pas à lui dire autre chose que combien je l'appréciais et combien j'avais aimé tous les instants que nous avions passés ensemble. Puis l'annonce de l'embarquement se fit entendre. Je réajustai les vestes de chacun des garçons. Lynn les souleva pour les embrasser et leur demanda de prendre soin de moi. Je le regardai. Il se pencha alors vers moi et m'embrassa longuement et tendrement. Lorsqu'il ouvrit les yeux, il me dit :

— Je t'aime, JZ... S'il te plaît, fais-moi savoir où tu te trouves de temps en temps. Tu me manques déjà tellement!

Je regardai au fond de ses yeux magnifiques. Je savais qu'il pensait vraiment ce qu'il venait de dire.

— Lynn, je te promets que je te dirai où je suis. Maintenant, vas-y, va retrouver ton fils et fais-lui un super lancer de baseball!

La ville de Waco, au Texas, n'avait rien à voir avec Manhattan Beach. Les autoroutes et les embouteillages étaient remplacés par un tranquille va-et-vient, mis à part de temps en temps un petit départ en trombe au feu de croisement. Les gens étaient plus «normaux», et il y avait même des chiens qui urinaient sur les bouches à incendie. Ce lieu faisait plus penser à Artesia, même si, je l'avoue, la chaleur et l'humidité étaient épouvantables.

L'appartement était beau, avec accès direct à une grande piscine. L'école maternelle et la garderie se trouvaient à deux pas. Mais mon arrivée aux bureaux de la télévision câblée locale fut une autre paire de manches. Il était prévu que j'y rencontre le personnel du marketing à dix heures trente ce matin-là. Je remarquai que quelques personnes déambulaient dans la pièce du fond. Je demandai à la secrétaire ce qu'elles y faisaient. Elle me répondit qu'il s'agissait de l'équipe de marketing.

— C'est ça, l'équipe de marketing?

Je restai bouche bée.

Ils étaient sept. Il y avait trois hommes, tous vêtus comme s'ils allaient nettoyer les égouts. L'un d'entre eux n'avait plus de dents, et lorsqu'il fermait la bouche, son menton rejoignait son nez. Parmi les quatre femmes, l'une était enceinte et portait une robe de coton fin avec une épingle de nourrice en guise de bouton pour maintenir en place sa poitrine. Ses grosses jambes étaient poilues et ses sandales exhibaient des ongles sales. Une autre faisait partie du troisième âge, et, bien que charmante, elle était presque sourde et muette. Elle avait davantage besoin d'une place assise plutôt que de courir les rues à vendre une télé câblée. Les deux autres pouvaient convenir, bien que l'une portât un blouson noir et l'autre eut plein de gosses qui, apparemment, attendaient dans la voiture pendant qu'elle travaillait. Il y avait aussi deux adolescents, une jeune hippie et un jeune homme qui avait besoin de boulot.

La femme avec tous les enfants me répondit.

— Ouais, M'dame, on fout nos gosses et nos clébards dans la bagnole et on fait du porte-à-porte. L'patron, monsieur Emmet, y nous parle pas beaucoup. Et on sait pas trop quoi faire.

— Ouais, M'dame, j'suis l'installateur et chaque fois que j'dis à monsieur Emmet c'qui va pas, y s'en fout. Les gens ici sont des gens bien, mais y z'en savent pas beaucoup parc'qu'on leur a pas appris.

— C'est vrai, M'dame, rétorqua celui sans dents. L'vieux Bill le sait. Y'en a aidé queq'z-uns, mais on sait pas tout. On a des ventres affamés, mais on fait pas assez d'sous pour faire l'boulot.

— Eh bien, tout d'abord, je vous remercie tous d'être venus et de m'avoir un peu éclairée. Je vois où est le problème. J'ai déjà parlé à monsieur Emmet et il n'est pas très heureux de faire ce travail de toute façon. Quoi qu'il en soit, on va faire de ce système quelque chose dont chaque personne présente dans cette pièce pourra être fière. C'est mon travail de m'assurer que ça se passe ainsi. Je vais vous entraîner, chacun d'entre vous, dans chaque domaine de votre travail. Et je vais aussi vous aider à améliorer votre apparence, ce dont vous avez tous besoin. Plus vous aurez l'air professionnel pour vos clients, plus ils seront prêts à vous acheter quelque chose. Est-ce que c'est bien clair pour tout le monde ?

— Vous voulez dire qu'on va même apprendre à bien parler ? demanda Bill.

— Exactement. Et je pense qu'ensuite, vous serez beaucoup plus heureux parce que vous ferez beaucoup plus d'argent.

Tout le monde applaudit.

— Bill, je sais que tu es un installateur et un technicien à mi-temps ici. Mais je veux te promouvoir au rang de directeur de bureau. Ta sincérité suffit à elle seule pour faire le travail, pour l'instant. Le reste d'entre vous, je vais vous enseigner. Je veux que vous engagiez cinq autres personnes, et je veux que nous commencions notre première session d'entraînement dans deux jours, à sept heures du matin.

Bill rougit intensément, mais était très reconnaissant pour la promotion.

— Le reste d'entre vous, je vais augmenter votre commission à cinq pour cent et vous allez me montrer ce que vous êtes capables de faire.

Je reçus une autre vague d'applaudissements.

Deux jours plus tard, je les emmenai dans le champ pour la session d'entraînement. Je portais un jeans et mes cheveux étaient retenus dans un casque. Il faisait très chaud.

— Bon, je veux que vous appreniez tous comment on connecte le système pour la préparation d'une pose de câble. Ce qui veut dire que vous allez tous grimper à ces poteaux. Je vais vous montrer.

Je mis mon harnais, attachai mes éperons à mes bottes, mis mes gants et grimpai jusqu'en haut du poteau puis redescendis. Je dus en étonner plus d'un, parce qu'à mon retour, leurs bouches pendaient grandes ouvertes.

— Euh, madame Hensley, j'peux pas grimper à un poteau, moi ! me dit madame Chapman.

— Si vous voulez travailler dans cette compagnie, vous y arriverez. Allez, venez, mettez votre équipement et montez à ce poteau. Regardez le poteau comme un défi. Lorsque vous y croyez, vous pouvez tout faire... absolument tout, et ensuite, vous pouvez le faire tout le temps ! Tout dépend de votre attitude et votre attitude est tout !

Les femmes grimpèrent au poteau l'une après l'autre. Elles étaient fières d'avoir accompli cela, c'était flagrant. Elles s'en vantèrent beaucoup par la suite. Deux seulement n'y allèrent pas, la femme enceinte et la chère vieille femme. Ce fut ensuite le tour des hommes.

Puis, l'entraînement se poursuivit, et je leur appris comment ramper à travers les petits espaces des maisons pour localiser le meilleur point de connexion. Nous disséquâmes un amplificateur à quatre directions. Je faisais des séminaires quotidiens sur la manière de s'habiller correctement et sur le développement des présentations individuelles de vente. Et pendant tout ce temps, j'insistais sur l'importance de l'attitude positive pour parvenir au succès.

Bill progressa dans sa connaissance et dans son expertise, y compris dans la gestion de son équipe. Il était désormais en bon chemin pour une nouvelle carrière en tant que directeur de câble. Je ressentis une grande fierté pour chaque membre de l'équipe. Ils avaient désormais une bien meilleure compréhension de ce qu'ils vendaient et, plus important encore, leurs attitudes personnelles envers eux-mêmes avaient changé. Ils ne ressemblaient même plus à l'équipe que j'avais rencontrée au départ. J'avais fait du bon boulot.

Trois semaines s'étaient écoulées et j'avais travaillé dur. Je décidai donc de rester avec mes garçons à la maison, et de prendre du bon temps à nager et à jouer avec eux dans la piscine. L'après-midi, je les mis à la sieste et retournai au bord de l'eau. Confortablement installée à plat ventre, je m'assoupis.

Je fus réveillée par une sensation de brûlure. Je rentrai pour regarder mon dos dans le miroir de la salle de bain. Il était terriblement rouge. Brandy et Chris arrivèrent et poussèrent des cris en le voyant. Je compris que j'étais gravement brûlée. Je m'assis et leur donnai une crème à étaler en douceur.

— Ça fait mal, maman ? dit Christopher.

Son petit visage exprimait la pitié.

— Mal ? C'est comme si mon dos était en feu.

Ce que je venais de dire me frappa. Soudain, les paroles de la voyante sonnèrent dans ma tête.

— J'arrive pas à y croire… C'est vrai, mon dos est « en feu ! »

— Maman, t'aurais pas dû t'endormir au soleil, me dit Brandy.

— Tu as absolument raison, mais peut-être que c'était inévitable. Oh, mon Dieu, je ne comprends rien à tout ça. Laissons tomber. Écoutez, vous deux, retenez bien la leçon de maman, et ne restez jamais au soleil trop longtemps. Vous avez vu ce qui se passe ?

Ils acquiescèrent tous les deux.

L'après-midi suivant, je m'allongeai sur le ventre pour faire une sieste. Je ne dormais jamais sans pyjama ou chemise de nuit, mais là, je ne pouvais rien me mettre sur le dos, pas même un drap. J'étais profondément endormie quand le téléphone sonna. Je me levai lentement pour décrocher. C'était Ben.

— Eh bien, t'as fait sauter l'ordi de Waco ! dit-il joyeusement. On n'a jamais fait deux cents ventes en une seule journée ! Poupée, t'as complètement transformé ce perdant. Félicitations !

— Oui, c'est pas mal, hein ? Ben, j'étais si fatiguée hier que je me suis endormie au soleil et...

— Écoute, poupée, tu mérites une pause.

— Ah, vraiment ? Tu n'y penserais même pas si tu voyais la couleur de mon dos. Il est rôti !

Je tentai de m'asseoir un peu plus confortablement, mais bouger m'était très douloureux.

— Tu as un coup de soleil sur le dos ? Oh, JZ, je suis désolé. Je peux faire quelque chose ? demanda-t-il sincèrement.

— Oh, sûrement Ben, tu es à mille cinq cents kilomètres... Bon, quel bon vent ?

— J'ai une proposition à te faire, continua-t-il. Il y a deux choix.

— Deux choix pour quoi ? Pour mon dos ? dis-je en essayant de rire.

— Eh bien, j'ai vu ce que tu as réussi à faire dans ce trou infernal...

— S'il te plaît, Ben, pas de blague avec le feu de l'enfer, j'ai donné !

— J'ai encore deux succursales. Elles sont énormes et difficiles. Je pense que tu peux autant gérer l'une que l'autre, mais j'ai besoin de savoir laquelle tu choisis.

— Ça fait combien de temps que je suis ici ?

— Trois semaines, poupée, dit-il après une pause. T'es prête à partir ?

— Tu as deux autres succursales et tu veux que j'en choisisse une, c'est ça ?

— C'est ça !

Oh mon Dieu, la voyante avait vu juste. Je commençais à me sentir mal à l'aise à l'idée que quelqu'un puisse en connaître autant sur mon futur.

— Parle-moi des deux, Ben.

— L'une est à Bethlehem, en Pennsylvanie. Tu es déjà allée à Bethlehem ?

— Seulement dans la Bible, Ben.

Je rampai hors de mon lit pour aller jusqu'à la fenêtre.

— Oui, très drôle, j'admire la perspicacité de ton humour. En tout cas, l'autre se trouve dans le Puget Sound aux alentours de Seattle et de Tacoma, dans l'État de Washington.

— À l'extérieur de Seattle-Tacoma ? Où ?

Je commençai à me ronger les ongles.

— Ça s'appelle Bremerton. C'est magnifique, là-bas, beaucoup d'arbres, de montagnes et de lacs.

— Bien sûr !

Les yeux écarquillés, je n'arrivais pas à en croire mes oreilles. J'écartai un instant l'écouteur et le regardai pour voir s'il était bien réel, ou si j'étais en train de rêver toute cette conversation.

— Tu veux mon avis ? Choisis Seattle-Tacoma !

— Pourquoi, Ben ?

— Parce que tu es une personne de la nature et il y a beaucoup de nature là-haut ! Et Bethlehem est très pollué, c'est pire que Los Angeles.

— Tu veux dire que « le ciel est obscurci par le commerce » ?

Je répétais les mots de la voyante.

— Tu sais, il y a des usines d'acier, des parcs industriels et tout ça. Tu préfèrerais pas partir pour la côte nord-ouest du Pacifique ? Ça te prendra longtemps pour développer ce secteur, et tu offriras ainsi un environnement plus stable pour les garçons. Tu vois, poupée, je pense aussi à ces choses-là !

Je pensai à la prophétie étrange et troublante. Aucun scepticisme possible. Elle était trop exacte.

— Ben, il faut que je te dise, c'est comme si ma vie était guidée en quelque sorte.

— Pardon, je ne voulais pas m'immiscer, mais tu ne raffolais pas de L.A., n'est-ce pas ?

Ben le « non éclairé » ! Il n'avait pas du tout compris ce que j'avais voulu dire. J'étais malgré tout préoccupée.

— C'est vrai.

Soudain, une brise traversa la pièce et souleva les rideaux qui me caressèrent le visage. Elle m'apporta un peu de fraîcheur légèrement parfumée de jasmin et de fougères.

— Alors, qu'en dis-tu ? insista-t-il. J'aimerais que tu y ailles immédiatement. Je m'occupe de rendre l'appartement et de toute l'organisation pour toi.

— Ben, j'ai le dos en feu !

— Mais de quoi tu parles ? C'est la chaleur qui t'a rôti le cerveau ?

Il semblait énervé.

— Je ne sais pas, c'est ce que je vais voir en tout cas !

— Marché conclu ?

— Je crois bien que oui, Ben, je crois bien que oui.

— ÇA, c'est ma poupée ! Tu garderas quand même tes douze pour cent de tout ce qui est vendu.

— Quinze pour cent ! rétorquai-je.

— Merde ! D'accord, quinze ! Euh, deux autres points. D'abord, Lynn m'a demandé comment tu allais. Tu lui as parlé récemment ?

— Une ou deux fois. C'est quoi l'autre point ?

— Twila m'a dit de te parler d'une vieille femme mourante… et de quelque chose qu'elle n'a jamais découvert. J'espère que toi, tu comprendras !

Il parlait certainement de la voyante. Ça faisait bizarre qu'elle soit mourante ! En fait non, après tout, elle était relativement âgée. Mais quand même…

— Euh, Ben, dit à Twila que je pense que je vais rencontrer « l'Unique ».

— « L'Unique » ? C'est qui ça ?

— Si seulement je le savais !

— D'accord, je lui dirai. Tu as l'air bizarre, JZ. Il est temps qu'on te sorte de cet enfer !

— Je suis sûre que c'est juste un état d'esprit, Ben. C'est tout.

— Alors, tu ne veux vraiment pas être une vedette de cinéma ? me dit-il pour me taquiner.

— Non, je crois que je suis destinée à faire quelque chose qui changera vraiment les choses !

— Ouais, eh bien, c'est ce que tu fais déjà, poupée ! À bientôt.

— Eh, Ben, merci pour le nouveau boulot.

Je raccrochai et restai un moment devant la fenêtre, rafraîchissant mon corps dans la brise. C'était si bon. Toute la sensation de brûlure semblait disparaître. C'était tel un souffle bienfaiteur dans lequel baignait mon dos. Je dis alors une petite prière.

— Cher Dieu, est-ce que tout ça est ta volonté ? C'est toi qui as guidé la voyante ? Si c'est le cas, j'accepte les changements dans ma vie, et prie simplement pour connaître la chose juste à faire. Père, accorde-moi la sagesse dont j'ai besoin pour faire les bons choix et prendre les bonnes décisions. Je te remercie grandement pour ma vie et la vie de mes enfants. Protège-nous dans Tes bras. Oh, j'ai presque oublié de te remercier pour Fantôme. Amen.

Le vol international de Waco à Seattle-Tacoma était long, mais les enfants s'amusèrent beaucoup et apprécièrent les films. En arrivant le long de la côte nord-ouest du Pacifique, je regardai par le hublot les montagnes les plus magnifiques que j'avais jamais vues. Le Capitaine les annonçait par leurs noms : mont Saint Helens, mont Hood, mont Adams, et le plus grand de tous, le mont Rainier. Chaque montagne couronnée d'un blanc scintillant émergeait d'une forêt vert émeraude de gigantesques et nobles pins Douglas. À leurs pieds, de nombreux lacs reflétaient le soleil... « comme des miroirs » ! Soudain, la voix de la voyante sonna à nouveau dans ma tête et me parla avec douceur.

— L'autre se situera dans de grandes montagnes, de grands pins et des lacs qui reflètent les cieux comme des miroirs. Si vous allez vers les montagnes et les pins, vous rencontrerez « L'Unique ». Vous comprenez ?

— Non, murmurai-je. Je ne comprends pas.

Chapitre 16

LA TERRE PROMISE

L'État de Washington était absolument époustouflant. J'étais transportée de voir des sapins de Noël partout, et cette douce pluie nocturne rendait le sommeil plus réparateur que nulle part ailleurs. Tout était si propre : les routes, les rues, les forêts. Quand j'emmenais les garçons au camping, j'étais tellement étonnée de pouvoir voir les poissons nager, tant l'eau était claire. Au Nouveau-Mexique, les rivières étaient si boueuses et si sombres que lorsqu'on lançait sa ligne, il vous fallait mettre un bouchon pour voir quand ça mordait.

Un jour, alors que j'admirais cette beauté autour de moi, je me souvins de combien j'avais aimé jouer dans la serre de maman. Je prétendais que toutes les plantes formaient une forêt, et j'aspergeais au tuyau l'intérieur du toit en plastique pour regarder l'eau tomber sur les feuilles comme de la pluie. Maintenant, je n'avais plus à faire semblant. Tout était là autour de moi, pour de vrai ! Je pensais aux enfants. Il me semblait que certains de leurs jeux préférés se réalisent plus tard dans leur vie. Peut-être est-ce lorsque nous sommes enfants que nous choisissons notre destinée. Après tout, ce que j'avais reconstitué dans la serre était devenu réalité. Il n'y avait qu'un ingrédient manquant : le propriétaire de ranch que je rêvais d'épouser avec tous ses chevaux merveilleux. Peut-être cela allait-il devenir vrai aussi ? Une chose était certaine, je me sentais chez moi ici et savais que je ne voudrais jamais en partir.

Je trouvai une jolie maison à louer dans le secteur de Lakewood, à Tacoma. Je n'étais pas encore très sûre de l'endroit où je voulais planter définitivement mes racines. J'avais choisi Tacoma parce que c'était à mi-chemin entre plusieurs succursales de notre télévision câblée dont j'étais responsable. Bien que la route fût longue de

Bremerton à Seattle, il me fallait une demeure de base pour installer les garçons de façon stable. Nous étions en 1972, Brandy avait six ans et rentrait à l'école, et Chris, quatre ans, était prêt pour la maternelle. Je trouvai une vieille dame, douce et charmante, pour prendre soin des garçons lorsqu'ils rentraient de l'école.

Dès juin 1973, j'en avais terminé avec le marketing des systèmes de câble de Brimstone et de Seattle. La compagnie de Ben à Los Angeles venait de s'effondrer à la suite d'un conflit interne important, le tout suivi d'un procès de grande ampleur. Je perdis donc mon travail. Ma réputation dans l'industrie de la distribution de télévision par câble était irréprochable. Cependant, malgré les nombreuses offres proposées par des entreprises de marketing, je décidai d'ouvrir ma propre compagnie. Je lui donnai un nom masculin, Mann Communications and Marketing. Je négociai un contrat avec le *Tacoma News Tribune* pour représenter leur filiale, la Cable TV Puget Sound. Cela allait m'offrir la stabilité dont j'avais besoin pendant un certain temps.

J'engageai une superbe équipe de marketing que j'entraînai de A à Z. Les individus étaient très motivés, ouverts d'esprit, créatifs et leur attitude était positive — facteur essentiel pour la réussite d'une campagne de marketing.

Lors d'une fin d'après-midi, quelques-uns de mes vendeurs commencèrent à rentrer du champ pour se réchauffer avec un café. J'étais occupée dans mon bureau à revoir leurs bulletins d'adhésion lorsque le téléphone sonna.

— Allô ? Oui, Terry, attends une seconde...

Terry avait du mal à trouver les gens chez eux et me demandait un autre secteur. Je fermai les yeux et en un instant, je sus où l'envoyer.

— OK, va deux pâtés de maisons plus loin, à Vine Maple. Tu auras plus de chance là-bas. Et Terry... n'oublie pas de bénir la maison avant de frapper à la porte !

Frank Smith entrait alors que je raccrochais. Il était l'un de mes meilleurs vendeurs. J'avais immédiatement aimé son attitude.

— Eh, chef, vous venez encore de faire votre tour de passe-passe ?

Il s'affala sur une chaise. Les autres étaient en train de déambuler à discuter de choses diverses. Je lui souris.

— Vous avez tout retourné dans cette compagnie, continua-t-il. Tout le monde est impressionné, même s'ils ne comprennent pas comment ça marche. Comment arrivez-vous à dire à un vendeur où aller ? me demanda-t-il en buvant son café.

— C'est juste une impression, une sorte de pressentiment. C'est comme ça que je sais, lui répondis-je en haussant les épaules.

— Comme un ressenti de voyance ? me demanda-t-il.

Je le regardai sincèrement, désirant fortement comprendre ce qu'il avait voulu dire par ce dernier mot.

— Voyance ? Tu veux dire quoi ?

Frank me renvoya un sourire indulgent.

— Vous savez, comme un sixième sens. Je pense que vous êtes un don de voyance, chef, dit-il d'un ton vigoureux.

J'hésitai.

— Je ne sais pas…

Je me sentis un instant coupable simplement à l'idée de penser avoir un don de voyance. Ce n'était pas moi qui savais, c'était Dieu. Penser autrement aurait été me priver, moi et les autres, de la beauté et du mystère de Dieu.

— En tout cas, tout ce que vous faites va vraiment au-delà des techniques scientifiques de marketing… bien au-delà ! dit-il.

Mon regard passa de Frank à la pâle lumière filtrée par les fenêtres. C'était un après-midi d'automne morne et sombre, feutré et triste. Je répondis à Frank avec apathie.

— Je ne suis pas d'accord sur le fait d'avoir un sixième sens, Frank. C'est Dieu mon sixième sens. Je prie et je fais confiance à Dieu. Il m'a aidée à être qui je suis.

Frank se redressa et m'étudia un moment. J'étais prête pour l'habituelle réfutation.

– Chef, vous êtes hors du commun et sacrément talentueuse. Mais il faut que je vous mette en garde, car votre confiance absolue pourrait vous détruire. Toute cette « noblesse innée de l'humanité » dont vous parlez... Au diable ! Le fonctionnement général de l'humanité est la méchanceté. Pardonnez-moi si je vous dis ceci, chef, mais il y a une forme de stupidité dans l'innocence. Toute cette candeur aimante vous rend naïve et sans défense face à ceux qui pourraient vous utiliser pour leur propre compte. Et je soupçonne que lorsque cela arrive, vous pensez simplement qu'il s'agit de la volonté de Dieu.

Frank fit une pause pour permettre à ce qu'il venait de dire d'être absorbé. Puis il continua, ironique et désabusé.

– Pauvre petit ange, peut-être Dieu vous récompensera-t-il un jour, mais j'en doute fort. Je continue à croire que vous êtes une voyante.

Frank était agnostique et cela me choqua.

– Frank, si les gens comprenaient vraiment combien Dieu les aime, et combien Il leur est accessible... s'ils comprenaient vraiment cela, alors ils seraient capables de s'aimer et de se faire confiance. Malheureusement, la plupart ne le comprennent pas, et ils deviennent méfiants, méchants, avides et même cruels. Ça m'attriste. Pas toi ?

Frank réfléchit, puis secoua la tête.

– Je pense que la corruption de l'humanité naît d'altruistes comme vous, chef. Votre gentillesse et votre générosité poussent la méchanceté des gens à vous exploiter et à vous ridiculiser. Je pense qu'ils le font parce que, profondément en eux, ils savent ce qu'ils sont. Cela les fait se sentir coupables et ils ont alors besoin de vous blâmer et de vous haïr en retour.

Soudain, Frank changea de sujet.

– Eh, chef, j'ai une tante qui aimerait réellement vous rencontrer. Je lui ai beaucoup parlé de vous. Pourriez-vous prendre une heure de votre après-midi de demain pour que je vous emmène la voir ?

Je me sentis déprimée par ce que Frank venait de me dire, presque comme si j'étais responsable du malheur du monde. Je haussai les épaules pour me sortir de ces pensées lugubres, puis regardai Frank et lui souris en acquiesçant de la tête. Sortir une heure de cet endroit me ferait du bien. Je travaillais pratiquement seize heures par jour et je commençais à me sentir épuisée.

— Bien sûr, pourquoi pas.

— Chef, vous ne le regretterez pas. Elle est un peu voyante. Elle dit qu'elle peut voir des choses dans les gens… quelque chose comme lire leur énergie. Mais…

Il pointa son long doigt vers moi en riant.

— Mais elle dit que c'est un cadeau de Dieu !

Mes oreilles s'éveillèrent. Cette rencontre s'annonçait intéressante.

Le lendemain, lorsque nous sortîmes de la voiture de Frank devant la maison à deux étages située dans un quartier bourgeois, le soleil d'hiver brillait. Les animaux de tous les environs vinrent se rassembler autour de nous. Les chiens remuaient la queue et les chats se frottaient contre mes jambes. Frank les regardait avec grand étonnement.

— Bon sang, qu'est-ce qui se passe ici ? demanda-t-il.

— Ça se produit assez souvent depuis quelque temps, si je reste suffisamment longtemps au même endroit. C'est assez bizarre, mais j'aime bien.

Je le regardai d'un air suffisant puis ajoutai :

— Je pense que ça a beaucoup à voir avec l'amour, la confiance et le fait d'être innocent, Frank chéri.

Je le suivis dans la maison. Elle était décorée de plantes et de fleurs de toutes sortes, il y avait même des herbes qui séchaient la tête en bas, pendues au plafond. L'air sentait le fouillis. Tante Beau descendit les escaliers en peignoir. Elle se réveillait.

— Tante Beau, je veux te présenter ma chef, JZ Hensley.

En arrivant en bas des marches, elle me dit :

— Oh, ma chère, j'ai entendu tellement de choses magnifiques sur vous. C'est un plaisir de vous rencontrer. Pardonnez ma tenue, je fais une émission radio sur la santé tard le soir, et je crains avoir trop dormi.

Elle me prit chaleureusement dans ses bras quand soudain, elle recula. Ses mains tremblaient en ajustant son peignoir. Elle lissa nerveusement ses cheveux ternes, et jeta un regard ahuri à Frank, qui semblait attendre une sorte de confirmation divine. Quand elle me regarda à nouveau, j'eus le sentiment très précis qu'elle m'étudiait avec une certaine appréhension. Puis, de façon assez inattendue, son visage flasque et pâle prit des couleurs et ses yeux devinrent écarlates. Elle se mit à pleurer tout en souriant. Frank eut peur. Il la conduisit vers une chaise et l'assit en douceur. Je restai immobile, troublée par cet éclat d'émotion subite.

— Je suis désolée... je vous ai offensée ? dis-je d'une voix à peine audible.

— Oh, mon Dieu, maintenant, je comprends. Ma chère enfant, vous avez la puissance la plus stupéfiante qui marche avec vous !

J'étais abasourdie.

— Une puissance qui marche avec moi ? Qu'est-ce que vous voulez dire ? Je ne comprends pas.

— Je n'ai jamais rien vu de pareil... c'est puissant... c'est tout autour de vous. C'est une lumière éblouissante, une énergie puissante. J'en ai vu des énergies, mais jamais comme celle-ci !

Je regardai Frank. Était-ce possible qu'elle soit cinglée ?

— Mais nous avons tous une lumière autour de nous, n'est-ce pas ?

J'hésitai.

— Peut-être même un ange gardien... la Bible en parle quelque part.

Elle commença à nier de la tête de manière déterminée.

— Non, pas comme celle-ci. Ça, c'est une énergie hors du temps. C'est au-delà des mots!

Je me souvins alors de Fantôme. Peut-être était-il lui aussi en train de rendre visite à tante Beau?

— C'est peut-être… un fantôme?

— Non, c'est comme un Dieu puissant!

— Ça veut dire quoi? Vous voulez dire comme Dieu Le Père?

— Non, ça vient *de* Dieu, me répondit-elle.

— Est-ce que ça pourrait être une personne morte qui revient nous hanter? Ou peut-être même nous aider?

— Non, c'est comme si cette puissance était la vie elle-même.

La peur et la frustration commençaient à me dévorer. Je voulais lui crier : «Mais bon sang, c'est quoi ce sacré truc, alors?» Mais au lieu de cela, je choisis de me taire et de mâchonner ma lèvre supérieure. Frank lui avait donné son mouchoir et elle s'essuyait le front. Je finis par lui dire :

— C'est une force démoniaque?

Un frisson parcourut tout mon corps. J'avais presque peur de sa réponse. Ses yeux vitreux étaient fixés sur moi, scrutant mon visage.

— Oh non, non, non, au contraire. C'est saint, mon enfant, c'est saint!

Elle se protégea ensuite les yeux de la main.

— Je suis désolée, je ne peux pas en parler davantage, murmura-t-elle. Excusez-moi de ne pas être plus claire. Je sais que du fait de votre innocence, vous ne comprenez pas ceci.

— Mais vous réagissez comme si ça vous donnait de l'angoisse, comme si ce que vous voyez était trop terrible pour pouvoir le regarder, dis-je.

— Oh non, chère JZ, cette lumière magnifique et sainte qui marche avec vous changera beaucoup de choses dans le monde.

— Mais c'est quoi cette *chose* qui marche avec moi?

Ma voix se mit à frémir.

– Je ne veux pas vous troubler ni blasphémer, mais avez-vous étudié Jésus-Christ et ses enseignements ?

– Oui.

– Eh bien, chère enfant, me dit-elle avec gentillesse, c'est une force de la même ampleur... un grand professeur qui aidera à engager le monde dans la paix grâce à ses enseignements.

– Ses enseignements ? Cette... puissance, euh, cette lumière, c'est un homme ? Comment fera-t-il si personne ne peut le voir ?

J'étais dans la confusion.

– Oui, assurément, c'est une énergie et une puissance masculine immense !

Elle répondait avec plus de confiance désormais.

– Comment va-t-il accomplir tout ça ? C'est un mystère.

– S'il vous plaît, tante Beau, dites-moi à quoi il ressemble, suppliai-je.

Elle leva les sourcils. Son visage semblait anxieux.

– Je n'arrive pas à voir son visage. Je ne peux que sentir sa puissance et voir sa lumière magnifique. Elle remplit la pièce.

Frank qui, sagement, ne disait rien, me regarda, l'air interrogateur. Je pense qu'il était incapable de gérer ce qui était en train de se passer avec tante Beau, et je me sentais dans le même état. Cela était allé trop loin.

– Merci, tante Beau, dis-je avec autant de gentillesse que possible. Je dois vraiment partir, maintenant.

– Oui, chérie... je comprends. Prends soin de ta propre énergie. Tu as l'air d'être complètement exténuée. La présence de cette puissance près de toi peut être profondément épuisante si tu n'es pas totalement reposée, ni en paix dans ta propre vie.

Je franchis la porte avec Frank et entendis à peine ce qu'elle disait. Sur le chemin de retour au bureau, ni l'un ni l'autre ne sut quoi dire. Mais que dire après une telle expérience ?

Pendant les deux semaines qui suivirent, je me sentis de plus en plus faible. Je n'avais plus d'endurance et j'étais tellement à plat que je n'entendais même plus le réveil le matin. Je ne comprenais pas ce qui n'allait plus en moi. Je pris donc rendez-vous chez le médecin pour la semaine suivante. Mais deux jours après avoir pris le rendez-vous, alors que j'étais assise à mon bureau avec Frank en train d'arranger quelques roses jaunes que m'avait envoyées un autre vendeur, je commençai à avoir des vertiges et m'évanouis.

Je me réveillai dans un lit d'hôpital. Un docteur entra dans la pièce. Il avait environ quarante-cinq ans et ressemblait à un parfait tombeur de dames.

— Bonjour, me dit-il avec un sourire. Je suis le docteur Kiley. Vous avez envie de dormir un peu plus, ou aimeriez-vous avoir des réponses sur comment vous avez atterri ici ?

— Dites-moi ! dis-je en essayant de m'installer plus confortablement sur l'oreiller.

Docteur Kiley s'assit sur une chaise près de mon lit.

— Vous êtes complètement exténuée.

— Je pense que oui.

Je remarquai soudain une intraveineuse dans ma main droite.

— C'est du glucose. Ça va aider votre corps à retrouver un peu d'énergie. Avant de vous déballer tous les détails médicaux, parlez-moi un peu de vous. Je sais déjà où vous travaillez, combien vous êtes une experte dans ce que vous faites, combien tout le monde vous aime et vous appelle « chef », et aussi combien vous vous dépensez trop durement.

Il souriait.

— Je vois.

Quelqu'un l'avait sûrement renseigné.

— Vous vivez seule ? me demanda-t-il.

— Non, je vis avec mes deux petits garçons.

J'avais la langue pâteuse.

— Vous n'êtes pas de la côte nord-ouest du Pacifique, n'est-ce pas ?

— Non, Monsieur, je suis du Nouveau-Mexique, mais j'adore la région ici et je compte y rester. Ici, c'est chez moi.

— Vous n'êtes pas mariée, alors ?

Il me posait ces questions tout en inscrivant les réponses dans mon dossier.

— Non.

— Est-ce que votre aide ménagère peut prendre soin de vous ?

Il ne levait toujours pas les yeux de ses notes.

— Pas exactement. Pourquoi ?

Il tourna une page, la lut, puis me regarda.

— J'ai déjà fait des tests sanguins, et nous avons trouvé des signes de mononucléose. J'aurai le reste des analyses dans quelques jours.

— Mononucléose ? C'est la maladie du baiser, non ?

J'étais alarmée.

— Eh bien…

— Eh bien, c'est impossible que j'aie ça !

C'était impossible, je n'avais embrassé personne depuis bien longtemps.

Docteur Kiley se mit à rire.

— Je vois. En fait, vous avez une pression artérielle anormalement basse, votre rythme cardiaque n'est pas normal non plus, et plus que tout, vous avez besoin de repos. De beaucoup de repos. Je veux vous faire passer une autre série de tests demain, et l'un d'entre eux sera un test de tolérance au glucose. Pour ça, j'ai besoin d'une patiente reposée.

Je ne répondis pas.

— Que puis-je faire pour que vous vous sentiez plus confortable ? dit-il en se levant.

— Je veux voir mes garçons. Je peux appeler quelqu'un qui les emmènerait ici ?

— Monsieur Smith vous a beaucoup aidée. Auriez-vous assez confiance en lui pour qu'il s'occupe de ça ?

— Docteur Kiley, c'est Frank qui m'a emmenée ici ?

— Oui, il était très inquiet à votre sujet quand il est arrivé hier.

— Hier ! Oh, mon Dieu ! Il a dit à mes fils et à la femme de maison où j'étais ?

— Oui, je suis sûr que tout a été fait. Si ça peut vous rassurer, je vais demander à l'infirmière d'appeler monsieur Smith et de vérifier tout ça. Mais pour l'instant, il faut vous reposer. Nous allons nous occuper de tout le reste.

— Docteur Kiley, ça prend combien de temps pour guérir de la mononucléose ?

— Je pense qu'il vaudrait mieux attendre les résultats d'analyses avant de tirer une quelconque conclusion.

— Juste une chose. Ça pourrait être la raison pour laquelle je me sens tout le temps si fatiguée et si léthargique ?

— Ça peut expliquer une partie de cette exténuation. Reposez-vous maintenant, je viendrai vous voir après le dîner.

Il me sourit et quitta la pièce. Je fermai les yeux et me rendormis.

Quelques heures plus tard, je fus réveillée par les sons familiers de Brandy et Chris. Je les vis arriver avec Frank. Ils coururent jusqu'à mon lit. Je les attrapai dans mes bras et commençai à embrasser leurs petits visages.

— Oh ! Comme ces précieux petits garçons m'ont manqué. Je suis *si* heureuse de vous voir tous les deux.

Ils commencèrent à sortir des dessins qu'ils avaient faits pour moi à l'école, ainsi qu'une carte de vœux de convalescence faite avec la femme de maison. Frank s'était assis et portait une boîte remplie de petites bouteilles, de parfum, de crèmes, de maquillage et de laque à cheveux. Il y avait aussi une petite valise à ses côtés.

— Frank, qu'est-ce que tu m'as apporté ?

— Les garçons m'ont montré votre coiffeuse, alors j'ai pris tout ce qu'il y avait. Je n'y connais pas grand-chose en cosmétiques féminins, alors j'espère que c'est ce que vous utilisez. J'ai aussi pris deux chemises de nuit que m'a données l'aide ménagère, et quelques-uns de vos documents de travail.

– Oh, Frank, tu es tellement adorable.

– Qu'est-ce que dit le docteur ?

– Je ne le saurai que dans quelques jours, mais il pense qu'il s'agit d'une mononucléose.

– Vous avez une mono ?

Il était alarmé.

– Eh bien, chef, ça va vous mettre hors commission pendant un moment !

Puis, il recula et me regarda intensément.

– Mais bon sang, Frank, je n'ai pas la lèpre, et ne t'inquiète pas, je ne vais pas sauter du lit pour t'embrasser.

Frank se détendit et rougit d'embarras.

Brandy descendit du lit et m'apporta un verre d'eau de la salle de bain pendant que Chris me tapotait la tête comme si j'avais mal. Brandy me dit de boire l'eau, car ça me ferait du bien. Je suivis son conseil. Ils me racontèrent ensuite comment ça allait à l'école et à la maison.

Une infirmière arriva pour annoncer la fin des visites. Les garçons grognèrent à l'idée de me quitter. Moi aussi. J'étais triste de voir ces petits bonshommes s'en aller. Je dus me retenir pour ne pas pleurer. Frank me proposa de s'occuper du bureau en attendant qu'on sache quoi faire. Ils me dirent tous les trois au revoir et partirent.

Pourquoi tout cela m'arrivait-il ? Je ne pouvais pas me permettre d'être malade. Qu'allait devenir ma compagnie ? Comment gérer un système de marketing depuis un lit d'hôpital ? Je me mis ensuite à me faire du souci au sujet de cette maladie. C'est alors que docteur Kiley entra. Il s'assit sur mon lit.

– Vos garçons sont des enfants charmants. Je les ai regardés dans la salle d'attente, dit-il en souriant. Ils se comportent extrêmement bien. Vous avez fait un excellent travail pour les élever, Madame Hensley.

J'étais touchée par la gentillesse de sa remarque.

— Merci, Docteur, je suis très fière d'eux. Ils sont le soleil de ma vie. Appelez-moi JZ. Je suis beaucoup plus à l'aise avec mon prénom qu'avec mon nom.

Ses yeux scintillaient. Un sourire illumina son visage. C'était vraiment un bel homme.

— D'accord, JZ, si vous préférez. Vous voulez que j'aille vous chercher quelque chose ?

— Non, merci. Docteur Kiley, dites-moi ce que vous avez en tête. Je suis très malade, c'est ça ?

— Oui, mais nous espérons que les résultats des autres tests nous en diront plus, et que nous pourrons ensuite vous remettre d'aplomb.

— C'est quoi ces autres tests ?

— À part le test de tolérance au glucose, je veux faire un prélèvement de la moelle osseuse.

— De la moelle osseuse ?

— JZ, nous avons quelques premiers résultats, et ils sont… très inhabituels. Votre taux de globules blancs est extrêmement bas, et nous avons besoin de savoir pourquoi.

— Vous pensez que j'ai un cancer ou quelque chose de similaire ?

Je commençais à avoir peur.

— On ne peut pas savoir avant d'avoir davantage d'information. Mais s'il vous plaît, ne vous alarmez pas. Il faut que je vous prévienne, certains tests sont douloureux, mais nous ferons tout pour que vous soyez le plus confortable possible.

Sentant que j'avais peur, il me prit la main avec beaucoup de douceur.

— S'il vous plaît, n'ayez pas peur. Ces examens sont une procédure dont nous avons l'habitude. Et vous ne serez pas seule, je serai là avec vous.

Le jour suivant, je subis le fameux test exténuant de tolérance au glucose. Cela dura huit heures. Je faillis vomir plusieurs fois à cause du sirop à ingérer, et mes bras commençaient à ressembler à des coussins d'épingles tant ils étaient piqués. Je dus ensuite endurer la douloureuse ponction de moelle osseuse dans ma hanche. Ce fut une journée horrible.

Le matin suivant, je mis ma chemise de nuit couleur jonquille. Je venais de finir de me maquiller et j'arrangeai mes cheveux quand docteur Kiley entra dans ma chambre. Il s'assit sur mon lit.

— Eh bien, vous avez l'air vraiment en pleine forme. Le jaune vous va à ravir.

Il sourit.

— Merci.

Bizarrement, je me sentis embarrassée d'être au lit en chemise de nuit face à un étranger.

— Comment vous sentez-vous ?

Je ne répondis pas. Je restai là à me tordre les mains sur les genoux. Je pensais à mes chers enfants et j'avais une sombre prémonition. Je marmonnai entre mes dents sans lever les yeux.

— Inquiète. Je suis inquiète pour mes enfants, Docteur. Il faut que je vive. Je le dois, pour mes enfants.

Docteur Kiley avait l'air très sérieux. Il se grattait le menton et se caressait la moustache.

— La mononucléose dégénérative est très grave en elle-même. Votre moelle osseuse, là où sont formées vos cellules sanguines, est infectée par un virus qui semble attaquer vos globules blancs. C'est déroutant. Je crains que ce soit cependant trop tôt pour établir un pronostic définitif. Il vous faudra plus de temps et un traitement de chimiothérapie avant de faire une quelconque conclusion.

Je détournai mon visage et restai là, atterrée par ce qu'il venait de dire.

— JZ, parlez-moi de vos croyances religieuses.

Lentement, je me mis face à lui et le fixai du regard. Pas besoin de plus de commentaires pour comprendre. Il acquiesça de la tête et me toucha la main. La sienne était chaude et douce. Je lui fis immédiatement confiance et me mis lentement à lui parler de ce que je croyais. Mes yeux se remplissaient de larmes.

— Le Christ m'a appris et m'a démontré l'amour de Dieu pour l'humanité tout entière. Je L'aime beaucoup. Je me suis efforcée de ne pas juger les autres et de les aimer comme je m'aime moi-même. J'*aime* Dieu de tout mon être, de toute mon âme et de tout mon esprit. Je comprends que quand un gland est tombé d'un chêne, il vivra à nouveau en tant qu'un autre chêne. Le Christ a dit que nous vivrons tous à nouveau. Dans mon âme, je sais que je revivrai. Ma mère pense que j'ai déjà vécu auparavant. Moi aussi. Je n'ai pas peur de mourir, Docteur Kiley…

Ma voix se brisa et de grosses larmes chaudes se déversèrent sur mes joues. Je reniflai et tentai de les essuyer, mais elles ne s'arrêtaient pas. Je pris une profonde respiration et continuai.

— Mon seul regret est de laisser mes enfants. Je les aime trop. Ils sont tout ce que j'ai. Sans eux, ma vie se serait achevée il y a bien longtemps.

Je fis une pause et me mouchai. Docteur Kiley me regarda. Ses grands yeux bleus brillaient de larmes. Je continuai.

— Peut-être que vous pensez que je suis un peu folle, mais je sais que ce que je dis est la vérité. Je sais que vous avez certainement vu de nombreuses personnes mourir… et je suis sûre que ça vous fait vous sentir très impuissant. Mais Docteur Kiley, ils ne sont pas vraiment morts. Ils ont juste été dans un autre temps et dans un autre lieu. Chaque fois qu'un nouveau bébé naît dans le monde, vous ramenez peut-être à la vie quelqu'un que vous avez vu mourir. Je pense que quand une personne est face à la mort, il y a une partie d'elle qui sait de façon innée qu'elle se rapproche de Dieu. C'est ça, en quoi je crois.

Je regardai le sol et commençai à jouer avec le ruban en satin jaune de ma chemise de nuit. Je n'aurais jamais pensé un jour expliquer mes croyances à un docteur parce que j'allais peut-être mourir.

Docteur Kiley se leva et se dirigea vers la fenêtre. Je ne savais pas trop ce qu'il pensait de mes paroles.

— J'ai vu de nombreux patients mourir, dit-il. Et, avec le temps, je me suis construit une immunité face à la mort. C'est ma façon de gérer ça. Chaque médecin fait du mieux qu'il peut pour sauver son patient, mais parfois, ça ne suffit pas, et nous devons apprendre à vivre avec ça. Quand j'entends battre le cœur d'un nouveau-né, je sais qu'il est en vie. Quand son cœur s'arrête pour ne plus jamais battre, je sais qu'il est mort, parti. Ce qui fait battre un cœur et ce qui le fait arrêter de battre, je ne peux qu'en présumer l'origine.

Il revint au pied de mon lit et mit ses mains sur la barre de métal.

— Vous m'avez appris quelque chose... émouvoir, ressentir et espérer. Vous avez de profondes convictions, mais s'il vous plaît, n'abandonnez pas la vie, justement du fait de ces convictions.

Il se tourna et quitta la pièce.

Je regardai la nuit à travers ma fenêtre.

— Père, quelle que soit cette chose qui m'a frappée, je n'y céderai pas. Je ne crois pas que Tu veuilles que je ne meure... pas encore. J'ai deux petits garçons à élever et je refuse que quiconque d'autre le fasse à ma place. Tu m'entends ?

Le jour suivant, Frank m'emmena Brandy et Chris à nouveau. Ma chambre ressemblait à une aire de jeu. Frank était assis par terre avec Chris à jouer aux voitures électriques, et Brandy était avec ses Legos. J'aimais les voir s'amuser, mais je commençais à me sentir vraiment fatiguée. Frank leva les yeux et vit combien j'avais l'air las.

— Alors, ils commencent quand, les traitements ?

— Ça a commencé ce matin. Et il y a encore d'autres tests à faire, lui répondis-je d'une voix morne.

— Vous avez mal, chef ?

— Frank, je préfèrerais ne pas en parler, dis-je, presque brutalement.

Je me sentis coupable. Le pauvre, il était juste inquiet.

— Écoute, je suis désolée. C'est juste que je me sens vraiment très faible et très malade. Essaie de comprendre.

— Tante Beau dit de ne pas se faire de souci. Elle dit que tout cela a une bonne raison d'être.

— Excuse-moi, Frank, mais ta tante Beau n'est pas moi. J'essaie de comprendre ce qui se passe. Je veux dire, pour une femme qui a vécu aussi bien qu'il est possible de le faire, ça n'a pas de sens. Comment un Dieu aimant peut-il vous rendre malade ?

J'étais indignée.

— Je suis couchée là, à essayer de comprendre tout ça. Qu'est-ce que j'ai fait pour que ça arrive ?

— Peut-être que vous n'avez pas pris assez soin de vous-même. Peut-être que vous devriez arrêter de vous tuer au travail pour vos enfants et commencer à vivre un peu plus… pour vous ! Bon sang, vous n'arrivez même pas à recevoir un compliment. Si quelqu'un dit que vous êtes belle, ce que vous êtes, vous le décapitez !

— Tu as raison, Frank, ça a toujours été un truc difficile pour moi. Mais honnêtement, je suis en colère, très en colère…

Je m'affalai sur le lit.

— Eh, les gars ! Maman a besoin d'aller dormir. Je vous aime tellement… mais je commence à être vraiment fatiguée. Et Frank, merci d'être venu. J'apprécie tout ce que tu fais pour les garçons et pour moi. Vraiment.

Lorsqu'ils furent partis, je me mis à pleurer un peu, me sentant mal de leur avoir demandé de s'en aller.

Plus tard, un autre de mes vendeurs vint me rendre visite avec un bouquet de roses. Il était encore avec moi quand la porte s'ouvrit. C'était docteur Kiley.

— Oh, pardon, s'excusa-t-il, pensant que mon vendeur n'était pas uniquement un vendeur pour moi.

— Docteur Kiley, je vous présente Gary Marshal.

— Enchanté. Vous voudriez bien nous excuser, s'il vous plaît ? Les heures de visite sont terminées et j'aimerais m'entretenir avec ma patiente, dit-il sur un ton un peu sec.

— Bien sûr. Je fais quoi de ces fleurs ? demanda Gary.

— Quelqu'un les mettra dans l'eau. Merci, répondit le docteur.

— Au revoir, JZ. À bientôt.

Gary s'en alla et docteur Kiley s'approcha de mon lit. Son visage avait l'air sinistre.

— Comment vous sentez-vous ?

— Comment *VOUS* sentez-vous ? Vous n'avez pas l'air trop heureux. Vous venez encore d'avoir d'horribles résultats, c'est ça ? demandai-je.

— Levez-vous. Je veux écouter votre cœur.

Il mit son stéthoscope sur ma poitrine puis sur mon dos. Il était très proche de mon visage et lorsqu'il eut fini, il leva les yeux et me demanda :

— Je pensais que vous viviez seule.

— Je vis seule. Pourquoi vous me demandez ça ?

J'y réfléchis un instant.

— Oh, vous pensez que je « devrais » avoir quelqu'un... capable de prendre soin de moi quand je sortirai d'ici !

Son visage était si proche du mien. Ses yeux bleus brillaient intensément et une légère odeur d'épices se dégageait de lui.

— Je pense que vous devriez reconsidérer le fait de faire venir votre mère.

Il dégagea ma chevelure ébouriffée de mon visage. Ses mains tremblaient un peu.

— Toute la couleur de vos joues et de vos lèvres s'en est allée.

— Je me sens bien.

— Eh bien, je suis content d'entendre ça.

Puis, il y eut un grand silence entre nous. Il continua de prendre mon pouls et remonta la couverture jusqu'à ma poitrine. Il se dirigea ensuite vers la porte.

— Docteur Kiley, je ne vais pas mourir… je veux que vous le sachiez !

Il se retourna d'un coup et me fixa. Il était soudain très en colère.

— Si vous ne prenez pas soin de vous, vous *ALLEZ* mourir !

Il partit brutalement. Je pensais que les médecins ne perdaient pas leur sang-froid, surtout après avoir appris qu'ils ne se liaient pas émotionnellement avec leurs patients.

Lorsque les premières lueurs du lendemain s'intensifièrent, j'ouvris lentement les yeux et observai les mouvements du brouillard épais à l'extérieur. Il ressembla soudain à un fantôme gris dont les longs doigts pâles caressaient la fenêtre. Je me retournai et pris mon miroir. Je fus consternée par ce que j'y vis. Mon visage était gris et bouffi. Mes yeux semblaient perdus au fond de deux cavernes obscures, et mes cheveux désordonnés étaient devenus ternes et sans vie. La mort commençait à s'immiscer. Je saisis d'un coup mon maquillage et redonnai instantanément un peu d'éclat à tout ça. Je mis ma chemise de nuit bleue et une épaisse couche d'ombre à paupières bleue. On frappa doucement à ma porte. Docteur Kiley entra avec un bouquet de violettes.

— Oh, elles vont parfaitement avec ma chemise de nuit, merci. Vous allez vous ruiner à acheter des violettes à toutes vos patientes, dis-je en le taquinant.

— Je veux vous présenter mes excuses pour mon explosion d'hier. C'était contraire à mon éthique. Mais parfois, je ressens le besoin d'être un peu sévère avec vous, pour que vous preniez conscience contre quoi vous vous battez.

— Je comprends.

Je mis les violettes sur la table et le regardai un moment, simplement.

— Comment vont les nausées ?

— Comme des nausées matinales qui se poursuivent toutes les heures. C'est horrible.

Il s'assit sur le lit.

— Je sais. Je vous ai prescrit une poudre qui pourrait vous aider. Elle a un peu le goût de craie, mais il se peut que ça marche. Vous vous en sortez très bien après tout ce que vous venez de traverser.

Il regarda par la fenêtre.

— Vous savez, Docteur Kiley, j'ai prié Dieu toute ma vie. Je pensais cette nuit au fait que j'avais fait de Dieu mon père, parce que je n'ai jamais réellement eu de père.

Il me jeta un regard sombre. Je continuai.

— Depuis que je suis petite fille, je parle à Dieu. Vous pensez que c'est fou ?

— Dieu vous a-t-il répondu ?

Il m'offrit un sourire magnifique.

— Oui.

— Comment ? demanda-t-il.

— Par une sorte de ressenti. Vous avez déjà eu cette sensation qui vous envahit et qui vous soulève presque ?

Je regardai son visage réagir à ma question. Sa réponse fut longue à venir.

— Oui, j'ai connu cette sensation une ou deux fois.

— Quand vous étiez en paix totale et que rien ne vous inquiétait, presque comme si vous faisiez partie de tout ce qui existe, comme si vous n'étiez séparé de rien ?

— Peut-être.

— Quand vous saviez que tout allait bien se passer… parce que déjà, tout se passait bien ?

— JZ, je sais une chose… que vous êtes une femme très courageuse.

Je le regardai, surprise.

— Moi ? Oh, vous vous trompez, Docteur ! J'ai toujours eu peur. C'est pour ça que j'ai toujours demandé de l'aide à Dieu et…

— La peur et le courage ne sont pas contradictoires. Ceux qui ont des raisons d'avoir peur peuvent devenir très courageux.

Je secouai la tête lentement et des larmes se mirent à couler de mes yeux.

— J'ai toujours essayé d'être courageuse pour le bien de mes enfants, mais ça... maintenant... Quand je prie, je sens que je ne suis pas séparée de Dieu, je sens que je suis vivante et remplie de vitalité. Mais maintenant que je suis malade, je vacille.

Je tentai de retenir mes sanglots, mais au souvenir de la douce sérénité que j'avais dans mon enfance quand je possédais la foi ultime d'une enfant, en dépit de la dureté de la vie, les larmes se mirent à jaillir en silence.

Docteur Kiley se pencha sur moi et me caressa doucement les cheveux.

— Ce que je suis sur le point de vous dire pourra vous sembler étrange vu ma profession, mais je veux néanmoins vous le dire. J'ai toujours considéré les non-croyants comme étant des non-vivants. Ce sont eux qui sont véritablement morts. Mais donc, ils n'ont jamais réellement vécu non plus !

Mes larmes coulaient insouciantes sur ma poitrine, tachant ma chemise de nuit de soie bleue. Il continua de me parler, presque dans un murmure.

— Vous êtes en vie. Vous avez des émotions et de la profondeur. Une vie de sentiments que vous pouvez partager avec un autre être humain.

Je me retournai pour regarder la fenêtre.

— Non, je n'ai jamais eu de profonds sentiments pour quelqu'un d'autre. Je n'ai jamais été amoureuse. Seulement ce que je ressens pour mes enfants et pour Dieu.

— JZ, pourquoi avez-vous peur de faire confiance et d'aimer une autre personne ?

— Parce que les gens sont changeants. Un jour, ils pensent être amoureux, et le lendemain, ils ne le sont plus. Ils jouent au jeu de l'esprit, ou peut-être simplement au jeu de la luxure. Dans les deux cas, ce n'est qu'un état d'esprit. Comment peut-on mettre sa confiance là-dedans ?

— Serait-il possible, dit-il prudemment, que vous sentiez ne pas mériter qu'on vous aime, et que de ce fait, vous ne croyiez pas que l'amour soit une chose réelle ?

— Vous pensez avoir tout compris, n'est-ce pas ? répliquai-je avec une véhémence qui assécha rapidement mes larmes et mit mon visage en feu.

— Je... simplement...

— Ça fait partie de votre approche psychologique des patients gravement malades ? l'interrompis-je avec un léger rictus.

Il me répondit calmement.

— Il faut plus que des médicaments pour aller bien, JZ. L'amour et le bonheur sont les remèdes les plus efficaces.

— Mais je peux rire et être heureuse autant que n'importe qui... même si c'est un peu plus dur en ce moment.

Cette conversation me mettait très mal à l'aise. Il essayait de me dire quelque chose sur moi que je ne voulais pas entendre.

— Vous savez, récemment, j'en suis venu à comprendre quelque chose à mon sujet.

Je le regardai avec suspicion.

— Peu importe combien de gens je guéris, ou combien j'ai de « succès », je pense sincèrement que ça ne suffit pas si je ne peux pas le *partager* avec quelqu'un. Ça semble être un cliché, je sais, mais c'est vrai... pour moi en tout cas. Je pense que ça doit être vrai aussi pour la plupart des gens.

— Eh bien...

J'étais prête à lui dire que je n'avais besoin de personne quand il m'interrompit.

— Vous n'avez jamais pensé à aimer quelqu'un complètement ? Peut-être à vous remarier, mais cette fois pour toutes les bonnes raisons ?

Mes yeux coulaient à nouveau. Je détournai rapidement la tête vers mon oreiller. Il observa une larme glisser lentement le long de ma joue. Je tendis le bras pour toucher les violettes. Il se pencha vers moi et me regarda dans les yeux avec un sourire affectueux. Je tentais de comprendre pourquoi il me disait tout ça.

— Vous avez eu beaucoup de patients pour lesquels vous vous êtes senti aussi désolé ? murmurai-je.

— Désolé ?

— Vous essayez de me sauver ? Je suis un défi pour vous ?

— Ma chère et magnifique dame, vous n'avez absolument aucune notion des sentiments *humains*, n'est-ce pas ? Votre monde n'est-il rien d'autre qu'une jolie boîte proprette remplie de réponses fournies par Dieu ?

Je clignai des yeux.

— Je crois que je ne pense pas comme vous, c'est tout.

Il commença à partir, mais je lui retins le bras et l'attirai à moi jusqu'à ce qu'il soit très prêt.

— Docteur Kiley... Je sais que vous essayez de m'aider... de nombreuses façons. Je vous aime pour ça. Et je sais que je dois vous faire confiance. Ma vie repose entre vos mains. Mais là où j'ai grandi, ce n'était pas un champ de roses. Les gens blessaient les autres pour survivre. La vérité est qu'il n'y avait pas de chevalier sur son cheval blanc, il n'y avait que des réalités terribles. J'ai eu des sentiments pour quelqu'un une fois, mais je n'ai pas réussi à lâcher mes peurs et à leur donner une chance de vivre. Peut-être avez-vous raison, peut-être que je ne crois pas mériter qu'on m'aime. Mais jusqu'à maintenant, j'étais la seule sur laquelle je pouvais compter, jamais personne d'autre.

Il écoutait attentivement. Soudain, sa beauté me frappa. Je voulus le prendre dans mes bras. Je me penchai et l'embrassai tendrement sur la joue. En m'écartant à nouveau de lui, je sentis mon cœur battre dans ma poitrine.

— Je suis désolée. C'est juste que vous avez été si gentil et si attentionné.

— Non, j'avais besoin de ça, venant de vous.

Il essuya doucement mon visage et me donna un baiser sur le front.

— Je veux que vous viviez, et que vous connaissiez le bonheur d'être avec quelqu'un qui vous mérite.

Il se leva et marcha lentement jusqu'à la porte.

Je lui étais reconnaissante et sa sensibilité me touchait, mais j'avais entendu des histoires sur les patientes qui tombaient amoureuses de leur médecin. Et je ne voulais pas tomber dans ce piège.

Après une semaine alitée à subir des traitements, mon teint était devenu jaunâtre et j'avais perdu beaucoup de poids. Les nausées étaient mon lot quotidien et mes nerfs étaient à bout. Un jour, une infirmière entra dans ma chambre. Elle m'avait déjà fait des soins et je l'aimais beaucoup.

— Allez, ma chérie, c'est le moment de la douche, me dit-elle.

— Je n'ai pas envie de bouger.

— Je sais, mais vous ne voulez pas que je me penche tout le temps sur vous pour vous laver à l'éponge, n'est-ce pas ?

Je lui souris.

— Pourquoi êtes-vous infirmière, Emily ?

— J'aime bien regarder de jolies jeunes choses aller bien. Allez. Docteur Kiley va bientôt arriver.

Elle retira doucement mes draps.

— C'est un homme si gentil. Il vous aime beaucoup, c'est sûr. Vous vous êtes déjà demandé pourquoi il ne s'était jamais marié.

— Il aime tous ses patients, Emily. Et je pense qu'il recherche sa mère.

Elle m'aida à aller jusqu'à la douche. Ma tête tournait et j'étais si faible que je tremblais de tout mon corps.

— Voilà, maintenant, allez-y doucement. C'est bien… Oui, je crois qu'il est marié à tout le monde.

Je retirai ma robe d'hôpital et entrai dans la douche.

— Mon Dieu, comme c'est dur de garder l'équilibre avec cette nausée.

— Je sais, chérie, mais quand on est propre, tout semble plus simple.

L'eau chaude faisait du bien à mon corps. Emily continua de me parler en mettant de l'ordre dans ma chambre. Soudain, elle entendit un cri strident provenant de la douche. C'était moi et je hurlais.

— Nonnn! Nonnn!

— Qu'est-ce qui se passe? Qu'est-ce qui ne va pas? me cria Emily en courant à la douche.

Elle ouvrit la porte. J'étais là, frigorifiée à fixer le sol, du shampoing plein les cheveux. Par terre, prise dans le drain, se trouvait une énorme poignée de cheveux. D'autres mèches mouillées restaient collées sur ma poitrine et sur mes jambes. Et ma main droite en était remplie. Je hurlai de panique.

— Je sais, je sais. JZ, écoutez, chérie, ils vont repousser.

Elle tentait de m'atteindre dans la douche, mais j'étais en état de choc, incapable de bouger. Elle courut appeler de l'aide. J'étais pétrifiée. La mousse, l'eau et mes cheveux ruisselaient le long de mon corps.

Trois autres infirmières entrèrent dans la salle de bain.

— JZ, sortez de là, chérie, me disait Emily en fermant l'eau. Allez.

Je ne pouvais pas bouger. Une autre infirmière prit le miroir sur ma table et se précipita dans la douche.

— JZ, regardez, ce n'est pas si affreux que vous pensez, regardez-vous, vous verrez.

Je jetai un œil dans le miroir. Je réagis avec horreur, lui arrachant des mains et l'éclatant contre le mur.

— Sortez d'ici! Vous toutes. *SORTEZ!*

Je criais comme une femme folle.

– S'il vous plaît, chérie, écoutez, ça repoussera. Croyez-moi, s'il vous plaît, me suppliait Emily.

Je la rejetai contre le mur.

– Ne me regardez pas ! Arrêtez de me regarder !

Elle saisit mon peignoir et me l'enveloppa sur les épaules. Je titubai et trébuchai dans ma chambre. Elle prit immédiatement une serviette et me couvrit la tête.

– Sortez ! *SORTEZ !*

Je continuais de hurler. Docteur Kiley arriva en courant dans la chambre.

– JZ, s'il vous plaît, ne vous faites pas ça.

– Je vous déteste. Je déteste ce que vous m'avez fait !

– Ils vont repousser, je vous le promets, me dit-il en tentant de me calmer.

– Ne me touchez pas ! Sortez d'ici et laissez-moi tranquille !

J'étais terrorisée comme un animal piégé dans un coin.

– L'injection ! ordonna-t-il.

Je me retournai.

– Ne me touchez pas !

Docteur Kiley et les autres infirmières me saisirent et m'allongèrent de force. Je leur criai violemment de partir. Emily me fit une piqûre.

– Nonnn !

– Ne vous faites pas ça, me supplia docteur Kiley.

– Me faire quoi ? *ME* faire quoi ? C'est *VOUS* qui me l'avez fait. Je n'en peux plus !

– Tout *ira* bien. Vous êtes belle, souvenez-vous de ça, dit-il.

– Comment pouvez-vous me parler comme ça ? Vous m'avez enlevé ma dignité !

Je pleurais.

– Non, JZ, ce n'est que temporaire.

Sa voix calme était au bord de la panique.

— Temporaire ! Peut-être qu'être en vie est temporaire !

Je donnai un coup de pied dans mon fauteuil roulant en direction de docteur Kiley.

— Vous ne comprenez pas, vous, le grand expert médical ? Vous ne comprenez pas qu'une personne peut mourir d'humiliation !

Mes paroles lui explosaient au visage.

Puis, l'injection commença enfin à faire son effet. Je me recroquevillai, sanglotant. Les dernières choses que je vis furent docteur Kiley quittant sans bruit la pièce et la pauvre Emily me regardant, paralysée.

Le matin suivant, j'étais allongée dans le lit avec un foulard enroulé serré autour de ma tête. L'événement de la veille m'avait laissée transie. Je sentais que mon âme cherchait des réponses… mais aucune ne venait.

Le temps passa et je devins une recluse dans le monde obscur de ma dépression. Je passais parfois des heures à regarder la fenêtre ou juste à rester allongée, ne répondant ni aux infirmières, ni au docteur Kiley, ni à mes petits garçons. Je ne pouvais plus manger et j'étais alimentée par intraveineuse. Je gardais en permanence le foulard sur ma tête, mais je n'arrivais toujours pas à me regarder dans le miroir de la salle de bain. Un jour, je pendis même une serviette sur ce maudit miroir pour le cacher. Je n'arrivais à ressentir aucune joie ni aucun espoir pour mon existence. Je me demandais combien de gens avaient souffert de cette façon avant de mourir, non de leur maladie, mais d'avoir eu l'esprit brisé.

Un matin, une femme ouvrit la porte et entra dans ma chambre. Elle était jolie et dégageait de la joie. Elle portait quatre boîtes rondes. Elle s'assit à côté de mon lit. Je ne fis pas cas de sa présence.

— Bonjour, Madame Hensley, mon nom est Betty Jo Taft. Docteur Kiley m'a contactée pour que je vous prépare une jolie perruque. J'ai apporté quelques modèles d'une qualité exquise.

Je ne disais rien.

— J'ai entendu dire que vous avez de beaux cheveux, continua-t-elle.

Je me retournai et fronçai les sourcils d'impatience et d'aversion.

— Il y en a de vraiment très jolies. Elles sont là, permettez-moi juste de vous montrer ce que j'ai.

Betty se pencha pour ouvrir une des boîtes posées au sol. Elle en sortit une belle perruque blonde aux cheveux mi-longs. Elle la secoua jusqu'à ce que les cheveux rebondissent librement.

— Je ne sais pas pour vous, mais moi, j'aime beaucoup travailler avec les cheveux. Regardez, j'ai une photo de vous.

Elle la sortit de son sac et me la tendit. Elle avait été prise avec mon chef installateur chez Puget Sound Cable TV. Je contemplai combien mes cheveux étaient beaux, ondulant dans mon dos.

— Votre longueur est celle avec laquelle je préfère travailler. La plupart des gens ont des cheveux beaucoup plus courts. Comme vous pouvez voir, j'ai essayé de reproduire votre couleur et votre longueur. Je suis très fière de celle-ci.

Je continuai à la regarder avec colère. Elle était si présomptueuse avec ses remarques idiotes.

Elle maintint la perruque dans les rayons du soleil. Les boucles scintillantes flottaient librement et dansaient avec grâce. Elle était vraiment belle.

— Je n'ai jamais perdu mes propres cheveux, continua-t-elle, mais j'ai travaillé avec beaucoup de gens qui n'en avaient plus. Touchez-la simplement, elle est magnifique, non ?

Je regardai cette femme, puis observai la perruque. Lentement, je tendis la main et la touchai. Elle était douce et fine, et glissait entre mes doigts, exactement comme mes cheveux.

— Vous voyez, j'ai essayé de capter à quoi ressemblaient vos cheveux à partir de votre photo. On peut leur donner un style ensemble si vous le désirez. Allez, on va essayer.

Elle s'avança vers ma tête, mais je mis immédiatement mes mains sur mon foulard.

— Je veux que vous sachiez, me dit-elle gentiment, que j'ai vu beaucoup de gens sans cheveux, Madame Hensley. Ce n'est pas du tout choquant pour moi, ni même repoussant. Je me sens tellement bien de pouvoir apporter ce que je sais faire aux autres. S'il vous plaît, faites-moi confiance.

J'écoutai ce qu'elle me disait et finis par enlever mes mains de ma tête.

— Vous avez déjà lu la Bible quand vous étiez petite ? lui demandai-je.

Elle resta un instant muette face à ma question incongrue.

— Un peu… Je suis allée une fois au catéchisme.

— Il y a un verset dans la Bible qui dit que les cheveux d'une femme sont sa couronne et sa gloire, dis-je en me mettant à pleurer. J'ai été « déglorifiée » ! Regardez-moi, pas de sourcils, pas de cils…

Betty me parla avec beaucoup de compassion.

— Oh, mais ils vont repousser, il faut juste donner le temps à la nature. Tout prend du temps. S'il vous plaît, permettez-moi de vous aider. Peut-être que cela va vous plaire.

J'avais un peu peur, mais je finis par enlever le foulard de ma tête. Betty me regarda avec attention. Il restait encore quelques touffes de cheveux.

— Eh bien, ce n'est pas si terrible que ça !

Elle sortit un miroir de sa boîte et me le tendit. Je le repoussai. Elle commença alors à toucher mes cheveux.

— Vous avez de bons cheveux.

Elle se pencha un peu plus près.

— Vous avez beaucoup de chance. Vous voulez bien vous asseoir un peu plus droite, s'il vous plaît ? Je vais les brosser et les ramener en arrière pour pouvoir ajuster correctement la perruque.

Je me redressai, et, sans dire un mot, lui permis de prendre soin de mes tristes cheveux. Lorsqu'elle eut fini, elle m'ajusta la perruque blonde sur la tête, et je sentis immédiatement la chevelure souple tomber en douceur sur mes épaules. Je la caressai. C'était merveilleux.

– Maintenant, si vous désirez une frange, on peut en faire une.

Je soufflai les mèches devant mes yeux pendant qu'elle me tendait le miroir.

– Regardez ça ! C'est splendide.

Je n'arrivais pas à y croire. C'était presque moi. Je me mis à sourire.

– Oh, mon cher Dieu ! On dirait mes vrais cheveux. C'est magnifique !

Betty souriait face à ce qu'elle avait réussi à accomplir.

– Vous vous sentez comment ? Si c'est trop lâche, vous aurez des maux de tête. On peut laisser ça comme ça quelque temps et vous verrez comment vous vous sentez.

Je pris une brosse pour donner une forme à ma chevelure. Betty tenait la perruque à la couronne pour qu'elle ne tombe pas. Je commençai à coiffer les côtés et à dégager mon visage. Je travaillai ensuite l'avant.

– Vous avez de la laque ?

Betty avait l'air un peu surprise que je reprenne en main mes cheveux si rapidement. Elle était contente.

– Oh, ce truc va vous plaire !

Je vaporisai les cheveux en leur donnant mon propre style. Je repris le miroir.

– Qu'est-ce que je fais maintenant avec ce visage chauve ? dis-je en touchant mes cils et sourcils épars.

– Vous n'imaginez quand même pas que je suis venue ici sans rien ? Je suis une femme, souvenez-vous !

Elle gloussa de joie et sortit d'un coffret des cils professionnels tissés. Elle les enduit d'un peu de colle.

— J'ai un jour pensé devenir une vedette de cinéma, dis-je. J'imagine qu'elles font ça tous les jours, n'est-ce pas ?

Betty ria.

— Maintenant, voyons vos mirettes.

Elle me tendit les faux cils encollés.

— Vous voyez comme ils sont de différentes longueurs naturellement mélangées ? Ils ne sont pas groupés cinq par cinq.

J'appliquai le premier et le regardai. Il était très courbé.

— Vous avez envie de ressembler à Bette Davis ?

Cela me fit rire.

— Regardez, étirez-le un peu, me dit-elle en tenant le miroir.

Je le remis mieux, puis appliquai l'autre. Je levai les yeux en l'air et clignai des paupières sans malice. Betty me tendit le ligneur.

— Vous allez suivre simplement la courbe naturelle de votre œil et recouvrir la base des cils.

Je suivis ses instructions. Vous voyez, la cosmétologie hospitalière dans ce qu'elle a de mieux !

Lorsque je me regardai à nouveau dans le miroir, je n'arrivais pas à le croire tant je me trouvais belle. Je ressemblais presque à mon vieux moi. Je n'avais pas le visage d'une reine de foires comme je le craignais, mais plutôt d'une poupée Barbie. Des larmes apparurent.

— Non, non ! On ne pleure pas avec ces cils. Ils vont se décoller sinon. Ou alors, tirez votre bouche vers le bas pour que les larmes tombent sur les côtés de vos yeux. *Et* surtout, ne clignez pas des yeux.

Elle fit une démonstration.

Je fis une grimace.

— Comme ça ?

Une grosse larme jaillit de mon œil.

— J'imagine qu'on tient toutes grâce à de la colle, de la laque, et Max factor, n'est-ce pas ?

— Je dis toujours que ça aide de reprendre les choses là où Dieu les a laissées. Parfois, je trouve qu'Il devrait suivre des cours en cosmétologie !

On riait toutes les deux quand docteur Kiley entra.

— Oups !

Il referma la porte, frappa et entra à nouveau. Debout devant moi, son visage s'éclaira de joie.

— Depuis quand Marilyn Monroe réside-t-elle ici ?

Betty et moi éclatâmes de rire.

— Eh bien, vous êtes vraiment très belle, ce matin, Madame Hensley, me dit-il.

Je battis des cils rapidement. Betty ramassa ses miroirs et ses boîtes.

— Bon, j'y vais maintenant. Voici ma carte. Si vous avez besoin de quoi que ce soit, appelez-moi.

— Merci, Betty. Vous avez ensoleillé ma journée.

— Merci à vous, Madame Hensley. Vous avez ensoleillé ma semaine. Vous êtes vraiment très belle.

Betty serra la main du docteur Kiley et partit.

Docteur Kiley resta un moment à me regarder.

— Vous désirez être seule avec votre miroir ?

— Je n'en ai pas, dis-je en regardant autour de moi.

Docteur Kiley sortit un paquet-cadeau de derrière son dos.

— Maintenant, oui. Je reviens plus tard.

Chapitre 17

SI VOUS Y CROYEZ…

Une semaine plus tard, j'étais assise dans ma chambre à lire *Le Seigneur des anneaux*, un cadeau de Frank, lorsque les aventures des hobbits furent interrompues par quelqu'un qui frappa à la porte. Je criai « Entrez » et docteur Kiley apparut, vêtu d'un beau costume. Je ne l'avais jamais vu habillé autrement qu'en sarrau blanc. Il semblait sortir tout juste d'un magazine masculin. Il était vraiment beau.

— Bonjour, James. Wouah, vous êtes magnifique !

— Oh ! Le costume ? Eh bien, même les docteurs peuvent parfois avoir un peu de classe, non ? dit-il en me souriant. Je voulais que ma patiente favorite me vît sous mon meilleur jour au moment de sa sortie.

Il s'approcha et vint s'asseoir sur mon lit.

— Je suis guérie ?

— Non, pas encore. Cette maladie me laisse encore perplexe, mais j'ai fait tout ce que je pouvais pour l'instant. Vous serez une patiente en externe jusqu'à ce que nous voyions les effets de la chimio.

J'étais si heureuse. Je me redressai, les yeux brillants de bonheur à l'idée de rentrer à la maison.

— Vous voulez dire que je pourrai sentir mes pétunias, jouer avec mes garçons, les emmener à la pêche et savourer la pluie qui tombe ?

James sourit affectueusement à l'écoute de la simplicité de mes désirs.

— Oui, vous pourrez faire tout ça, mais je ne veux pas que vous en fassiez trop non plus, JZ.

— Oh, James ! Je suis si contente.

Je le regardai et pris conscience combien je l'appréciais.

– Je sais que ça n'a pas été toujours facile pour vous… mais merci beaucoup, James, merci infiniment.

– J'ai appelé votre mère au Nouveau-Mexique, dit-il d'un coup.

– Qu'est-ce que vous avez fait ?

– Vous avez besoin d'une personne de confiance auprès de vous, JZ. Quelqu'un qui peut vous aider avec les enfants et qui peut prendre soin de vous.

– James, vous n'auriez jamais dû faire ça !

J'étais choquée qu'il ait pris cette décision sans m'en parler.

– Vous ne lui avez jamais parlé de votre maladie ? dit-il d'un ton perplexe.

– Bien sûr que non, James. Je ne voulais pas qu'elle le sache !

J'étais outrée.

– JZ, elle vous aidera à prendre soin de vous. Elle veut vous aider. Elle avait senti que quelque chose de grave se passait. En fait, c'est elle qui m'a dit qu'il y avait un problème. Moi, je n'ai fait que le confirmer.

– Écoutez, ma mère n'a pas besoin de s'occuper d'un malade de plus. Elle en a eu suffisamment dans sa vie !

– Eh bien, JZ, ce n'est pas du tout ce qu'elle pense. Elle est arrivée aussitôt.

– Vous voulez dire qu'elle est chez moi en ce moment ?

J'étais contrariée qu'il ait fait une chose pareille. Comment avait-il osé ?

– Une fois de plus, vous pensez savoir mieux que moi ce dont j'ai besoin !

Il s'enflamma.

– Pourquoi n'acceptez-vous pas qu'il y ait des gens qui vous aiment et qui veulent prendre soin de vous ? Est-ce parce que vous pensez que vous ne méritez pas d'être aimée ? Ou est-ce parce que vous pensez être si « divine » que vous n'avez pas besoin d'émotions humaines ? Vous voyez combien c'est être centré sur soi-même, ça ? Ne pensez-vous donc qu'à vous-même ? JZ, je pense que vous avez peur d'aimer. Vous fuyez la possibilité d'une passion véritable. C'est comme si vous aviez peur que le bonheur avec un autre être humain vous dérobe votre identité.

J'étais abasourdie par ses paroles. On ne m'avait jamais parlé de façon aussi directe, mais le fait était qu'il avait raison.

— Écoutez, James, si je n'ai pas peur de mourir, pourquoi aurais-je peur de ressentir de la passion ou d'aimer ?

Son visage s'assombrit.

— Parce que vous préférez être une martyre ! C'est beaucoup plus facile à gérer pour vous. Ah, c'est sûr, vous arrivez à cracher au visage de la mort, mais vous n'êtes pas capable de regarder l'amour dans les yeux sans partir en courant ou sans vous fermer sur vous-même. Si vous considériez le fait d'aimer une personne de la façon dont vous aimez votre Dieu, vous vous apercevriez rapidement que c'est vous-même que vous regardez, et c'est précisément ce que vous n'êtes pas prête à faire. Quelqu'un quelque part vous a convaincue que vous ne valiez rien. Pourquoi ne pouvez-vous pas écouter quelqu'un d'autre, quelqu'un qui vous dit la vérité ?

Alors que je pesais la véracité de ces paroles, je commençais lentement à comprendre pour la première fois que James essayait de me dire qu'il m'aimait. Je pris peur et passai nerveusement la main dans mes cheveux en me mordillant la lèvre inférieure. Mais je ne le quittai pas des yeux.

Puis, son expression se radoucit. Un moment s'écoula et il déclara :

— Vous allez partir demain et je veux que vous considériez le fait d'autoriser une autre personne à entrer dans votre vie, en plus de Dieu et du travail. Vous ressentiriez peut-être le vrai bonheur pour la première fois. Si vous n'aimez que Dieu, vous n'aimez que vos propres perceptions. C'est facile, Dieu ne vous met jamais en porte à faux.

Je pense que James aurait voulu me dire directement ce qu'il ressentait, mais il était incertain quant à la nature de mes sentiments. Il se leva pour partir. Son visage trahissait toute la frustration qu'il ne pouvait exprimer.

— Bon, nous planifierons vos rendez-vous en externe, mais s'il vous plaît, n'en faites pas trop.

Il fit une pause.

— Oh, autre chose, je ne serai pas là demain quand vous partirez, mais je vous revois dans deux semaines, d'accord ?

J'acquiesçai de la tête en silence.

Il hésitait. Il ne voulait visiblement pas s'en aller. Je savais qu'il avait davantage à me dire, et je souhaitais qu'il puisse l'exprimer. Je commençais à me lever pour le retenir quand soudain il revint sur ses pas pour me prendre dans ses bras. Il se pencha et m'embrassa. Puis il entoura mon visage de ses mains.

— J'ai travaillé dur pour ne pas avoir de sentiments pour vous JZ, mais je n'ai pas fait du très bon boulot de ce côté. Je veux prendre soin de vous. JZ, j'en ai besoin. S'il vous plaît, permettez-le-moi... permettez-moi d'être cette autre personne. Je suis très amoureux de vous.

Je levai les yeux vers son visage et vis combien il était sincère. Mais qu'aurais-je pu lui apporter de bon en tant qu'invalide ? Peut-être même ne guérirais-je jamais et ne lui offrirais-je que des soucis, comme mon beau-père avec ma mère ? Je ne supportais pas l'idée de faire subir cela à quelqu'un.

James s'approcha encore davantage. Il pencha la tête vers moi et murmura :

— JZ, ma bien-aimée, voudriez-vous m'épouser et me laisser prendre soin de vous ? Je vous construirai une magnifique maison avec de beaux jardins...

Je restai tellement impassible qu'il pensa que je ne l'avais pas entendu.

— JZ, je suis rempli de vide, dit-il en me saisissant la main.

– James, mes sentiments pour vous sont profonds et précieux. Vous êtes davantage pour moi que vous ne l'imaginez. Je sais que vous n'allez pas accepter ce que je vais vous dire, mais un jour, la personne et le bonheur que vous cherchez viendront à vous. Vous n'avez pas besoin de moi et de la souffrance que je vous apporterais. Je vous en prie, comprenez. Je prendrai soin de moi, James, du mieux que je pourrai, mais j'ai besoin de prendre les choses en main moi-même, maintenant.

Son visage se troubla. L'espace d'un instant, il entrouvrit les lèvres comme pour tenter de raisonner avec moi. Mais il s'effondra et redéposa gentiment ma main.

– Oui, je sais.

Il sortit lentement de la pièce et referma la porte derrière lui. Je continuai de regarder dans sa direction, puis éclatai en sanglots.

Je me réveillai le lendemain dans la douceur des premiers rayons du soleil qui entraient timidement par ma fenêtre. À part les bruits du couloir, j'entendais le chant des oiseaux. Leur mélodie était magnifique. Lorsque je me retournai pour me lever, j'aperçus sur ma table de nuit un rouleau de papier soigneusement entouré d'un ruban bleu. Je le regardai, surprise, me demandant comment il avait bien pu arriver là. Je déliai le nœud et déroulai le parchemin. Une écriture manuscrite disait : « La vie appartient certainement à Dieu, puisque l'acte de l'intelligence, c'est la vie même, et que l'intelligence n'est pas autre chose que l'acte. Ainsi, l'acte en soi est la vie de Dieu ; c'est la vie la plus haute qu'on puisse lui attribuer ; c'est sa vie éternelle ; et voilà comment nous pouvons affirmer que Dieu est l'être éternel et l'être parfait. Donc, la vie, avec une durée continue et éternelle, est son apanage ; car Dieu est précisément ce que nous venons de dire. Aristote. » Mes yeux se remplirent de larmes de joie. Sans aucun doute possible, l'écriture était celle de James.

Ce fut Frank qui me ramena à la maison. À notre arrivée, les rideaux du salon se mirent à onduler comme si quelqu'un nous avait attendus en regardant par la fenêtre. Je sortis de la voiture et la porte de la maison s'ouvrit en grand. Chris, Brandy, maman et la femme de maison apparurent et coururent vers moi. Le soleil brillait, le jardin était en fleurs, et ma famille était à nouveau rassemblée. C'était grandiose d'être en vie.

Les garçons me prirent dans leurs bras et m'embrassèrent. Je maintenais ma perruque en place. Personne à la maison ne savait que j'avais perdu mes cheveux et je ne voulais pas que cela se sache.

Frank déposa mes valises à l'intérieur et partit poliment pour nous laisser entre nous. Je ressentais une grande fatigue et m'assis sous le porche. Je ne voulais pas entrer. Je voulais rester dehors à respirer l'air, le parfum des fleurs et la vie. Maman était si sensible à ce que je ressentais qu'elle nous prépara du thé glacé et vint s'asseoir à mes côtés. Les garçons jouaient dans l'allée avec Harvey, leur ami crapaud, et ne tarissaient pas de vanter l'ampleur de ses sauts. Mais il ne bougea pas.

— Oh, maman, j'aurais préféré que docteur Kiley ne t'appelle pas. T'as eu assez de soucis dans ta vie. Je ne veux pas en rajouter à ta longue liste.

— Eh bien, jeune femme, j'savais qu't'étais malade. J'ai fait des rêves et j'avais un grand pressentiment... J'suis v'nue ici soit pour t'enterrer, soit pour m'assurer qu'tu guérisses ! C'est tout !

Elle prit une gorgée de thé et tapota du pied.

— Merci d'être venue. Je suis contente de te voir, mais je vais aller bien et je ne veux pas en parler.

— T'as l'air en forme... Tu sais, j'ai vu la Janet l'aut' jour. Eh ben, tu savais qu'elle s'était mariée à un copain de Loy Gene ? Cette gamine a un sacré caractère... Elle m'a d'mandé d'te dire de lui écrire. Maint'nant, faut manger queq'chose et te r'poser un peu.

Elle me lança un regard en coin.

— Il faut que j'appelle la compagnie d'assurances et que je jette un œil sur mes factures, maman.

— Bah, t'mets pas ces soucis dans le crâne maint'nant !

Quelques semaines plus tard, alors que je binais mes bacs à fleurs, j'offrais de temps à autre mon visage au soleil pour en ressentir la douce chaleur. J'étais si heureuse de faire partie de la beauté de la nature et de la vie. J'inhalai profondément le parfum d'une fleur quand soudain, une voiture arriva. C'était Frank, accompagné d'une jolie jeune femme.

— Bonjour, Frank. Viens regarder mes roses. Dis-moi si Dieu a fait quelque chose de plus beau que ça ?

— Bien sûr que oui, il a fait Joanie… que voici ! JZ, c'est ma fiancée, Joan Parker. JZ, j'ai rencontré la femme qu'il me fallait il y a deux semaines. Je l'ai finalement trouvée… et nous allons nous marier !

Je me levai, essuyai mes mains et regardai Joan.

— Bravo, Joan, c'est un plaisir de vous rencontrer. Cet homme est la crème de la planète. C'est un ami… un vrai.

Je la pris dans mes bras.

— Merci. Frank m'a tellement parlé de vous. Vous êtes très chère à ses yeux. Il admire votre courage.

Je ne réagis pas à ses mots.

— Je sais que vous serez heureux. Oh, Frank, c'est si merveilleux pour toi.

Je rassemblai mes outils de jardinage et leur proposai de rentrer boire un thé.

Le soleil se couchait et sa lumière dorée remplissait le salon d'un éclat chaleureux.

— Alors, JZ, comment vous sentez-vous ? Et que dit James ? me demanda Frank.

— Je ne sais pas. Je ne me sens pas très bien, Frank. Je crois que j'en ai trop fait ces dernières semaines. James a encore des problèmes avec ce virus et dit que la médication n'a pas été aussi efficace qu'escomptée.

Je soupirai.

– Euh, écoutez JZ, c'est pour ça que Joanie et moi sommes passés. Nous allons à une réunion pour le Renouveau évangélique de l'autre côté de Seattle. Il y a un pasteur évangéliste vraiment bon qui a guéri un bon nombre de personnes.

– Une réunion évangélique ? Dans une tente ?

J'étais estomaquée.

– Eh bien, Frank, on dirait que t'as trouvé Dieu, finalement !

– Exactement ! me répondit-il.

Ses traits anguleux se colorèrent.

– Frank, j'ai été élevée avec toutes ces histoires de « feu de l'enfer » et de « brûler éternellement ». Ce sont des conneries ! Ça n'a rien à voir avec Dieu.

– Tout dépend de la façon dont vous le voyez, me répondit-il sans sourciller.

Joanie s'était assise sans bruit. Elle avait fermé les yeux et était en train de prier. Je connaissais le tableau !

– Frank, je ne vais pas marcher le long d'une allée pour que quelqu'un me sauve du diable.

– On a prié pour vous. J'aimerais que vous essayiez, me supplia-t-il.

– Mais Frank, j'ai essayé... toute ma jeunesse. J'ai vu ce que ça fait sur les gens. Ça leur fait peur. Ça les humilie. En fait, j'ai renoncé à l'évangélisme alors que j'étais à l'église et que ma belle-sœur était agenouillée à pleurer toutes les larmes de son corps. Et tu sais quoi ? Je n'y suis jamais retournée !

Je jetai un œil sur Joan. Elle continuait de prier en silence, les yeux fermés.

– JZ, vous voulez bien essayer une dernière fois ? insista-t-il.

– Non !

Frank se leva et s'approcha de moi. Il me toucha le bras.

– JZ, et pour moi, vous le feriez ? Oubliez l'église. Faites-le juste pour moi... pour que je n'aie pas l'impression de ne pas avoir essayé de vous aider.

Je levai les yeux vers lui puis regardai Joan en train de… vous avez deviné ! Je compris que, par l'entremise de Joan, Frank était désormais profondément engagé dans cette nouvelle foi.

— C'est si important pour toi ? lui demandai-je.

— Oui, vraiment, me répondit-il.

— Je ne veux vraiment pas y aller, mais… d'accord. Je vais le faire… pour toi !

J'étais absolument exténuée, mais je me changeai rapidement et les accompagnai. En route, je pus contempler le mont Rainier au loin, rayonnant, telle une immense pyramide rougeoyante dans le soleil couchant. Spectacle époustouflant !

Nous finîmes par arriver à la tente géante devant laquelle des centaines de voitures étaient déjà garées. Nous entrâmes. Les gens chantaient des hymnes en faisant osciller leurs corps, transportés par l'extase de leur ferveur religieuse. Frank et Joan, main dans la main, se balançaient en chantant, eux aussi. J'étais très inconfortable. Je levai les yeux en l'air puis les fermai. J'avais mal et j'étais épuisée.

— Frères et sœurs, rassemblons-nous maintenant. Tous ceux d'entre vous qui ont besoin de guérison, venez par ici. Allez, venez ! cria le prédicateur.

De nombreuses personnes commencèrent à s'aligner dans l'allée centrale qui menait à l'autel.

— Jésus attend, Jésus attend ! Venez et renoncez à Satan… renoncez à vos péchés. Venez et demandez pardon pour vos âmes afin de pouvoir être guéris.

Frank me prit la main.

— Venez… allons-y.

— Oh, Frank j'ai déjà vu tout ça. Je connais le jeu.

— Qu'avez-vous à perdre ?

J'eus un petit rire sarcastique.

— Faites-le pour moi, me murmura-t-il.

Je me levai lentement de mon siège. Je pouvais à peine tenir debout. Je souffrais terriblement du bas du dos. Frank m'aida gentiment à rejoindre la file de gens. Cela me rappelait tellement ce que j'avais vécu enfant… et je m'y retrouvais à nouveau, mais cette fois-ci, c'était moi qui avançais vers l'autel !

Frank me soutenait au milieu des autres malades et des personnes désespérées, et me conduisit jusqu'au bout. Il m'y laissa. À côté de moi se tenait une femme très frêle, de soixante-quinze ans environ.

Le pasteur posait ses mains sur les infortunés qui attendaient d'être sauvés.

– Oh, Jésus. Oh, Jésus, sauve cet homme de ses tentations. Sauve-le de la colère de Satan. Accepte-le dans l'amour pur de Dieu.

L'homme continuait de prier en silence, puis soudain, la femme à côté de lui hurla :

– Jésus, oh, Jésus, entends ma prière. Je renonce à Satan. Prends-moi dans tes bras aimants… Gloire à toi, oh gloire à toi Jésus !

Elle continuait de gémir alors que le pasteur laissait ses mains posées sur sa tête.

Il s'approcha ensuite de la vieille femme à mes côtés. Elle lui demanda :

– Frère ?

– Oui, sœur… Oui sœur, qu'y a-t-il, sœur ? Remets tes péchés à Jésus. Remets tes péchés.

– Oh, frère pasteur, mon mari a besoin de travail. Prie le Seigneur Jésus pour que nos âmes reçoivent sa miséricorde. Nous avons péché. Oui, nous avons péché. Pardonnez-nous pour qu'il puisse trouver du travail, criait-elle.

Le pasteur ferma les yeux et se mit à prier silencieusement pour elle en lui touchant la tête. Elle se mit à sangloter et à osciller.

– Oui, sœur. Le Seigneur Jésus va aider notre sœur… Renonce à Satan qui te possède. Renonce à Satan… Prions pour notre sœur !

L'ensemble de la congrégation pria pour elle, et le pasteur en vint à moi.

— Oui, sœur. Qu'est-ce qui ne va pas, sœur ? me demanda-t-il.

Je le regardai dans les yeux avec défi.

— Avant de commencer avec moi, je veux vous dire quelque chose. J'aime Dieu plus que vous ne pourriez m'en convaincre et plus que vous ne pourriez le prêcher. J'ai rompu avec Satan il y a longtemps parce qu'il n'existe pas. Il n'a jamais existé. Quand vous comprenez l'amour de Dieu, il n'y a de place ni pour Satan ni pour les péchés. Aujourd'hui, je suis en train de mourir. Lorsque vous allez poser vos mains sur moi, priez pour quelqu'un qui aime Dieu. Ne mentionnez même pas le nom de Satan. Il n'a pas de place ici. Il n'en a jamais eu.

Le pasteur resta abasourdi par mon intensité. Je suis sûre qu'il pensa que j'étais courageuse, mais aussi blasphématrice. Il plaça ses mains sur ma tête en trépidant. La tête penchée, je lui rappelai :

— Souvenez-vous, ne prononcez le nom de personne d'autre que Dieu.

Je l'avais intimidé.

— Oh, Dieu notre Père, regarde cette enfant et élève sa vie afin qu'elle guérisse. Oh, Dieu ! Oh, Dieu !

Soudain, avant même d'aller plus loin, un flash de lumière bleue traversa le toit de la tente. Ce fut une véritable décharge électrique aussi puissante et éblouissante qu'un éclair qui descendait directement sur mon corps. Le pasteur et la vieille femme à côté de moi furent projetés au sol. La congrégation entière fut témoin de cette lumière. Ils étaient tous frappés de stupeur. Le silence était absolu.

Je n'étais pas tombée. Je regardai au-dessus de moi, interrogative, puis fermai les yeux. Dieu m'avait entendue !

Les gens commencèrent à murmurer de façon feutrée. Puis, le ton s'amplifia pour devenir bientôt des gémissements et ensuite des cris. Certains accoururent pour aider la vieille femme par terre. Le pasteur se releva à son tour. Il tremblait de tout son corps.

— Qui êtes-vous ?

Ses yeux étaient écarquillés, en état de choc.

Je me retournai vers lui.

— Une enfant de Dieu !

Frank et Joan se précipitèrent vers moi. La foule se frayait déjà un chemin vers l'autel pour me voir. Certains essayèrent même de me toucher. Frank m'empoigna la main.

— Partons d'ici, ordonna-t-il.

— Frank, ma douleur est partie ! Je me sens différente, dis-je en me délectant de la chaleur et de la légèreté du bien-être qui m'envahissait désormais.

— Sortons avant d'être assaillis !

Il me tira rapidement par la main jusqu'à la voiture.

Joan m'observait continuellement avec curiosité.

— Je n'ai jamais rien vu de pareil, dit-elle d'une voix remplie d'excitation.

— Il y a eu un éclair de lumière, dit Frank. De là où on était assis, je pouvais tout voir. Vous avez senti quelque chose ?

— Oui, j'ai senti de l'électricité, exactement comme un courant d'énergie électrique, dis-je sur un ton presque mélodieux.

— Mais… c'était aussi puissant qu'un éclair, ce qui est passé à travers vous ! ajouta-t-il, impressionné.

Je me tournai vers lui et le regardai.

— Tu penses que c'était un éclair, Frank ?

— Je n'en sais rien, mais pour moi, ça y ressemblait vraiment !

Je montai dans la voiture et levai les yeux vers les étoiles. Elles scintillaient. Je ressentais une telle paix et un tel détachement que je ne pouvais même pas parler de ce qui s'était produit. C'était comme ce soulagement au moment de la naissance, après avoir enduré le dur labeur de l'accouchement. Une fois que vous voyez le bébé, vous oubliez la douleur, et seule la béatitude de l'enfant existe.

— Frank, Joan, vous avez déjà vu les étoiles briller comme ça ? Regardez-les. Elles sont comme des cristaux qui paraissent si proches qu'on pourrait les toucher.

Frank jeta un rapide coup d'œil, puis se tourna vers moi.

– JZ, vous allez bien ?

– Frank, je veux te remercier. Tu as perçu la justesse de quelque chose que je n'arrivais pas à voir.

– Jésus vous a sauvée, dit Joan, catégorique. Jésus vous a sauvée !

Je me tournai vers elle et la regardai un moment.

– Non, Joan, Jésus ne m'a pas sauvée. Je me suis sauvée moi-même. Je me suis sauvée moi-même en faisant confiance à Dieu.

Elle en eut le souffle coupé.

– Mais pourquoi ça s'est produit… comme ça, maintenant, ici ? demanda Frank.

– Parce que j'étais prête pour que ça se produise, dis-je de façon neutre.

– Mais je vous ai vue souffrir. Vous avez toujours été prête pour la guérison.

– Non, Frank, j'étais peut-être prête pour Dieu, mais je n'étais pas prête pour moi.

Dieu a besoin d'aide aussi. Dieu ne peut s'exprimer pour nous qu'à travers nous !

Frank et Joan me regardaient et essayaient de comprendre ce que je venais de dire. Je suppose que quand vous avez toujours cru que Dieu était séparé de ce qu'Il est en réalité, vous ne pouvez jamais comprendre le miracle que vous êtes.

Frank conduisit lentement pour rentrer. Je regardai défiler le paysage éclairé par la lune. Quelque part à l'intérieur de moi, je me sentais connectée à cette splendeur silencieuse. Je comprenais aussi le mystère du grand plan de Dieu. Il était au-delà des mots, mais je le connaissais.

Le jour suivant, je me rendis au cabinet de James.

– JZ, vous avez l'air en pleine forme ! Vous avez retrouvé vos couleurs. Que s'est-il passé ? Vous voulez bien me dire comment se fait-il que vous ayez l'air en parfaite santé ?

Il me regardait, incrédule.

– James, ça prend combien de temps pour avoir des résultats d'analyses de sang ?

– Quelques jours, en général. Pourquoi ?

– Vous pourriez leur demander qu'ils les fassent en priorité ?

– Je le peux, oui... Mais pourquoi les voulez-vous maintenant ?

– Je vous le dirai une fois que vous aurez vu les résultats. S'il vous plaît, voyez si vous pouvez faire ça pour moi.

Mon comportement rendait James perplexe.

– D'accord. Je vais demander à une infirmière de faire le prélèvement, mais ça prendra quelques heures quand même. Vous pouvez revenir en fin de journée ? Je devrais en savoir plus à ce moment-là.

Je souris et le remerciai.

Je me sentais si heureuse en marchant dans la rue que je tournoyais dans la lumière du soleil. Quelqu'un klaxonna. Je lui répondis d'un geste joyeux.

En fin d'après-midi, je retournai voir James. Après un court moment d'attente, l'infirmière m'envoya directement dans la salle d'examen de James. Il me vit et se leva, puis me fit signe de m'asseoir.

– Vous voulez bien me dire ce qui s'est passé ?

– Non, vous me donnez d'abord les résultats de ma prise de sang, James.

Il était proche de moi et me regardais intensément, presque émerveillé par moi.

– Vous vous souvenez de la fois où je vous ai demandé d'où vous veniez vraiment, et vous m'avez répondu d'Alpha du Centaure ?

Je me mis à rire.

– Oui !

– Eh bien, les résultats sont arrivés et ils sont... absolument normaux ! Ils n'ont même absolument rien à voir avec ceux d'avant.

En fait, c'est presque comme s'ils appartenaient à une autre personne.

Je commençais à rayonner.

— Il n'y a aucune trace de pathologie. Je suis abasourdi. Et en plus, il y a autre chose. Le labo a trouvé une cellule que nous ne comprenons pas.

— Que voulez-vous dire ?

— Ils disent qu'ils n'ont jamais vu ça, ni chez vous ni chez aucune autre personne. JZ, il faut que vous soyez honnête avec moi. Quelque chose de radical s'est produit dans votre sang, ce qui veut dire que quelque chose s'est produit dans tout votre corps !

— James, je vais abréger l'histoire. Frank est venu me chercher hier avec sa nouvelle fiancée. Je pense que c'est une évangéliste intégriste.

— Ça, c'est une chose que vous connaissez !

— Oui, euh… et ils m'ont emmenée à une réunion du Renouveau évangélique.

— Vous plaisantez ! Je pensais que vous rejetiez ce genre de chose !

Je lui racontai la suite. Il m'écoutait très attentivement et souriait parfois.

— … Et je me suis sentie si en paix, si calme. James, je n'avais plus aucune douleur. En fait, je me suis sentie incroyablement bien. Et c'est encore le cas ! Voilà, maintenant, vous savez ce qui s'est passé !

James se racla la gorge et commença à bouger nerveusement.

— Bon, je vais essayer de comprendre. Vous avez senti une décharge électrique traverser votre corps ?

— Oui, James, c'était incroyable.

— Et votre douleur a disparu… immédiatement ?

— Eh bien, j'étais sous le choc, je ne l'ai pas remarqué tout de suite. Mais après, je me suis focalisée sur mon corps et oui, la douleur et l'épuisement étaient partis ! C'est comme si j'avais eu une transfusion d'énergie !

James me prenait au sérieux. Après tout, la preuve était là, assise devant lui avec les résultats de laboratoire sur son bureau.

– Et vous avez dit au pasteur de ne pas parler de Satan ?

– Exactement ! Je ne crois pas au démon, James. C'est dévastateur de croire au pouvoir du démon. Je veux dire que… ces prédicateurs vous forcent à aimer Dieu en vous faisant peur à coups de trident diabolique au derrière ! Vraiment, c'était très important pour moi de dire à ce pasteur que je ne croyais pas en Satan, et que je ne croyais qu'en Dieu ! Et que j'aimais Dieu absolument !

– Oui, je sais, acquiesça-t-il.

– Écoutez, James, en renonçant à l'existence de Satan, je renonçais à sa religion et il le savait. Dieu n'a rien à voir avec la religion. Dieu a à voir avec Dieu. Dieu et la religion sont deux choses différentes. Dieu est tout. Il n'y a pas de diable en Dieu. Je voulais que le pasteur le sache. Je savais qu'il pensait que j'étais tombée malade parce que j'étais une pécheresse. Il prêche plus sur le diable et le démon que sur l'amour de Dieu. Et je ne voulais pas qu'il… pas pour moi !

James alla à la porte pour regarder à l'extérieur. Je restai là, silencieusement assise.

– JZ, vous pensez que c'est quoi qui a produit ça ?

– Je ne sais pas vraiment. Mais je sais que maintenant, j'ai un but dans ma vie. Je ne sais pas ce que c'est, James. Je sais simplement que je ne me sens plus la même !

James secoua la tête et retourna à son bureau pour regarder à nouveau les résultats des tests.

– James, vous croyez aux miracles ?

– Je pense que je viens d'en voir un !

– Et en tant que docteur, diriez-vous que je suis guérie ?

– Je sais à peine quoi dire, JZ.

– James, vous vous souvenez quand vous m'avez dit que si je m'aimais davantage, mon corps le refléterait ?

Il acquiesça de la tête.

— Eh bien, vous aviez absolument raison. J'aimais Dieu comme s'Il était quelqu'un d'extérieur à moi. Ce n'est plus ce que je ressens, maintenant. Je sens que Dieu est quelque part en moi… en chacun de nous tous. Et si c'est vrai, alors il est essentiel que j'aime qui je suis ! James, vous aviez raison. Je suis tombée malade parce que je ne pensais pas suffisamment à moi. Je pensais que je ne valais rien et je le pensais depuis longtemps. C'est ce que m'avait appris mon éducation religieuse et toutes les choses que j'avais vécues en tant qu'enfant. Ma maladie était le résultat final de tout ça ! James, je sais que ça va à l'encontre de toute connaissance médicale classique, mais je pense vraiment que la maladie est un état d'esprit.

J'hésitai, cherchant comment exprimer le plus clairement possible ce que je ressentais.

— Ça peut paraître présomptueux, mais peut-être que c'est moi qui aie créé cet éclair de lumière bleue ! Si je peux créer la maladie, alors je peux la guérir ! Je pense que ce que nous appelons un miracle est une autre façon de dire que nous sommes capables de tout faire. Il nous suffit de savoir que nous le méritons. Vous voyez, James, vous vous considérez peut-être comme un docteur sur le plan médical. Je suis certaine que vous ne pouvez pas expliquer ce qui s'est passé d'un point de vue médical, mais vous m'avez aidée à voir quelque chose que je n'avais jamais vu, pas même dans la Bible. L'amour que j'ai pour Dieu vous a peut-être contrarié, mais c'est vous qui m'avez aidée à voir un fragment de ce Dieu en moi. Et c'est ça qui m'a guérie !

Mes propres paroles me rappelèrent autre chose. J'ouvris rapidement mon sac et en sortis le petit parchemin. Je l'ouvris et le lus à voix haute :

— « La vie appartient certainement à Dieu, puisque l'acte de l'intelligence, c'est la vie même, et que l'intelligence n'est pas autre chose que l'acte. Ainsi, l'acte en soi est la vie de Dieu ; c'est la vie la plus haute qu'on puisse lui attribuer ; c'est sa vie éternelle ; et voilà comment nous pouvons affirmer que Dieu est l'être éternel et l'être parfait. Donc, la vie, avec une durée continue et éternelle, est son apanage ; car Dieu est précisément ce que nous venons de dire. Aristote. »

J'enroulai à nouveau la feuille et lui souris. James rougit d'embarras. Il traversa à nouveau la pièce, tentant de garder une certaine maîtrise sur lui-même.

— En présumant que vous êtes réellement guérie — et j'aimerais vous revoir dans quelques semaines pour le confirmer sur le plan médical —, qu'allez-vous faire, maintenant ? Retourner au travail ?

— Je vais prendre quelque temps pour reconsidérer de nombreuses choses. Il faut que je m'occupe de mes factures d'hôpital... mais j'ai décidé que je ne voulais plus continuer dans la télévision câblée. Je veux faire quelque chose de différent.

James eut un sourire d'appréciation. James, je vous ai dit une fois que je vous aimais pour avoir pris aussi bien soin de moi, et qu'il y avait beaucoup de choses dont je ne vous avais encore jamais parlé. Mais peut-être qu'avec le temps, je le ferai.

Il se ragaillardit.

— Comme quoi ?

— Eh bien, comme mon aptitude à voir ce qui est invisible.

Il me regarda sous le choc et leva les bras au ciel.

— Allez-vous-en, espèce d'enfant des étoiles ! Partez avant que je ne perde « l'état d'esprit » pratique et fonctionnel qui me permet d'être un scientifique !

Il rit et m'accompagna à la porte de son bureau. Je me tournai pour le prendre dans mes bras et l'embrasser. Tels furent nos adieux.

Chapitre 18

UNE AFFAIRE ANORMALE QU'ON APPELLE « LA VIE »

Les quatre années qui suivirent se déroulèrent sans événement majeur. J'avais une nouvelle appréciation de la vie et me délectais des petits miracles de ma précieuse existence. Je consacrais beaucoup de temps à mes garçons et m'impliquais davantage dans leur vie. Même si je m'investissais dans mon travail, il avait désormais pris une place secondaire. Par conséquent, les compagnies que je développais n'avaient plus la même réussite, mais je ne ressentais aucun sentiment d'échec. Le succès n'était simplement plus chose importante. Ce qui l'était devenu, c'était de vivre et d'être heureux.

En janvier 1977, Brandy avait dix ans et Chris huit. Bien que tous les trois très unis, je commençai à ressentir leur besoin d'une influence masculine. Un soir, je décidai donc de prier et de demander à Dieu de m'envoyer quelqu'un qui pourrait nous aimer et prendre soin de nous, quelqu'un qui pourrait apporter aux garçons le père ami dont ils auraient besoin à l'approche de leur adolescence. Je savais que si une telle personne existait, Dieu nous l'enverrait, et que bien évidemment, cela me rendrait heureuse moi aussi. Après avoir été seule durant tant d'années à subvenir aux besoins de mes enfants, j'aspirais désormais à être mère au foyer. Je désirais donc que cet homme soit satisfait de mon souhait de ne pas avoir à travailler à l'extérieur. J'avais totalement confiance que ma prière serait exaucée.

Un soir après le travail, Martha, un amour de femme que j'avais rencontrée dans un restaurant des environs, arriva à la maison.

— JZ, j'ai pensé à toi toute la journée. Cela m'épuise littéralement de penser toujours à toi comme ça, dit-elle en riant. Je ne connais personne qui travaille plus dur que toi, ma fille. J'ai donc eu une idée. Si on passait une soirée ensemble avec certaines des autres filles du travail ? On ira au Roadway Lounge. Tu sais, le resto qui est sur l'autoroute I-5. C'est un chouette endroit.

Elle attendit ma réaction avec malice. Je fis la moue et acquiesçai de la tête.

— Entendu, mais pas longtemps ! Je n'aime pas les souleries.

Elle pointa l'index vers moi et déclara :

— Il n'y a pas que le travail dans la vie, ma fille ! Ça te fera du bien.

Nous partîmes donc toutes les quatre, Martha, Kitty, Sue et moi, vers le Roadway. En arrivant, je fus assaillie par une musique trop forte et déplaisante, et des odeurs fétides de liqueur, de cigarette, de parfums et de fromage. Je restai un moment à ajuster mes yeux dans la fumée et m'efforçai d'imaginer comment trouver un quelconque plaisir dans un tel endroit. Le salon était empli d'hommes d'affaire, de docteurs, d'avocats, de secrétaires et de quelques autres personnages divers. Alors que nous nous dirigions vers une table libre, deux hommes m'abordèrent pour danser le « boogie ». Je fis de mon mieux pour ne pas répondre d'un ton hargneux et refusai poliment.

La serveuse arriva ensuite avec les boissons et la fondue au fromage. Je me concentrai sur mon assiette tout en me protégeant des loups de ma main libre.

— Vous savez, les filles, c'est ce que j'appelle l'endroit parfait pour les célibataires !

Martha leva les yeux de son verre et m'envoya un battement de paupières en jouant de ses faux cils.

— Quoi ?

— Tu sais, pour draguer, quoi !

— Oh, voyons, Martha ! Un marché aux bestiaux ! m'écriai-je, essayant de couvrir *Proud Mary* qui braillait à tue-tête.

À son grand plaisir, un homme se présenta pour l'inviter à danser. Elle lui répondit en roucoulant, comme une parfaite beauté du Sud : « Charmée, assurément ! » Puis, deux autres se présentèrent et invitèrent Kitty et Sue.

«Quelle mascarade!» me dis-je en moi-même quand un homme me saisit soudainement le bras alors que je replongeais dans ma fondue.

— Superbe! Cette chanson est pour nous!

Je retirai vivement mon bras et lui dis clairement du regard : «Allez vous faire foutre, allez voir ailleurs!»

— Merci, mais cet air n'a rien à voir avec nous. Je mange!

Je retournai à mon plat, seule. J'observais l'appel bestial de la nature en rut. Un homme se présenta alors. Il se planta fermement devant ma table et me fixa du regard. Je levai les yeux et m'apprêtais à partir de là quand il m'adressa la parole.

— Comment ça va, M'dame? me dit-il en imitant magnifiquement bien John Wayne. Je vous s'rais reconnaissant si vous acceptiez de m'faire l'honneur de cette danse.

Je clignai des yeux plusieurs fois en soupirant et répondis :

— Merci. Non, merci, mon cher John. Une autre fois.

Il ne bougea pas.

— Eh ben, M'dame, «non» est un mot que je ne connais pas!

— Z'avez une manière bien à vous d'faire les choses avec les dames, mais ça marche pas avec moi. Alors, comme une gentille saut'relle, vous allez faire un bond jusqu'à la table d'à côté!

Je me détournai de lui et l'ignorai. Il resta là à m'observer manger. Je finis par le regarder droit dans les yeux.

— Vous êtes bouché ou quoi? Allez-vous-en!

— Non, j'vais attendre que vous soyez prête.

Les bras m'en tombèrent! Je m'essuyai la bouche avec ma serviette et lui répondis, exaspérée :

— Juste cette danse, promis?

— Promis, M'dame.

Il dégagea ma chaise et m'escorta jusqu'à la piste de danse. Martha, qui m'épiait, se mit à applaudir. Jeremy commença à danser le boogie et je fis de même.

Quelques instants après, il s'écria :

— Vous faites quoi dans la vie?

Je ne répondis pas.

– Moi, j'suis « la fée des dents », M'dame, dit-il fièrement.

– Une fée ? dis-je, haussant les sourcils.

– Non, M'dame, « la fée des dents » !

Je ne pus m'empêcher de rire.

– D'accord !

– Oui, j'suis dentiste.

Quel soulagement ! Je continuai de l'ignorer.

– Eh bien, M'dame, ça impressionne la plupart des dames que je sois docteur et tout ça.

– Eh bien, vous êtes dans les choux parce que celle que vous venez de choisir s'en fout royalement ! À propos, pourquoi parlez-vous comme ça ?

Il se mit alors à imiter Gary Grant.

– Judy, Judy, Judy, ma chère, j'change de voix selon les circonstances. Dans mon boulot, vu qu'les gens ont la bouche ouverte, y a qu'moi qui parle !

J'éclatai de rire. Il rayonnait.

– Ah ! Voyons, ma chère, c'est un peu personnel, mais puis-je avoir l'honneur de connaître votre nom ?

– JZ Hensley. Et quel est donc le vôtre ?

– Jeremy. Jeremy Wilder. Et en plus de forer, d'emplir des cavités et de faire des factures durant de longues journées, je suis en général un honnête homme.

La musique s'arrêta enfin. Il me prit à nouveau le bras et me proposa une autre danse.

– Je voudrais m'asseoir. Merci pour la danse, Docteur.

Il me reconduisit à la table. Martha et Kitty sirotaient leurs boissons en chuchotant et ricanant. Je m'assis. C'est alors qu'à ma grande surprise, la « fée des dents » glissa une chaise entre Martha et moi.

Elle lui lança un regard indigné. Il n'en fit aucun cas et se tourna vers moi.

— Voyons, vous travaillez où et comment est-c'que j'peux vous contacter, M'dame ?

— JZ, qui est ce soupirant ? demanda Martha d'une voix nasillarde.

— Oh ! C'est John Gary Grant Wayne, répliquai-je avec suffisance.

— Tout à fait charmant, ronronna-t-elle.

Jeremy ne la regarda même pas.

— M'dame, j'aim'rais passer du temps avec vous, mais j'ai besoin d'savoir où vous trouver.

Même s'il était charmant et drôle, je ne voulais pas lui dire où je travaillais ni où j'habitais. J'étais contente de ne pas avoir mon nom dans l'annuaire.

— Monsieur, il me semble que vous avez trop bu, déclara Martha d'un ton sec.

Je riais en mon for intérieur. Il ne tint nullement compte de sa remarque et continua simplement.

— Y s'peut bien qu'j'aie un peu abusé de la boisson, mais ça n'a pas endommagé ma vision, dit-il, les yeux pleins d'adoration.

Martha remit sa chaise en place et lui déclara, offensée :

— Monsieur, cet endroit est fait pour danser, pas pour draguer. Vous êtes déplacé.

Il se retourna calmement et lui répondit avec douceur :

— Alors, pourquoi vous n'dansez pas, vous ?

— Je vous en prie, restons courtois, pour l'amour de Dieu ! dis-je.

— Mes excuses, M'dame, mais j'suis pas tombé de la dernière pluie et j'sais r'connaître une femme bien quand j'en vois une. On peut parler… seuls ?

Avant même que je puisse répondre, il s'était levé pour m'aider avec ma chaise. Martha oublia son charme du Sud et bondit.

— JZ, tu n'as pas à tolérer ça, partons.

– Elle va nulle part avant que j'connaisse quelques détails de plus. Et vous… dit-il en s'adressant à Martha avec un sourire sarcastique, je vous suggère d'asseoir votre joli petit derrière et d'accepter que j'offre un coup à boire.

Martha resta figée, livide de colère.

– Excusez-moi, mais je partirai quand j'en aurai envie, dis-je vivement à Jeremy.

– Une seule question, M'dame. Êtes-vous mariée, fiancée ou engagée d'une façon ou d'une autre ?

– Non. J'aime Dieu !

Il se gratta la tête.

– C'qu'y a d'sûr, c'est qu'vous facilitez pas les choses !

– Partons d'ici avant qu'il devienne odieux, insista Martha.

Je me levai, lui souris et dis simplement :

– Je suis désolée, mais il faut que je parte. Bonne chance pour vos « forages, cavitages et facturages », Docteur !

Martha, Kitty et moi-même quittâmes les lieux. Sue resta à une autre table avec un amant potentiel et nous fit au revoir de la main.

Alors que nous nous dirigions vers la voiture, Martha se retourna et s'aperçut avec horreur que Jeremy était sur nos talons.

– Grand Dieu ! Ce mec est vraiment collant ! dit-elle en gémissant.

– Ça vous est jamais arrivé de vous sentir suivie ? demanda Jeremy.

Je tournai les talons et rétorquai :

– Et vous, ça vous est jamais arrivé de vous sentir de trop ?

– M'dame, je veux savoir pourquoi vous aimez Dieu autant qu'ça ! Moi aussi, j'aime Dieu. Avec tout ça en commun, y m'semble qu'on pourrait discuter d'not' ami mutuel !

– Oh ! S'il vous plaît, je dois partir. Allez lui parler vous-même, rétorquai-je sèchement.

Il me prit alors doucement par le bras, et mes yeux fixèrent sa main.

— Écoutez, vous êtes peut-être la «fée des dents», mais moi, j'suis la princesse qui peut vous changer en crapaud!

Son visage se fit gentil et sincère.

— J'vous en prie, dites-moi où j'peux vous joindre.

— Bon sang, vous êtes insistant! Vous ne lâchez pas!

— Désolé, mais Dieu aide ceux qui s'aident eux-mêmes.

Il libéra mon bras, se balança légèrement sur les talons et mit les deux mains dans ses poches. Je levai les yeux vers lui. Seigneur! Comme il était grand. Son visage mendiait comme un petit chien. Je soupirai et lui dis de me retrouver le lendemain après-midi au restaurant où travaillait Martha. Ayant enfin gagné, il fit une profonde révérence, tel un chevalier du roi Arthur.

— Bonne nuit, ma chère dame. Demain est un autre jour!

J'émis un petit rire, mais Martha, qui était déjà dans la voiture, sortit la tête par la vitre et déclara à la Clark Gable :

— Et franchement, Scarlett, je m'en fiche complètement.

Nous nous éloignâmes ensuite, laissant Jeremy à contempler les étoiles.

Le lendemain après-midi, je quittai le travail de bonne heure pour retrouver Martha au restaurant. Elle me servit une tasse de thé et me fit part joyeusement de tous les potins. Je n'écoutais pas, je hochais seulement de la tête. Je n'avais qu'une chose à l'esprit. Devrais-je oui ou non avoir cette rencontre avec Jeremy? Je n'avais toujours pas pris ma décision quand Martha s'écria :

— Trop tard, ma chérie, le roi Arthur est là!

— Oh, merde! Euh, dis-lui que j'suis partie, que j'me sentais pas bien, enfin, c'que tu veux!

Je me précipitai vers les toilettes des femmes quand j'entendis sa voix.

— Oh! Bon sang! Je n'oublie jamais un visage, M'dame.

Je m'arrêtai net et tournai les yeux vers lui en souriant.

— Oh! Seigneur! Serait-ce la «fée des dents»? Ici et en plein jour!

Il s'avança vers moi le sourire aux lèvres.

— Puis-je vous offrir un café ?

— Du lait.

— Pardon ?

— Du lait. J'aime le lait, lui dis-je gentiment en indiquant une table. Asseyons-nous ici et passons un bon moment.

Nous nous installâmes. Je l'étudiai intensément tandis qu'il enlevait son manteau. La pensée m'avait traversée que peut-être je n'arriverais pas à le reconnaître à cause de toute la fumée et des lumières atténuées de la veille. Je fus en fait surprise de sa beauté. Mince et bien bâti, il mesurait plus d'un mètre quatre-vingt. Il avait le teint clair avec des yeux d'un bleu acier bordés de cils épais et sombres. Ses cheveux noirs étaient soyeux et il avait une épaisse moustache qu'il lissait fréquemment. Ses mains étaient minces et douces, ses ongles nets et ses habits lui allaient parfaitement bien. Cet homme resplendissait d'élégance. Était-il réellement cette personne rencontrée la veille ?

— Dites-moi, vous ne « forez, cavitez et facturez » pas durant les heures habituelles ?

— Oh ! Il y a eu des rendez-vous annulés.

Son café arriva et il en but une gorgée.

— Décidément, vous ne perdez pas de temps !

— Madame, je vous ai déjà dit que je ne suis pas tombé de la dernière pluie. Je sais reconnaître les bonnes choses quand je les vois.

— Oui, j'ai déjà entendu cette histoire-là.

— J'en suis sûr !

Il sourit et ses yeux pétillaient comme des flammes bleues.

— Dites-moi un peu. Aimer Dieu, c'est quoi pour vous ? Êtes-vous quelqu'un de religieux ?

Je gardai les yeux fixés sur mon lait et pris une profonde inspiration. Je redoutais de m'engager dans une telle conversation.

– Pas religieuse au sens où vous l'entendez. C'est juste que je vois des choses, des choses comme des fantômes. Il y en a un qui vit avec moi. Je crois aussi en la réincarnation, car j'ai été ma propre sœur dans une autre vie. J'ai également fait l'expérience d'un ovni et je parle à Dieu, car il me répond.

Jeremy fut pris d'une quinte de toux.

– Vraiment ?

– Vraiment. Vous ne trouvez pas que je suis bizarre ?

J'espérais qu'il le penserait.

– Bizarre n'est pas le mot juste. Peut-être que «chanceuse» serait plus approprié. C'est merveilleux parce que je crois en tout ça, moi aussi. Mais dans ma profession, on ne peut pas en parler.

Je fronçai les sourcils pour mieux l'observer.

– Bien sûr.

– Je pense que le gouvernement ne nous dit pas tout au sujet des ovnis, dit-il avec sérieux.

– Ah oui ?

– Que pensez-vous de ceux qui ont été vus au Brésil ?

– Au Brésil ?

– Oui, au Brésil, dit-il.

– Ah bon, il y a eu des ovnis au Brésil ?

Je me sentis pâlir.

– C'est dans tous les journaux.

– Ah oui, ça ! Au Brésil. En réalité…

– Ils sont bienveillants, bien sûr, dit-il avec autorité.

– Au Brésil ?

– Vous savez, en Amérique du Sud ?

Il fronça les sourcils, suspicieux.

– Les soucoupes au-dessus du Brésil… En fait, vous savez, c'est tout à fait habituel.

J'étais embarrassée de ne pas être plus au courant des actualités et de ne pas avoir entendu parler de ces ovnis du Brésil. Je me souvins alors de ce que m'avait dit mon professeur de sciences au sujet de l'Air Force qui les avait classés comme étant des ballons météorologiques.

— Et vous croyez aussi en la réincarnation ! Intéressant.

Il se pinça les lèvres et approuva de la tête.

— Très intéressant. Vous savez, quand je suis dans les bois à la chasse, j'ai cette impression d'avoir déjà été un homme des montagnes. Je ne peux pas le prouver, bien sûr, mais je me sens différemment quand je suis dans les bois. Je pense de manière différente, comme si j'étais quelqu'un d'autre.

— Vous êtes chasseur ?

J'étais fascinée.

— Oui, M'dame, et plutôt bon chasseur, d'ailleurs.

— C'est merveilleux. Moi aussi ; ou pour être plus exacte, je l'étais, jadis.

Il était ravi.

— Et vous me disiez hier que j'étais dans les choux alors que je venais de rencontrer une femme intelligente, belle, qui aime Dieu, qui a vécu auparavant, qui possède son propre fantôme et qui sait tirer au fusil ?

J'éclatai de rire.

— C'est un peu ça, en effet !

— Dites-moi, femme merveilleuse, comment faites-vous cohabiter la réincarnation et les histoires de paradis et d'enfer ?

L'après-midi se passa donc ainsi, à des discussions approfondies sur tout ce qu'on veut savoir sans jamais oser le demander, de peur de se sentir stupide. Notre relation se développa très rapidement. Nous avions tellement de choses en commun que les semaines qui suivirent furent emplies d'aventures. Jeremy nous emmena, les enfants et moi, en randonnée dans la chaîne des Cascades et dans les montagnes Olympiques. Nous allâmes à la pêche, nous suivîmes les empreintes des chevreuils, nous cueillîmes des baies sauvages avec lesquelles je fis des tartes délicieuses. Jeremy ouvrit un nouveau monde pour Brandy et Chris. Il aimait ce qu'aiment la plupart des petits garçons — de même que les grands garçons manqués, d'ailleurs !

Jeremy était comme un souffle d'air frais dans ma vie. Il était devenu mon meilleur ami, mon amant et ma prière exaucée. Quand il me demanda de l'épouser, je n'y pensai pas à deux fois, car je l'aimais, j'avais confiance en lui, et plus important encore, il m'aimait, moi et les enfants. Le 27 août 1977, je devins donc madame Jeremy Wilder. Brandy eut le privilège de conduire la mariée à l'autel et Chris fut le garçon d'honneur.

Je devins femme au foyer et mère heureuse. Mon mari était enchanté par mes talents de cuisinière et de femme de maison. J'adorais faire tout cela pour lui. Le week-end venu, nous partions tous pour la montagne ou les lacs. De temps à autre, Jeremy me sortait pour dîner avec des amis et des associés d'affaires. C'est lors d'un de ces repas que son ami George Kensy fit ce commentaire mémorable sur la puissance des pyramides. C'est cette conversation qui me mena finalement à mes débuts avec Ramtha et à notre emménagement précipité dans la grande structure blanche.

J'étais donc assise dans ma nouvelle salle de séjour et venais de revoir ma vie de manière très précise. Bien qu'ayant une connaissance de moi-même beaucoup plus grande, je n'avais toujours pas de réponse à la fameuse question à soixante-quatre mille dollars : «Pourquoi moi ? Et qui ou qu'est-ce qu'était Ramtha ?» Je contemplais tout cela quand Ramtha se matérialisa derrière moi.

— En vérité, femme bien-aimée, je suis ici.

Je fis volte-face sur ma chaise.

— Oh ! Vous m'avez fait peur ! dis-je en me tenant la poitrine.

— La peur n'est rien, entité. La peur est une perception que l'amour efface.

Il sourit et se plaça devant moi.

— Je sais quand j'ai peur ou pas, protestai-je. La peur est quelque chose de réel, pour moi !

– Pourquoi as-tu peur de moi, entité bien-aimée ? dit-il en souriant toujours.

– Voyons, vous ne faites pas partie du quotidien… de ce qui est normal, Ramtha. C'est un peu fou d'être assise ici à parler avec un… un fantôme… un esprit… quoi que ce soit, qui dit avoir trente-cinq mille ans !

– Femme bien-aimée, j'étais un lémurien. Je faisais partie de l'exode qui nous mena jusqu'à ce qu'on appelle l'Atlantide.

– Qui étiez-vous ? Comment gagniez-vous votre vie ? Question idiote, hein ?

– J'étais ce qu'on appelle un guerrier.

– Oh ! Je vois. Vous avez tué des gens ? demandai-je d'un ton sarcastique.

– En vérité, j'étais un barbare. Sais-tu ce qu'est un barbare ?

– En êtes-vous toujours un… un barbare ?

Il rit.

– J'en suis venu à aimer en vérité ce que tu aimes depuis si longtemps, entité.

– C'est-à-dire ?

– Ce que tu appelles Dieu.

– Vous étiez un barbare qui aimait Dieu ? Le même Dieu que moi ?

– En vérité. Je ne savais pas ce qu'était Dieu quand j'étais un barbare.

– Pourquoi en étiez-vous un, alors ?

– Car mon peuple vivait dans la misère. Nous étions des esclaves considérés sans âme. Je fus le conquérant qui libéra mon peuple de la tyrannie. En vérité, il n'y eut jamais plus grand guerrier que moi, car mon ignorance et ma haine étaient si gigantesques que rien, absolument rien ni personne ne me faisait peur.

– Et comment avez-vous fait pour changer ?

– Femme bien-aimée, puis-je m'asseoir sur ces coussins ?

Je lui offris une chaise et l'observai se diriger vers elle. Il semblait être une illumination liquéfiée avec une traîne de lumière étincelante derrière lui. Les étoffes violettes de sa robe flottaient sur le tapis comme si elles possédaient leur vie propre. Une fois assis, la chaise et lui étaient devenus une seule et même entité. Quelle majesté et quelle beauté suprême! Il ressemblait à un roi fabuleux sur son trône… dans ma salle de séjour à moi! J'étais tellement éblouie que j'eus envie de toucher les drapés magiques qu'il portait.

— Puis-je vous toucher?

— En vérité, oui, mais tu ne sentiras rien, car je suis de la pensée matérialisée, entité.

— De la pensée matérialisée?

— En vérité, femme bien-aimée, car ce que je suis, je le suis en abaissant la fréquence de mes pensées afin que tu puisses voir ce que je suis. Je vibre à un rythme plus lent qui correspond à ton espace-temps. J'existe en effet où il n'y a ni temps ni limitation mesurable. Je suis lumière pure, synthèse de la pensée, en vérité.

Je m'efforçai vraiment de comprendre.

— Vous voulez dire que votre lumière est même plus brillante que celle que je peux voir?

— En vérité, ma lumière est plus brillante que mille soleils. Je vais te dire une grande vérité, entité bien-aimée. La fréquence vibratoire de la lumière la plus élevée est celle de la pensée qui est amour.

— Qui est amour?

— En vérité! C'est exact. Votre grand maître, Yeshua ben Joseph, est parvenu à cet état d'amour pur, de pensée pure.

— Euh… qui était-il?

— Il est connu dans l'histoire comme étant l'homme Jésus.

— Vous avez dit que Jésus était parvenu à quoi?

— Le grand maître vibrait selon la vitesse la plus élevée de la lumière, celle qu'on appelle «amour pur». C'est pour cela que son ascension fut possible.

— Ça paraît tellement scientifique, dis-je en secouant la tête.

– En vérité ! Mais ce que vous appelez la science selon votre compréhension ne prend pas en considération ces grandes dimensions. Elle est limitée par ce qui est linéaire. Un jour, dans votre temps, vos sciences saisiront la grande vérité.

– Quelle grande vérité ?

– Que vous êtes tous Dieu, tout est Dieu. C'est l'invisible qui gouverne la science de ce qui peut être vu.

– En fait, je comprends Dieu, dis-je avec une certaine suffisance.

Son sourire s'épanouit.

– Femme bien-aimée, ta compréhension du Dieu que tu aimes depuis si longtemps sera bientôt plus grande.

Je le regardai un instant, ne saisissant pas tout ce qu'il venait de me dire. Je me débattais encore à essayer d'analyser ce qu'était la « synthèse de la lumière », et mon esprit limité était littéralement tendu à l'extrême à tenter de comprendre sa présence dans ma salle de séjour.

– Ramtha, j'ai essayé de découvrir ce que j'avais bien pu faire pour être amenée à vivre cette expérience incroyable. Pourquoi êtes-vous ici dans ma vie ?

– En vérité, pour t'apporter ce qu'on appelle une compréhension plus vaste.

– Êtes-vous mon ange gardien ?

– Femme bien-aimée, j'ai été avec toi durant toute cette incarnation, et en vérité, durant toutes tes autres incarnations aussi.

– Avez-vous vécu une autre vie ? Je veux dire ici, sur terre ?

– Je n'eus pas besoin de choisir de devenir chair à nouveau, entité, car en une seule vie, je devins Dieu.

– Vous êtes un dieu ?

– En vérité ! Entité bien-aimée, tu es également Dieu. La seule différence entre ce que tu es et ce que je suis, c'est que je sais que je le suis alors que toi, tu ne le sais pas !

— Honnêtement, Ramtha, cela ne vous paraît pas un peu présomptueux de dire que vous êtes un Dieu ?

— Honnêtement ? En vérité, je le suis *honnêtement* ! Entité, ce qui serait présomptueux serait de dire que je *ne* suis *pas* Dieu.

Il sourit et continua.

— Nous sommes tous une partie de Dieu. Chacun d'entre nous est cette perfection divine.

— Nous sommes parfaits ? demandai-je, surprise.

Comme la plupart des gens, j'avais grandi en entendant dire « Personne n'est parfait ».

— Femme bien-aimée, la maladie la plus terrible qui afflige votre plan est ce qu'on appelle l'ignorance spirituelle. Les humanoïdes ne comprennent pas que tout individu, quel qu'il soit, est Dieu. C'est par arrogance qu'ils se séparent de la divinité qui comprend tout. Ces entités se situent en dehors de la connaissance suprême et désirent se séparer du Tout. Aucune chose n'existe en dehors de la force de vie, en vérité, pas même l'homme. Dieu est ce qu'on appelle un droit qu'il acquiert en naissant.

Les yeux posés sur les magnifiques mains couleur cannelle de Ramtha, je contemplai la possibilité que Dieu existât en chacun de nous.

— Ramtha, Dieu n'est-il pas là-haut ? lui demandai-je en montrant le plafond. Il est notre Père qui nous protège.

— Dieu est en toi, entité bien-aimée. Dieu est la force de vie du Tout. Comme le disait maître Jésus : « Moi et le Père sommes Un. » Il en est de même pour toi.

— Vous êtes donc en train de me dire que je suis Dieu ? Vous le croyez vraiment ?

— Non, je ne crois rien, je le sais. La différence est vaste… en vérité, entre *croire* et *savoir*.

— Par conséquent, Jeremy est Dieu… et Brandy et Chris sont Dieu.

— En vérité.

— Tout le monde est Dieu ?

— En vérité ! Femme bien-aimée, lorsque l'humanité comprendra cette vérité, ce que vous appelez la guerre cessera.

Je restai quelques instants sans réaction. C'était une pilule difficile à avaler. Si le Dieu que je priais là-haut au ciel et qui me souriait comme il souriait à tout le monde était vraiment moi-même et toute autre personne, comment pouvais-je à la fois professer aimer Dieu et haïr autant de gens ? Si j'aimais véritablement Dieu, il me faudrait alors aimer tout le monde ! Ramtha lisait mes pensées.

— En vérité, femme bien-aimée, aimer autrui est en vérité aimer Dieu. Car Dieu, la force de vie, la source, est toute personne. C'est ce qu'on appelle l'amour du Christ, l'amour inconditionnel. En vérité, ceci est chose ardue, car chaque personne s'exprime différemment, et en vérité, la « différence » de l'un menace la « différence » de l'autre, ce qui crée la guerre. Femme bien-aimée, bien qu'ils soient différents, les gens ont tous un aspect commun, celui d'être Dieu. Le maître commence par apprendre à accepter le Dieu qu'il est lui-même. En vérité, lorsqu'il aime complètement ce qu'il est, il aime Dieu complètement. Cet amour porte le nom d'« amour inconditionnel ». Alors, le maître voit dans les autres et aime en eux cet aspect commun nommé Dieu. C'est l'amour de soi et de Dieu qui permet au maître d'aimer toute personne, quelles que soient ses différences.

— Je vois. Ramtha, vous avez dit que vous aviez été avec moi et que vous m'aviez protégée. Si tel est le cas, comment se fait-il que vous ne m'ayez pas aidée quand j'étais si malade ?

— Entité bien-aimée, cette expérience, tu l'as créée afin d'apprendre, en vérité ! Sa raison était que tu en apprennes quelque chose et que tu voies le pouvoir qui est en toi. N'est-ce pas ce qui s'est produit ?

— Oui… je suppose.

— Femme bien-aimée, tu as progressé d'une manière illimitée. Tu es maintenant prête pour une compréhension plus vaste et plus profonde des affaires de ton Père.

— Attendez une minute, Ramtha. Je suis quelqu'un de simple. Je ne prétends pas posséder une grande intelligence. J'aime Dieu. Point à la ligne !

Ramtha sourit de façon délicieuse. Des lumières cuivrées scintillaient dans ses magnifiques yeux noirs.

— En vérité !

Je ressentais une légère appréhension face à son attitude si joyeuse.

— Je ne comprends pas pourquoi c'est à moi que cela arrive !

— Femme bien-aimée, il y a un dessein et un but grandiose dans tout ceci. Je le démontrerai en un autre temps de votre temps.

— Mais je veux le connaître maintenant ! Vous ne pensez pas que c'est normal ? Honnêtement, Ramtha, ce que je veux, c'est continuer à aimer Dieu. Je ne veux pas être impliquée dans un « grand dessein ».

— Tu le seras, entité, tu le seras.

Je considérais sa remarque vraiment autoritaire, et puisqu'il savait ce que je pensais, je n'avais pas besoin de le lui dire ! Il sourit. Je fronçai les sourcils et détournai mon regard pour contempler la maison. Je me souvins alors que c'était grâce à lui que nous l'avions acquise.

— Oh ! Elle est magnifique ! dis-je en montrant les murs de la main. Merci. Vous avez vraiment été en plein dans le mille pour cette vieille maison, n'est-ce pas ?

— Que veux-tu dire par là, Maître ?

— Euh... c'est juste une expression pour dire que vous aviez raison. C'est tout.

— En vérité ! J'ai toujours raison. Si l'objectif est la vérité, on tombe toujours dans le mille !

– Euh... oui, c'est exact. L'agent immobilier, Roy Burnsides, vous connaît aussi ?

– Maître Burnsides est une entité des plus délicieuses qui aime les défis. En vérité, je savais qu'il serait un grand « messager ».

– Un messager ? Euh... Il a pensé que j'étais folle ? demandai-je.

– Connais-tu le mot « bizarre » ? Le mot est approprié. Ne suis-je pas bizarre moi aussi, entité ?

Ramtha rejeta alors la tête en arrière et éclata d'un rire si fort que ma chaise se mit à vibrer. Je le regardai et me mis à rire moi aussi – à rire de moi-même et de la démence de toute cette expérience. Puis Ramtha se leva et commença à inspecter la « grande structure blanche ». Son immense forme matérialisée se déplaçait en flottant vers la cuisine. Il ne se baissa pas pour passer par la porte, mais traversa tout simplement son embrasure. Il ouvrit ensuite le robinet et plaça ses longs doigts gracieux sous l'eau qui s'écoula entre ses doigts. Il se mit à rire doucement à la vue de cette chute d'eau instantanée. Puis, sans se presser, il s'approcha de la cuisinière. Il en tourna les boutons et les flammes bleues apparurent de façon magique. Son visage tout entier exprima un ravissement extrême.

– En vérité, femme bien-aimée, n'est-ce pas merveilleux ? Dirais-tu de ce feu immédiat que c'est un miracle ?

Son intérêt pour ma cuisine me prit au dépourvu. C'était comme s'il n'en avait encore jamais vu. Je suppose que c'était le cas, d'ailleurs. Son innocence était belle à voir. Je n'avais jamais pensé que ma cuisinière puisse être un miracle.

– Eh bien, moi, Ramtha, je l'appelle une facture de gaz. Le miracle se paie.

Il se pencha et ouvrit la porte du four.

– À quoi sert ce petit endroit, entité ?

– Eh bien, ça sert à la cuisson. Lui aussi, il a des flammes miracles !

– Ah ! Un foyer moderne. Très pratique, entité ! Tout à fait approprié quand il pleut, en vérité. Femme bien-aimée, de mon temps, ceci aurait été un miracle. Toute chose inaccessible et à laquelle on aspire devient un miracle, bien-aimée. Et cependant, si on la désire, elle se manifeste grâce à l'esprit créateur et devient dès lors ordinaire.

– Euh, probablement. Ramtha, vous n'habitiez pas à l'intérieur d'une maison à votre époque ?

– En vérité, je menais continuellement une armée en marche.

– Oh ! Et combien de guerriers comportait votre armée ?

– Des multitudes.

Il continua d'inspecter ma cuisine miracle.

– Que faisiez-vous avec une armée aussi grande ?

– En vérité, je pillais et je tuais. En vérité, femme bien-aimée, comme je te l'ai dit, j'étais un barbare, jusqu'au jour où je devins éclairé.

Il se retourna et sembla planer jusqu'au vestibule, qui prit alors la forme d'une cathédrale grandiose avec sa lumière qui dansait jusqu'au plafond et se reflétait sur le plancher ciré. Le spectacle que m'offrait cette entité si magnifique me fit me demander pourquoi, ayant vécu trente-cinq mille ans dans le passé, il ne ressemblait pas à l'homme type des cavernes.

– Euh, Ramtha, vous avez vécu il y a trente-cinq mille ans, n'est-ce pas ?

Il sourit en hochant la tête. En fait, nos chercheurs, qu'on appelle des anthropologistes, disent qu'à votre époque, les gens étaient ignorants, qu'ils vivaient dans des cavernes et qu'ils étaient vêtus de peaux de bêtes, d'ossements et autres choses de ce genre. C'était à la période glaciaire, je crois. Mais vous ne ressemblez pas à ces vieux... euh, disons que vous ne ressemblez pas à un singe. Je suis d'ailleurs bien contente que cela ne soit pas le cas, mais si vous ressembliez réellement à un homme-singe, votre histoire serait en quelque sorte plus crédible ! Ce que je veux dire, c'est que vous *devriez* ressembler à un homme de Neandertal ou être du type Cro-Magnon.

– Un Cro-Magnon ?

– Oui, avec des peaux de bêtes, des ossements, des cheveux filandreux, et puants... Quelle meilleure description pourrais-je vous en faire ?

Il contempla mes paroles un instant, puis son visage s'éclaira encore davantage.

– En vérité, je comprends ta question. Ce qu'on appelle l'homme s'est développé, a évolué en vérité durant les dix millions d'années passées selon votre mesure du temps. Les vestiges de ma lignée seront découverts en Afrique, comme vous l'appelez. Ils diront que ces os ont soixante-dix mille ans. Les habitants de cette période ont progressé au fil des âges. Plus tard, ils allaient être appelés « les Atlantes ». Ceux qui appartenaient à ma lignée ont émigré en Lémurie et se sont adaptés. C'est là que je suis apparu. Les miens n'étaient pas des hommes-singes comme tu les décris, car ils ne possédaient pas les caractéristiques génétiques d'entités corpulentes au cou épais et fort et au front osseux et déformé. Tu parles des entités que vous appelez Neandertal et qui étaient ainsi. Ils vivaient à une époque très antérieure, qui a connu la phase expérimentale de l'humanité. En vérité, ils ne ressemblaient pas à ceux que vous appelez des Cro-Magnons. Ces deux espèces n'étaient pas liées génétiquement. Il existait aussi deux espèces supérieures, toutes deux portant la dénomination d'hommes de Cro-Magnon. Mais leur évolution a été différente. Les Atlantes avaient la peau rouge, les Lémuriens la peau foncée. Tous ont évolué à partir des « grands êtres » d'Afrique – en vérité, de l'Eden, comme vous dites. Ceux qui sont restés ont prospéré et sont devenus par la suite les Ioniens, dont la peau était claire. Ceux que vous appelez les hommes de Neandertal se sont croisés par la reproduction, créant ainsi une espèce génétique différente encore.

— Femme bien-aimée, vos scientifiques feront de nombreuses découvertes merveilleuses concernant votre passé — en vérité, ils découvriront que ce que j'étais et qu'on appelait Cro-Magnon était en réalité des peuples sages dotés d'une puissante capacité de raisonnement grâce à leur lobe frontal. En vérité, à cette époque, je possédais la faculté de la pensée, de l'adaptation et de l'invention. Quant à ce que tu appelles les peaux et les os, moi-même et mon peuple étions vêtus d'étoffes faites de roseaux, de robes en laine et de ce qu'on appelle la fourrure. Nous portions des tuniques et des sous-vêtements et en vérité, des sandales souples. Nos bijoux étaient faits de perles d'ivoire et de la pierre du feu bleu. En vérité, nous n'habitions pas dans des cavernes comme les animaux, mais dans des huttes en surface. Nous chevauchions souvent ce que vous appelez des chevaux. Mon peuple croyait en le Dieu Inconnu et était toujours prêt pour l'au-delà. Nous croyions qu'une fois morts, en vérité, nous allions vivre de nouveau. Il n'existait rien qui contredise cela. Maintenant, femme bien-aimée, penses-tu toujours que ce Cro-Magnon que tu crois que j'étais était ignare et puant, en vérité ?

Je rougis de ma propre ignorance. Qui aurait cru qu'un homme de Cro-Magnon croirait en la réincarnation, sentirait bon et aurait autant de savoir ? Je me demandai ce que penseraient les anthropologues. Je suppose qu'ils allaient devoir continuer à creuser. Ramtha sourit et dit :

— En vérité, et ils découvriront de nombreuses vérités merveilleuses.

Puis d'un geste de la main, il mit un terme à la conversation et gravit l'escalier en flottant. Je suivis le sillon de ce Cro-Magnon illuminé.

— Femme bien-aimée, la blancheur de ton cadre de vie te plaît ?

— Beaucoup, Ramtha.

Il se retourna pour me faire face. Ses yeux étaient baissés vers moi et les miens levés vers lui.

– En vérité, femme bien-aimée, tu sais l'apprécier. La blancheur de ton logis est comparable à l'âme de ton attitude.

Il se retourna alors et entra dans notre chambre.

– Tu apprendras de grandes vérités dans tes rêves sur ces coussins, entités.

Il s'assit sur notre grand lit. Ses étoffes de lumière flottaient et dansaient sur le tapis blanc. Je remarquai la profonde empreinte qu'il créait à l'endroit même où il était assis.

– Ramtha, il y a une trace de votre présence sur mon lit alors que vous dites être un esprit.

– Je désire, en vérité, ressentir la dimension du corps. C'est une sensation exquise.

– Alors, pourquoi ne vous matérialisez-vous pas en Homo sapiens, vous aussi ?

– C'est une expérience que je choisis de ne pas faire de nouveau, car j'en connais tout. Je suis un grand professeur en ce qui concerne la dimension de l'Esprit en vérité, car j'ai des choses grandioses à enseigner à l'Homo sapiens moderne, tel que vous l'avez appelé.

– Comment pouvons-nous aider ? Je veux dire, que sommes-nous censés faire ?

Ramtha se redressa bien droit, posa ses mains merveilleuses sur ses genoux et se pencha vers moi.

– Au moment opportun… en vérité, entité bien-aimée. Es-tu heureuse dans ton mariage ?

Un large sourire envahit son visage.

– Oui, nous avons bien fait ?

– En vérité, c'est l'accomplissement d'un aspect d'une destinée inachevée.

– Que voulez-vous dire ?

— Je te dirai ceci, femme bien-aimée. Tu étais une de mes filles dans mon armée. Ton époux bien-aimé était à l'époque un de mes centurions. En vérité, à l'âge de treize ans, comme vous le dites, je lui promis ma fille. Mais, en vérité, tu refusas. Ton cœur était tout à ma stratégie des armes. En vérité, femme bien-aimée, tu souhaitais être une guerrière. Dans cette vie-ci, tu accomplis en vérité ce qui était resté inachevé.

Je fus frappée de stupéfaction.

— Je bénis cette union. Vous apprendrez beaucoup l'un de l'autre.

Il se leva et déclara :

— Qu'il en soit ainsi !

Un souffle de vent s'engouffra par la fenêtre et Ramtha le magnifique Dieu Cro-Magnon disparut.

Ce soir-là, quand mon mari fut de retour à la maison, je lui relatai la visite de Ramtha, avec la cuisinière, les lumières émanant des drapés de sa robe, les Cro-Magons parfumés, la réincarnation et Dieu. Jeremy s'assit et finit de se réchauffer en buvant son grog. Ramtha réapparut. Je savais que Jeremy ne pouvait pas le voir, mais la manière dont il regardait autour de lui m'indiqua qu'il arrivait à ressentir sa présence.

Ramtha s'adressa à Jeremy et j'en devins involontairement l'interprète.

— Mon docteur bien-aimé, je suis Ramtha l'Être Éclairé. En cette heure, je viens vers toi depuis une autre dimension.

— Bienvenue, Ramtha. Voulez-vous dire que vous vivez dans un autre temps ?

— En vérité, j'ai vécu. Je fus le Ram, le Grand Conquérant. Je fus le Grand Dieu du peuple de l'Indus.

— Vous voulez dire de l'Inde ? Êtes-vous né en Inde ?

J'articulais ce que Ramtha disait en même temps que lui, tout en essayant de dire à Jeremy que nous avions déjà discuté de tout cela.

– Non, Maître. Je suis un Lémurien qui a vécu en Atlatia.

– En Atlatia ? Oh ! Vous voulez dire l'Atlantide. Vous venez de l'Atlantide ? Ramtha, pourquoi m'appelez-vous « maître » ? demanda Jeremy.

– En vérité, vous tous êtes des maîtres, mais vous ignorez votre grandeur.

Je continuais à prononcer les paroles de Ramtha, mais je fus subitement prise d'effroi.

– Jeremy, j'ai peur. Il est dit dans la Bible que l'Antéchrist apparaîtra sous la forme d'un ange de Dieu et qu'il trompera le monde. Mon Dieu, peut-être est-il l'Antéchrist !

À peine cette déclaration ridicule formulée, je me mis à entendre au loin le son d'un cor, puis le chant d'une multitude de voix : « Ram… Ram… Ram… » C'est alors que ma cuisine disparut. Les murs de la maison s'effacèrent dans une brume et mon plafond devint d'un ciel bleu clair. Il me sembla être sur une montagne. Trois personnes apparurent dans une sorte de vapeur devant moi. Deux d'entre elles ressemblaient à des guerriers. Le plus grand devait être Ramtha. Il portait une tenue de combat et son casque ombrageait ses yeux. Il portait un plastron en cuir orné d'objets en argent. En son centre se trouvait une tête de bélier gravée. Le cor retentit à nouveau. Il semblait provenir des montagnes et faisait écho tout autour de moi. Puis, le chant reprit aussi. « Ram… Ram… Ram… »

De la main gauche, Ramtha tenait une épée par son pommeau, la pointe reposant au sol. Il portait une énorme bague faite d'une pierre bleue brillante. À sa droite se tenait également un guerrier et devant lui se trouvait une femme sereinement installée sur des coussins, un doux sourire sur le visage. Ses cheveux noirs et épais étaient tressés et enroulés autour de sa tête. Elle portait un vêtement blanc maintenu à la taille par une ceinture avec au milieu la même pierre bleue. Aucun des trois personnages ne parlait.

C'était comme s'ils étaient suspendus dans le temps. Le cor se fit entendre de nouveau, lointain et obsédant. Puis, la vision se troubla et Ramtha réapparut. La distorsion du temps n'était plus et nous étions de retour dans le présent.

— Ma femme bien-aimée, je suis le Grand Guerrier. Je ne suis pas ce que vous appelez l'Antéchrist. Une telle chose n'a jamais existé. Elle n'existe que pour la peur qu'elle engendre chez ceux qui l'entretiennent dans leur âme.

J'étais toujours dans la confusion, mais Jeremy n'avait aucune difficulté à accepter ce qui se passait.

— Je savais que vous étiez un guerrier. Je le sentais parce que j'ai toujours pensé en être un moi-même ! Mais, Ramtha, comment se fait-il que JZ puisse vous voir, et pas moi ?

— En vérité, Docteur bien-aimé, elle voit beaucoup de réalités invisibles. Telle est ce que vous appelez sa destinée. Elle sera une lumière pour le monde, bien-aimé, et vous danserez avec moi dans le soleil.

Jeremy était au comble de la joie. J'avais, quant à moi, du mal à accepter que de telles paroles puissent sortir de ma propre bouche. Ramtha se tourna alors vers moi et me dit, tout en me regardant :

— Ma femme bien-aimée, sois en paix. Tout est en harmonie, comme il se doit. Qu'il en soit ainsi.

Puis sa silhouette s'effaça. Je secouai simplement la tête, comme si j'émergeais d'une transe. Jeremy m'embrassa.

— Oh ! Zebra, tout ceci est merveilleux. Nous avons réellement été en contact avec une entité d'au-delà de cette dimension.

— Jeremy, que se passe-t-il ? C'était comme si mes lèvres articulaient chacun de ses mots. C'était ses mots à lui, pas les miens ! N'importe qui aurait dit que je tenais une conversation avec moi-même. On est à *L'heure des dingues* !

— Ma Zebra, je sais que Ramtha était présent.

Je le regardai, l'air interrogatif.

– Comment se fait-il que tu n'aies aucune difficulté avec tout ça ? Nous devrions tous les deux être convaincus ! dis-je en soupirant.

– Ma Zebra, cette entité a été avec toi pendant presque toute ta vie. Tu as dit qu'il était ton ange gardien. D'où vient ce problème, maintenant ?

– Mon Dieu, Jeremy, il paraît si réel. Il parle... je parle. Il te parle... je te parle. Seigneur !

– Donc, s'il est réel, pourquoi penses-tu que tu es folle ?

Ma bouche s'ouvrit tout grand. Je n'arrivais pas à croire qu'il ait pu me poser une question aussi stupide. Doux Jésus ! Était-il lui aussi devenu fou ? Je me levai et sortis de la pièce.

Une semaine plus tard environ, un samedi matin, Jeremy sortait de la douche, et se dirigeait vers la garde-robe, une serviette autour de la taille. J'étais debout devant le miroir de ma coiffeuse, appliquée à souligner ma lèvre supérieure au crayon, lorsque Ramtha apparut dans le miroir derrière moi. Je sursautai et laissai tomber mon crayon. Je clignai des yeux en le regardant dans le miroir. Puis je lui souris et lui demandai avec un certain sarcasme :

– Ramtha, puis-je faire quelque chose pour vous ?

Jeremy bondit de la garde-robe, la serviette toujours enroulée autour de la taille.

– Il est ici ! lui dis-je, avec un sourire.

– Docteur bien-aimé, tu portes un pagne ?

Jeremy rougit et tenta de lui expliquer ce qu'était une douche. Je l'interrompis.

– Euh, Jeremy, souviens-toi que les hommes de Cro-Magnon ne connaissaient pas les douches !

Jeremy me fustigea du regard, comme pour dire : « Arrête tes bêtises ! ». Je regardai alors Ramtha, et lui fis signe de la tête :

– La douche est là. Je vous en prie, faites comme chez vous !

– Zebra ! s'écria Jeremy, choqué par mon sarcasme.

Ramtha se mit à rire.

— Docteur bien-aimé, en vérité, que dirais-tu d'aller près de la chaleur du foyer en bas ? Je désire te parler de ce qu'on appelle l'or.

— L'argent ?

— En vérité. Habille-toi comme il convient.

Jeremy se vêtit rapidement.

Puis, il dévala l'escalier préparer un bon feu pour Ramtha qui prit aussitôt place sur le canapé qu'il appelait les « beaux coussins ». Les garçons arrivèrent et s'assirent eux aussi.

— En vérité, tu auras besoin d'amasser l'or nécessaire au paiement de cette demeure, est-ce exact, Docteur bien-aimé ?

— Vous voulez dire l'argent ? demanda Jeremy.

— En vérité. Selon ta manière de compter, combien gagnes-tu pour tes services de « docteur des dents » ?

— Combien je gagne ? Suffisamment pour m'en sortir.

— Désires-tu en gagner davantage ?

— Bien sûr, Ramtha, c'est la raison pour laquelle Dieu a créé les agents de change et les analystes en investissements ! Pour gagner plus d'argent ! dit-il en ricanant.

— En vérité. Il l'a fait et tu peux en faire autant. Je désire que tu bénisses chacune des entités qui viendront s'asseoir sur ton fauteuil, car en vérité, tu les guériras mieux.

— Entendu, mais ce dont j'ai besoin, c'est d'avoir plus de patients, Ramtha.

— En vérité, voilà une grande vérité ! Hélas, Maître, les masses doivent connaître ton existence, n'est-ce pas exact ?

— Vous voulez dire que je devrais faire de la publicité ?

Jeremy s'étrangla presque à cette nouvelle.

— En vérité ! Des annonces sur la place publique.

— Mais Ramtha, cela irait à l'encontre des règles éthiques du conseil de l'Ordre !

— Il est dit qu'on ne doit pas faire connaître ses services sur la place publique ?

— Voulez-vous dire faire une publicité dans le journal ou dans l'annuaire téléphonique ?

— En vérité. Ce sont des annonceurs, non ?

— Personne ne l'a jamais encore fait, c'est vrai.

— Maître, je te demande d'être le premier. En vérité, certains vont essayer de t'asservir uniquement parce que tu représenteras une menace pour leurs propres services. Mais, Maître bien-aimé, grâce à une telle hardiesse, d'autres annonceront également leurs services dans les emplacements prévus à cet effet.

— Je suppose que vous savez ce que vous faites, dit Jeremy.

— En vérité, Docteur bien-aimé, je sais toujours ce que je fais, car je suis connu pour ce que je fais.

Jeremy resta un moment assis à contempler ce que Ramtha venait de dire.

Je les interrompis.

— Jeremy, je n'aime pas ça. Tu sais que tu pourrais être exclu de tous tes amis et être sur la liste noire de l'Ordre !

— Femme bien-aimée, le noir vient toujours avant l'aube.

Je lançai un regard furieux à Ramtha. Avait-il ne serait-ce qu'une idée de l'Ordre et de ce que pourrait représenter en être radié ?

— Ramtha, pourquoi me suggérez-vous une façon de mieux réussir ? demanda Jeremy. Cela semble contraire à ce que ferait une entité spirituelle.

— Maître, pourquoi croyez-vous que l'abondance n'est pas spirituelle ? Tout est Dieu. L'opulence obtenue par le travail est la manifestation de la joie de l'abondance sur votre plan.

— J'avais toujours cru que les gens réellement spirituels étaient pauvres, qu'ils n'avaient pas besoin de la richesse.

— Maître, ceci est une vérité créatrice. Elle a été créée par ceux qui souhaitent amener les autres à la pauvreté au nom de la spiritualité, dans le but de leur dérober leur richesse ! Les entités qui créèrent cette vérité sont les plus riches au monde. Il s'agit des religions. Et si vous leur disiez que pour être spirituel, il leur faudrait démolir leurs cathédrales, fondre leur or et rendre leurs trésors à ceux qu'ils ont mis à sec, croyez-vous qu'ils seraient fidèles à leur propre vérité ?

Jeremy se mit à rire.

— Je ne jurerais pas là-dessus !

— Ce qu'on appelle l'abondance est Dieu aussi. Une entité spirituelle jouit du bonheur et des possibilités que sa créativité lui a permis de réaliser. Elle n'en dissuade pas les autres ni ne les dépossède. Cette entité la crée pour elle-même. C'est cela, Dieu.

Ramtha tourna les yeux vers Brandy et Chris assis par terre.

— Maîtres bien-aimés, dans les jours à venir, quand vous parlerez de moi, il y aura beaucoup de controverses, en vérité. Et l'heure viendra en vérité où vous renierez ce que je suis. Mais je vous le dis, je serai un grand professeur sur ce plan. Souvenez-vous de ceci, j'aimerai toujours ce que vous êtes et serai toujours avec vous, comme je l'ai toujours été. Sachez que vous êtes grandement aimés. Qu'il en soit ainsi !

Et dans un éclat de lumière, Ramtha disparut.

Je secouai la tête et me focalisai de nouveau.

— Voilà que c'est lui qui fait marcher tes affaires, maintenant ! dis-je, fâchée.

— Zebra, tentons le coup ! Je lui fais confiance.

— Jeremy, il est trop manipulateur !

— En fait, je crois que le vieux bonhomme me montre seulement comment être plus créatif pour obtenir de nouveaux patients. À qui ça pourrait nuire ?

Je l'observai un instant, puis quittai les lieux en colère !

— Qu'est-ce qui ne va pas, maman ? me demanda Brandy.

— Il y a tellement de choses nouvelles auxquelles il faut s'adapter, Brandy. Tu connais une autre personne qui a tout le temps un ange gardien qui traîne avec lui ?

— Peut-être qu'elle a peur que ça ne fonctionne pas, dit Chris en se relevant.

Au cours des semaines suivantes, Jeremy écouta le conseil de Ramtha et mit des annonces dans le journal ainsi que dans le bottin. Chaque jour, sa salle d'attente se remplissait de nouveaux patients. Bien sûr, Jeremy fut fiché au conseil de l'Ordre des chirurgiens-dentistes et renié par les autres praticiens. Mais il tint bon et son succès fut instantané.

Quant à moi, j'avais de la difficulté à gérer le ressentiment résultant de cet ostracisme. J'étais vraiment désolée pour mon merveilleux mari. Mais Ramtha avait eu raison, d'autres dentistes commencèrent à faire de même. Mon mari était sorti du troupeau et était devenu un chef de file.

Quelques semaines plus tard, alors que nous étions tous deux à apprécier notre dernier service de table, Jeremy fit la remarque suivante :

— Eh bien, ma Zebra, nous avons fait trois fois plus d'argent ce mois-ci que le mois précédent. Le vieux bonhomme avait raison.

— Oui, mais ce n'est pas comme si ça avait été sans un prix à payer ! Je ne sais pas quoi en penser. Ramtha vient ici, te donne des conseils en matière de marketing et puis on n'en entend plus parler ! Drôle de professeur spirituel, non ? dis-je, agacée.

— Je ne sais pas, Zebra... mais il avait raison !

Chapitre 19

L'UNIQUE

Nous étions maintenant en septembre 1977, ce qui signifiait l'ouverture de la chasse à la grouse et aux chevreuils. Jeremy et moi passions de nombreuses journées à chasser dans les montagnes Olympiques. Nous aimions tous les deux la vie en plein air et étions tous deux d'excellents chasseurs. Cependant, ce que j'aimais particulièrement était de marcher tôt le matin dans la forêt noire jusqu'à mon poste de tir. Je restais alors assise sans bouger à regarder la lumière s'étendre sur la forêt tout autour de moi. Je voyais les écureuils s'éveiller et commencer leurs escapades matinales, ramassant des glands pour leur petit déjeuner. Les piverts se mettaient à tambouriner les arbres à la recherche de larves de termites tandis que les geais lançaient leurs cris stridents et tentaient de piller les nids d'autres oiseaux. Il arrivait souvent qu'une biche apparaisse dans la clairière avec ses faons ; je passais des heures à les observer. Ils s'étaient tellement habitués à moi qu'un matin, alors que j'avais tardé à me rendre à mon poste, ils me regardèrent tranquillement entrer dans la clairière et m'installer au lieu de s'enfuir en courant. J'en vins à faire tellement partie de leur environnement qu'un jour, un faucon se posa sur l'extrémité de mon fusil, le prenant pour une branche. J'aimais la sérénité de la forêt et l'harmonie des animaux qui y habitaient. Bien des fois, je ne voulais pas rentrer le soir à la maison.

Bien que Ramtha ait été absent de notre maison depuis un certain temps, je me surprenais à penser à lui avec réserve. Il m'avait donné quelques-unes des raisons pour lesquelles il avait choisi de m'apparaître à moi, mais cela me troublait toujours autant. Je me demandais si d'autres personnes avaient eu de semblables expériences, et si oui, comment elles les avaient gérées.

J'étais restée très discrète à propos de Ramtha. La plupart de mes amis auraient conclu que j'avais perdu la tête, ce que j'avais moi-même pensé au début. Tout bien réfléchi, une des raisons pour lesquelles je voulais rester dans la forêt était d'éviter de penser à Ramtha et à toutes les questions qui me tracassaient encore à son sujet.

Un jour de septembre, alors que Jeremy était à son cabinet, je décidai d'appeler certaines églises pour voir si quelqu'un pourrait m'aider à comprendre tout cela un peu mieux. Pourquoi les églises? Parce que je me souvenais que dans ma jeunesse, certains des membres de mon église avaient témoigné qu'ils avaient eu la visite d'anges, ou même de Jésus en personne. Je consultai les pages jaunes et téléphonai à la première église.

— Allô? Oui, quelqu'un m'a dit que vous pourriez m'aider avec un problème que j'ai chez moi... Oui, j'ai été sauvée... et baptisée... Non, non, vous ne comprenez pas; mon mari est très fidèle et... Non, ce n'est pas un pécheur... Euh, pourrais-je vous interrompre un instant? Merci. Eh bien, il y a cet esprit qui apparaît de temps en temps chez moi et qui dit qu'il est Dieu et... Quoi? Eh bien, je n'peux pas dire qu'il soit mauvais. Je n'ai jamais cru en ça... Oui, j'ai été sauvée. Simplement, je n'savais pas qui appeler d'autre... Que voulez-vous dire quand vous dites que vous n'voulez rien avoir à faire avec moi? Allô? Allô?

Quand il n'y eut que du silence au bout du fil, je passai tout simplement au numéro suivant.

— Allô? Je suis madame Wilder et j'aimerais parler avec quelqu'un qui pourrait m'aider avec un esprit qui vient chez moi... Mais je ne connais personne d'autre à contacter... Rappeler la semaine prochaine? Mais j'ai besoin d'une réponse maintenant. N'êtes-vous pas là pour aider les gens? Je vois! Merci!

Je fis cinq autres appels, et ne trouvai pas une seule personne qui veuille bien m'aider. J'étais de plus en plus irritée et frustrée. Au sixième appel, j'étais livide.

— Écoutez, que se passe-t-il, vous qui êtes des gens pieux ? Les gens d'Église sont censés aider les autres quand ils ont des difficultés, n'est-ce pas ? Je comprends maintenant pourquoi je n'ai jamais vraiment cru en vous. Vous n'êtes que des hypocrites ! Je vous parle d'un esprit issu du monde spirituel et j'aurais peut-être besoin d'un exorcisme ou de quelque chose comme ça, et personne ne veut m'aider ! Pourquoi ne puis-je pas venir à votre église ; elle est fermée ? Pourquoi aurais-je à aller à Chicago ? Vous êtes cinglé ? Pour être exorcisée ? Vous voulez que je vous dise ce que je pense réellement de votre religion ?

Clic !

— Qu'est-ce… ?

Je raccrochai violemment. Puis, j'essayai une autre église, cette fois-ci pour entendre dire par une des secrétaires, et sur un ton presque confidentiel, que toute la famille devrait porter de l'ail autour du cou, que je devrais en mettre à toutes les fenêtres et au-dessus de chaque porte, et aussi brûler des cierges blancs dans toutes les pièces ! Et si rien de tout cela n'y faisait, je devrais déménager ! Seigneur Dieu ! J'imaginai Jeremy en train de faire un canal dentaire avec sa gousse d'ail pendouillant devant le nez de la patiente ! Ou encore les enfants expliquant au foot qu'il s'agissait d'une nouvelle tactique de défense !

Au moment où j'allais faire une croix sur les églises et les gens en général, mes yeux tombèrent sur le mot « Église spiritualiste ». Je composai le numéro.

— L'Église spiritualiste ?

Alors que j'allais commencer, Ramtha apparut dans la cuisine et me dit de demander à parler à Michael.

— Euh, il y a quelqu'un du nom de Michael ?

J'avais le front brûlant.

— Michael à l'appareil, répondit une voix douce.

— Oui, eh bien, j'aimerais vous parler d'un problème.

— Je suis voyant. Peut-être pourrai-je vous aider, dit-il.

— Un quoi ?

— Un voyant.

— Vous êtes diseur de bonne aventure ?

— Non, je suis voyant.

Je faisais vraiment des progrès…

— Vraiment ? Si c'est le cas, pouvez-vous alors me dire pourquoi j'appelle ?

— Vous avez un problème. Vous avez les cheveux brun foncé et êtes plutôt forte. Vous êtes mariée. Le problème est votre mariage. Je ressens beaucoup de détresse en vous.

— J'ai dû faire un mauvais numéro.

— Non, mais je vous ai parfaitement bien décrite, dit-il, imperturbable.

— Ah oui ? Je suis blonde et je ne suis pas grosse… mais je suis mariée.

Je ris en douce.

— Mon problème est que j'ai un esprit chez moi et je… Venir tout de suite ? Où êtes-vous ? 1802, Federal Way ? J'y serai dans deux heures et viendrai avec mon mari.

J'appelai Jeremy et lui décrivis ma conversation avec le voyant incompétent. Il était à côté de la plaque, mais le fait qu'il n'ait pas été choqué quand j'avais mentionné le mot esprit me convainquit d'aller le voir. Je mis un pull et une jupe toute jaune, enfilai des talons et pris un sac assorti — après tout, j'allais à l'église ! J'attendis ensuite que Jeremy passe me prendre en voiture.

Nous arrivâmes finalement à une petite maison blanche à l'écart de l'artère principale. Nous stationnâmes le long de la rue où se trouvaient d'autres voitures. J'arrangeai mes cheveux et frappai à la porte. Personne ne répondit. Nous décidâmes donc de nous glisser dans ce qui paraissait avoir été une salle de séjour. Il y avait une quarantaine de chaises pliantes en face d'une chaire. Les murs étaient ornés de deux grandes représentations de Jésus. Nous traversâmes une cuisine, puis sortîmes par la porte donnant sur une cour arrière. Là se trouvait une grande table autour de laquelle étaient assises quatorze personnes. Les femmes portaient des pantalons tailleurs, et les hommes des chemises au col ouvert. Ils discutaient sans façon, mais cessèrent dès qu'ils nous aperçurent sous le porche. Jeremy et moi échangeâmes un regard puis nous approchâmes de leur table. Personne ne dit un mot !

Pour finir, je dis :

— Je suis madame Wilder et voici mon époux, docteur Jeremy Wilder. Il est dentiste.

Silence de plomb ! Au souvenir de tous ces coups de téléphone donnés aux églises, la colère surgit en moi. Je saisis donc une des chaises, l'approchai de la table et pris place.

— J'ai appelé tout à l'heure, et ai parlé à un certain Michael d'un problème que nous avons chez moi. Il m'a dit de venir tout de suite. Eh bien, nous sommes ici et je ne vais pas quitter cette table avant que quelqu'un ne nous aide !

J'étais impertinente et provocante.

Une vieille femme aux cheveux gris se leva.

— Je suis le pasteur Lorraine Graham. Michael m'a un peu relaté ce que vous lui avez dit. Que puis-je faire pour vous ?

Elle indiqua à Jeremy de prendre un siège près de moi et s'assit sur le bord de la table. Tout le monde se leva et nous laissa seuls.

— Eh bien, c'est une longue histoire…

Je lui racontai tous les détails de notre expérience avec Ramtha et même celle avec Fantôme avant notre mariage. Durant certaines parties du récit, Jeremy s'agita quelque peu, mais le pasteur Graham écoutait attentivement. Elle ne parut pas alarmée.

Lorsque j'eus terminé, elle nous sourit d'un air entendu et prit la parole.

— Tout d'abord, veuillez m'appeler Lorraine. Deuxièmement, je ne pense pas du tout que vous êtes folle.

— Non ? dis-je en la regardant, étonnée.

Elle secoua la tête.

— En réalité, le Spiritualist Frontier Movement a prophétisé il y a quelques années qu'une entité spirituelle appelée « l'Unique » se manifesterait sur ce plan en tant qu'un grand professeur.

Le mot « l'Unique » me transperça. Je me souvins alors de la voyante de Manhattan Beach.

— Je ne crois pas qu'il s'agisse du même professeur.

— Peut-être pas. Aimeriez-vous tous deux monter à l'étage, où nous serons plus tranquilles pour parler ?

Jeremy et moi-même fûmes surpris de voir l'aisance avec laquelle Lorraine acceptait les faits. Nous rentrâmes tous les trois dans la maison et montâmes un escalier étroit menant à une toute petite chambre. On y trouvait une table ronde, quatre chaises, des livres, des souvenirs partout et un lit simple recouvert d'un édredon en patchwork.

— C'est ici que je dors lorsque je viens pour des réunions ou des conférences. Veuillez vous asseoir.

Nous nous assîmes à la petite table, essayant de nous mettre à l'aise. Lorraine était tout à fait détendue. Elle prit un livre à côté du lit et le posa sur la table. Il avait pour titre *Roots of Consciousness* (Les racines de la conscience). Elle commença à le feuilleter.

— Que savez-vous des « médiums » ? dit-elle sans façon.

— Les « médiums » ? De quoi voulez-vous parler ? J'ai peur de ne pas comprendre.

Lorraine me scruta de ses yeux bleus brillants et comprit qu'elle parlait à une novice.

— Je vois. Eh bien, certains individus possèdent dans leur constitution physique l'énergie vibratoire et la fréquence leur donnant la faculté de se connecter avec les professeurs spirituels de l'autre côté.

Elle m'observa et sembla voir sur mon visage qu'elle m'avait perdue avec l'expression « de l'autre côté ».

— Quand je parle de « l'autre côté », je me réfère à ceux qui sont décédés, mais qui vivent toujours une fois morts. Ces professeurs spirituels parlent par l'intermédiaire de certains individus qui sont dotés d'une haute fréquence. Edgar Cayce, par exemple, était un de ces individus.

— Qui ?

Elle me regarda, incrédule.

— Vous ne savez pas qui était Edgar Cayce ?

Je regardai Jeremy. Lui aussi était interdit.

— Je n'en ai jamais entendu parler, lui dis-je.

— Edgar Cayce fut un des plus grands médiums de ce siècle. Depuis l'autre côté, il a fourni des informations spirituelles, des diagnostics médicaux, des prédictions d'événements concernant l'humanité, etc.

— Ce qu'il disait était exact ?

Elle avait capté mon attention.

— En gros, oui. Vous voyez, les entités spirituelles de l'autre côté ne sont pas limitées par nos trois dimensions ni même par notre temps, si bien que leur compréhension est plus globale.

Elle s'arrêta pour voir si nous comprenions. Sentant que nous suivions suffisamment bien, elle poursuivit son explication.

— Voyons, visualisez la scène suivante pour moi. Cela vous aidera à comprendre plus clairement. Imaginez-vous dans une barque descendant une rivière. Vous ne pouvez voir que ce qui est immédiatement devant vous et derrière vous. Supposez maintenant un instant que vous vous situez à trente mètres au-dessus de cette barque. Votre vision en aval, l'équivalent du futur, et en amont, l'équivalent du passé, est beaucoup plus large. Certains individus — ou « âmes », comme je les appelle — qui existent dans la dimension spirituelle ont une perspective semblable. Ils voient la vie physique sous la forme d'une énergie, ou de lumière. C'est ce qu'on appelle la vision intérieure, et cela signifie qu'ils peuvent reconnaître votre fréquence vibratoire. Si la fréquence de votre énergie est assez élevée, vous pouvez devenir un instrument grâce auquel un contact peut être établi entre l'autre côté et ici. Un médium est un téléphone. Si vous souhaitez appeler l'autre côté, vous utilisez le téléphone. Et vous, Madame Wilder, vous êtes un médium.

Je me mis à rire nerveusement.

— Je vous en prie, appelez-moi JZ. Ce que vous me dites, donc, c'est que je suis un médium au travers duquel parle cette chose spirituelle appelée Ramtha ?

— Oui, du fait même de votre fréquence électromagnétique. Si vous élevez votre propre vibration, vous pouvez voir l'Esprit. Je crois plutôt qu'il abaisse sa propre fréquence afin de rencontrer la vôtre. C'est cela qui le rend visible.

— Euh, il me semble me souvenir qu'il a mentionné quelque chose là-dessus. Je n'avais pas compris. Tout cela, c'est du grec pour moi !

— Oh, ma chère JZ, c'est tout à fait scientifique, en réalité. Nos sciences sont encore trop limitées pour le reconnaître. Il leur reste à développer les instruments ou les techniques leur permettant d'en affirmer la réalité. Bien sûr, pour ceux qui ne voient pas l'esprit, c'est un canular, mais pour ceux qui le voient, c'est réel. Le Spiritualist Frontier Movement se consacre à l'étude des phénomènes psychiques. Peut-être qu'un jour, le public ne sera pas aussi sceptique et pourra profiter des merveilles que cela offrirait à la race humaine. Mais pour le moment, ils disent que de telles choses sont « occultes ».

— Que veut dire « occulte », Lorraine ? demandai-je.

— C'est un mot qui signifie « caché ». C'est tout ! C'est drôle, mais ce mot pourrait même s'appliquer aux religions courantes, puisqu'en essence, elles vouent, elles aussi, un culte à un esprit. JZ, vous faites l'expérience d'une réalité cachée. Vous n'êtes pas folle, vous avez un don !

Encore à ce jour, j'ignore ce qui m'arriva après cela. Le récit qui suit est basé sur la description que me firent plus tard Lorraine et Jeremy.

Soudain, mon corps se raidit et mes bras s'étirèrent très haut au-dessus de ma tête, comme pour toucher le plafond. Les traits de mon visage prirent l'expression de quelqu'un d'autre et une énergie puissante emplit la pièce. Je reculai ma chaise, écartai les jambes sous ma jupe, et plantai fermement mes pieds au sol. Mon cou habituellement fin doubla de volume pour devenir musclé et masculin. Mon corps tout entier grandit et prit une taille étonnante. Je me penchai en avant, portai un regard intense sur Jeremy et Lorraine, et leur offris un sourire clairement étranger à moi. Cette transfiguration les cloua littéralement sur place. L'énergie émise par mes yeux était pénétrante et soutenue. Lorraine semblait paralysée. Jeremy avala sa salive avant de parler.

— Ramtha, c'est vous, n'est-ce pas ?

— En vérité, mon docteur bien-aimé. Allez-vous bien ?

— Eh bien, cher partenaire, oui, je vais bien.

— En vérité, vous apprenez de nouvelles connaissances ?

Lorraine sortit de son état paralytique et commença à rayonner de joie.

— En vérité, professeure bien-aimée, allez-vous bien? lui demanda Ramtha.

— Oh, je n'ai pas les mots pour le dire.

— En vérité, femme bien-aimée, tu n'as pas besoin de dire un seul mot. Sois en paix. Tu as en vérité été un messager merveilleux pour ma fille et mon docteur bien-aimé. Je veux te dire ceci. Ce qui est appelé un mélanome dans tes bras et ta poitrine est en régression, en vérité. Dans une heure, ta poitrine te sera enlevée, car telle est ta décision. Je t'aiderai en vérité pour que ta douleur soit minime. Tu es une guerrière courageuse. Sache que tu es grandement aimée.

Les yeux de Lorraine s'embrumèrent et sa respiration devint saccadée à cause des émotions.

— Je parlerai au travers de ma fille bien-aimée. Je suis Ramtha l'Être Éclairé. Ce que je suis, je le suis. Ma fille deviendra une grande lumière pour ce monde… une lumière qui brillera au travers de tous les dogmes de votre plan. En vérité.

Les larmes de Lorraine coulaient désormais à flots sur son visage. Jeremy se leva et lui donna un mouchoir en papier. Ramtha se pencha pour embrasser la paume et le dos de ses mains.

– Je désire que tu sois un messager de compréhension pour ma fille bien-aimée et mon docteur bien-aimé, en vérité.

– Oui, oui, Être Sacré, je le serai.

Ramtha se tourna alors vers Jeremy.

– Mon docteur bien-aimé, je désire que tu sois un soutien pour ta femme bien-aimée durant tous ces temps emplis de confusion, en vérité.

– Entendu, partenaire. Je ferai de mon mieux, répondit Jeremy en souriant.

– Magnifique entité, tu as appris une grande leçon avec l'or. Tout cela fut, en vérité, pour le meilleur, n'est-ce pas, en vérité ?

– Je suppose.

– En vérité, c'est assez. Le corps est exténué. Je reviendrai quand vous vous y attendrez le moins. Sachez que vous êtes aimés. Qu'il en soit ainsi.

Ramtha quitta mon corps et je me recroquevillai. C'était comme si j'avais été légèrement étourdie. Je poursuivis naturellement ma conversation avec Lorraine.

– Le mot « occulte » veut donc dire « caché ». Ce n'est pas ce que j'avais compris. J'avais toujours cru que ça avait à voir avec des activités malveillantes. Je ne comprends toujours pas grand-chose…

Je m'aperçus alors que Lorraine avait pleuré.

– Lorraine, qu'est-ce qui ne va pas ? Ai-je dit quelque chose de mal ?

Je regardai Jeremy, essayant de savoir ce que j'avais dit, mais il me regardait étrangement.

— Jeremy, pourquoi me regardes-tu comme ça ? Que s'est-il passé ?

Leur comportement étrange m'alarmait.

— Zebra, le Ram était ici, dit-il.

Je regardai autour de moi, mais ne vit rien dans la pièce.

— Je ne le vois pas.

Lorraine se moucha très fort et se mit à essuyer ses larmes.

— Est-ce que l'un d'entre vous ici à cette table pourrait me dire ce qui se passe ?

— Eh bien, Zebra, le Ram est venu en passant *par* toi.

— *Par* moi ? Je suis désolée, mais je ne le vois nulle part et je ne lui ai pas parlé non plus.

— Eh bien, Zebra, tu sais, comme tu as déjà utilisé ta voix pour me parler à sa place ?

— Oui.

— Eh bien, cette fois-ci, tu as disparu ailleurs et ton corps a changé… je suppose pour ressembler un peu plus à celui de Ramtha. Il nous a parlé, à Lorraine et à moi, au travers de ton corps, Zebra ! C'était merveilleux.

J'étais affolée. Je n'étais allée nulle part.

— Que veux-tu dire par « j'ai disparu ailleurs » ? Je ne suis allée *nulle part* !

Lorraine tenta de me réconforter.

— Voyons, JZ, tout va bien, vous êtes en sécurité. C'est ce que j'ai essayé de vous expliquer auparavant. Vous êtes un médium, un médium extraordinaire. J'en ai vu de nombreux, mais jamais un de comparable à vous… ou à Ramtha. Votre mari a raison, JZ, il est puissant, plus puissant que tout ce que j'ai jamais vu. Et ses yeux ! Mon Dieu, ces yeux étaient pénétrants, anciens, omniprésents. Je n'en finis pas… mais vous devez me croire. Ramtha n'est comparable à rien dont j'ai été témoin. La plupart des esprits ne se manifestent pas en plein jour, et ils n'ouvrent pas les yeux. Et le toucher…

ma chère enfant, on dit qu'on ne peut pas toucher un médium en état de transe, car cela déforme l'ectoplasme de l'esprit. Cela risquerait de tuer le médium. Ramtha m'a touchée. Je sais juste que cet Esprit est quelque chose de plus grand que tout ce que j'ai connu.

— Mais je ne suis allée nulle part ! protestai-je. Vous êtes devenus fous ! Je regrette, mais je ne vous crois pas !

— Zebra, c'est vrai. Je savais que c'était Ramtha avant même qu'il n'ouvre la bouche. J'ai ressenti la même chose que lorsqu'il est chez nous. Il parlait comme il le fait habituellement, sauf que cette fois-ci, il était dans ton corps, pas simplement dans ta voix. Et, Zebra, j'ai finalement pu le voir et lui parler face à face. C'était merveilleux.

Je bondis de ma chaise, la faisant presque tomber, et me mis à arpenter la pièce.

— Ce que vous dites, alors, c'est que je suis possédée ? C'est ça que vous dites ? Je suis possédée par Ramtha ?

Des images d'exorcistes m'emplissaient la tête. Lorraine se leva et me prit par les épaules.

— S'il vous plaît, écoutez-moi, JZ. Ramtha m'a demandé de vous aider à comprendre ce qui vous arrive. C'est ce que je veux faire. Je ne peux pas le faire maintenant, il y a des gens qui arrivent en bas et il faut que je les voie. Mais je veux que vous sachiez quelque chose : vous n'avez rien à craindre, croyez-moi. Vous allez devoir faire un ajustement monumental, mais avec davantage de compréhension et de connaissance, tout cela deviendra plus raisonnable et plus clair pour vous.

Je fondis en larmes, envahie par un désespoir total.

— Tout ce que je sais, c'est que j'ai eu un fantôme qui était l'ange gardien de ma famille, et que j'ai toujours aimé Dieu et eu confiance en Lui. Ça, c'était simple pour moi. Je suis quelqu'un de simple avec des besoins simples. La seule chose que je veuille, c'est élever mes enfants, être une bonne épouse, faire pousser des roses dans mon jardin et faire de belles tartes aux cerises pour mon mari. Je ne veux pas être un téléphone pour des esprits. Si je dois aller plus loin dans cette merde, je vais perdre la tête !

— JZ, écoutez-moi, vous avez été choisie. Choisie pour être l'instrument de ce magnifique et puissant professeur. Et puis-je vous dire autre chose ? J'ai connu de nombreux médiums, j'ai étudié ce phénomène au cours de nombreuses années. J'ai parlé à toutes sortes d'esprits différents au travers de médiums. Je connais bien le processus. Comme je vous l'ai dit, l'entité qui s'appelle Ramtha l'Être Éclairé possède une compassion et un amour comme je n'en ai jamais vu. Ma chère enfant, vous êtes tout à fait bénie. Vous avez seulement besoin de mieux comprendre tout cela.

Je la regardai dans les yeux et répondis doucement :

— Lorraine, je ne veux pas le comprendre. Je veux seulement être comme je suis. Je suis simple, pas spéciale.

— Ma chère, c'est précisément la raison pour laquelle vous avez été choisie.

Elle me prit dans ses bras. Jeremy se leva et vint vers moi.

— Zebra, n'en parlons plus pour le moment. Entendu ?

Lorraine se tourna vers Jeremy.

— Docteur Wilder, je recommanderais que vous ne parliez de cela à *personne* en attendant que nous nous rencontrions de nouveau. J'aimerais que vous veniez tous les deux chez moi à Portland dès que vous le pourrez. Restez avec moi un jour ou deux. J'ai tous mes grands livres là-bas et nous pourrons les regarder ensemble. Si vous ne tirez pas profit de cette connaissance, il est possible, vu l'état d'esprit dans lequel JZ se trouve actuellement, qu'elle sombre dans une dangereuse confusion. Je suis ici pour vous aider. C'est la raison pour laquelle vous avez été guidés jusqu'à moi.

— Oh, Jeremy, je ne…

Je gémissais.

— Entendu, Lorraine, nous en parlerons. Puis-je avoir votre numéro de téléphone et votre adresse ? demanda Jeremy.

Lorraine nota l'information.

– JZ, j'ai attendu ce jour presque toute ma vie. Je commençais à penser que cela ne se produirait jamais, dit-elle en tendant le papier à Jeremy.

J'étais tellement agitée que je ne savais plus ce que je disais.

– Merci. Je ne connais pas vraiment la raison pour laquelle je vous remercie. Peut-être êtes-vous aussi folle que je le suis apparemment !

Lorraine sourit et nous serra tous deux dans les bras. Nous descendîmes en silence, et n'échangeâmes pas un seul mot durant notre retour à la maison.

Ce soir-là, je restai assise au bord du lit, les yeux fixés sur le mur. J'étais en colère, troublée et déprimée.

– Ramtha ? Vous m'entendez ?

Pas de réponse.

– Ramtha ? Si vous êtes par ici, je veux que vous sachiez que vous êtes viré ! Vous n'êtes plus mon ange gardien ! De plus, je ne fais plus partie de cette affaire de téléphone ! Je ne veux plus jamais revoir votre visage illuminé. Vous m'entendez ? Interdit d'arriver à l'improviste, de me montrer toutes ces lumières et de sonner le cor ! Vous m'entendez ?

Je regardai autour de moi. Rien. Je soupirai et me levai.

Avant de quitter la pièce, je donnai un coup dans le mur, puis descendis retrouver Jeremy dans la salle de séjour qui lisait *Le Seigneur des Anneaux*, confortablement assis dans son fauteuil près du feu. Je m'effondrai sur le canapé.

– Jeremy ? Je viens de dire à Ramtha de sortir de notre vie. Je l'ai viré !

Il leva les yeux de son livre.

– Il était là ?

– Comment pourrais-je le savoir ? J'ai juste parlé au vent !

Il referma son livre.

– Zebra, je peux comprendre pourquoi tu as fait ça.

J'observai comment la lueur du feu dansait sur ses cheveux noirs brillants et scintillait dans ses yeux. Jeremy était un homme à la fois doux et tellement fort. Je me sentais comme une bombe à retardement. Il était mon lien avec la réalité.

— Jeremy, je veux juste qu'on redescende sur terre et qu'on soit heureux. Tu sais, sensés et normaux ! suppliai-je.

Il fit un signe de la tête pour me dire qu'il comprenait.

— Ma Zebra, il me semble qu'il nous manque encore beaucoup de réponses. C'est comme pour la chasse. Si on ne suit pas les pistes pour découvrir où se trouvent les cerfs durant l'été, on ne peut pas les trouver à l'ouverture de la saison. Tu te retrouves avec ce sentiment de frustration parce que tu n'as pas fait ton travail de recherche. Ne tire pas de conclusion prématurément avant de savoir où mène cette piste.

— Je me fiche d'où elle conduit. Je veux juste avoir une vie normale. Je veux aller au supermarché comme une femme normale, acheter de la nourriture normale et payer avec de l'argent normal. Je veux t'aimer et faire l'amour avec toi sans avoir le sentiment que quelqu'un observe tout ce qu'on fait. Je ne comprends rien de toute cette merde de médium et je ne veux certainement pas être une marionnette !

— D'accord, mais je crois qu'on devrait aller un peu plus loin et chercher à en savoir davantage sur Ramtha, répliqua Jeremy.

— Allons, Jeremy, toi non plus, tu n'aimes pas ça !

— Zebra, je n'ai pas de problème avec Ramtha, c'est toi qui en as. Je pense que Ramtha est un bon professeur qui essaie de nous aider.

— Jeremy, qu'est-ce que tu dirais si c'était toi qui étais utilisé comme je l'ai été aujourd'hui ?

— Je ne peux pas vraiment le dire.

— Eh bien, je me suis sentie comme une sorcière… une sorcière difforme ! dis-je d'un ton sec. Et je ne veux pas que mon état d'esprit soit encore plus faussé qu'il ne l'est déjà.

— Je sais, Zebra. C'est pour ça que je pense qu'on devrait aller à Portland chez Lorraine. Elle peut t'aider à mieux comprendre tout ça. J'en suis certain.

— Non, je ne veux pas aller à Portland. Cela va m'enfoncer encore plus, dis-je en croisant les bras en signe de défi.

— Zebra, j'ai une nouvelle pour toi. Tu es déjà enfoncée jusqu'à ton joli petit cou. Regarde, garde l'esprit ouvert encore un peu.

— Tu veux savoir quelque chose, Jeremy ? Tu fais vraiment du mauvais boulot à me protéger dans tout ça ! lui balançai-je sur un ton sec.

— À te protéger de quoi ? Quelque chose t'a fait du mal ?

Il devint cassant à son tour.

— Oui, cet… cet ange gardien Cro-Magon chose… qui dit « en vérité » quarante mille fois dans la même phrase.

— Zebra, comment peux-tu dire ça ? Combien de fois m'as-tu dit qu'il t'a protégé, toi et les garçons ? Pourquoi es-tu en train de revenir sur tout ça maintenant ? Ce n'était pas la vérité ?

Je lui lançai un regard furieux.

— Regarde, je ne suis pas qualifiée pour être un instrument, ou peu importe comment ça s'appelle — ni pour lui, ni pour ce foutu monde ! Une lumière pour le monde ! Non mais quand même !

— Zebra, tu ne penses pas par hasard que c'est avec toi que tu as un problème, pas avec Ramtha ?

— Comment peux-tu dire une chose pareille ?

J'étais folle de rage.

— Tu dis toujours que tu es si simple. Une personne simple qui ne vaut rien, c'est ça ? Pourquoi n'acceptes-tu pas la vérité ? *Tu es quelqu'un* ! Tu as été un génie en affaires, pas de problème, mais quand il s'agit de toi personnellement ? Tout s'arrête net ! Il ne t'est jamais venu à l'idée que la raison pour laquelle Ramtha et tous ces petits miracles se sont produits, c'est peut-être pour te prouver que tu es quelqu'un ? J'en connais plus d'un qui tuerait pour un seul de ces miracles de personne simple. Tu es surprenante, vraiment surprenante. Je ne connais personne qui claquerait la porte au visage d'un être céleste simplement pour prouver son manque d'estime de soi !

Ses paroles résonnaient dans le vide. Je les avais déjà entendues. Le problème était-il réellement les phénomènes paranormaux ou simplement le fait d'avoir à confronter ma propre valeur ? Je restai là, frottant mon orteil contre la table basse. Je levai les yeux vers Jeremy qui ne m'avait pas quitté du regard.

— Je veux être heureuse, c'est tout.

— Zebra, je ne pense pas que tu puisses un jour être heureuse si tu ne te confrontes pas toi-même. Seul quelqu'un qui se connaît lui-même et trouve satisfaction en lui-même atteint ce genre de bonheur.

Jeremy avait fait vibrer la corde de la vérité. Je l'écoutai.

— Allons voir Lorraine à Portland. Tentons la chance. Toute ma vie, j'ai voulu en apprendre davantage sur tout cela, et maintenant, voici que l'opportunité se présente.

Je le regardai et mon cœur fondit. Il avait tellement fait pour moi. Comment pourrais-je le lui refuser ?

— Entendu, tu as gagné, mais Jeremy, si on y va et qu'une seule chose étrange se produit, je pars.

Il était soulagé.

— Plus étrange que ce qui vient de se passer ?

Je me levai et m'étirai.

— D'accord, je demanderai à quelqu'un de venir garder les garçons. Et je suppose que « Monsieur Merveilleux » sera là que cela me plaise ou pas !

Jeremy leva les yeux.

— Eh bien, M'dame, j'ai ben l'intention d'rester dans les parages même si tu t'en fous ! déclara Jeremy, alias John Wayne.

Je lui donnai un petit coup dans les côtes et me mis à rire.

— Pas toi, imbécile, l'autre « Monsieur Merveilleux ». Celui qui arrive comme un éclair et illumine tout !

Il me prit sur ses genoux, et nous restâmes ainsi ensemble à contempler le feu qui dansait et crépitait dans la cheminée.

Chapitre 20

LA PLUS DOUCE DES PERSUASIONS

La route pour Portland fut agréable et apaisante en bien des points. Le paysage défilait, magnifique, et je ne le quittai pas des yeux. Je ne crois pas pouvoir un jour me lasser de contempler la nature dans toute sa beauté.

Nous traversâmes un pont qui passait au-dessus d'une grande étendue d'eau. On aurait dit un immense miroir qui reflétait le ciel, les nuages et les arbres. Cette scène splendide me rappela les paroles de la voyante.

— Jeremy, il y a longtemps, quand j'étais en Californie, je suis allée voir une voyante. Elle m'a prédit que je viendrais vivre par ici, et aussi que je rencontrerais « l'Unique ». C'est un peu bizarre, mais tout ce qu'elle m'a dit est arrivé.

— « L'Unique » ?

— Oui, je pensais qu'il s'agissait d'un homme ou d'une chose. Mais j'ai vraiment cette forte impression qu'en fait, il s'agissait de Ramtha.

— Ah, c'était pas moi alors ! dit-il en riant.

— Eh bien, je suppose que c'était toi aussi…

Je lui jetai un coup d'œil en riant.

— Ou peut-être que je me trompe complètement et qu'en fait, « l'Unique », c'est moi ! Je me demande si c'est ça.

— En y réfléchissant bien, Zebra, où serait la différence ?

— Tu veux dire que j'invente tout ça ?

J'étais choquée.

— Mais non, il ne serait pas à tes côtés si tu n'existais pas ! C'est pas ce que je veux dire. L'idée, c'est qu'à travers Ramtha, tu te trouveras toi-même. Si le but de Ram est que nous nous connaissions nous-mêmes, alors c'est toi l'« Unique » que tu découvriras !

Sa présomption commença à m'irriter.

— Donc, ce que tu essaies de me dire, c'est que j'ai du mal à me connaître moi-même, et que c'est pour ça que tout se passe ainsi.

— C'est le problème de tout le monde, non ? Pas seulement le tien ?

Je le regardai un instant, incrédule, puis retournai au paysage en soupirant.

Nous arrivâmes finalement à la petite maison de Lorraine. Elle nous attendait à la porte.

— Entrez, entrez ! Que Dieu vous bénisse ! Je suis si heureuse que vous ayez décidé de venir. Bon, excusez-moi pour le fouillis, mais je ne le remarque même plus ! nous dit-elle, joyeuse.

— Pas de souci, Lorraine.

Je regardai autour de moi et m'aperçus que le mot « fouillis » était un peu faible. Il y avait des livres en tas dans tous les recoins possibles — posés sous les tables et les chaises, empilés en colonnes, et encaissés dans des cartons. La pièce ressemblait à un entrepôt de livres encombré et désordonné, avec quelques plantes ici et là, pour la couleur. Il y avait aussi deux petits canapés et un fauteuil à bascule recouverts de parures en crochet. Jeremy déposa notre sac de voyage dans la chambre d'ami et revint dans le salon.

— Asseyez-vous. Le thé est prêt.

Lorraine alla dans sa minuscule cuisine et revint avec le thé servi dans des pots à confitures. J'étais un peu surprise par ce service à thé, mais Jeremy ne s'en aperçut même pas.

— Vous avez fait bon voyage ? demanda-t-elle.

— Pour moi, c'est le pays de Dieu ! dit Jeremy en toute sincérité. Même sur l'autoroute, c'est magnifique. Franchement, lorsque la pression devient un peu trop forte au bureau, je pars un jour ou deux dans les bois, et je suis requinqué !

— La nature est vraiment un des professeurs les plus profonds.

Ce bavardage commença à me mettre mal à l'aise. Lorraine s'en aperçut.

— Je veux que vous sachiez que je suis ici uniquement parce que mon mari m'a suppliée de venir. Il est certain que j'ai quelque chose à apprendre sur moi et sur tout ça...

Je fis un geste vague montrant les quelque dix mille livres autour de nous.

— Je suis d'accord avec lui. Vous avez des choses à apprendre, et je pense pouvoir vous aider.

Elle sourit en enlevant ses lunettes pour les essuyer avec l'ourlet de son chemisier. J'acquiesçai, sarcastique.

Elle remit ensuite ses lunettes et continua.

— Depuis que je suis revenue de notre entretien, j'ai beaucoup lu. J'ai même relu certains livres dont j'avais oublié l'existence, et j'ai été contente de constater que mes souvenirs étaient bons. Arthur Ford a été l'un des plus grands médiums du Spiritual Frontier Movement. Il transmettait l'esprit du nom de Fletcher qui avait prophétisé qu'un grand professeur viendrait dans les dernières années du XXe siècle et se manifesterait à travers le corps d'une femme. Il a également dit que cet être serait un personnage épique. JZ, je crois plus que jamais que cet enseignant est votre Ramtha l'Être Éclairé.

Elle me scruta à travers la partie supérieure de ses lunettes.

— Je vois, répondis-je. Et vous voudriez bien me dire pourquoi il serait plus grand que... eh bien que n'importe quel autre professeur ?

— Parce que JZ, sur le plan de la Terre, nous avons tellement souffert du concept du bien et du mal. On nous a tellement appris que nous irions au diable si nous n'allions pas à l'église et ne vivions pas selon ses doctrines. L'église nous a été imposée comme étant le seul arbitre entre l'Homme et Dieu.

— Oui, je sais.

— Eh bien, le mouvement spiritualiste, bien qu'il possède une compréhension avancée, est tombé dans le même piège. Ils parlent d'esprits malveillants, de la force obscure, et ainsi de suite. Je me suis toujours sentie en dehors par rapport à l'église et au mouvement spiritualiste parce que quelque chose en moi refusait simplement de croire en cette polarité du bien et du mal. Je ne crois vraiment pas en l'existence du diable. Mais d'un autre côté, je n'arrive pas non plus à expliquer pourquoi il y a tant de souffrances dans le monde, tant de désespoir. Quand j'ai rencontré votre Ramtha l'autre jour, j'ai vraiment perçu qu'il était un professeur profond, capable de clarifier tout ça. JZ, les gens ont soif d'une explication sur leur existence, et à ce que je vois, aucune église, ni rien d'autre d'ailleurs ne la leur donne. Tant de gens semblent aimer Dieu par peur. Mais ça ne devrait pas être la vraie motivation, nous sommes bien d'accord ?

— Je n'ai jamais pensé comme ça, répondis-je. Pour moi, aimer Dieu est aussi naturel que respirer… et je n'ai jamais eu peur de respirer.

— Face à tant de confusion, je pense que ceux qui cherchent des réponses ont besoin d'être éclairés, pas d'être programmés. Et je pense aussi que le mysticisme qui entoure le dogme spirituel est tout autant limité.

Lorraine leva son bocal à fruits et but une grande gorgée de thé avant de poursuivre.

— Ce que nous avons tous besoin de comprendre, c'est que nous sommes illimités et que Dieu réside en nous. C'est exactement ce que Jésus-Christ a dit qu'Il était. Il n'est pas quelque part au-delà du soleil, mais ici.

Elle montra son cœur du doigt.

— Je crois que Ramtha peut nous aider à comprendre et à agir selon ce principe. Si nous continuons de nous séparer de Dieu, je ne vois vraiment pas comment nous pourrons survivre. Je sais que le Père et nous ne faisons qu'Un. Vous imaginez si tout le monde avait cet état de conscience ? Oh, quelle paix et quelle joie cela offrirait au monde !

Elle était transportée par ses propres paroles. Puis ses yeux se posèrent sur Jeremy, et sur moi.

— Je suis vraiment désolée. J'ai l'impression de vous faire un sermon. Mais pour être honnête, c'est vous qui m'inspirez !

Un doux et joli sourire éclaira son visage.

— Moi ? dis-je, bouche bée.

— Eh bien, oui ! C'est vous, la clé de tout ça. Vous êtes l'instrument qui nous permettra d'apprendre, ma chère enfant. Vous pourriez aider tant de gens. Vous ne comprenez pas à quel point vous aideriez les gens qui sont perdus dans le conflit du bien et du mal ?

— Si. Un instrument... comme une planche de Ouija, c'est ça ? dis-je.

— Oui, j'en ai un d'ailleurs. Il est juste là.

Elle se leva et retira la sinistre chose de dessous un tas de journaux. Je croisai les jambes et commençai à tapoter du pied sous la table. Jusque-là, je pensais avoir parlé à quelqu'un de relativement intelligent, Grand Dieu !

— Merci, Lorraine, mais non merci.

— Oh, mais ma chère, le jeu de Ouija n'est qu'un outil pour moi ! Tout dépend de pourquoi vous vous en servez, et de *comment* vous vous en servez ! Je vais vous dire, JZ, sans ma planche Ouija, j'aurais perdu tout espoir avec mon mélanome.

Elle se rassit avec l'instrument dans sa main.

— Qu'est-ce que vous voulez dire par « j'aurais perdu tout espoir » ? demandai-je.

— Eh bien, les docteurs m'ont dit que je ne retrouverais jamais l'usage de mon bras après avoir retiré la moelle. Et ils m'ont aussi annoncé que j'allais mourir. Mes guides, de l'autre côté, m'ont dit en parlant à travers le Ouija que si je croyais que j'allais mourir, eh bien, je mourrais. Et comme je ne suis pas vraiment prête à mourir maintenant, j'ai choisi de croire en mes guides spirituels. Et je suis toujours là ! Vous, JZ, vous avez accès aux grandes vérités sans planche.

Jeremy sourcilla, immédiatement intéressé.

— Lorraine, je peux voir votre planche de Ouija ?

J'étais horrifiée.

— Oh non, Jeremy ! Je pense qu'on en a eu assez comme ça !

Il m'ignora, et Lorraine débarrassa la table basse pour y déposer « l'instrument ». J'étais furieuse.

— Voyons ce qui va se passer, dit-elle en mettant sa main sur le pion de la planche.

Puis, elle attendit, silencieuse. Jeremy sortit de sa poche un bloc-notes et un crayon. Il savait écrire très vite, mais le pion bougea si rapidement qu'il eut du mal à tout retranscrire. Je feignis un certain détachement et regardai les livres autour de moi. Je n'avais qu'une envie : me lever et sortir de cette pièce !

Soudain, le mouvement s'arrêta et Lorraine regarda Jeremy.

— Quel est le message ? demanda-t-elle.

Jeremy déchiffra sa propre écriture et commença à lire.

— « Nous te saluons, personne sage. Tu apporteras une grande joie et de grandes réponses. Nous acclamons ton illumination. Tu es dans la paume de la main de Dieu. »

Puis, le pion recommença à épeler.

— « D… E… H… O… R… S ! »

Lorraine sursauta.

— Je pense que nous devrions aller dehors… tout de suite !

Nous sortîmes vite tous les trois, mais franchement, j'étais exaspérée. La nuit était tombée et les étoiles brillaient plus que de coutume dans le ciel clair. Nous nous avançâmes vers la voiture pour nous y adosser. Lorraine nous dit de lever les yeux. L'air froid du soir me faisait frissonner. J'avais le sentiment que nous perdions notre temps quand soudain, une énorme boule de lumière surgit nord. Elle se déplaçait très vite et ne se situait qu'à environ cent cinquante mètres de hauteur. J'étais abasourdie. J'avais déjà vu des comètes et des étoiles filantes, mais jamais rien de pareil. Juste comme je retrouvais mes esprits, une autre passa à toute allure au-dessus de ma tête, et se divisa ensuite en huit plus petites. Elles n'émettaient absolument aucun son.

Jeremy était très excité.

— Mon Dieu, je n'ai jamais rien vu de semblable. C'est quoi ?

J'étais fascinée par ce que je voyais.

— On dirait qu'ils vous saluent, JZ, dit Lorraine doucement.

Je secouai la tête.

— Oh non... non, non !

Les huit boules disparurent par-dessus les arbres, et nous restâmes un moment pétrifiés par ce spectacle de lumière céleste. Je m'éloignai d'eux pour aller m'asseoir sous le porche de devant. J'étais subjuguée par cette expérience, mais tentai désespérément de la nier. Jeremy ouvrit la portière et alluma la radio. La voix du présentateur dénotait une grande excitation.

— Oui, j'entends ce que vous dites, Monsieur. Eh bien, ce sont des vaisseaux de haut niveau. Pas de son ? Euh... c'est intéressant. Peut-être aurons-nous d'autres informations durant la suite de notre programme. Oui, d'accord. Merci de nous avoir appelés. Restez à l'écoute. Eh bien, les amis, notre standard est bombardé d'appels au sujet d'objets volants non identifiés. Je ne sais pas ce qu'ils sont, mais restez avec nous, et nous vous tiendrons au courant !

Jeremy éteignit la radio et s'avança vers moi.

— Eh bien, Zebra, qu'est-ce que tu en dis, c'est vraiment bizarre, non ?

Je levai la main au ciel, impuissante.

— Quand j'étais enfant, j'ai vu quelque chose comme ça. Je ne m'en suis souvenu que plusieurs années après. C'était comme si ça avait été effacé de mon esprit. Oh, Jeremy, qu'est-ce que je dois faire ? Ça veut dire quoi tout ça ?

— Tu as le choix ? dit-il.

— On a tous le choix, non ? rétorquai-je avec défi.

Nous nous levâmes lentement et retournâmes vers Lorraine près de la voiture. Elle était en train de méditer, en quelque sorte.

— Dites-moi, Lorraine, répondez-moi à une question s'il vous plaît. Ai-je mon mot à dire dans tout ça? Je veux dire que... suis-je choisie même contre mon gré?

— JZ, votre liberté est ce qu'il y a de plus important au monde. Si vous ne voulez plus rien avoir à faire avec Ramtha, il vous laissera tranquille. C'est la loi cosmique, ma chère, me répondit-elle.

— Et qu'arrivera-t-il à tous ces gens qui d'après vous attendent après ses enseignements?

— Ils devront attendre, c'est tout. Le temps n'existe pas de toute façon. Peut-être que, dans une vie ultérieure, un instrument comme celui que vous êtes passera par là, ou peut-être même qu'il y en a un en ce moment d'ailleurs. Mais une chose est certaine, ça arrivera! Ça arrivera parce que c'est nécessaire.

Je réfléchis un instant.

— Vous voulez qu'on fasse quoi ici exactement?

Elle se retourna pour me faire face.

— J'aimerais que vous lisiez certains livres. Je veux que vous les emportiez chez vous, et je veux parler davantage avec vous pour vous aider à comprendre ce que vous y lirez. Quand j'aurai accompli tout ça, mon rôle sera terminé.

— Et ensuite quoi?

— Je ne prétends pas connaître le spectre complet de votre mission, répondit-elle.

— Ma mission? Écoutez, Lorraine, je ne suis pas une missionnaire.

— D'accord. Peut-être que ce n'était pas le bon mot! Mais vous avez demandé ce que vous feriez après avoir compris. Je n'en sais rien! Peut-être deviendrez-vous un «canal». Ça m'est encore difficile d'ailleurs de m'habituer à ce terme. Avant, il n'y avait que des médiums.

— Un *canal*? demandai-je.

— Oui, vous êtes un *canal*, un canal pour Ramtha. Tel que je le comprends, un *canal* quitte son corps comme dans la mort, pour permettre à l'autre entité d'y exprimer pleinement sa propre personnalité. Un médium, lui, ne sert que de pont entre les dimensions. Il ne quitte pas complètement son corps. Être *canal* est un phénomène rare, car cela exige que la personne s'autorise à être utilisée à cette fin. Vous êtes vraiment la seule à pouvoir prendre cette décision.

— J'ai l'impression de n'avoir aucun lieu de repli, soupirai-je.

— Ma chère enfant, le seul lieu sûr est en vous-même. C'est ça qu'il vous faut contempler.

Elle me prit la main et la serra en douceur.

Je regardai à nouveau le ciel et me sentis comme nanifiée par son infinitude.

— Il y a tant de secrets là-haut, silencieusement nichés entre les étoiles scintillantes. Parfois, j'aimerais que le ciel puisse simplement nous parler.

— En haut, comme en bas, murmura Lorraine.

Je me tournai vers cette merveilleuse petite femme remplie de sagesse qui avait tant enduré dans sa vie. Une pointe de pitié me traversa en constatant à quel point elle était petite et impuissante dans son désir d'aider le monde. J'étais touchée par sa sincérité.

— Je crois que nous devrions commencer mes cours, dis-je en riant gentiment. J'ai l'impression que je vais devoir beaucoup lire !

Nous rentrâmes tous les trois dans la maison.

Durant les deux jours qui suivirent, Lorraine nous enseigna tout ce qu'elle put de son savoir spirituel. Souvent, le ton montait au sujet de concepts différents. Dès tôt le matin et jusque tard dans la nuit, nous étudiâmes de près les livres de Lorraine. Elle me montra des photos d'avatars indiens, des livres de madame Blavatsky, des conférences d'Edgar Cayce et les écrits d'Arthur Ford. Un lien ahurissant reliait le monde spirituel à celui de la foi chrétienne : tous deux reconnaissaient Jésus en tant que Christ. De plus, le mouvement spirituel souscrivait aux enseignements de Jésus qui proclament « Le Père est en soi » et « Que celui qui n'a jamais péché lance la première pierre ». Il s'efforçait de mettre en pratique ces grands principes. Les différents professeurs et écrivains ne se critiquaient jamais les uns les autres, ni même ceux qui les ridiculisaient. Je trouvais cela plutôt rare et rafraîchissant.

À la fin de la deuxième journée, nous quittâmes Lorraine, les livres empilés à l'arrière de la voiture. Elle nous fit au revoir de la main, les larmes aux yeux. Elle semblait avoir accompli ce pour quoi elle était née.

Le matin suivant, quand Jeremy fut parti au travail et les enfants à l'école, je restai assise seule, à me délecter de la douce brise fraîche qui rentrait par la fenêtre de ma cuisine. Je pensais à Ramtha et à qui il était réellement. Je bus une gorgée de mon thé et entendis le sifflement rapide de ses magnifiques robes. Je me levai, ouvris la porte coulissante et regardai dehors. Il n'y était pas. J'allai dans la salle à manger, mais toujours rien. Je retournai ensuite à la cuisine et le trouvai là, debout près du four qui l'avait par avant tant intrigué. Son sourire radieux était éblouissant et sa robe pourpre ondulait avec grâce autour de lui.

— Bonjour, où étiez-vous ? demandai-je en souriant.

— En vérité, fille bien-aimée.

Il s'approcha de moi, me prit les mains et les embrassa.

— Ramtha, pourquoi vous m'appelez toujours comme ça ? le questionnai-je.

— C'est qui tu es.

— J'étais réellement votre fille ?

— En vérité, de ma chair, non, car je ne me suis jamais uni à une femme. J'étais immergé dans la haine, l'ignorance et les ravages de ce qu'on appelle la guerre. Tu me fus donnée à ma demeure par une femme dans la misère.

— Quand vous êtes venu la dernière fois, Ramtha, j'ai eu la vision de trois personnes à l'apparence étrange. Je pense que vous étiez l'une d'entre elles. Mais il y avait aussi cette femme avec de larges tresses noires. Qui était-elle ?

Il me conduisit dans le salon, me fit signe de m'asseoir, et installa ensuite son soi royal sur le canapé !

— Cela, femme bien-aimée, c'était toi et telle était en vérité la raison de cette merveilleuse vision.

— C'est vous qui avez fait apparaître cette vision ?

— En vérité. Tu me prenais pour l'Antéchrist. Cela me désespérait que tu me perçoives selon une telle compréhension.

— Et qui était l'autre homme ?

— Le nom de cette entité est Gustavian Monoculus, ton docteur bien-aimé. En vérité, nous avons été ensemble auparavant, il y a longtemps, selon votre mesure du temps.

— Oh, donc, Jeremy et moi étions à vos côtés à cette époque ?

J'étais assise à regarder cet être magnifique et me demandai pourquoi, si nous avions été jadis ensemble, nous n'en avions pas même le moindre souvenir.

— En vérité.

— Eh bien, comment se fait-il que ni l'un ni l'autre ne nous souvenions de ça, Ramtha ?

— Entité, c'est parce que ça fait très longtemps que notre union existe. Un jour de votre temps équivaut à une vie dans d'autres temps. Tu te souviens quand tu avais dix ans, le treizième jour du mois de Julius, ou juillet, à midi ? Que faisais-tu à ce moment-là ? Tu ne sais plus. C'est la même chose pour les vies. Tu as été de nombreuses personnes depuis, femme bien-aimée, et je suis ici parce que tu désires que je le sois.

Je fronçai les sourcils. Je ne me souvenais certainement pas avoir désiré qu'il soit là !

— Oh non, je n'ai pas du tout désiré que vous soyez là. J'étais juste assise ici à penser au printemps, aux fleurs et à tout ça.

— Entité, j'entends tes pensées.

Je réfléchis un instant. Ramtha me souriait patiemment.

— Est-ce que Dieu nous juge ?

— Dieu est ce qui « Est », Il est sans jugement. Dieu est ce qui « Est éternellement ». Dieu est le « Fait d'être » qui permet la créativité. C'est toi qui te juges, entité. C'est toi qui juges les gens. C'est toi qui dois vivre selon ton propre chemin. Le chemin de chacun est différent.

— Donc, ce que vous voulez dire, c'est que chaque personne, y compris moi, décide si quelque chose est bon ou mauvais ?

— En vérité ! Il viendra un temps où tu comprendras que toute vie n'est qu'une aventure qui te dote de sagesse, et que c'est cette sagesse qui te fera être comme je suis.

— Et qu'est-ce que vous êtes, Ramtha ? Je veux dire, réellement ?

Il éclata de rire.

— Je suis Dieu, comme toi tu l'es aussi. En vérité, je suis la manifestation du Père, comme toi tu l'es aussi.

— Donc, j'ai toujours eu raison de croire que le diable n'existait pas ?

— En vérité.

— Alors, les autres qui croient au diable ont tort ?

— Non, entité, leur connaissance est juste. C'est leur désir. Dieu permet tout désir. Ainsi, il n'y a ni bien ni mal, ni bon ni mauvais... il n'y a que l'expérience.

— Mais quelle sorte de monde aurions-nous si personne ne croyait au mal ? rétorquai-je.

— En vérité, entité, quelle sorte de monde avez-vous maintenant ?

Hmmm, je venais juste de me mettre les pieds dans les plats !

— Oui, ce n'est pas très beau. Mais Ramtha, avec toute cette violence et tous ces crimes, comment pouvez-vous dire que ce n'est pas mal ?

— Entité magnifique, dans la vie, il n'y a pas de victimes qui le soient pour toujours. Les entités façonnent en détail leurs expériences pour en apprendre quelque chose. Sais-tu que la sagesse provient des expériences ?

— Ramtha, si une personne est assassinée, vous voulez dire que la victime voulait mourir ?

— Ce que tu appelles la victime ne meurt pas, entité. Personne ne meurt jamais, cela est une grande vérité. Toutes les expériences apprises rapportent de la sagesse qui enrichit l'âme de la vie, qui est Dieu.

— C'est ce que Lorraine voulait dire lorsqu'elle me parlait du karma ?

— Le karma est l'expérience du drame humain, entité. Le karma n'est pas un châtiment. La punition n'est pas une vérité. L'Homme est en vérité affamé d'expériences.

Il fit une pause, visiblement pour vérifier que je suivais son explication.

— Mais Ramtha, vous avez dit que vous aviez tué beaucoup de gens. Pourquoi vous n'avez pas été tué vous aussi ?

— Femme bien-aimée, j'ai passé de nombreuses années, selon la mesure de ton temps, à contempler ce que, en vérité, j'étais en train de faire, au nom de la liberté humaine pour ainsi dire. J'étais, en vérité, une entité fougueuse menée par une passion, un barbare qui méprisait la tyrannie avec laquelle l'homme manipulait ses frères. Tellement que j'allais en guerre contre elle, m'attendant à mourir à mon tour. Femme bien-aimée, je ne connaissais pas la peur de mourir, comme beaucoup de mes gens, car en vérité, je voulais mourir, honorablement. Je n'ai jamais connu la peur, mais seulement la haine.

J'ai mené mes armées avec personne à mes côtés. J'étais le spectacle même de la haine. J'aurais dû être sabré par les plus nobles adversaires. Cependant, aucun ne m'en fit l'honneur. J'avais choisi le pire des opposants pour trouver la mort. Mais, femme bien-aimée, du fait de mon absence de peur, il n'existait que la présence de la conquête. Ainsi, en vérité, je devins un grand conquérant, en vérité ce qu'on appelle une grande entité. Tu sais ce qu'est un héros ?

J'étais captivée par les images de l'histoire que Ramtha me racontait. Profondément en moi, je ressentais une émotion ancienne que je n'arrivais pas à mettre en mots. Tout cela m'était si familier. Je secouai lentement la tête pour répondre non à sa question.

Il sourit et continua.

— Un héros est celui qui sauve la vie, et qui en vérité met un terme à tout ce qui est mauvais dans la vie. Je ne me rendais pas compte, femme bien-aimée, qu'en combattant le mal en vérité, je ne faisais que le commettre à mon tour. Je désirais éliminer toutes les formes odieuses de tyrannie, et en vérité, je le fis. Mais ce faisant, je devins la chose même que je méprisais. Un tyran ! Femme bien-aimée, j'étais obsédé par la dignité que je voulais redonner à ma personne et à la couleur de ma peau. En vérité, avec tous les sièges et toutes les batailles, avec toutes les terres traversées par mon armée en vérité, avec tous les peuples libérés, les uns après les autres, mon armée grandit... et devint la Légende du Ram et de son armée.

Il fit une pause et soupira. La belle et grande lumière autour de lui sembla s'assombrir légèrement. Ses yeux noirs dansants vacillaient au souvenir du chagrin de ce passé éloigné. Cette tristesse, je la ressentis moi aussi et en un instant, mes yeux se remplirent de larmes. Quel dommage que les émotions ne puissent demeurer avec les restes fossilisés du peuple de Ramtha. Après tout, c'était des êtres humains, des individus avec leurs ressentis, tout comme ce grand guerrier assis en face de moi. Pas étonnant que nous considérions nos lointains ancêtres peu intelligents. Nous oublions qu'ils avaient eux aussi des émotions. Ramtha leva sa main gauche et, dans une gestuelle élégante, s'efforça de continuer.

— Femme bien-aimée, j'étais en vérité un imbécile, un barbare, un bouffon, une entité ignorante revendiquant la sauvagerie. J'ai marché durant dix années à faire la guerre à une multitude, jusqu'à ce beau matin, ce matin où je fus trahi et pris au piège. Une épée me transperça et je m'effondrai sur le marbre blanc comme neige. Le flux écarlate de mon sang jaillit hors de mon être et s'engouffra dans une brèche de ce sol apparemment parfait. Femme, j'étais étendu, ahuri, sur la pierre froide, quand une voix vint à moi. Cette voix m'ordonna de me relever, puis insista une fois encore. « Lève-toi ! » En vérité, je redressai la tête et commençai à relever mon être sur mes genoux. Je soulevai mon corps, femme bien-aimée, pour que ma tête puisse s'ériger et tenir droite. J'étirai mon pied gauche et le stabilisai. Femme bien-aimée, je rassemblai toutes mes forces, mis ma main sur mon genou et mon poing dans ma blessure… et je me levai ! Le sang coulait de ma bouche, à travers mes doigts et le long de mes jambes. Mes assaillants, qui, en vérité, étaient devenus certains que j'étais immortel, s'enfuirent. Mes soldats assiégèrent leur cité et en vérité la brûlèrent jusqu'à la dernière cendre.

Je pleurais. Mon esprit cherchait sans cesse d'où avait pu venir cette voix. Ramtha lut dans mes pensées.

— Ah, la voix… Chère dame, je n'oublierai jamais cette voix qui me donna l'ordre de me lever, car ce fut elle qui m'empêcha de mourir. En vérité, je passai les années qui suivirent à chercher son vrai visage et la merveille qu'elle était.

J'essuyai une larme avec mes doigts et pris un mouchoir dans ma poche pour me moucher discrètement, de façon très féminine. Mais j'émis un bruit de klaxon des plus embarrassants. Ramtha sursauta et éclata d'un rire magnifique. Je ris aussi.

— Et alors, qui était la voix ? Vous avez trouvé, finalement ? demandai-je.

— Le Dieu Inconnu. Cependant, même ça, femme bien-aimée ne convient pas à un esprit aussi pratique que le tien.

Il rit à nouveau.

— En vérité, on me remit au quartier des femmes de ma marche afin qu'elles prennent soin de moi. Je dus endurer des cataplasmes puants à la graisse de vautour sur la poitrine. La vilénie de cette pestilence m'empêchait de dormir. En vérité, moi, le Ram, était soumis aux ordres des femmes et déshabillé devant leurs yeux. Je ne pouvais même pas uriner ou déféquer en privé. Au contraire, je ne pouvais rien faire sans leur aide. Ce fut en vérité la plus humiliante des expériences ! Car cette période de convalescence vit la grandeur de ma fierté et de ma haine anéantie par la survie.

» J'exigeai qu'on me laissât seul et trouvai un gros rocher qui surplombait le campement. Et là, sur ce rocher, je restai assis à contempler pendant près de sept années, selon votre mesure du temps. J'étais servi uniquement par une vieille femme bien-aimée qui m'aimait grandement. Puis vint un jour, alors que je guérissais de mon atroce blessure, où je vis ma vieille femme quitter ce plan. En vérité, elle était à la rivière et je la vis s'effondrer. Je parvins à rejoindre son corps allongé. Elle serrait chaleureusement le linge qu'elle avait grossièrement tissé pour son fils, qui, en vérité, avait péri bien longtemps auparavant. Je vis la vieille femme mourir sous le soleil de midi, la vie et les sanglots refluant de son corps par à-coups. Je la regardai se recroqueviller et flétrir dans la lumière, la bouche ouverte dans une expression consternée. Soudain, en vérité, ses yeux devinrent vitreux et insensibles à la lumière du soleil. Je restai immobile, rien ne bougeait à part la brise dans ses cheveux couleur argent. Femme bien-aimée, je pensais à ma vieille femme, à sa malédiction, à sa gentillesse et à son amour pour ce que j'étais. Je m'émerveillai de sa grande intelligence. Je tournai la tête et regardai à nouveau le soleil, lui qui ne périt jamais. Je savais que c'était ce même soleil qui avait un jour brillé à travers le toit fissuré de sa cabane, au moment où elle avait été mise au monde. Et en vérité, maintenant, il était la dernière chose qu'elle vit avant de mourir. Je contemplai ce soleil. Il était oublieux du fait que ma vieille femme, qui avait pris tant soin de moi, venait de mourir. J'ordonnai qu'elle ne fût pas brûlée, mais enterrée sous un grand arbre près de la rivière.

— Oh mon Dieu… C'était votre mère, Ramtha ?

— Non, pas ce que tu appellerais une mère, mais une mère dans ses manières et dans sa sensibilité. C'était ma vieille femme, dit-il avec tendresse.

Sa lumière était toujours un peu faible.

— Je vois… Je suis vraiment désolée, je suis de tout cœur avec vous. Je sais que c'est dur, Ramtha.

Je compris que j'étais en train d'offrir mes condoléances à un ange guerrier qui était visiblement déjà allé au ciel ! Mais que dire d'autre à un esprit défunt, si ce n'est que vous êtes désolé que sa vieille femme soit morte et partie au paradis ? C'est malin ! Et… euh, pourquoi étiez-vous si concerné par le soleil ?

— Je n'étais pas concerné par le soleil, je le maudissais. Alors, je l'observai. Ce grand joyau ardent aux yeux rougeoyants s'installa telle une cape sur les montagnes qui devinrent violettes. La vallée était déjà noyée dans la brume. Je regardai ses faisceaux de lumière embraser toute chose et en vérité rendre tout illusoirement beau. Les nuages d'un bleu délavé devinrent transfigurés et prirent vie avec des teintes de rouges intenses et de roses flamboyants. J'étais assis là, sur mon rocher, quand cette grande lumière se retira derrière les montagnes qui ressemblèrent bientôt à des dents perçant l'horizon. Je le regardai jusqu'au dernier filament de sa beauté, jusqu'à sa complète disparition. Femme bien-aimée, j'entendis alors dans le crépuscule un oiseau de nuit pleurer au-dessus de moi. Je levai les yeux vers la pâle majesté de la lune croissante dans le ciel assombri et je contemplai le grand silence de l'éternel dans l'intemporalité du ciel de minuit. Je remarquai alors combien le soleil ne pleurait aucun homme ni aucune femme. En vérité, une douce brise surgit et calmement caressa ma barbe et mes cheveux. Elle emportait instantanément mes larmes. Je ressentis un profond écœurement intérieur.

Ramtha tourna son visage imberbe vers la fenêtre et regarda le ciel. Il s'était laissé emporter par sa passion, c'était évident, et son émotion m'avait adoucie. Dieu avait dû créer un grand miracle pour que Ramtha puisse être ici avec moi. Je me rendis compte que j'abandonnais mes résistances envers lui. Je haussai les épaules.

Il se retourna vers moi, le regard scintillant d'un amusement dissimulé.

— Chère dame, je suis un miracle de Dieu, tout comme toi.

— Je suis sûre que c'est vrai, dis-je prudemment. Je suis vraiment très très désolée pour mon ignorance, Ramtha. Je veux dire, vous êtes ici dans mon salon… Je sais que vous êtes réel, je vous vois et vous entends. Je suis bouleversée par votre beauté et je suis époustouflée par votre aptitude à lire mes pensées, mais quelque part, je n'arrive toujours pas à croire que vous soyez là !

Je débordai de frustration. Je me levai d'un bond et m'avançai vers la fenêtre, puis restai là, sans bouger à sentir monter en moi une haine envers moi-même. Je m'en voulais de ne pas accepter cet être magnifique que Dieu m'avait envoyé. N'avais-je pas toujours demandé de l'aide à Dieu, et n'avait-Il pas toujours exaucé mes prières ? Combien de fois avais-je désiré voir un ange ? Oh, et les fois où j'avais ardemment juré que si Dieu ou Jésus apparaissait devant moi, je ne le renierais jamais comme les disciples l'avaient fait. Quelle blague ! Je me sentais comme la plus grande hypocrite au monde.

— Ma chère dame bien-aimée, tu es trop dure avec ton être. Pourquoi, en vérité, ne te traites-tu pas avec plus de douceur ? Tu es en vérité une femme à l'amour sincère qu'on n'achète pas avec de l'or, une réputation ou la célébrité. La lie ordinaire de la populace se soucie peu de sa propre hypocrisie. C'est sa façon de vivre. Toi, grande dame, ton âme a soif de Dieu, du Dieu vivant.

— Que voulez-vous dire par tout ça ?

— Simplement que contrairement à la plupart de tes frères, si tu devais mourir bientôt, tu rechercherais Dieu avec encore plus de ferveur, même si ça semblait te faire du tort. Et ensuite, tu passerais chaque moment à te soucier de savoir si tu as satisfait les yeux de Dieu. Tu ne vis pas pour la frivolité, mais pour la vérité.

J'étais abasourdie.

— Pourquoi penses-tu qu'il soit nécessaire de te maltraiter pour aimer Dieu ? La chair n'est pas diabolique. Le monde matériel, tel qu'il est connu, a été créé par Dieu, et il en est de même pour les corps humains qui sont sanctifiés par l'incarnation. En vérité, chère dame, pourquoi te bannis-tu et te punis-tu ?

Je soupirai et regardai autour de moi. Tout était à sa place, net et propre. J'avais travaillé vigoureusement pour maintenir ma maison en ordre. La vérité était que j'avais dédié ma vie à préserver l'ordre et les traditions qui m'avaient empêchée d'embrasser le concept de Dieu. C'était cela que j'avais sur l'estomac.

— La vérité est que je n'arrive pas à vous accepter, Ramtha. Si je le fais, tout ce soi-disant bonheur avec cette vie de classe moyenne américaine sera menacé par votre existence. Je sais que ça paraît fou, mais vous voyez, votre existence dans cette pièce et dans ma vie amoindrit l'importance de tout ce que je possède. Toutes ces choses qui sont censées être importantes, ces choses pour lesquelles les gens travaillent toute leur vie. Et quelque part, au milieu de tout ce qu'ils accomplissent, ils placent Dieu sur un meuble qu'ils époussètent régulièrement à l'aide d'habiles prières. Je veux dire, ne voyez-vous pas que *Dieu* doit coller au décor ? Qu'il doit se fondre dans l'environnement, le compléter, sans jamais le dominer. C'est effrayant. Vous me faites voir la non-importance de tout ce qui est autour de moi, et le pire, c'est que vous me dites que « j'ai soif de Dieu » ! Allez, jetez un œil autour de vous. Je me sens coupable parce que je ne sais pas si je serais capable d'abandonner tout ça, même si je savais qu'un jour, je pourrais vous ressembler et être comme vous. Doux Jésus, que dis-je là ?

Qu'est-ce que je venais de dire ?

— Écoutez, je pense seulement que nous avons besoin de simplicité, de tranquillité et de calme, mais Ramtha, j'invente des besoins de choses triviales non nécessaires, et elles commencent à s'accumuler. Elles exigent mon attention, elles me distraient de la Vérité. C'est pour cela que les moines vont dans des monastères. Le silence offre aux oreilles d'entendre la vérité. Les moines échangent ce monde encombré contre le paradis, mais le reste d'entre nous ne vit que pour ce monde-là justement, et organise Dieu sur une table de salon !

Je compris à cet instant ce que j'étais en train de dire. Il n'y avait aucune méprise possible quant à l'appel nostalgique qui provenait de mon for intérieur lorsque je parlais de monachisme. J'étais dure avec moi-même parce que je vivais une troublante dualité, hypocrisie que je détestais amèrement.

— Ramtha, murmurai-je. Je suis désolée d'être autant exaspérée. Je suis simplement dans la confusion totale. J'aime ce que j'ai et je suis très reconnaissante d'avoir été bénie, mais j'ai des remords de ne pas vivre comme Dieu aimerait que je vive. Je suis émue jusqu'aux larmes par votre histoire. Vous avez fait quelque chose de bien. Dieu vous a permis de venir ici et de m'aider. Mais comment avez-vous su quoi faire ? Qui vous l'a dit ?

— En vérité…, dit Ramtha d'une voix tendre.

Il se tut un moment puis continua.

— Tout ce que je voulais était de savoir. Comme « tes moines », j'ai eu le silence pour réfléchir sur le Dieu Inconnu. C'était, en vérité, la seule chose que je voulais vraiment. Comprendre ce qui semblait si stupéfiant, en vérité si mystérieux, et si loin de ma compréhension. Qu'était l'homme ? Qu'était-il vraiment ? Pourquoi l'homme n'était-il pas plus grand que le soleil ? Pourquoi la vieille femme n'avait-elle pas pu vivre comme le soleil ? Pourquoi l'homme était-il l'être le plus vulnérable de la création ? S'il était si important, comme me l'avait dit mon peuple, alors pourquoi, lors de sa mort, le soleil n'arrêtait-il pas sa course pour pleurer son départ ? En vérité, pourquoi alors la lune ne devenait-elle pas violette et les oiseaux sauvages ne cessaient-ils pas de voler ? Chère dame, l'homme était en fait très insignifiant, me sembla-t-il, car la vie tout entière continuait en dépit de son péril ! Je n'avais personne, entité, pour m'enseigner sur le Dieu Inconnu, car je ne faisais confiance à aucun homme. J'avais en effet vu et perdu beaucoup à cause de la méchanceté de l'homme et de sa pensée altérée. Non, chère dame, aucun homme vivant ne pourrait jamais être mon professeur, car en vérité, tout homme possède une pensée altérée. Je ne voulais pas d'un Dieu créé à travers sa compréhension, car ce Dieu-là serait faillible.

— Pourriez-vous me redire ça encore une fois ? lui demandai-je

Le visage de Ramtha afficha un air surpris. Il fit une pause, et à ma grande surprise, se mit à répéter :

— Je n'avais personne pour m'enseigner…

— Oh, Seigneur, je ne voulais pas que vous répétiez tout. Je voulais juste dire que j'étais d'accord avec vous. C'est une expression, Ramtha. Je suis désolée.

Je rougis d'embarras.

— Ah, en vérité, dit-il. Les Dieux des hommes reposent sur des disputes et des preuves. Et rapidement, ce qui représente Dieu est à nouveau réduit à néant à coups de disputes et de preuves. L'homme ressent continuellement le besoin de prouver l'existence de son Dieu en désapprouvant son opposition. Sais-tu, chère dame, qu'approuver son opposé, c'est en vérité le désapprouver ?

— Hum hum…

J'acquiesçai de la tête, mais franchement, j'étais perdue.

Ramtha se mit à rire.

— Dieu n'a pas d'opposé. En vérité, comment *Le* prouver ou *Le* désapprouver ?

Je cherchai dans mon esprit une réponse ou un mot réconfortant. Mais rien ne vint.

— Le seul professeur que j'eus fut les éléments de la vie, en vérité, le professeur le plus vrai qui soit. J'appris des jours et des nuits. J'appris de la tendre vie insignifiante qui fleurit au visage même de la destruction et en vérité de la guerre. Je contemplai le soleil dans sa naissance glorieuse à l'horizon. Je regardai son parcours à travers les cieux jusque dans les sphères de l'ouest pour retourner dans son profond sommeil. En vérité, j'appris que ce grand joyau dirigeait subtilement toute la vie. Car tous les courageux et les vaillants, en guerre les uns contre les autres, cessaient leur combat lorsque le soleil s'endormait à l'ouest. Je regardai la lune enchanteresse, alors qu'elle dansait à travers les cieux de l'éternel, illuminant de sa blancheur l'obscurité et le froid humide de façon mystérieuse et féérique. Je regardai les feux de notre campement et leurs nuances rougeoyantes et changeantes qui éclairaient la nuit. J'écoutai les oiseaux sauvages se poser sur l'eau des étangs, le bruissement nocturne des oiseaux dans leurs nids, et les rires des enfants occupés à leur gaieté. J'observai la chute scintillante des flocons étoilés, le givre sur les roseaux, et les mares couvertes d'éclats de glace, créant l'illusion d'un autre monde. Je regardai le miracle des feuilles d'olivier passant de l'émeraude à l'argenté alors que le vent soufflait à travers elles. Je regardai les femmes debout dans la rivière prenant de l'eau dans leurs jarres, leurs vêtements noués à la taille, révélant leurs genoux albâtres. J'écoutai les sons et les rires de leurs bavardages et de leurs taquineries. Je sentis les effluves des miches de pain et des gâteaux au miel cuits durant la fraîcheur de la nuit, mais aussi l'odeur des excréments, de la viande non cuite, des parfums, des égouts, des épices, de la fumée des feux au loin, et de l'ail et du vin dans l'haleine de mes hommes. Partout, chère dame, partout, il y avait des sons, des couleurs, et des odeurs de la vie, et j'en restai abasourdi.

— Ce ne fut en vérité que lorsque j'eus observé et réfléchis à la vie et à son éternelle continuité que je découvris le Dieu Inconnu. Je compris qu'Il n'était pas les Dieux créés par la pensée altérée de l'homme. Car, en vérité, j'avais compris que les dieux n'étaient que les personnalités de ce qu'ils craignent et respectent le plus. Je compris que le vrai Dieu est l'essence perpétuelle qui permet à l'homme de créer à volonté ses illusions, pour les retrouver ensuite, lorsqu'il reviendra, sanctifiées dans sa nouvelle incarnation, dans un nouveau printemps, dans une nouvelle vie. En vérité, je compris que c'est dans la puissance et la continuité éternelle de la force de vie que réside le Dieu inconnu.

— Mais qui est le Dieu inconnu ? demandai-je, car j'étais encore dans la confusion.

— Moi... et les oiseaux dans leur nid nocturne, les roseaux des rivières, l'aube matinale et le ciel du crépuscule. C'est le soleil et la lune, et les enfants avec leurs rires, et les genoux albâtres. C'est les feuilles d'olivier, les odeurs d'ail, de cuir, d'excréments, de parfum. Ah, chère dame, dans mon silence, cette compréhension prit longtemps selon votre mesure du temps, jusqu'à ce que je puisse en saisir la simplicité. Le Dieu Inconnu avait toujours été devant moi. Il n'était pas au-delà du soleil ni de la lune. Il était tout autour de moi. Avec ce raisonnement naissant, je commençai à embrasser la vie, en vérité, à la prendre en affection et à enfin trouver la raison de vivre, d'être, de sentir, de penser, d'imaginer, de savoir, et en vérité, de devenir ces Compréhensions les plus sacrées.

J'étais assise là, médusée par les robes de Ramtha, comme si j'étais en train de rêver tout cela.

— Pourquoi moi ? me demandai-je. Pourquoi cela m'arrivait-il à moi ?

Ramtha sourit comme si son être tout entier était éclairé par une compréhension d'amour. Il répondit à ma pensée.

— Tu es une femme bien-aimée qui a soif de Dieu. Pour celui ou celle dont le cœur recherche Dieu, toutes les routes conduisent à Dieu, en vérité, comme la tienne l'a fait. Chère dame, ta destinée sera un travail, non pour semer la vérité, mais plutôt pour préparer les hommes à son éveil. La semence de la vérité réside à l'intérieur de chaque être humain et de chaque chose. Sache que tu mérites l'amour de Dieu et Sa confiance.

J'étais frappée et sidérée. Je n'osai même pas lui demander ce qu'il avait voulu dire. Il se pencha pour étreindre mes mains et les embrassa avec tendresse, comme un parent aimant. Il fixa ensuite ses grands yeux brillants sur moi, s'inclina et disparut.

Un moment plus tard, après avoir regardé Ramtha partir et tenter de suivre sa lumière au moment de sa volatilisation, je revins à moi, comme sortant d'un songe.

Cette session avec Ramtha avait été longue, et elle m'avait laissée mélancolique. Je me mis à pleurer. Je ne désirais qu'une chose, être dans un endroit isolé. Je courus à l'étage et m'enfermai dans ma chambre, puis enfouis ma tête dans les oreillers. L'émotion et la fatigue me submergèrent. Je m'effondrai dans un sommeil sans rêves.

Je fus réveillée par quelqu'un qui frappait à la porte. Je sursautai. Il faisait sombre. J'allumai et ouvris la porte. C'était mon mari. J'étais prise au dépourvu, car je n'avais jamais dormi si tard l'après-midi. Je m'arrêtai net dans l'embrasure de la porte. Mon cœur battait fort et mon visage brûlait. C'était le résidu d'une réaction datant de mon mariage avec Caris, quand je m'endormais et que son dîner n'avait pas été prêt ni servi. Crime majeur ! Mais dès que Jeremy me vit, il me sourit avec délice et me prit dans ses bras.

Après le dîner, Jeremy et les garçons s'assirent à mes côtés près du feu. Je me sentais un peu nerveuse de raconter à Jeremy ce que Ramtha m'avait dit.

— Zebra, qu'est-ce que t'a dit Ramtha... quelque chose de neuf ?

Il but une gorgée de son grog chaud.

— Il m'a parlé de la peur et de euh... du fait qu'elle n'existe que si nous lui permettons d'exister... je sais que c'était profond, mais je ne sais pas si je peux vivre ainsi. Je veux dire, je ne peux pas m'empêcher d'avoir peur de certaines choses.

Je m'essuyai le front et reposai mon menton sur ma main. Soudain, une lumière apparut près de la cheminée. C'était Ramtha, bien sûr.

Jeremy regarda autour de lui et dit :

— Il est ici, n'est-ce pas ?

— Oui !

Je me sentis à nouveau dans un état second, et me mis à répéter ce que Ramtha disait.

— Entités bien-aimées, je vous ai observées. Êtes-vous heureux ? dit-il en se réchauffant les mains sur le feu.

— Pourquoi j'ai raté mon contrôle de math ? demanda Chris en regardant autour de lui.

— Ah, le contrôle ! Maître Christopher, tu ne *savais* pas que tu pouvais réussir. Tu ne vivais pas dans le moment présent des chiffres, car tu étais distrait par ton jeu avec la balle.

— Tu veux dire le baseball ? demanda Chris.

— En vérité. Vis chaque moment de ta vie pleinement et tu réussiras dans chacun de ces moments.

— Pourquoi tu aimes chauffer tes mains près du feu si tu es un esprit ? demanda Brandy.

— Le feu a une fréquence vibratoire, Maître Brandon. J'aime cette sensation selon ma compréhension, pas toi ?

— Si, mais à quoi tu penses quand tu sens le feu ?

— Je ne pense pas, Maître Brandon bien-aimé, je suis. Je suis le bois qui devient flamme qui à son tour devient cendres. Tu vois, c'est comme la vie… je ressens la vie. Rien ne meurt, Maître, tout change simplement de forme.

— Ramtha, vous m'avez manqué quand vous étiez parti, dit Jeremy, le cœur rempli d'émotion.

— En vérité.

— Non, je veux dire que je me sens vide sans vous.

— Que veut dire « vide » pour toi, docteur bien-aimé ?

— Je ne sais pas… comme si je voulais parler à mon camarade. Je me sentais seul parce que vous n'étiez pas là. L'homme se sent seul parfois, Ramtha.

Le Ram sourit.

— Docteur bien-aimé, tu es ton propre ami. C'était toi l'entité qui te manquait. Je reflète simplement ce que tu es et ce que tu n'es pas.

— Oui, mais je n'ai jamais réellement eu quelqu'un à qui parler de ces choses-là. Maintenant, je vous ai, vous. Partenaire, ça représente beaucoup pour moi.

— En vérité. Tu as tes bois et en vérité, ta femme bien-aimée.

— C'est vrai, c'est vrai. Je ne me sens jamais seul quand je suis dans les bois. Et j'ai ma Zebra. Mais mon vieil ami, ce n'est pas la même chose.

— Docteur bien-aimé, les biches ou le cerf, comme tu les appelles, arrivent, c'est la saison du rut dans deux semaines de ton temps. Observe leurs activités et tu comprendras l'absence de solitude. Les cerfs sont attirés au moment de communier pour la propagation. Ensuite, ils retournent au simple fait d'être. Sois attentif, car il y a une grande leçon pour toi avec le cerf.

Jeremy songea un moment à ce que Ram venait de dire.

— J'aimerais que la vie sauvage soit plus proche de notre maison. Je veux dire que ce serait grandiose si je pouvais juste regarder par la baie coulissante et voir un énorme faisan sauvage !

— En vérité. J'ai contemplé les oiseaux sauvages pendant de nombreux jours. Ce sont des créatures merveilleuses, car elles connaissent les cieux aussi bien que la terre. Elles chevauchent le vent qui devient leur chariot invisible. C'était remarquable, en vérité. Dans le vent, j'ai compris la réalité de l'invisible.

Jeremy souriait et inclinait la tête en signe d'appréciation. Il fixait l'endroit où Ram se tenait près du feu.

— Vous créez des images tellement exquises avec la langue anglaise. Où avez-vous appris ça ?

— Je parle le langage de celui qui écoute. Mes magnifiques images ne seraient pas entendues si tu n'avais pas la capacité de les imaginer, Maître.

— Alors, qu'est-ce que l'imagination, Ramtha ?

— L'imagination est le langage de l'âme en train de contempler son absence de limites.

— Elle est réelle ?

— Tout ce que ton cœur, ton esprit ou ton âme pense ou ressent est réel pour celui qui en fait l'expérience, n'est-ce pas ?

— Oui, mais en général, nous nous freinons nous-mêmes en nous disant qu'il s'agit de notre imagination. Ce n'est pas logique !

— Maître, la logique est la béquille de celui qui est handicapé en sagesse, du fait même de son propre manque d'imagination. Cesser d'imaginer, c'est amputer ce qui est illimité en toi.

— Ram, c'est vraiment bon que vous soyez parmi nous.

— En vérité, apprécie ta soirée glorieuse devant tes flammes dansant sur les royaumes illimités de ton imagination. Sache que tu es aimé et que je suis toujours avec toi.

Ramtha disparut dans son habituel flamboiement lumineux. Chris commença à frapper des mains avec jubilation. Le bruit que firent Brandy et Chris en remontant dans leurs chambres me ramena de mon étourdissement.

— Il est où ? Il est allé où ? Il était juste là.

Je regardai dans la cuisine.

— Zebra, le Ram vient juste de partir, me dit Jeremy en riant. Je pense qu'il te prépare peut-être à être un *channel*. Il parlait à travers ta voix, mais ce n'était pas ta voix à toi. C'était presque comme si tu étais en transe ou quelque chose comme ça. Tu te souviens de ce que Lorraine t'a expliqué à ce sujet ?

Incrédule et mal à l'aise, je regardai Jeremy en chancelant dans mon fauteuil. Je n'arrivais toujours pas à croire que tout ceci m'arrivait à moi.

— Tu te souviens un peu de la conversation ?

Sa voix montrait que cela ne l'affectait nullement.

— La conversation ? Non, je me souviens seulement de l'avoir vu. Après, ce fut comme si j'étais ailleurs.

Mon cerveau commença à galoper tous azimuts pour retrouver cet « ailleurs ».

Jeremy posa sa main sur mon genou de façon réconfortante.

— Zebra, essaie de te souvenir de ce que Lorraine te disait sur le *channeling*... qu'il s'agissait d'une sorte de déformation du temps.

D'accord. *L'heure des dingues*, la saga suivant *Star Trek*, avec docteur Spock aux commandes de l'accélérateur de temps facteur V, à la recherche du canal manquant, alias moi, la *canal* manquante !

— Ça ressemble à ça... de passer à travers un facteur V !

Je ris nerveusement.

— Eh bien, je suppose que c'est comme disparaître ! Je ne sais pas où je suis allée. On dirait que je suis restée ici, mais pour moi, le temps ne s'est pas écoulé.

Jeremy se pencha un peu plus près, son visage était plus solennel.

— Est-ce que ce sentiment te dérange ?

Je levai les yeux vers lui et passai la main dans ses cheveux.

— Je suppose que je vais devoir m'y habituer, et Dieu sait qu'il a fallu déjà s'habituer à beaucoup de choses ces derniers mois !

Nous montâmes tous deux à l'étage pour nous coucher. En mettant ma chemise de nuit, je remarquai que mon ventre avait un peu gonflé, et que mon alliance me serrait trop le doigt. C'était bizarre. George (c'était le nom de code pour ma période menstruelle) n'était pas censé être là avant une semaine. Je m'attardai encore un moment sur mes rondeurs, puis les oubliai et me couchai.

Deux semaines passèrent pendant lesquelles le Ram apparut de façon intermittente, lisant mes pensées et m'enseignant.

— Maître, pense à toutes tes pensées comme si elles étaient écrites dans le ciel et lisibles par le monde entier... car en vérité, c'est ce qu'elles sont. Ou encore, chère dame bien-aimée, écoute tes pensées... car en vérité, si tu le fais, tu te connaîtras. Sache que la voix de Dieu, entité, est le fleuve des pensées… purement cela. L'ego altéré est celui qui dispense, qui altère et qui juge les pensées pures. Toutes tes pensées, celles que tu appelles banales ou illogiques, sont là où résident tes réponses.

Puis, il disparaissait à nouveau, me laissant exaltée ou déprimée selon la nature de mes pensées.

Bien sûr, il y avait ces interludes nocturnes avec Jeremy et le Ram. Et je passais la plupart des samedis et dimanches dans un état de « distorsion de temps ». Puis, pour chapeauter tout cela, je grossissais comme un bonhomme Pillsbury et devenais de plus en plus dépressive. Mon mari passait plus de temps avec le Ram qu'avec moi. Nous ne partagions plus de conversations intimes. Ses paroles n'étaient que « Ram a fait ci » ou « Ram a fait ça », ou encore « Je veux parler au Grand Bonhomme ». Ma relation avec Jeremy chutait de façon vertigineuse.

C'est à ce moment-là que je commençai à m'échapper de cette réalité irréelle en achetant tous les livres que je trouvais sur ce type de phénomène. Je lisais constamment, mais ne trouvai rien sur le processus de *channeling*. Il y avait beaucoup de choses écrites sur les trans-médiums, mais aucune mention sur ce qui m'arrivait à moi. Ce qui me déprimait le plus était de découvrir que ces médiums professaient se sentir remplis d'énergie après chaque session avec leurs guides. L'un disait même qu'il dansait partout avec une vitalité retrouvée, ou un autre, qu'il faisait alors l'expérience de « désirs sexuels immenses ». Oh, Seigneur, ça suffit ! Où avaient-ils été chercher tout cela ?

Un samedi matin, je faisais de l'art culinaire et préparais une délicieuse tarte aux cerises. Jeremy prenait un café, assis à l'autre bout du plan de travail. Il réfléchissait soit à sa future conversation avec notre nouvel « hôte », soit à un futur coin où aller camper pendant la saison du cerf. J'étais en train d'apposer les derniers fragments architecturaux sur ma tarte lorsqu'il émit un « Oh mon Dieu, j'en crois pas mes yeux ! » Il me fit tellement sursauter que mon chef-d'œuvre à la cerise vola en éclats, laissant des débris poisseux partout sur le sol, sur mes chaussons en fourrure, sur le four et sur le pauvre frigo.

Une montée d'émotion m'envahit brutalement. J'étais horrifiée, choquée, ahurie, amère et très très contrariée !

– Merde !

Jeremy, toujours tranquille, se leva calmement, puis se figea. Mon ego altéré déversa encore quelques autres jurons, pensés et écrits dans le ciel à la vue de tous les voisins ! Puis, je m'avançai pour voir ce que Jeremy regardait. Je glissai alors sur une boule de pâte et atterris sur le plan de travail, percutant sa tasse qui éclata au sol.

Jeremy se retourna d'un coup, et débordant de colère, me fit signe de me taire. Jésus ! Quel gentleman ! Il se tourna à nouveau vers la baie vitrée.

– Si quelqu'un me l'avait raconté, je ne l'aurais pas cru ! Zebra, regarde ! T'en as déjà vu un aussi gros ? Mon Dieu, ici... dans mon jardin... chez nous !

Je tendis le cou pour voir ce qu'était toute cette histoire. Oh, grand Dieu ! Devant nous sur la terrasse, en train de nous observer, se tenait le plus grand faisan à cou rouge jamais vu.

– Zebra, c'est incroyable. Tu sais, il n'y a pas longtemps, j'ai dit au Ram que j'adorerais en voir un dans mon jardin... et regarde ! En voilà un ! Le vieux bonhomme a fait un miracle pour moi.

Les garçons descendirent de leurs chambres pour voir ce qui se passait. Brandy courut vers Jeremy. Il fut émerveillé de voir ce faisan et ne put qu'exprimer un « wouah ! ». Chris, quant à lui, vint vers la cuisine et fut abasourdi à la vue du chantier par terre. Il se pencha et ramassa quelques cerises pour se les mettre à la bouche.

– Christopher ! Ne mets pas cette cerise sale dans ta bouche, hurlai-je.

– J'allais juste t'aider à nettoyer, maman, mentit-il.

— Bien sûr. Va te laver les mains. Tout de suite !

Chris revint, et nous contemplâmes tous le faisan astromanifesté qui, lassé de nous regarder, remarqua dans un coin de la pelouse les restes d'une pomme entamée par un des garçons. Il s'avança délicatement pour la déguster avec grand bonheur. Ce magnifique faisan resta trois jours dans notre jardin, puis disparut. C'était vraiment une très belle manifestation, pour Jeremy en particulier. Le Ram confirma son propre cadeau à l'attention de Jeremy, ce qui les fit rire tous deux de bon cœur.

Le lundi qui suivit, j'envoyai le bon docteur au travail et mes deux enfants idéaux à l'école. Je pris un café et commençai le ménage de la maison. Je devais aller à l'épicerie ce jour-là et faire quelques courses. Je fis rapidement la vaisselle et lavai le sol de la cuisine. J'étais très pressée, et lorsque trois bouts de Cheerios restèrent collés par terre, je mis la serpillère de côté et tentai de les enlever avec la pointe de ma chaussure. Pas moyen ! Je leur marmonnai quelques menaces abominables, pris un couteau à beurre et m'agenouillai pour gratter ces foutues céréales. C'est alors que Ram apparut devant moi près de l'évier. Mais j'étais beaucoup trop occupée par ma guerre contre les Cheerios. Il se baissa et mit ses mains au sol. Ses yeux étaient au même niveau que les miens. Je m'arrêtai et le regardai. Au milieu de tout ce… il ne dit pas un mot. Il posa simplement son long doigt couleur cannelle sur le morceau rebelle et l'enleva avec la plus grande des facilités. Il en fit de même pour les deux autres bouts. Je me mis la tête entre les mains et murmurai :

— Merci, la prochaine fois que j'aurai besoin d'une aide… éblouissante… j'vous appellerai !

Je me levai et demandai à ma nouvelle aide-ménagère de s'écarter pour que j'aille jeter tout cela dans le broyeur de l'évier. Il était fasciné qu'un évier puisse avaler et broyer. Je nettoyai ensuite la table de la salle à manger. Il ne me lâchait pas des yeux. Je finis par lui dire :

– Ramtha, je suis pressée aujourd'hui. J'ai beaucoup de choses à faire. Si vous le voulez bien, on pourrait faire l'impasse sur ce que j'ai besoin de savoir aujourd'hui ?

Il me sourit.

– En vérité. Et tu rôtiras le bœuf dans ton brasier d'intérieur, est-ce exact ?

J'arrêtai de nettoyer un instant. Je levai les sourcils et soupirai.

– Si vous voulez dire que je vais faire un rosbif pour ce soir, oui... Oui Ramtha, c'est exact.

– Et tu as en tête de faire un plat sucré circulaire avec des fruits ?

J'étais exaspérée.

– Une tarte aux myrtilles, oui... avec les myrtilles sauvages qu'on a ramassées.

– En vérité, ce sont les petits plaisirs les plus délicieux, chère dame. J'apprécie particulièrement cette composition de fruits sur le dessus.

– Quoi ? Oh, quand je décore les tartes avec des visages en pâte pour les enfants. Oui, elles sont plutôt belles.

Je réfléchis un instant, me délectant de ma créativité.

– En vérité. Les visages créent de nouveaux êtres myrtilles !

Et sur ce, il éclata d'un rire rugissant en se tapant les mains sur les genoux. Il prit ensuite une chaise et s'assit.

– Quoi ? Allez, je ne suis pas d'humeur pour vos blagues bizarres. J'ai du travail à faire.

Je vaporisai encore un peu de produit, astiquai et tentai de l'ignorer. J'espérais juste qu'il parte !

– Bizarres ?

– Oui, vos blagues bizarres, dis-je, exaspérée en soufflant sur une mèche de cheveux devant mes yeux.

– Ohhh, en vérité, je viens d'apprendre une nouvelle expression idiomatique. Elle signifie « inhabituel » dans votre langage, c'est ça ?

— Non, elle veut dire « bizarre », c'est tout !

— En vérité, je ressens ta signification émotionnelle.

— D'accord. Écoutez, si vous avez l'intention de rester avec moi, pourquoi ne feriez-vous pas un peu de travail, vous aussi ? Ou êtes-vous au-dessus de ça ? C'est un jeu de mots, vous pigez ? *Au-dessus du travail ?*

Il ne comprit pas.

Il concentra son regard sur la table qui, immédiatement, scintilla et brilla. Je restai bouche bée.

Lorsque je me tournai pour aller à l'étage, Ramtha me suivit. Je gravis rapidement les marches et me retournai pour voir s'il était là, mais il était parti. Je haussai les épaules et continuai de monter tranquillement. Il était déjà là-haut ! Alors que je passais devant lui, plutôt agacée, il fit une révérence avec grâce, pied et bras déployés. Vraiment !

Je commençai par la chambre de Brandy. Elle était tout en désordre. J'empilai les jouets dans le coffre et tombai sur un de ses nounours avec une cuisse de poulet séchée collée à sa fourrure. La malle à jouets servait visiblement de cachette aux petits encas dérobés. J'arrachai la cuisse et la cassai en deux.

— Bon sang, pourquoi les enfants sont-ils si désordonnés ? murmurai-je. Mon Dieu, cette cuisse de poulet a au moins quatre mois !

Ramtha se pencha pour inspecter les restes et me dit :

— La notion d'ordre n'appartient pas au monde des enfants. Tu n'as pas dit un jour que votre monde était un désordre organisé ? Tu ne disais pas que ça te rendait malheureuse ? Regarde tes enfants, ne sont-ils pas libres et heureux ?

— C'est différent. Mes gosses sont des bons à rien. Regardez cette chambre. Bien sûr qu'ils sont heureux, ils ont moi pour ranger leur chambre à leur place.

Je fulminai et fourrai la cuisse de poulet dans ma poche de tablier. Mais comme il avait raison !

— Chère dame, trouve le bon dans tes enfants. Insiste sur ce qui est bon, car en vérité, ils le sont, et aime-les dans la liberté. Il y en a beaucoup dans le monde de nos frères qui leur trouveront des défauts. Ne sois pas la première à leur faire la guerre.

— Oh, mon Dieu, non, je ne veux en aucun cas faire ça ! Je les aime. Je veux juste qu'ils grandissent responsables pour devenir des adultes responsables. Je veux dire, je ne pense pas être à côté de la plaque en voulant ça ! Ça fait partie du fait d'être une bonne mère.

— Les enfants ne viennent pas dans ta vie pour être comme toi, Maître. Ils viennent pour accomplir les actes de leur vie selon ce qu'ils ont acquis dans leur vie avant toi. Tu es simplement la mère douce et divine qui leur a fourni le corps parfait pour qu'ils en extraient la brillance et la beauté. Ils n'héritent pas des caractéristiques d'esprit de leur père ou de leur mère, car ils sont des agents indépendants de l'un et de l'autre. Les entités comme Maître Brandon et Maître Christopher sont venus en tant que frères à travers ce qu'on appelle des parents, comme toi, en tant que véhicule. Ils ont été attirés vers l'un ou l'autre des parents du fait d'une association ou d'une familiarité dans les processus de pensée. Il y a aussi des entités qui ne sont pas attirées par leurs parents. Ces derniers ne sont alors pour l'entité qu'un simple moyen d'émerger et d'avoir une expression de vie.

— Chère dame, du fait de ce qu'on appelle l'ignorance, les parents croient que leurs enfants leur appartiennent, en quelque sorte. Ils pensent en être les ultimes créateurs, et si l'enfant ne réagit pas comme ils pensent qu'il le devrait, leur monde s'effondre, en vérité. Et ils ne peuvent pas comprendre comment ils ont pu créer quelque chose qui ne coexiste pas avec eux de façon heureuse. Je vais te dire, chère dame, tes enfants sont des entités souveraines. Ils ne t'appartiennent pas, mais leur relation envers toi est plutôt celle qu'on appelle frères en Dieu. Ces enfants ont vécu des milliers de vies avant de venir à toi. Ils ont donc fait l'expérience d'une grande abondance de la vie, tout comme toi. Quand tu prendras conscience que tes enfants sont aussi vieux et aussi anciens que toi, tu comprendras qu'ils sont des Dieux, des Dieux avec des choses qu'ils doivent faire pour satisfaire leur âme.

— Les enfants sont une merveilleuse bénédiction. Ils détiennent une petite vie en eux qui accepte à nouveau le monde avec innocence. Et leur vérité est tout à fait comme Dieu dans Sa vérité. Ils sourient à tout le monde et font confiance à tout le monde. Face à la vie et à toute sa splendeur, leur curiosité est vraiment glorieuse. Peut-être que la seule erreur dans ce qu'on appelle les fondations de l'humanité est le fait que tout le monde grandisse.

J'écoutais attentivement ce que le Ram disait. C'était logique. Je ne suis pas si sûre d'avoir été heureuse de ranger leur bonheur, mais cela m'ouvrit les yeux sur les mystères des enfants.

Ramtha soupira. Tes magnifiques enfants ne se soucient pas du futur. Ils ne vivent que dans le « maintenant »… le moment présent, en vérité. Le temps n'existe pas en Dieu, il n'y a que le « maintenant ». Observer un enfant est une grande leçon, chère dame. Tu as en vérité de la chance d'avoir la possibilité de le faire.

— On dirait que vous apprenez de tout, n'est-ce pas ?

— En vérité, apprendre est la merveille de la vie. La vie est une salle de classe dans laquelle on apprend toutes les leçons.

Il diffusa un magnifique sourire. Mon Dieu, pas moyen de ne pas l'aimer, ce gars-là.

— Et vous, vous apprenez des leçons là où vous habitez ?

— En vérité, je suis continuellement en train d'apprendre que je suis Dieu.

Deuxième prise sur le magnifique sourire.

Je haussai les sourcils.

— Et quand aurez-vous votre diplôme ?

— Euh… cela dépend de ceux qui, en vérité, apprennent l'excellence de ma vérité.

Il mit les mains sur les hanches et éclata de rire.

— Ça suffit ! Je dois aller au Safeway.

J'ouvris la trappe à linge et y glissai les habits sales. Ramtha, sur mes talons, me demanda ce qu'était Safeway.

— C'est une grande épicerie.

— Une épicerie ?

Je tournai les talons et me dirigeai vers la chambre de Chris.

— Oui, vous savez, vous alliez probablement au marché du village pour acheter des choses à mettre dans votre brasier, non ? Je veux dire après avoir conquis les lieux, bien sûr !

Je répétai rapidement le rituel de rangement dans la chambre de Chris, mais cette fois, ce fut un stock de biscuits Oréo que je trouvai sous les couvertures, au pied du lit.

— Ah, acheter des aliments. En vérité. C'est ça, Safeway ?

— Oui, c'est ça, Safeway !

Je remplaçai rapidement les draps couverts de miettes et continuai à mettre de l'ordre. Le Ram toucha du doigt les cordes d'une guitare. Il jouait assez faux, mais se délectait des sons. Je remarquai ensuite qu'il contemplait le vide au-dessus de l'instrument. Je me penchai pour comprendre ce qu'il regardait, mais ne vis rien.

— Euh… vous regardez quoi ?

— Je regarde les vibrations du son de cet instrument unique. Elles sont merveilleuses, en vérité. Un peu plus lentes que, disons, le violet ou le jaune.

— Les sons ont des couleurs ?

— En vérité, toute vie est une question de vibrations. La fréquence vibratoire détermine la densité des niveaux de pensée, les formes de vie.

— Et le bois de cette guitare a aussi une fréquence vibratoire ?

— En vérité. C'est sa fréquence qui la distingue de celle d'un torchon ou d'une moustache de lion.

— Une moustache de lion… vous êtes drôle… c'est mignon !

— Les anciens développèrent ce qu'on appelle l'alchimie dans le but d'altérer la fréquence du sable pour qu'elle devienne celle de l'or.

— Oui, j'ai lu quelque chose à ce sujet.

— Mais, chère dame, chaque fréquence existe en harmonie avec toutes les autres fréquences. Sais-tu que le sable est aussi important que l'or ? Depuis ma perspective, c'est l'harmonie et la musique des sphères.

— Cher Ramtha, par ici, dans notre monde réel, si vous mettez en gage du sable à la place de l'or, on vous enferme ! Et la seule musique que vous entendrez sera des airs de cinglés !

J'étais curieuse malgré tout et je poursuivis.

— La musique est-elle belle à vos oreilles ?

— En vérité. Et elle est encore plus belle à *voir* !

— Vous pouvez *voir* la musique ? Bonté divine !

— En vérité. Et je peux *entendre* l'or.

— Y a-t-il quoi que ce soit que vous ne puissiez pas faire ?

Ramtha sourit et remit la guitare à sa place.

— Je n'arrive pas à ressentir mon cœur se briser de chagrin, ni mon estomac se tordre de peur. Je suis au-delà de cette expérience. Je ne la désire plus.

— Ça vous arrive de pleurer ?

— Je pleure pour ce qui est un amour profond.

— Un amour profond de quoi ?

— Un amour profond de Dieu. C'est ma mémoire la plus poignante du passé. En vérité, mon souvenir le plus exquis.

Il prit ensuite une bande dessinée sur l'homme-araignée, je crois.

Il se mit à feuilleter les pages et continua.

— Chère dame, il n'existe aucune passion aussi profondément ressentie que celle de l'amour de Dieu. Aucune. C'est en fait cette passion qui provoque les conflits et les guerres sur ta terre.

— De quoi parlez-vous maintenant ?

— Votre monde est empêtré dans le combat à propos de l'interprétation de Dieu. Chaque nation, chaque individu pense que sa propre interprétation de Dieu est la bonne. Il en est ainsi du désir des seigneurs de la guerre. Cette soif de s'approprier la Parole de

Dieu les propulse dans des bouleversements continuels, en vérité, dans une lutte perpétuelle pour l'arracher des mains de ceux qui la détiennent. Et, en vérité, pendant tout ce temps-là, l'homme, qui est Dieu, se fait piétiner. Ces seigneurs de la guerre sont assoiffés de sang. En vérité, ils sont des fous qui ne considèrent pas un seul instant l'horreur monstrueuse de la souffrance humaine qu'ils créent. La vérité de la ferveur religieuse est l'ignorance. C'est à cause de l'ignorance qu'il y a des guerres et des carnages. La récompense d'une telle ferveur est la putréfaction des morts, la calomnie d'une croyance différente, et la domination des autres en faisant d'eux les esclaves d'une foi étroite. Leur ignorance justifie tout cela, proclamant haut et fort « au nom de Dieu, nous sommes victorieux ». Imagine, chère dame, qu'ils tuent leurs voisins pour pouvoir vivre et vénérer leur Dieu en paix. En vérité, quel étrange spectacle. Le monde est pauvre, en vérité, en compréhension, et en amour.

— Et quelle est l'alternative ?

— La paix. Quand l'homme grandit au sein du Dieu qu'il est véritablement, une compréhension se dévoile. C'est ça, la victoire. La paix est alors établie dans son être pour toujours. Même au milieu du conflit. Sans la compréhension de sa divinité, l'homme souffre de la dualité de l'ignorance, et à cause de cela, il crée un monde de dualité qui engendre continuellement le conflit et la guerre. L'homme, glorifié du fait d'être conscient du Dieu qu'il est, agit pour un monde unifié, un monde de paix. Souviens-toi, chère dame, il faut être deux pour faire la guerre. Quand l'homme sait qu'il est Dieu et qu'il est dans cette conscience, il n'a plus à se battre pour quoi que ce soit. Car lorsque tu es la reine de ton être, tu n'as plus à te soucier de qui gouverne ton corps ? En vérité, quand le Grand Éternel est à toi, peu importe qui domine cette partie-ci ou cette partie-là de la planète, ou encore en quoi croient les autres, ou en quoi ils ne croient pas.

J'ajustai le couvre-lit.

— Ramtha, vous croyez vraiment que les gens comprendront tout ça un jour ?

— Femme bien-aimée, tout le monde sait déjà tout cela. Ils n'y croient pas, c'est tout. C'est trop simple pour leurs petits esprits !

— Trop simple ? Vous plaisantez ?

— Je ne plaisante pas avec toi. L'homme complique la vérité simple pour pouvoir soutenir sa propre identité individuelle dualiste. L'homme croit qu'il perdrait son identité s'il reconnaissait que nous sommes tous égaux, et que nous sommes tous un.

Il porta alors les yeux sur un petit cheval en plastique posé sur le rebord de la fenêtre de Chris.

— C'est un magnifique étalon. Le mien s'appelait Shamiridin. Ça veut dire « Celui qui chevauche le vent ». Un jour, chère dame, tu auras beaucoup d'étalons comme celui-ci.

— Vraiment ? Vous êtes sérieux ? J'aurai beaucoup de chevaux ? Comme c'est merveilleux, Ramtha, dis-je, tout en joie.

— En vérité, et certains d'entre eux gagneront de grands honneurs, mais beaucoup de gens te détesteront pour ça.

— Pourquoi me détesteraient-ils pour avoir des chevaux ? Ça n'a aucun sens.

— Un jour, en vérité, tu comprendras et tu récolteras une grande vérité de cette compréhension.

Puis il fit signe de sa main magnifique pour cesser la conversation sur les chevaux.

J'étais folle de joie quant à la possibilité d'avoir de nombreux chevaux comme dans mes rêves d'enfant. Mais j'étais troublée par le fait que des gens me détesteraient pour cela. Je finis par laisser tomber puis pensai au vent. J'hésitai un moment quand un autre souvenir me revint à l'esprit. Mon gros ballon rouge. Pourquoi pensais-je à ça ?

— Ah, la mère de ton être avait dû marcher longtemps pour aller chercher de quoi manger… à Safeway. Le ballon magique, comme tu l'appelles, était une récompense, n'est-ce pas ?

– Eh bien, ça alors ! Vous êtes vraiment quelqu'un ! Ramtha, y a-t-il des choses qui vous surprennent encore ? Je n'avais jamais vu de ballon auparavant. Pourquoi est-ce que le vent l'a emporté ? Ou plutôt pourquoi l'avez-vous emporté ?

– Il a créé du bonheur, puis il a créé du malheur. Le ballon rouge est resté dans ta mémoire pour que nous puissions en parler en ce jour de ton temps. Chère dame, sans ce souvenir, tu n'aurais pas reconnu que c'était moi.

– Oh, je vois, vous l'avez fait pour faire grande impression.

– L'impression te fut plus précieuse que le ballon.

– Je vois. Merci beaucoup alors !

Je finis de ranger la pièce et me tournai vers Ramtha.

– D'accord, c'est fini. Je dois y aller maintenant, à plus tard !

Je descendis les escaliers, espérant qu'il comprendrait. Mais non ! Il glissa sur la rampe et arriva en bas avant moi, m'annonçant fièrement :

– J'ai observé tes enfants le faire !

– Eh bien, si vous voulez le savoir, ils ne sont pas censés le faire, dis-je, vexée. Et euh… Ça fait quoi ? Je veux dire de descendre à toute allure sur la rampe ?

– C'est un bon entraînement pour l'équilibre de ce que vous appelez la gravité. Tu aimerais essayer ?

– Non ! Vous exagérez un peu !

Je me retournai et traversai le salon pour prendre mon sac à main.

– Maintenant, écoutez, si je vais à Safeway, et que vous essayez de montrer votre nez, disons à la caisse, les autres vous verront-ils aussi ?

– Tu te soucies de ce que tu nommes bizarre ?

– Oh merde ! Je m'en fiche ! Ce serait juste sympa de savoir que je ne suis pas la seule capable de voir votre Soi des Plus Parfaits ! D'un autre côté, je pense que ce serait mieux si vous restiez à la maison… je veux dire, si vous rentriez chez vous. Je n'ai vraiment pas le temps de discuter de choses célestes au rayon boucherie !

Sur ce, je me dirigeai vers la porte.

– Tu es une magnifique entité.

– Vous voulez dire que vous pensez que je suis belle ? Comme c'est gentil.

– Je vois ta beauté comme je la vois en chacun. Tu sais que tu es belle ?

Je commençai à tortiller l'attache de mon sac à main.

– Eh bien, j'ai toujours eu des problèmes avec ça.

– En vérité.

– Mais pourquoi certaines personnes jugent-elles les autres avec autant de cruauté ?

– Les gens jugent chez les autres ce qu'ils voient en eux-mêmes, femme bien-aimée.

– Eh bien, je n'ai jamais pensé que quiconque était mieux que moi ! rétorquai-je d'un air plutôt suffisant.

– Précisément, tu pensais que tu étais moins bien.

– Oh non, pas du tout. Je n'ai peut-être jamais cru que j'étais belle, mais je n'ai jamais pensé que j'étais moins bien.

– Que cette vérité soit créatrice. Ta valeur n'était pas connue de toi. Mais en vérité, ceci changera.

– Oui, d'accord !

Sur ce, je me retournai et partis.

Chapitre 21

CÔTELETTES DE PORC, CHEMISIERS ROSES ET PÉNITENCE

Tout le long du chemin menant à Safeway, j'étais transportée par cette sorte de sentiment divin. Je souriais à tout le monde. J'eus même la patience et l'indulgence d'une sainte quand un magasinier me roula sur les orteils avec son chariot rempli. Je lui mentis et lui dis que tout allait bien. Je déambulai dans les allées à la recherche des articles de ma liste. Au rayon des conserves de légumes, je remarquai une femme âgée près de son chariot, les yeux fixés sur l'étagère la plus élevée, l'air frustré.

— Oh, ma chère, c'est trop haut pour moi.

Elle était au bord des larmes.

Je m'arrêtai pour voir si je pouvais l'aider.

— Excusez-moi. Quelque chose ne va pas ? Puis-je vous aider ?

Elle me sourit et me fit signe qu'elle ne m'entendait pas. Je m'approchai donc de son oreille et répétai ma question. Je sentis alors un parfum que je n'avais pas senti depuis mon enfance. C'était Evening in Paris.

— Oh, chère enfant, je ne comprends pas pourquoi ils mettent les petites boîtes sur l'étagère du haut. La plupart des personnes de mon âge ne peuvent pas les atteindre. Je voulais les petits pois Jolly Green Giant.

Elle avait raison. Toutes les conserves pour une personne étaient placées en haut. Les gens qui achètent ce format de boîtes sont en général des personnes âgées. Cette pensée m'attrista et j'en attrapai quelques-unes pour cette charmante dame.

— Vous devriez peut-être vous plaindre auprès du gérant, lui dis-je en la laissant choisir une des boîtes.

— Oh, ils ne m'écouteraient jamais, dit-elle d'un ton neutre.

— Avez-vous essayé ? hurlai-je pour qu'elle puisse entendre.

— Non… mais personne n'écoute plus les vieux!

Elle avait raison, bien sûr. Personne ne les écoute ni même ne les voit. C'est comme s'ils n'existaient plus dans notre monde ultra-beau, ultra-mince et ultra-jeune. Quel dommage!

— Essayez. Cela ne peut pas faire de mal, dis-je avant de continuer mes courses.

Il y avait tellement de monde que je dus déplacer mon chariot plusieurs fois pour laisser passer d'autres personnes ou pour passer moi-même. Je remarquai autre chose de nouveau aussi, le fait que personne ne disait jamais «excusez-moi» ni même «merci». Ils ressemblaient plutôt à des bandits armés en route pour la fusillade d'O.K. Corral. J'étais de plus en plus irritée d'avoir à bousculer ou d'être bousculée, à monopoliser le rayon entier des céréales pour trouver des Cheerios et ne pas rentrer bredouille à la maison. Je mis donc mon Colt 45 en bandoulière, bouclai mes étriers et mis le doigt sur la gâchette. En route pour la loi du plus fort!

J'arrivai enfin à la boucherie. Et là, mon sang ne fit qu'un tour! Je voulais des côtes de porc et un rôti, mais le rayon entier était barricadé par une femme énorme avec, debout dans son chariot, un enfant crasseux qui hurlait à pleins poumons. Je m'arrêtai net et observai la scène. Le petit garçon devait avoir trois ans. Sa couche était pleine, la morve lui coulait dans la bouche, sa chemise était sale et des larmes ruisselaient sur son visage. Sa mère était encore pire. Elle devait peser cent vingt kilos. Ses longs cheveux filandreux étaient gras. Elle ne les avait probablement pas lavés depuis deux semaines, car elle ne devait pas pouvoir caser un shampoing entre les repas et casse-croûtes successifs. Son corps obèse était vêtu d'une espèce de tissu gris dont les coutures avaient craqué sur les manches à cause de ses bras trop gros. Elle sentait mauvais. C'est elle qui aurait eu besoin d'un peu d'Evening in Paris, en plus d'un bain! Oh, mon Dieu, impossible d'imaginer plus grotesque! Elle accaparait le rayon des côtelettes de porc. Il n'en resterait sans doute plus une seule après son passage. Cette femme misérable ne se retourna jamais et je ne vis pas son visage. Elle ne vit pas le mien non plus, marqué sans doute par un sentiment de total dégoût.

Je marmonnai des propos médisants et fis demi-tour, direction laitages. Mon Dieu, il fallait que j'y arrive avant King Kong ! « Il y a des gens… vraiment ! » me dis-je en arrivant au rayon. Et là, qui se trouve face à moi ? Oui, vous avez deviné, Ramtha, debout devant les fromages ! J'en avalai presque ma langue. J'aurais dû ! Je jetai rapidement un coup d'œil autour de moi pour voir si quelqu'un l'avait remarqué. Mais les gens passaient normalement à côté de lui, probablement sans même remarquer l'air froid qui accompagne parfois son Être rayonnant. Après tout, nous étions au rayon réfrigéré des produits laitiers !

— Femme bien-aimée, dit-il, cette fois sans son sourire habituel.

— Oui, dis-je tout bas avant de regarder si quelqu'un m'avait entendue.

— En vérité, ne m'as-tu pas dit il y a peu de temps, selon ta mesure du temps, que tu ne jugeais pas les gens ?

Il croisa les bras.

— Oui, je crois, répondis-je, l'air penaud.

— Sais-tu que tu viens de juger autrui ? La femme et l'enfant ? Tu ignores l'histoire épique qui explique leur dénuement.

Honteuse, je fermai les yeux.

— Retourne vers la femme et son enfant. Regarde dans leurs yeux et découvre le Dieu en eux afin que tu puisses le voir en toi-même.

J'ouvris à nouveau les yeux, cherchant à savoir si quelqu'un avait été témoin de cet échange humiliant. Personne. Je retournai au rayon boucherie. Les côtelettes de porc avaient disparu. Je m'arrêtai devant son chariot, face à son petit garçon qui me regardait. Je lui souris et passai la main dans ses cheveux. Il cessa de pleurer et me sourit à son tour. L'énorme femme se retourna alors pour poser sa viande. Ses yeux se posèrent sur moi. J'observai attentivement son visage. Quelle surprise ! Son teint de pêche rendait tout maquillage inutile. Il était parfait – aucune ride, aucun bouton et aucune tache de rousseur. Mais le plus frappant était ses yeux d'un bleu violet intense bordés de longs cils épais qui touchaient ses joues rosées quand elle baissait les paupières. J'en restai interdite.

– Excusez-moi, vous savez, j'ai toujours rêvé d'avoir des cils comme les vôtres. Vous avez les yeux les plus beaux que j'aie jamais vus.

C'était la vérité.

Elle me répondit avec un sourire magnifique.

– Oh, merci. C'est vraiment gentil de votre part. Personne ne m'a jamais dit ça, répondit-elle de sa voix douce.

Je lui souris, ainsi qu'au petit garçon qui riait maintenant à gorge déployée. Je lui souhaitai une bonne journée et m'éloignai en hâte. Je regardai par-dessus mon épaule pour voir si Ramtha était toujours aux produits laitiers, mais il était parti. Ma première pensée fut de souhaiter recevoir des compliments pour ce que je venais de faire, mais la bonté naturelle que j'avais en moi fut une récompense amplement suffisante.

Je terminai mes achats et me dirigeai vers la caisse. La queue était longue. Impatiente et revêche, ma première réaction fut de trépigner. Mais deux files plus loin, une conversation attira mon attention. Une petite dame âgée était en train de parler au gérant. Celui-ci était obligé de crier pour qu'elle l'entende. Elle lui tendait sa petite boîte de petits pois en lui montrant les étagères supérieures. Il hocha la tête en signe d'approbation, lui donna une douce tape amicale sur le dos et sourit. Cela avait marché. Elle rayonnait. Je me mis alors à regarder les gens autour de moi – simplement à les regarder. Ils étaient tous les enfants de Dieu. Je découvris la beauté dans leur visage et ressentis un amour immense pour Ramtha, qui venait de me révéler cette compréhension de l'amour. Je débordai d'amour pour lui ! « Ramtha, je vous aime. Que Dieu vous bénisse pour toujours. » Une bouffée d'air entra par les portes du magasin et m'ébouriffa les cheveux. Il avait entendu.

Ce soir-là, après le dîner, je racontai ma merveilleuse histoire à Jeremy. Il hocha la tête en soupirant et déposa un doux baiser sur mon front. Ses pensées étaient ailleurs. Il était en colère contre Brandy à cause de ses mauvaises notes et l'avait envoyé dans sa chambre sans manger. La tension qui montait entre Jeremy et les garçons devenait de plus en plus apparente. Brandy, auquel il avait été recommandé de suivre le programme pour enfants surdoués, semblait maintenant ne plus avoir le même intérêt pour l'école. Quelque chose n'allait pas. Il rentrait avec les mains gonflées et des rougeurs sur le corps. Je l'avais amené chez le docteur et il allait passer une série de tests d'allergies quelques jours plus tard.

Je montai furtivement le voir. Il avait pleuré en essayant de faire ses devoirs. J'essayai de savoir ce qui le tracassait, mais il ne dit pas un mot. Je le pris dans mes bras et lui dis que je l'aimais, et que s'il avait besoin de parler, je serais là pour lui. Quand je fus sur le point de sortir de sa chambre, il accourut pour mettre ses bras autour de ma taille et blottit sa petite tête contre mon ventre. Les affres de la culpabilité maternelle parcoururent mon corps tout entier.

Ni lui ni Chris n'étaient les enfants de Jeremy, mais j'avais espéré qu'il pourrait les aimer comme les siens. Au fond de moi, je sentais qu'il n'en était pas capable. Cela m'était très douloureux. Je pensai alors à la mère de Caris, qui m'avait si souvent dit qu'il fallait être capable de supporter n'importe quoi du moment que nos enfants ont leur vrai papa. Je pensai à mon père naturel et à tout ce que ma mère avait enduré pour que nous puissions l'avoir avec nous. Mais ma mère n'était-elle pas comme moi, et quand cela devint au-delà de ses forces, n'était-elle pas partie ? N'avait-elle pas tenté de nous offrir, à Loy et à moi, un beau-père respectable et une maison convenable ? Et papa Bill ? Il ne démontra jamais d'amour pour moi et cela me blessa profondément. Brandy ressentait-il la même absence d'amour paternel ? Jeremy ne maltraitait pas les garçons, mais papa Bill ne nous avait jamais réellement maltraités non plus, Loy ou moi. L'un comme l'autre nous avait apporté un foyer, mais tous deux étaient des hommes bons faisant difficilement preuve d'affection. Même dans la maison la plus riche, un enfant peut mourir par manque d'amour.

Quelle était la véritable raison de mon mariage avec Jeremy ? me demandai-je. Était-ce parce que j'étais dans le besoin et qu'il était la réponse à une prière ? Est-ce que je l'aimais vraiment ? Comment pouvais-je m'attendre à ce qu'il aime mes garçons si je ne l'aimais pas moi-même ? Il était évident que je ne l'aimais pas... Souvenez-vous, l'amour est juste un état d'esprit ! En réalité, je l'aimais, je le respectais totalement en tant qu'homme. Il avait toujours été merveilleux et avait pris compte de mes besoins. Je savais pourtant que je n'étais pas *amoureuse* de lui – quoi que cela veuille dire. Doux Jésus, que j'étais hypocrite – pire encore, une hypocrite malheureuse. Et regardez le résultat. Mes garçons n'étaient pas heureux, Brandy était malade, Jeremy recherchait la compagnie du Ram plus que de la mienne, et le pauvre petit Chris essayait tant bien que mal de dissimuler ses sentiments en restant en dehors de tout cela. Oh ! Mon Dieu, qu'allais-je faire ?

Je serrai Brandy encore plus fort et un torrent de larmes inonda mon visage. Brandy leva les yeux.

– Maman, ne pleure pas. Je suis désolé de te faire pleurer. S'il te plaît, arrête. Je vais m'appliquer à l'école, je te promets. Je t'aime, maman. Je n'ai pas d'autre mère que toi.

Je reniflai. Brandy m'aida à essuyer mes larmes et je feignis de rire.

– Oh, non, non. Tu ne m'as pas fait pleurer. Ça m'a fait tellement plaisir que tu me serres dans tes bras. Je n'ai pas eu de câlin comme ça depuis si longtemps... vraiment. Écoute bien, Bran, je t'aime tellement et je veux que tu sois heureux. La chose la plus importante au monde pour moi est que toi et Chris soyez heureux.

— Même plus importante que Ramtha ?

Je restai stupéfaite.

— Bien sûr, même plus que Ramtha. Plus que tout. Pourquoi me poses-tu une telle question ?

Je regardai attentivement ses yeux en amande bruns et magnifiques.

— Parce que… parce qu'il vient de Dieu et… parce que Jeremy l'aime… et… qu'il vous accapare beaucoup. Tout le monde parle toujours du Ram… et personne ne veut m'écouter moi ou Chris. Si seulement j'étais aussi important que Ramtha.

Des larmes coulaient le long de ses petites joues et ma gorge se serra. Il ne s'agissait pas de rivalité avec le Ram, mais simplement d'un manque d'amour et d'attention. Il avait raison… une vérité si simple. Je m'efforçai de formuler mes paroles avec soin.

— Brandy, je veux que tu saches que, pour moi, tu es plus important que Ramtha. Mais tu as raison, beaucoup d'attention a été détournée de toi et de Chris à cause de ce que Ramtha essaie de nous enseigner. Je suis vraiment désolée. S'il te plaît, pardonne-moi. Mais mon fils, sache que Ramtha n'est pas venu pour nous séparer, mais pour nous aider tous à *aimer* davantage et à mieux comprendre les autres. C'est ce qu'on essaie d'apprendre avec lui. Parler avec Ramtha, c'est exactement comme aller à l'école et apprendre avec tes professeurs. Tu vois ?

Il hocha la tête.

— Ramtha t'aime et il aime Chris aussi. Pour te dire, l'autre jour, j'étais en train de nettoyer votre chambre et je lui ai dit que vous étiez des flemmards — pour rire, bien sûr —, mais au lieu d'être d'accord avec moi, il m'a grondée, gentiment, naturellement, mais il m'a aidée à mieux vous comprendre et à plus vous apprécier encore. Il essaie de m'aider à être une meilleure mère, quelqu'un que vous pouvez être fiers d'appeler votre mère. Je ne sais pas tout et je fais des erreurs — on en fait tous —, mais avec l'aide du Ram…

et avec la vôtre… je peux en faire moins et devenir beaucoup plus heureuse. Avec l'aide de Dieu aussi.

Brandy avait cessé de pleurer et écoutait attentivement.

— Brandy, je sais que c'est décidément bizarre d'entendre Ramtha parler en utilisant la bouche de ta maman, mais à un moment ou à un autre, j'ai dû faire quelque chose de bien. Dieu m'a suffisamment aimée pour permettre à ce qui est étrange de devenir en fait un miracle. Ce qui importe, ce n'est pas le côté bizarre de Ramtha qui utilise ma voix, mais la beauté des mots qui sortent de ma bouche. C'est l'amour, le dessein et la vérité de Dieu, assurément, et ça marche ! Regarde ce faisan que le Ram a manifesté dans le jardin. N'est-ce pas sensationnel ? Je veux dire, c'est pas n'importe quelle voix qui peut faire ça ! Mais ce qui est encore plus important, mon fils chéri, c'est ce que tu ressens à propos de tout ça. Si c'est trop étrange pour que tu puisses en parler avec tes amis, ne le fais pas. Tu n'es pas obligé. Aucun de mes amis n'a entendu parler du Ram. En toute honnêteté, je ne veux parler de lui à personne. Regarde les choses en face, ils ne comprendraient pas. Il n'y a donc pas de problème, d'accord ? Tu comprends ?

Il hocha la tête.

— Ouais, j'trouve que le Ram est pas idiot ou étrange. J'trouve qu'il est *cool*. Mais je suis content que tu nous aimes aussi, Chris et moi !

— Même un cheval sauvage n'arriverait pas à me séparer de vous ni à m'empêcher de vous aimer.

Je me mis à rire, mais fus interrompue par le bruit de la porte qui s'ouvrit. C'était Jeremy.

— Brandy, qu'est-ce qui se passe ? Je veux que tu aies fait tous tes devoirs avant d'aller au lit. Tu m'as entendu ?

— Oui, Monsieur, répondit Brandy très solennellement.

Je lui donnai un gros baiser avant d'aller rejoindre Jeremy qui m'attendait dans le couloir.

— Tout ira bien. Je crois qu'il avait seulement besoin que quelqu'un lui dise qu'on l'aime toujours.

J'attendis une réaction de sa part, mais il n'y en eut pas.

Plus tard dans la soirée, je m'installai dans mon lit et essayai de lire. Les petites lumières brillantes jaunes, violettes, bleues et blanches qui dansaient normalement sur les pages étaient absentes. Je m'étais habituée à ces lumières. Des lumières ? De quelles lumières s'agit-il ? Vous vous posez peut-être la question !

Lorsque je m'étais mise à chercher des livres susceptibles d'expliquer ce qui m'arrivait, et que j'en prenais un sans importance, c'en était systématiquement un autre qui tombait de l'étagère sur mon pied ou sur ma tête. C'étaient les livres que j'étais censée lire. Je l'avais compris et les achetais. Ensuite, quand je commençai à les lire, de petites lumières de couleur apparaissaient. Leur activité s'intensifiait lorsqu'il y avait quelque chose d'important sur une page particulière. Je crus tout d'abord que cela venait de mes yeux. Mais après avoir consulté un médecin et discuté avec Ramtha, j'appris qu'il s'agissait de « messagers », ou d'êtres de lumière, qui étaient là — je sais que ça paraît fou — pour me montrer que je n'étais pas devenue folle. En tout cas, elles étaient toujours avec moi partout où j'allais et « éclairaient mon chemin », en quelque sorte.

Mais ce soir-là, je me trouvai dans l'incapacité de lire mon livre. Les lumières semblaient savoir que je n'étais pas disponible pour apprendre et elles étaient éteintes. Mes pensées retournaient sans cesse à ma conversation avec Brandy et à la confusion que j'avais au sujet de mon mariage avec Jeremy, et bien évidemment de Ramtha. Je sentais que tout sombrait, ce qui me déprimait profondément, c'est le moins qu'on puisse dire. Je déposai donc le livre sur la table de nuit et restai là, étendue dans le silence, sans prononcer un mot puisque Jeremy lisait dans sa « bibliothèque ». Par contre, je me permis de ressentir toutes ces pensées et me mis à pleurer. Je regardai mon alliance en or, et, agitée comme je l'étais, tentai de la tourner. Impossible. Mes doigts, comme le reste de mon corps, avaient considérablement grossi. Cette constatation provoqua un autre accès de pleurs.

J'entendis alors Jeremy s'agiter et proclamer, euphorique :

— Zebra… regarde-moi ça !

Il me tendit un livre ouvert. C'était la biographie d'Edgar Cayce, *The story of Edgar Cayce: There is a River,* de Thomas Sugrue. Jeremy me désigna une phrase qu'il lut à haute voix :

— « Dix mille ans avant que le Ram n'arrivât en Inde. » Zebra, tu ne comprends pas ce que ça veut dire ? C'est la première fois que Ramtha est mentionné dans l'histoire. Je sais qu'il s'agit du Ram.

Cela ne m'impressionna nullement.

— Et alors ? Regarde le livre que tu lis. Il s'agit d'un médium. Le monde n'apporte guère de crédit à ce genre de choses.

— Si c'était moi, je ne parlerais pas comme ça, dit-il comme pour me vexer.

Je secouai la tête et fronçai les sourcils.

— Pourquoi ?

— Parce qu'il se peut bien qu'un de ces jours, tu fasses la même chose et que quelqu'un écrive sur toi et le Ram. Il se pourrait alors que quelqu'un comme moi le lise et le montre ensuite à quelqu'un comme toi qui diras peut-être ce que tu viens de dire, dit-il gentiment.

— Ne fais pas le malin. Je ne suis pas d'humeur à ça !

Je me retournai alors et éteignis ma lampe.

Cette nuit-là, je fis un autre rêve exquis. J'entendais des mélodies magnifiques et lancinantes jouées au piano, sans néanmoins voir le pianiste. Quelqu'un plaça trois plumes d'autruche blanches sur la couronne de ma tête. Je sentais continuellement mon chignon sur ma nuque. Je me regardai dans le miroir et me vis vêtue d'une robe longue extraordinaire en brocart ivoire broché aux épaules dans le style de l'impératrice Joséphine. Elle était ornée de roses jaune pâle assorties à la doublure de la traîne. La taille était petite et haute avec un corsage en satin. Je me retournai pour sortir de la pièce, mais une femme me tendit un énorme bouquet de roses jaune pâle. Je les pris avec naturel, mais me sentis mal, ou faible, je ne sais plus vraiment, avec la sensation d'être sur le point de subir une épreuve.

Pendant un court instant, le piano emplit le vide. Je m'approchai alors d'une femme de petite taille assise. Elle était vêtue avec simplicité d'une robe noire avec un décolleté et des manches très courtes. Sur son corsage se trouvait un ruban bleu incrusté de broches en diamant et de joyaux. Les rangs de perles brillaient autour de son cou. Cette petite femme portait une petite couronne en diamant qui scintillait au moindre mouvement, ainsi qu'un voile en tulle orné de plumes noires. Elle regardait droit devant elle, raide et immobile. Elle me tendit la main avec une grâce extrême, mais son visage n'exprimait que lassitude et profonde tristesse.

C'est alors que tout changea. Je voyais toujours le visage, mais c'était désormais celui d'un homme que je semblais connaître. Puis, tout changea de nouveau, comme une succession de scènes dans un film. C'étaient mes propres mains qui jouaient sur le piano. J'observai mes doigts glisser sur les touches d'ivoire, comme si jouer au piano était ma seconde nature. Les sons résonnaient doucement dans mon esprit… et dans mon rêve. Je commençai à me réveiller et la mélodie se fit de plus en plus faible, comme si elle retournait dans mon rêve, là où elle vivait.

J'ouvris les yeux pour entendre le chant des oiseaux dehors. J'essayai en vain de déchiffrer le sens de ce rêve, mais la musique et le piano étaient si réels pour moi que je décidai de persuader Jeremy de me laisser en avoir un. J'étais certaine de savoir en jouer. J'étais transportée par ma décision. Je m'en faisais déjà une fête.

Le lendemain matin, après avoir terminé le ménage – sans mon assistant, cette fois – je me préparai pour aller aux soldes à Nordstrom. Au moment de sortir, Ramtha apparut de nouveau dans ma cuisine.

– Bonjour… euh, je ne veux pas être impolie, mais je veux vraiment aller faire ces soldes.

– En vérité, tu as besoin de *davantage* de vêtements ? dit-il, rayonnant.

– Pas de *davantage* de vêtements. Ramtha, simplement de vêtements qui m'aillent. Grâce à vous, répliquai-je.

Il fit une révérence et sourit.

– Inutile de me remercier, pour ainsi dire. Tu désires seulement *davantage* d'habits.

– Ne prenez pas ce ton suffisant. Vous savez de quoi je parle. Je suis *grosse*. Et c'est à cause de vous. Je n'ai jamais voulu être grosse.

J'étais de plus en plus agacée, mais comme d'habitude, mon attitude ne l'intimidait pas.

– Ah ! En vérité, tu crois que tu n'es pas belle parce que tu es grosse, comme tu dis ?

– Je sais qu'il faut que je voie Dieu en toute personne et cela me fait du bien, mais – je pinçai presque deux centimètres de mon tour de taille – ce gras ne me fait pas de bien du tout ! Je ne vois pas Dieu là-dedans. Pour moi, c'est de la cellulite, pas Dieu tel que vous le connaissez. Voilà !

Mon visage était devenu pratiquement écarlate.

– En vérité, dame bien-aimée, je comprends ton sort. Je désire que tu saches que ton corps bien-aimé réagit au changement de fréquence vibratoire quand je parle au travers de toi. Ta vibration doit être élevée dans le corps pour rencontrer la mienne qui est abaissée. Ceci est chose merveilleuse, en vérité. Ce changement d'énergie crée de l'énergie ; en vérité, la vie engendre la vie. C'est ce changement de l'énergie en « dépensant » ton corps, qui m'offre la possibilité de devenir. Ton corps est riche en énergie. C'est ainsi qu'il réagit pour ce miracle, en retenant et en amassant de la substance aqueuse, car l'eau est conducteur des champs électriques... en vérité, de fréquences énergétiques élevées.

Je fronçai les sourcils.

— Oh ! Je vois. Autrement dit, si je veux perdre disons cinq kilos et pouvoir rentrer dans mon maillot de bain, il faut que je vous prévienne de décamper pour que les fréquences de la graisse aient le temps de fondre pour redevenir les fréquences basses de la minceur ?

Il répondit par un sourire, tout simplement. Je jetai mon sac à main sur mes épaules et lui adressai un regard hargneux. Une fois assurée qu'il avait compris mon message, je sortis. J'avais oublié de lui parler de mon rêve et de lui demander ce qu'il pensait de mon idée d'avoir un piano. Oh ! Tant pis, j'en avais assez de le voir pour aujourd'hui et poursuivrais un autre jour, quand j'en aurai le temps.

Je tournai en rond pour réussir à me garer dans le stationnement du centre commercial de Tacoma quand je remarquai que Nordie's avait déjà ouvert ses portes aux foules affamées de soldes. Faisant partie de la foule, je fus prise de panique et me garai aussi vite que possible avant de grimper les marches quatre à quatre avec mes talons hauts. Puis, je poussai, écrasai et me faufilai au travers de la cohue pour commencer à empoigner les articles en solde. Les lieux étaient remplis de femmes, la salive aux lèvres, et d'enfants en train de hurler. Elles criaient, achetaient, payaient et attendaient que leur achat soit accepté. Les vendeurs souriaient, se mordaient les lèvres, essuyaient la sueur de leur front et vendaient, vendaient, vendaient. Quelque part au milieu de ce chaos, des sons assourdis d'un piano émergèrent au loin, très loin. C'était la *Cinquième Symphonie* de Beethoven. Je fus bousculée, heurtée, insultée, rouée de coups, mais m'efforçai de rester calme. Je bénis, bénis, bénis encore davantage — jusqu'au moment où une poussette d'enfant me passa sur le pied. Je sursautai et étouffai immédiatement mon envie de crier mon mécontentement, puis me retournai avec un sourire et caressai le bébé qui hurlait. Doux Jésus ! Comment Dieu pouvait-il prendre plaisir à cela ?

Je finis par arriver au rayon des chemisiers. Il me semblait avoir marché au moins quinze kilomètres sur une mauvaise piste. Puis, j'aperçus enfin l'objet de mon désir, un chemisier rose cent pour cent coton avec un col fermé par des boutons. Je tendis le bras pour l'atteindre, mais il ne tomba pas de l'étagère. Je tirai plus fort, mais sans savoir comment, il échappa à mes petites pattes chaudes. Je soupçonnai Ramtha de se mêler de ce qui ne le regardait pas. Je m'emparai à nouveau du chemisier et le tirai avec force. À ma grande surprise, « il » reculait. Je levai alors les yeux et vis une femme de l'autre côté du présentoir. Elle ressemblait à un rapace, mais peut-être était-ce dû à l'éclairage. Ses yeux de fouine jaune-bleu perçants étaient fixés sur moi. Elle me jetait le mauvais œil.

— Excusez-moi. Je veux ce chemisier, dis-je d'un ton sévère et poli.

— Vous ne pouvez pas prendre ce chemisier. Il est à moi !

Son visage ressemblait au ricanement d'un animal sauvage. Je cramponnai la manche du chemisier, essayant de le faire tomber du cintre accroché à madame Laideron. Bien sûr, elle faisait la même chose. Finalement, j'aperçus une vendeuse. Je mis mes doigts dans ma bouche et poussai un sifflement à vous glacer le sang, comme celui pour appeler les chiens et les gosses, un sifflement si puissant que tout le monde s'arrêta net et me fixa du regard, horrifié, tandis que les bébés se mirent à crier de frayeur encore plus fort. Je n'osai pas regarder madame Laideron et ignorai les spectateurs choqués. En tout cas, j'avais attiré l'attention de la vendeuse.

— Excusez-moi, mais je voudrais acheter ce chemisier... *maintenant* ! dis-je avec fièvre tout en continuant à m'agripper farouchement au chemisier.

— Oh, non. J'étais la première ! intervint madame Laideron qui se pencha en avant afin que la vendeuse puisse prendre son sac à main. Prenez mon porte-monnaie dans mon sac, sortez la carte de crédit et faites la transaction. Je vous attends ici.

— Quel culot ! Je vais déchirer ce chemisier en deux et vous en donner la moitié... exactement comme Salomon a fait avec le bébé dans la Bible. Ça serait juste, sifflai-je.

Ses yeux s'écarquillèrent.

— Osez toujours !

La vendeuse commençait à transpirer. J'étais en rage et plissai mon nez.

— Regarde bien, ma belle...

— Voyons, voyons ! Je ne crois pas que ça va être nécessaire du tout. J'en ai peut-être un autre à l'arrière. Je vais aller voir.

Elle nous abandonna, toutes deux agrippées au chemisier. Soudain, du coin de mon œil, je vis quelque chose qui brillait. Je me tournai légèrement pour voir... Monsieur Robes de lumières magnifiques en personne ! Je fermai les yeux et murmurai tout bas :

— Oh ! Merde, pas vous, pas encore !

— Femme bien-aimée.

Je me retournai pour lui faire face. J'étais de nouveau frappée par son exquise beauté. Il baignait dans une lumière surnaturelle indescriptible. J'observai ses extraordinaires drapés de lumière violette, ourlés de lumières dorées, blanches et rosées. Ce joyau de robe semblait vibrer de vie.

— Ramtha, ce chemisier est du pur coton et il est rose. J'aime le rose. Et du rose cent pour cent coton, c'est dur à trouver, plaidai-je en vain, inutile de le dire.

— Tu aimes mes robes de lumière, belle dame ?

Il avait dû intensifier la puissance en énonçant cette question, car sa robe de lumière se mit à scintiller et à briller encore plus.

— Bien sûr que oui ! Quelle question stupide ! Mais quel est le rapport ?

J'aurais mieux fait de me taire.

– Il viendra une heure, bien-aimée, où tu porteras une robe de lumière.

Nous y voilà ! Je fermai les yeux et me retournai pour me trouver en face de la gentille dame qui tenait l'autre bout de... euh, rien de bien important. Avant même que je puisse ouvrir la bouche, elle s'écria :

– Vous êtes encore plus folle qu'une vieille chouette à parler au vent ! Si vous croyez que je vais être intimidée par votre état mental et vous laisser ce chemisier, vous feriez mieux de retourner directement au Washington State Hospital, et les mains vides, espèce de cinglée !

Je me tus, bénis son être si doux, puis souris.

– Je suis désolée, vraiment. Mon comportement a été égoïste, vraiment moche. Quand je pense que j'ai fait ça pour ce chemisier. Je suis désolée, prenez-le.

Sur ce, je sortis du magasin en courant. Je ne suis jamais retournée faire les soldes depuis ce jour-là.

Sur le chemin du retour, je m'arrêtai au magasin de musique de Lakewood pour voir ce qu'ils avaient comme pianos. Mes yeux furent attirés par un splendide demi-queue. Je sus instantanément qu'il était pour moi. Plus je le regardais, plus il criait – en clef de fa – pour que je l'achète. Quand le vendeur arriva, prêt à me débiter ses vertus, je l'interrompis et lui en demandai le prix. Il répondit qu'il me le donnerait à vingt pour cent de moins que le prix normal. Je demandai de nouveau son prix. Il coûtait sept mille dollars ! Je ravalai difficilement ma salive.

Je ne voyais pas comment je pourrais aborder Jeremy avec une somme aussi exorbitante. Les dents serrées, il se lancerait dans un sermon sur l'importance de la frugalité et le péché de la frivolité. Je me mordai la lèvre et décidai de partir avant de me laisser séduire par le péché d'extravagance. C'est alors que le vendeur, gentil, mais persistant, me dit que je pouvais le louer pour quarante-cinq dollars par mois et que si je désirais l'acquérir plus tard, le montant de la location serait déduit du prix d'achat. Je dissimulai mon sourire, signai les papiers et payai deux mois de location d'avance. J'achetai aussi quelques livres de musique pour débutants. Mon amour de piano serait livré dans deux jours.

Ce soir-là, je préparai un fabuleux rôti avec des pommes de terre de Nouvelle-Angleterre ainsi que des asperges au beurre et aux amandes effilées. Je présentai le festin à ma famille, qui exprima son appréciation. Juste après les bananes flambées sur glace à la vanille, je m'aventurai à relater à pas doux mon rêve à Jeremy ainsi que l'« inspiration divine » de louer le piano. Je le suppliai presque de me permettre d'accomplir ma grande destinée de pianiste spirituel. Il masqua ses pensées, grinça des dents un instant et me dit que je pouvais essayer. Cependant, si ce piano n'aboutissait pas à cette « destinée spirituelle », il devrait retourner d'où il venait !

Le lendemain, après les douloureux tests d'allergie, le docteur conclut que Brandy était allergique à tout sauf au pain et à l'eau. Il prescrit un sérum spécial que Brandy devrait avoir en injection tous les mercredis, pendant cinq ans, peut-être dix, ou même peut-être pour le restant de sa vie. J'étais anéantie. Le docteur ne put donner aucune raison à une telle réaction allergique à la *vie*.

Ainsi, durant les quelques mois qui suivirent, Brandy reçut ce traitement, sans enthousiasme. Puis, un après-midi, je lisais à l'étage quand Brandy se précipita dans ma chambre avec un de ses amis de l'école. Il était presque en pleurs. Ses mains et ses doigts étaient si enflés qu'il ne pouvait plus les plier. Le moindre mouvement provoquait une terrible douleur. Je m'efforçai de ne pas paniquer et appelai immédiatement le docteur. À ce même moment, un souffle de vent emplit la pièce. Son ami crut que cela venait de la fenêtre… qui n'était pas ouverte. Je me retournai et vis Ramtha dans le coin. Je ne souhaitais pas converser avec lui en présence de l'ami de Brandy. Je levai donc juste les yeux et haussai les épaules pour dire « Pouvez-vous aider mon fils ? ».

À cela, le Ram répondit :

– Demande à ton fils bien-aimé de s'approcher, en vérité. Prends ensuite ses mains et demande-lui de répéter ces mots merveilleux.

Je regardai le Ram un moment puis me tournai vers les garçons. Ils n'avaient rien entendu. Nerveusement, je demandai à Brandy de venir s'asseoir sur le lit à côté de moi et lui demandai ensuite de me donner ses mains. J'attendis les instructions suivantes.

Le Ram sourit et dit ensuite doucement :

– Maître Brandon, sais-tu que tu es aimé de Dieu ?

Je regardai les yeux de Brandy et répétai, mais oubliai le mot « maître ». Brandy dit oui, avec naturel.

– Maître Brandon, sais-tu que Dieu vit en toi ? poursuivit Ramtha.

Je répétai cette phrase, oubliant de nouveau de dire « maître ».

Brandy n'hésita pas.

– Oui, je sais que Dieu vit en moi.

Son innocence était si pure et son acceptation si absolue que mon cœur fondit et mes yeux se remplirent de larmes.

– Maître Brandon, le Dieu qui vit en toi t'a guéri. Qu'il en soit ainsi !

Je répétai cette dernière phrase toute puissante sans rien omettre cette fois-ci.

– Mon Dieu qui vit en moi m'a guéri. Qu'il en soit ainsi !

Brandy me regarda, un sourire sur le visage. Je retirai doucement mes mains. À ma totale stupéfaction, les siennes étaient parfaitement normales à nouveau ! Je restai là, immobile, frappée de stupeur. Brandy se délectait à s'écrier :

– Je suis guéri ! Je suis guéri ! Regardez mes mains.

Il faisait le tour de la chambre en bondissant de joie. Il grimpait sur mon lit et sautait par terre. Son ami, qui avait assisté à la scène, était tout autant interdit que moi. Brandy s'arrêta pour lui montrer ses mains. Incrédule, il secoua juste la tête, puis se joignit à Brandy dans sa danse d'allégresse.

Des larmes de soulagement et de reconnaissance coulaient à flots sur mon visage. Je baissai les yeux pour examiner mes mains, les tournant et les retournant. Des mains normales, mais les plus aimantes du monde. Je levai les yeux vers le Ram qui observait la scène silencieusement, à la fois amusé et ravi. La pensée que je lui envoyai alors fit légèrement frémir mes lèvres : « Ramtha, je vous aime. Je vous aime tant. Que Dieu vous bénisse d'avoir guéri mon petit garçon. Que Dieu vous bénisse, être merveilleux ! »

Il sourit et me dit :

— Femme bien-aimée, ce n'est pas moi, mais le père en maître Brandon qui l'a guéri. Dame bien-aimée, toi et moi ne pouvons que faciliter une vérité que maître Brandon a acceptée par pure innocence. Son acceptation est en vérité ce qui a permis ce miracle. Nous avons seulement facilité l'amour. Ton fils bien-aimé vivra bien d'autres jours sombres dans son avenir avant d'atteindre sa propre stabilité dans l'amour. Sache cependant qu'il y survivra, car je serai toujours avec lui. Un jour, il accomplira quelque chose de remarquable pour l'humanité et se souviendra de cette délicieuse journée qui lui a accordé le courage de le faire. Pour l'instant, délectez-vous de cette joie, car, en vérité, c'est un miracle de l'amour de Dieu pour maître Brandon.

Plus tard, j'eus l'inspiration de dire à Brandy qu'il serait sage de prier et de rendre grâce à Dieu pour sa guérison, ce qu'il fit... avec joie. Quand j'appelai pour annuler les injections du mercredi, le docteur exprima son inquiétude, mais quand il apprit qu'il avait été guéri par la prière, il admit qu'il n'y avait pas de remède supérieur à celui de Dieu.

Même si les miracles devinrent chose courante dans nos vies, nous ne les considérâmes jamais comme allant de soi. Il y avait ce malaise grandissant que je ressentais à propos de mes émotions

« ordonnées et désordonnées ». Mais la vie se poursuivait comme d'habitude malgré un sens d'irréalité qui mettait au défi ma réalité organisée, me laissant souvent incapable de comprendre cette période de changements. Une dualité émotionnelle, en quelque sorte.

Fin novembre 1978, alors que j'étais en train de préparer une de mes tartes, le téléphone sonna. Je décrochai, de la pâte sur les mains.

— Allô ! Oui, je suis bien JZ Wilder. Quelle sorte de centre spirituel êtes-vous ? Le Rama Center ? Eh bien, je n'ai pas l'habitude de parler à des groupes… Euh, excusez-moi, je ne vous ai pas bien entendu… Ramtha ? Qui vous a parlé de moi ? En Oregon ? Seigneur ! Les rumeurs voyagent vite ! Entendu, qu'est-ce que cela implique ?

Alors que je parlais, Ramtha apparut près de mon four. Je lui lançai un coup d'œil et haussai les épaules, indiquant que j'avais besoin d'un conseil.

— Eh bien, euh… entendu. Quelle date, déjà ? Pourriez-vous me donner l'adresse ? Oui, d'accord. J'y serai avec mon mari.

Je raccrochai lentement, prenant soudain conscience dans quoi je venais de nous engager, mon pauvre mari et moi. Une manifestation publique ! Comment avais-je bien pu faire ça ? Je cherchai quelque réconfort auprès de monsieur Merveilleux.

— Femme bien-aimée, ne crains rien. C'est le commencement de ta grande destinée.

Il flotta jusqu'à l'autre extrémité du comptoir.

— Excusez-moi ? dis-je en avalant avec difficulté. Quelle destinée ?

— Devenir une lumière pour le monde. En vérité, aider à éveiller en l'homme sa grande vérité. Voilà une grande et noble destinée, chère dame.

Son sourire délicieux était rayonnant.

— Ramtha, je vous fais totalement confiance. Mais j'ai une petite question. Comment au juste suis-je censée le faire ? dis-je, le menton reposant sur ma main.

— En vérité, femme bien-aimée, tu t'épanouiras pour devenir ce qu'on appelle un « canal ». Comprends bien, pas un « médium » — il y a des courants de conscience qui les séparent. Tu abdiqueras la totalité de ce qu'est ton corps… comme quelqu'un qui quitte ce plan. En vérité, en un clin d'œil, tu seras changée, et, en vérité, tu suivras une grande lumière jusqu'à ce que tu deviennes cette lumière même. En un moment de ton temps, tu retourneras dans ton corps et, en vérité, du temps se sera écoulé. Dans les moments de ton voyage jusqu'à la lumière, je serai autour de ton corps, en vérité, et ce que je suis se révélera. Rien ne sera perdu, en vérité, de mon pouvoir, en vérité, de mon amour, en vérité, de ma sagesse, en vérité, de mon omniscience, en vérité, de moi. Seront perdus uniquement mon visage, en vérité, mon apparence physique. En effet, ce qui importe n'est pas ce à quoi je ressemble, mais en vérité, ce que je dis et ce que je fais. Ceux qui ont un intense besoin d'adorer et d'aimer sont ceux auxquels je parlerai. Cette union sera si grande, femme bien-aimée, qu'adviendra un jour où le monde entier sera conscient de ton œuvre. Nombreux seront ceux qui redécouvriront le royaume des cieux en eux-mêmes, en vérité, Dieu le Père en eux, en vérité, et toutes les réalités perçues et reçues seront illimitées dans la conscience de l'homme. En vérité, la tolérance prévaudra alors. Ceci permettra, en vérité, à la paix, au Nouvel Âge de compréhension, d'être dévoilé.

Une année ou même six mois auparavant, je n'aurais pas été prête pour ce message de Ramtha. Mais ce jour-là, une « soif de Dieu » surgit au plus profond de moi, ce désir d'en faire l'expérience complète et de l'étancher. D'une certaine manière, je savais aussi que là résidait la réponse au « Pourquoi moi ? » J'étais en paix avec ma destinée.

– Ramtha, quelle est cette lumière vers laquelle je vais aller? demandai-je.

– Dieu.

– Le saurai-je? Je veux dire, me souviendrai-je de cette lumière quand je reviendrai à moi-même? Me souviendrai-je de ce qui se passera durant mon absence?

Question normale dans une situation anormale!

– En vérité, Dieu, la lumière, est une compréhension existant totalement en dehors de la scène ou du temps. Le temps devient une dualité dès qu'il s'écarte du fait d'*Être,* de Dieu. En vérité, c'est lorsque l'homme est sur l'axe du temps qu'il renie le soi. Et c'est dans le temps qu'existent le bien et le mal. Souviens-toi, le temps et son passé, en vérité, n'existent pas au sein de la lumière, et pourtant, *l'omniscience est la lumière.* Dans ta vie, cette connaissance du tout se manifestera peu à peu grâce au lent abandon de ta propre dualité, en vérité, cette dualité qui te subjugue et te mène au reniement de toi-même. En vérité, avec chaque limitation conquise, chaque dualité résolue, la grande lumière de la compréhension et de la vérité commencera à briller. Mais, en vérité, femme bien-aimée, l'accomplissement d'une telle révélation exigera de vivre les expériences de la vie.

Ses yeux dansaient et mon cœur s'envola grâce à une compréhension que je ne comprenais cependant pas encore. Il poursuivit.

– Des multitudes viendront pour entendre et pour savoir, et en vérité, tu seras en apparence laissée de côté, absente. Mais grande dame, sache que tu seras dans la lumière d'une aimante compréhension qui engendrera la vie en toi, une vie qu'aucun mot ne peut décrire. Telle est ta bénédiction, en vérité, le don du Père pour toi, lui que tu as tant cherché. Telle est ta destinée, ce pour quoi t'a préparé la totalité de ta vie. De nombreuses épreuves t'attendent, tant pour le cœur que pour l'âme, en vérité, et tu leur feras face. Telle est la vie d'un maître. Ne crains rien, tu es grandement aimée.

Ramtha disparut. Je passai en revue dans mon esprit tout ce qu'il venait de me dire. Un sentiment d'appréhension m'envahit et un frisson d'anxiété parcourut mon corps tout entier. Je sortis sur le patio et contemplai la beauté de la nature autour de moi. Je me souvins alors qu'un jour, le Ram m'avait dit qu'il avait trouvé le Dieu inconnu dans la nature, dans la vie. Cette pensée fit disparaître ma peur. Je priai Dieu, exprimai ma gratitude pour ma vie et celle de ma famille... et aussi pour Ramtha, le « messager » miracle de Dieu.

À notre arrivée au Rama Center, il y avait une trentaine de personnes qui bavardaient, un café à la main. Il n'y avait plus un seul espace de libre dans la pièce. La seule personne que je connaissais était Jeremy. J'aurais aimé que Brandy et Chris soient avec nous, mais Jeremy n'y fut pas favorable — cette fois-ci du moins.

Une femme s'approcha de moi.

— Vous devez être JZ Wilder. Mon Dieu, personne ne m'a dit que vous étiez si jeune... et si belle... et, oh ! Vous êtes si bien habillée !

Elle était plutôt forte et portait un ensemble pantalon tailleur noir et beaucoup d'ornements étranges autour du cou.

Je rougis et regardai mes talons hauts et ma jupe. Il ne m'était jamais venu à l'idée de considérer ce que devait porter Ramtha ni à quoi je devais le faire ressembler. Je me sentis quelque peu mal à l'aise.

Puis elle attrapa au passage une autre femme, elle aussi habillée de noir, qu'elle me présenta.

— Dis, Maudy, elle est plutôt différente de ce que tu as lu sur elle, hein ? JZ ressemble plus à un mannequin qu'à une voyante !

Elle fronça les sourcils et me sourit. Sa manière de me sourire ne me plut pas.

— Une voyante ? Mais non, je ne suis pas une voyante ! Je suis mariée, épouse et mère..., dis-je en balbutiant.

C'est alors qu'une femme à l'air « normal » s'avança vers moi. Elle était habillée avec beaucoup de goût. Elle portait un magnifique pull en cachemire de couleur rouille avec une jupe et des talons assortis. Ses cheveux auburn et ses yeux remarquablement bleus me rappelèrent les beaux yeux de Linda Evans.

– Bonjour, JZ, je suis Mary Redhead. Je suis vraiment ravie de vous rencontrer.

Quand elle me dit que son nom était Redhead (tête rousse), je regardai immédiatement ses cheveux. Ils étaient assortis. Quelle femme organisée !

Je discutai avec elle quelques instants et découvris avec horreur que ces gens étaient tous des médiums, des voyants ou des guérisseurs.

– Oh ! Mon Dieu ! Vous voulez rire. Je n'ai encore jamais rencontré de médium. J'ai lu à leur sujet, mais on dirait qu'ils sont tous en deuil. Tous, sauf vous, Mary !

Elle rit et m'adressa un regard étrange.

– Vous ne saviez pas que ces gens étaient des « spirituels » ? Comme c'est charmant ! Vous voulez *les* rencontrer ? C'est *vous* qu'ils sont tous venus rencontrer. Pour ce qui est du noir, eh bien, je suppose que cela les rend plus... comment dirais-je, plus « mystifiants » !

– Oh ! Je vois..., dis-je à voix basse.

Mary fit en sorte que tout le monde soit bien installé. Puis, elle nous présenta, Jeremy et moi. Tout le monde applaudit courtoisement, et je pris place sur une chaise à l'avant, essayant de savoir ce que j'étais censée dire. Mon cœur se mit à battre fort en regardant les trente personnes assemblées dans la pièce. Tous semblaient plutôt amicaux, mais j'étais morte de peur de ne pas pouvoir satisfaire leurs attentes.

Une femme avait placé un magnétophone au centre de la pièce, le micro dirigé directement vers moi. J'avais la gorge serrée. Il me paraissait si gros, si noir, si froid et si hostile. Ces quelques moments furent des débuts difficiles, assise seule, en silence. C'était le commencement du rôle le plus grand que j'avais jamais joué, et pourtant, j'étais trop effrayée pour être consciente du chef-d'œuvre qui s'en suivrait, lorsque « je me dirigerais vers la lumière ».

— Ramtha, s'il vous plaît, sortez-moi d'ici, murmurai-je.

— En vérité, femme bien-aimée, va en paix, fut sa réponse.

En un clin d'œil, je sentis comme une grande main qui m'extirpait d'un coup hors de mon corps. Je me souvins à peine avoir vu la pièce depuis le plafond... Tout et tout le monde paraissait figé. Je baissai les yeux et vis le sommet de ma propre tête. Ma magnifique chevelure projetait comme une lumière brillante, blanche et dorée que je vis à travers une légère brume. Puis, cette lumière brumeuse emplit la pièce, dansante et étincelante comme des roches brillantes frappées par des éclairs. Je *sentis*, je *sus*, que je faisais partie de cette lumière et que j'en devenais moi-même la totalité. Un flash apparut — je ne sais d'où —, mais j'allais quelque part. J'allais à grande vitesse dans un tunnel aux bords invisibles. Je me souvins seulement qu'un *vent* surgit et m'emporta vers une lumière brillante à l'autre extrémité du tunnel. Je me focalisai sur cette luminosité grandissante, plus blanche que le blanc, et qui étincelait de mille éclats. J'entendis une voix : « Va vers la lumière. » Je savais que cette voix *était* la lumière. Plus je m'en approchais, plus sa brillance s'intensifiait. L'éclat de ses flashs lumineux m'imprégnait d'une lueur chaude et paisible qu'il m'est impossible d'expliquer. Je sais seulement que je n'avais ni peur, ni regrets, ni limitations. J'étais délicieusement libre de tout. Je n'avais ni pensée ni crainte concernant mon mari, mes enfants, les traites à payer pour la maison, le bouledogue, ma cellulite, ma cuisine, les résultats scolaires des enfants, mon passé, mon présent, mon futur, ou encore les personnes que je venais de quitter dans la pièce. Aucun chagrin, aucune douleur... seule l'union avec la grande lumière. En son sein, je sus et compris toutes choses complètement et d'une façon qui transcendait l'esprit logique et étriqué. Je *savais* que ce que je venais de quitter n'était qu'un rêve de l'état altéré de Dieu : l'homme. Je n'étais pas détachée du tout, mais *étais* le tout. Je ne voulais pas quitter la lumière. Puis, un flash survint et je me sentis lourde de nouveau, avec des paupières, des bras, des jambes engourdies, et un martèlement dans la tête. J'ouvris lentement les yeux. Au début, tout me parut trouble. Je me souvins à peine de mon mari qui me soutenait la tête et les mains en me disant quelque chose. Les images bougeaient et les voix feutrées devinrent de plus en plus audibles. Les gens étaient regroupés autour de moi, leur visage dans le mien, leurs mains sur mes pieds insensibles, et il régnait partout un air de grande excitation.

Je focalisai mes yeux sur une femme. C'était cette dame gentille, Mary Redhead. Je tentai de me lever, mais je n'étais pas prête. Je n'étais pas redevenue moi-même. Mon esprit était bombardé de questions sur ce qui avait bien pu se passer en son absence. Je me souvenais simplement avoir demandé au Ram de m'aider, et avoir ressenti une secousse… mais rien d'autre. Mon visage devait sans doute exprimer une certaine anxiété, car Mary, mon mari et certains autres me disaient : « Tout va bien, c'est un miracle ! »

Je voulus aller aux toilettes. On m'aida à traverser la cohue. Tout le monde était en larmes, stupéfait ou heureux. Les gens essayaient de me prendre dans leurs bras, de me toucher, et l'un d'eux tomba même à terre pour embrasser mes talons hauts. J'étais choquée. Je me tournai vers Jeremy, espérant quelque réconfort.

— Ma Zebra adorée, tellement de gens sont joyeux et reconnaissants, envers toi et le Ram, dit-il avec révérence. Moi y compris.

Il me serra dans ses bras. Certains nous prirent tous deux dans leurs bras. Je m'écartai pour les regarder attentivement dans les yeux.

— Jeremy, ça s'est passé ? Tu sais… est-ce que… ?

J'avais presque peur de demander. Il me semblait m'être simplement assise, avoir fermé les yeux, m'être assoupie un instant et puis m'être réveillée. Mais pourquoi tout le monde semblait-il avoir tellement changé ?

— Tu veux dire si le grand bonhomme est venu ? Oh ! Oui, comme il le fait habituellement, royal et magnifique. Zebra, il a parlé à tout le monde, lu leur esprit, répondu à leurs questions, et en gros, les a tous surpris avec son pouvoir, son esprit brillant et son amour. Eh ! Viens par ici, Zebra, il faut que tu voies ça.

Il se mit à rire, de même que Mary.

Nous traversâmes la foule pour retourner dans la pièce. Un tas de bandes magnétiques étaient empilées en plein milieu, ressemblant à un gigantesque nid d'oiseau. La dame responsable du magnétophone se tenait derrière, hébétée, les yeux rivés sur le fatras.

Jeremy et Mary se mirent à parler en même temps, mais Mary laissa la parole à Jeremy.

— Quand le Ram est arrivé devant cette femme, il l'a fixée un moment du regard après qu'elle lui ait posé une question — je ne me souviens pas de ce que c'était. De toute façon, il ne lui a pas répondu tout de suite. Il a regardé ensuite le magnétophone et l'appareil s'est emballé si vite que la bande s'est échappée de la bobine. Elle a tournoyé en l'air et s'est étalée partout. La femme avait beau essayer de l'attraper et d'arrêter le magnétophone, la bande était comme une folle qui lui courait après pour la ramener à son siège. Tu aurais dû voir la tête des gens. Mon Dieu, Zebra, ils étaient réellement en état de choc complet ! Je fus pris d'un tel fou rire que je dus attraper un des prospectus pour me cacher le visage jusqu'à ce que je puisse retrouver mon calme.

— Tu veux rire ! Mais comment va cette femme ? Elle va bien ? Elle a l'air... à côté de ses chaussures ! demandai-je, inquiète.

— Oh ! Je suis sûre que tout va bien aller ! dit Mary. Je suis certaine qu'elle est encore en train d'essayer de comprendre sa question... et tout *ça* ! dit-elle en indiquant le nid d'oiseau noir sur le sol.

— Mademoiselle, ça va ? demandai-je.

Elle fit un léger signe de tête.

— Quelle était sa question ? demandai-je à Mary.

Tout bas, Mary m'expliqua.

– Quand ce fut son tour avec le Ram, cette femme lui dit qu'elle était une grande voyante et qu'elle le reconnaissait comme étant un très grand professeur. Mais elle lui demanda de la reconnaître comme en étant un *elle aussi*, au service des autres. Vous voyez, il y a parfois une forte compétition entre ces médiums quant à qui sera le roi sur la montagne. Vous savez ce que je veux dire – un peu comme des vendeurs de voitures ! Le Ram a alors regardé son magnétophone, et comme l'a dit votre mari, l'appareil est devenu comme fou. Quand le dernier centimètre de bande fut sorti de la machine, Seigneur, on aurait pu entendre une mouche voler. On ne respirait même plus. Le Ram lui a alors dit quelque chose de très profond, quelque chose comme « Le Dieu en vous est tolérant, en vérité, doux et aimant, mais vous éteignez son éclat, qui est votre propre beauté, en le ternissant avec la honte de votre frivolité et l'avidité de votre intolérance envers vos frères. Vous cherchez à vous exalter vous-même et à vous racheter en rabaissant ceux qui vous entourent, femme bien-aimée. C'est pour le faire miroiter devant vos ennemis que vous recherchez cet éloge. Vous avez ainsi réduit la lumière du Dieu vivant en vous. C'est pourquoi, en vérité, femme bien-aimée, j'ai créé ce monceau de détritus devant vous. En vérité, regardez bien votre talisman, contemplez-le longtemps, car, ce faisant, vous contemplerez de nouveau l'amour de Dieu au sein de votre être désormais mis à nu. Vous êtes grandement aimée. » Je crois que c'est ce qu'elle est en train de faire : penser à ce que Ramtha lui a dit.

Je regardai le tas de « détritus », puis la femme. Mes pensées retournèrent à Safeway et à Nordie's. Un sentiment de pitié surgit en moi, mais cela l'aiderait peut-être à comprendre ce qu'elle devait apprendre, quoi que ce fût. Je l'espérais, en tout cas. Je demandai de nouveau à Mary de m'accompagner aux toilettes. En y arrivant, elle me prit dans ses bras, les larmes aux yeux, et me dit combien elle m'était reconnaissante de permettre au Ram de se manifester au travers de moi. Elle dit qu'il avait changé sa vie en un seul après-midi. Je rougis et tentai de lui dire que je n'avais pas réellement *fait* quoi que ce soit, mais elle refusa de m'entendre. La vérité est que je ne savais pas dire merci. Cela me prendrait encore longtemps à apprendre.

En rentrant, Jeremy me raconta tout se qui s'était produit en mon « absence ». J'avais toujours tellement de difficulté à accepter la réalité de Ramtha et ma « distorsion Facteur V en route vers l'hyperconscience ». Je contemplai tout ce qu'il me relatait.

— Zebra, le vieux bonhomme a été encore plus puissant que je ne l'ai jamais vu. Ce que je veux dire, c'est que je l'ai réellement vu dans ces yeux qui sont les tiens et j'ai totalement oublié que c'était ton corps. Ce fut une complète transfiguration. On pouvait le voir, le sentir aussi bien que l'entendre. C'était incroyable, tout simplement incroyable, Zebra. Tu n'étais plus là du tout. Te souviens-tu de quoi que ce soit d'où tu es allée ?

Je l'étudiai un moment pendant qu'il conduisait, m'efforçant désespérément de me souvenir de ce qui m'était arrivé. J'avais beau essayer, je ne me souvenais que de cette secousse et de ce réveil, pensant qu'il ne s'était rien passé entre-temps. Je le lui expliquai. Je crois qu'il se sentit quelque peu déçu. Quant à moi, je ne me sentais plus la même, du moins pas comme le vieux moi. Je savais que rien dans ma vie ne serait plus jamais comme par le passé. J'avais raison, bien sûr ; la lumière venait de me l'apprendre.

Chapitre 22

LE COW-BOY

Rapidement après notre début au Rama Center, ma vie commença son incroyable changement. Elle passa de la normale au chaos. Le téléphone sonnait sans cesse pour des conseils, et les gens qui se trouvaient *par hasard* dans les environs s'invitaient sans prévenir et à toute heure. Mary venait souvent avec des personnes qui voulaient discuter de Ramtha et du phénomène, et au milieu de tout cela, j'essayais de maintenir fébrilement ma maison en ordre, de servir à manger à tout le monde et de m'occuper de ma famille. Dieu merci, Mary faisait tout ce qu'elle pouvait pour m'aider.

Quand les gens du Rama Center venaient, je *channelais* Ramtha pour eux parce que je pensais que c'était *une obligation.* Après chaque session, j'étais bombardée de questions auxquelles je ne pouvais pas répondre puisque je ne savais pas ce que le Ram leur avait dit. Ensuite, je me levais et préparais à boire et à manger pour tout le monde. Personne ne se proposait de ramasser un cendrier plein, sa propre canette vide de Coca-Cola, les tasses de café, ou encore de m'aider à préparer à manger. Ils étaient peut-être « spirituels », mais c'était en tout cas de vraies sangsues ! La seule chose qu'ils voulaient était que Ramtha les aide, eux... rien d'autre. Franchement, je ne sais pas comment ils pouvaient s'attendre à être aidés alors qu'il était évident qu'ils ne s'aidaient pas eux-mêmes. Je commençais à me sentir coupable et non qualifiée pour faire ce qu'ils attendaient de moi, mais quand je tentai d'exprimer mes scrupules, certains me rappelaient qu'il était de mon devoir spirituel de les aider. Sincèrement, je faisais tout ce que je pouvais, et j'avais de moins en moins de temps pour être avec Jeremy et les garçons.

Les enfants commençaient d'ailleurs à s'absenter de plus en plus fréquemment de la maison parce qu'ils ne savaient pas comment gérer cette intrusion brutale dans notre vie. Leur scolarité était devenue plus difficile pour eux du fait de leur manque de soutien à la maison, et l'école appelait fréquemment pour me signaler que Chris ou Brandy s'était battu. Mon rêve d'un foyer heureux avec des roses et des tartes aux cerises volait en éclats.

Un après-midi, je décidai de débrancher le téléphone, de mettre des boules Quiès dans mes oreilles, et de m'allonger pour une sieste. Je regardai le plafond de la chambre et tentai de m'habituer à ce silence feutré. Soudain, brillant sur le mur, Ramtha apparut. Oh, mon Dieu, même *lui* ne me permettait aucun instant de répit, pensai-je. Je fis semblant de ne pas l'avoir vu et m'enfouis la tête sous les couvertures.

D'un seul coup, une sorte d'étincelle me traversa le corps, comme une décharge électrique. Je me relevai droite comme un piquet et le fixai d'un regard incendié.

— Bon sang, c'était pour quoi ça, Ramtha ? Vous ne voyez pas que je suis exténuée et que je veux rester seule ? dis-je sèchement.

— Je désire te parler équitablement de ta destinée.

— De ma destinée ? Ah oui ? Eh bien, moi aussi j'ai réfléchi à cette destinée, et il me semble qu'on devrait parler de *votre* destinée *à vous*, Ramtha. Par exemple, pourquoi ne viendriez-vous pas carrément la vivre vous-même ? Ça m'éviterait beaucoup de soucis et de frustration. Après tout, c'est pas vous qui rangez tout derrière vos dieux spirituels affamés. C'est *moi*, et j'en ai *marre* !

— En vérité, les choses ne devraient pas être ainsi. Sais-tu, chère dame, que tu vis dans une époque de ce qu'on appelle la vénération des héros et des idoles ? Tes frères vénèrent les images et n'écoutent pas la vérité de l'image. Il ne faut pas qu'ils voient mon visage ni mes robes, en vérité, il faut que personne ne voie ma lumière. Ainsi, ils n'entendront que ma vérité, en vérité, ils ne verront que mes manifestations. Car c'est de cette façon, femme bien-aimée, qu'ils comprendront que l'amour d'eux-mêmes et l'amour de Dieu sont une seule et même chose. C'est eux-mêmes qu'ils doivent voir.

— Mais cher Ramtha, ce serait tellement plus efficace si c'était *vous* qui le faisiez !

J'essayai de le raisonner.

— Femme bien-aimée, c'est plus approprié qu'ils n'aient rien à se souvenir de moi, à part ma vérité telle qu'elle est. En vérité, ils n'auront pas d'image de moi à mettre en décor sur leurs murs, ou à porter sur eux. Ils ne pourront pas brûler d'encens en mon honneur, et il n'y aura pas de temple où m'adorer. En vérité, quand ils quitteront mon auditoire, ils auront retrouvé leur propre plénitude. Ils ne se souviendront que de la vérité que leur âme aura saisie et mémorisée. Ce sont *eux* qu'ils doivent apprendre à vénérer, car alors seulement pourront-ils toucher le Dieu vivant.

J'écoutais ce qu'il disait et compris son objectif.

— Je fais quoi alors de tous ces parasites spirituels ?

— En vérité, tu vas le savoir. Les entités viendront à toi, et femme bien-aimée, tu dois leur demander un talent d'or quand, en vérité, ils viennent pour apprendre.

Je fronçai les sourcils.

— De l'or ? Vous voulez dire que les gens devraient payer pour voir ça ? Je veux dire... pour vous voir ? Je devrais faire payer un droit d'entrée, c'est ça ?

— En vérité.

Il croisa les bras derrière son dos et me sourit avec bienveillance, simplement.

— Vous plaisantez, Ramtha ? Je ne peux pas faire ça ! Je ne peux pas le faire, c'est tout !

— En vérité, pourquoi pas ?

J'essayai de rassembler mes pensées confuses.

— Ce que vous voulez dire, c'est que les gens devraient payer pour apprendre ce qu'est Dieu. Ramtha, c'est aussi terrible que ces évangélistes que je voyais dans le temps.

— Femme bien-aimée, quelle est ta définition de l'or ?

— C'est de l'argent. Je m'en sers pour acheter des côtelettes de porc, des habits, et euh… pour payer la maison.

— C'est quoi ?

Je soupirai.

— Qu'est ce que vous voulez dire ? C'est du papier et du métal.

— C'est-à-dire ?

Je passai les doigts dans mes cheveux. Mon Dieu, ce qu'il pouvait être compliqué avec ses tracasseries !

— Vous voulez que je vous dise que l'argent, c'est Dieu aussi ?

— En vérité. L'argent est Dieu. Tout est Dieu, qu'est-ce qui n'est pas Dieu ? L'argent est de l'énergie. L'énergie crée l'énergie… c'est votre système économique. Tout est Dieu.

— D'accord, et que dites-vous de la Bible qui dit qu'il est plus facile pour un chameau de passer à travers le chat d'une aiguille que pour un riche d'aller au paradis ?

Ah, peut-être avais-je réussi à le coincer pour une fois. Mais au contraire, Ramtha se pencha en arrière et éclata de rire.

— Femme bien-aimée, c'est un pauvre qui a écrit ça ! Après avoir donné toutes ses richesses à un prêtre !

Je me mis à ricaner, mais cela ne m'impressionnait toujours pas.

— Oh, Ramtha, je ne peux pas faire une chose pareille. Ce n'est pas correct. Ça ne se fait pas.

— Femme bien-aimée, tu vas dépenser une énorme énergie en me permettant d'utiliser ton corps bien-aimé. Tu ne seras pas consciente d'une grande partie de ton temps. Quand tu seras partie, en vérité, ce temps de vie de *ta* propre vie sera parti pour toujours. Il ne pourra jamais être vécu à nouveau. Tu vas abandonner ton corps pour que les autres puissent apprendre. Il est équitable de demander de l'or en échange. Car si les gens désirent profondément apprendre, ils créeront leur or pour pouvoir le faire. Ils créeront de l'énergie pour créer de l'énergie.

— Mais Ramtha…

— Femme, tu connais les groupes d'entités qui sont venus dans ta maison ?

— Si je les connais ? J'aurais préféré que non, grimaçai-je.

— Ne t'ont-ils pas épuisée, et en vérité, n'ont-ils pas exigé de toi ?

— Si. Pourquoi avez-vous permis que ça se produise ?

— Dans ce qui est votre système de valeur actuel, s'il ne leur est pas demandé de donner de l'or, ils continuent de poser la même question. En vérité, ils demandent, mais ils n'*agissent* pas. Ils veulent être divertis. Je désirais que tu le voies et que tu comprennes ta valeur, chère dame.

— Vous voulez me dire que si j'avais demandé de l'argent à ces gens chaque fois qu'ils sont venus ici, ils seraient beaucoup moins venus ?

Les lumières commençaient à s'allumer.

— En vérité. Au lieu d'être d'heureux chômeurs, ils seraient devenus des travailleurs lucratifs.

— Oh… je vois. Mais les gens disent que c'est un don de Dieu et de vous, Ramtha.

— Et de *toi*. C'est ton corps, femme bien-aimée… c'est ta vie. Tu verras. En vérité, tu abandonnes ta conscience éveillée pour les autres.

Je m'effondrai.

— Je ne peux jamais gagner avec vous… jamais.

— Ah, tu apprends, en vérité. Ton bien-aimé docteur n'a-t-il pas payé afin d'apprendre son métier ?

— Si, et ça a été très difficile pour lui de rembourser l'emprunt, Ramtha. Il a dû se priver de beaucoup de choses.

— En vérité, et maintenant, c'est un docteur qui répond aux besoins de ses frères. Et en vérité, les gens lui donnent de l'or pour ses services.

— Bien sûr.

— Ses soins ne sont-ils pas un don de Dieu ?

— Eh bien… oui, on peut dire ça.

— Chère dame, si tu ne demandes pas d'or pour tes services à toi, tu devrais informer le docteur qu'il ne le fasse pas non plus. L'homme qui laboure le sol emprunte le sol de Dieu, et pourtant, il en tire un profit. Tous les services sont un don de Dieu. Que cela soit su, chère dame. La connaissance de Dieu sera la plus salvatrice. Pour cela, tu devrais recevoir une compensation.

— Bon, d'accord. Et combien devraient-ils payer pour mes services ?

Le mot « payer » se coinça dans ma gorge.

— Cent talents d'or selon ta compréhension.

— Une centaine de pièces d'or ? Vous plaisantez ? En ce moment, l'or est à trois cent soixante-quinze dollars l'once. C'est absolument ridicule. Hors de question, Ramtha.

Il rit.

— Une centaine de ce qui correspond à cette somme, selon ta compréhension.

J'y réfléchis un moment.

— Vous voulez dire une centaine de dollars ?

— En vérité. Des dollars. Dis-moi, chère dame, un dollar est-il semblable à un shekel ou à une roupie ?

— Quelque part entre les deux, dis-je en souriant.

— Alors, tu te feras payer une centaine de vos dollars. C'est équitable.

— Attendez… et comment vais-je expliquer ça aux gens ?

— En vérité, tu leur diras que c'est Dieu ton employeur !

Il éclata de rire et disparut.

Le lendemain, je buvais un thé seule à mon comptoir de cuisine, songeant à la conversation que j'avais eue avec Ramtha au sujet de l'argent. Je regardai autour de moi, absente. Tout était dans un tel désordre ! Par moment, mes pensées étaient interrompues par les voix et les rires qui provenaient de la salle de séjour. Les parasites spirituels étaient visiblement de retour. Soudain, Jeremy m'appela.

— Viens, Zebra. Écoute ça !

Je continuai tranquillement à siroter mon thé et l'ignorai. Puis le téléphone sonna. J'y répondis avec hésitation.

— Allô ? Bonjour, Mary, quoi de neuf ? *Channeler* pour douze personnes ? Quand ? Où ? Chez toi ? D'accord. Juste une chose, Ramtha m'a demandé de facturer une centaine de dollars par personne. Allô ? Allô, Mary, t'es toujours là ?

J'entendis un échange de paroles feutrées. J'attendis sa réponse.

— Ah, seulement six personnes. D'accord, j'y serai.

Je raccrochai avec fierté. « Il travaille vite », me dis-je. J'allai ensuite dans le Repère spirituel et fis la même annonce. Pour le moins qu'on puisse dire, cette nouvelle provoqua un véritable chamboulement spirituel chez chacun d'entre eux. Je sortis de la pièce le sourire aux lèvres et commençai à ranger la cuisine, satisfaite. J'ouvris d'abord le frigo, me servis un Coca-Cola sur des glaçons pilés et pris un paquet de cacahuètes que je déversai dans une soucoupe. Tout en buvant et, mâchant tranquillement, je sifflotai la vieille rengaine *Oh, we ain't got a barrel of money, maybe we're ragged and funny, but we're travelin' along, singing a song, side by side*. (Oh, on n'a pas d'baril plein d'sous, on est p' t-être drôle et en haillons, mais on continue d'voyager en chantant des chansons, côte à côte). Je ne remarquai même pas que la foule s'était dispersée.

Le 18 décembre 1978, je *channelai* le premier « dialogue » payant, dans le salon de ma chère amie Mary Redhead. Ramtha eut un immense succès, et à partir de ce jour, et durant toute l'année 1979,

Mary m'aida à organiser ces événements magnifiques. La renommée de Ramtha commença à se répandre et les groupes rassemblèrent bientôt jusqu'à cinquante personnes. Un jour, je reçus un appel d'une certaine Pat Mueller, du New Jersey. C'était une personne tout à fait charmante, elle me plut immédiatement. Elle organisa un « dialogue » chez elle. J'étais tellement excitée par ce voyage que je me rendis chez Nordie's pour acheter des vêtements chics pour Jeremy et moi-même. En plus de tous les autres changements, j'avais arrêté de fumer et avais grossi de presque dix-huit kilos. Je n'aimais pas mon apparence, mais cela ne semblait pas déranger Jeremy, alors je n'en fis pas vraiment cas. Quoi qu'il en soit, le « dialogue » réunit douze personnes, et tout le monde repartit heureux.

Ce fut chez Pat que je rencontrai ses deux enfants, Steven, d'environ quatorze ans, et Karen, seize ans. Je les aimai immédiatement. Je ne savais pas encore qu'un jour, Steven et Karen joueraient un rôle important dans le travail de Ramtha.

Ensuite, une femme nommée Gini Hashii me contacta de New York. Cette fois, c'était pour emmener le Ram dans la célèbre mégapole, la Grosse Pomme. Le journal *Philadelphia Inquirer* mit Ramtha en couverture et publia un article sur sa venue à New York. Le journaliste fit un commentaire sur mon manteau de fourrure, rapportant que l'entreprise devait être fructueuse. Cela me rendit folle, car il m'avait été offert par Jeremy. Il n'avait donc pas été payé par notre soi-disant entreprise. L'article parcourut le pays tout entier. Ce fut ma première expérience avec la presse, mais cela n'allait pas être la dernière. Cela n'allait pas non plus être le dernier des reportages biaisés. Quand je m'en plaignis à Ramtha, il me répondit qu'un jour, il serait à la mode, scandaleux et controversé, car la lumière fait toujours ressortir l'ombre. Je ne m'attardai pas trop sur cette prophétie à l'époque, mais une chose fut certaine : plus jamais je ne croirais tout ce que je lisais.

L'enseignement du Ram commença à se faire connaître. Je retournai de temps en temps à New York, et rencontrai beaucoup de gens qui devinrent de chers amis. Parmi eux, Thomas Sharkey et Gini Hashii, qui furent deux de mes meilleurs coordonnateurs.

Durant tout ce temps, j'acquis une certaine confiance et développai un style d'habillement permettant à Ramtha d'avoir plus de liberté de mouvement. Je portais d'amples pantalons recouverts d'une tunique indienne, et restais en chaussettes, car mes pieds gonflaient toujours. J'attachais mes cheveux en queue de cheval, et parvenais de mieux en mieux à communiquer mes expériences de façon claire et articulée.

Ramtha ne surgissait plus n'importe quand. C'était moi qui décidais du moment, lorsque j'étais prête pour lui. J'allais dans la lumière, et il devenait mon corps d'une manière des plus masculines. Il était si puissant qu'une fois, lors d'un « dialogue », il porta un homme de quatre-vingt-dix kilos pour le ramener sur sa chaise et le guérir de sa douleur.

Mais il y avait des limites quant à la durée pendant laquelle le Ram pouvait rester dans mon corps. Plus de trois heures consécutives m'épuisaient complètement. J'avais alors des difficultés à « revenir » et restais ensuite de nombreuses heures dans une sorte de « zone intermédiaire ».

À New York, faute de place, nous dûmes abandonner le salon de Gini pour un studio de danse, et ensuite pour un auditorium d'église ! Le nombre de participants devenait de plus en plus important. À la maison, c'était pratiquement la même chose. Il y eut ensuite des « dialogues » à Dallas avec des hommes et des femmes en bottes et chapeaux de cow-boy. Puis enfin Atlanta, Chicago, Denver et San Francisco.

En attendant nos vols, je m'affalais dans les aéroports aux côtés de Jeremy, épuisée et nauséeuse à cause des émanations de kérosène. Je me souvenais que Ramtha m'avait dit que je dépenserais tellement d'énergie, et que de grandes portions de ma vie seraient à jamais perdues dans l'éternité. Mes petits garçons me manquaient tellement! Je me demandais toujours s'ils se sentaient seuls. Le prix à payer était pour moi bien plus élevé que le bénéfice financier.

Une fois, après un «dialogue» à New York, nous prîmes notre avion pour le long vol du retour. Je m'énervais un peu sur mon dîner, tandis que Jeremy mangeait le sien avec grâce, et ce fut ensuite le tour du film *Le cavalier électrique*. À un moment, Robert Redford délivre l'étalon pour qu'il galope librement dans les contrées sauvages. Mon esprit retourna alors dans les champs du Nouveau-Mexique, quand j'étais seule avec mon cheval Slim, à chevaucher en toute liberté... heureuse. Lentement, je me mis à pleurer. Je pleurai bientôt si fort que je ne pouvais plus m'arrêter. Je savais que cela embarrassait Jeremy, et enfouis ma tête dans un oreiller contre la fenêtre. Oh, mon Dieu, combien j'aurais voulu que ces jours reviennent! Je n'avais jusqu'alors jamais complètement compris à quel point j'étais devenue malheureuse. Je n'oublierai jamais le profond chagrin qui jaillit de mon âme durant ce vol.

Une semaine plus tard, alors que je me rendais en voiture au bureau de Jeremy, je remarquai deux jeunes filles à cheval devant la boutique Hoagie. Elles s'étaient arrêtées pour acheter quelque chose à boire. L'une d'entre elles avait une jument alezane magnifique avec une crinière et une queue d'un blanc flamboyant. C'était un cheval de course. Je fis brusquement demi-tour dans le stationnement, sortis de la voiture et m'avançai jusqu'à elle.

– Bonjour, comment s'appelle votre jument? demandai-je, ravie de la façon dont cette magnifique jument était entretenue.

– Fancy, mais son nom officiel est Fancy Me de Modoc. C'est un pur-sang de course, vous savez, répondit-elle très intelligemment.

– Fancy, ce nom lui va à merveille. Vous envisageriez de la vendre?

– Eh bien, j'y ai pensé. Vous savez, elle a gagné beaucoup de championnats pour moi. J'ai les rubans et les trophées à la maison.

– Je veux bien le croire. Elle est vraiment belle. Alors, vous voulez la vendre ?

Il y a quelque chose que vous devez comprendre à mon sujet. Cette jeune fille avait l'intelligence d'une vraie femme d'affaires. Elle vantait les vertus de son cheval pour justifier le prix qu'elle allait en demander. Moi, de mon côté, eh bien, je n'avais jamais été pointilleuse et je ne savais pas marchander non plus. J'avais toujours payé le prix demandé. En d'autres termes, je n'étais pas du tout faite pour le commerce de chevaux. Quand je voulais quelque chose, je l'achetais, même avec des goûts de luxe et un budget de misère.

– Ouais, je pense que je pourrais la vendre, répondit la jeune fille. Mais j'en veux sept cents dollars. Je l'ai achetée…

– Marché conclu. Ne bougez pas, je vais chercher mon chéquier.

Je réglai et pris ma Fancy par le cou pour l'embrasser avec passion pendant qu'elle mordillait mon pantalon. Je me mis à pleurer. Cette jeune fille n'avait pas conscience de tout ce que cela signifiait pour moi.

Il s'avéra que Fancy était juste en bas de la route du bureau de Jeremy. Je m'arrangeai pour qu'elle puisse y rester un peu plus longtemps, et me rendis dans un magasin de dépôt-vente de matériel Western. J'y achetai tout le nécessaire, de la selle aux clous de sabots, et courus à la maison enfiler mon fidèle jeans Levi's. Je me dirigeai ensuite vers la grange et pris soin de Fancy, occupée à se régaler des carottes que je lui avais apportées.

Il y a dans l'odeur d'un cheval quelque chose qui évoque la liberté et la joie pure. J'adorais cela, et j'avoue que pour la première fois depuis longtemps, j'étais transportée de bonheur. Tout ce qu'il me restait à faire était d'annoncer ma nouvelle vie à Jeremy et aux garçons.

Pour cela, je préparai un dîner somptueux. Vous connaissez l'expression « Appâtez-les pour les capturer » ?

– Tu vois, pourquoi aller dîner ailleurs? Tu es la meilleure cuisinière du pays!

Jeremy sourit et prit une autre bouchée de son bœuf Wellington.

Les garçons en convinrent eux aussi.

– Oh, au fait, Jeremy, tu ne devineras jamais ce que j'ai fait aujourd'hui.

Je pris une grande gorgée de mon thé glacé.

– Vas-y, dis-moi.

– Aujourd'hui, j'ai acheté un cheval! lui dis-je, la jubilation dans les yeux.

Il s'arrêta net et me regarda, ahuri.

– Tu as acheté un cheval?

– Chouette, s'écria Brandy.

– Il est où? demanda Chris en bondissant de la table.

Les deux garçons coururent vers les baies vitrées pour le voir dans le jardin.

– Brandy, Chris, dit Jeremy avec calme. Revenez à table tout de suite et calmez-vous.

Je ris nerveusement et continuai.

– C'est une belle jument alezane avec une crinière blanche.

– Et qu'est-ce que tu vas faire d'un cheval, Zebra?

– Le monter, dis-je simplement.

– Avec tout ce que tu as à faire? Tu vas en plus faire du cheval?

Je baissai la voix et posai ma main sur son bras.

– J'en ai besoin, Jeremy. Ma vie est trop cloîtrée. Je n'ai personne à qui parler… Ils veulent tous parler au Ram. J'ai besoin d'être dehors… libre, Jeremy, libre pour pouvoir monter et parler à mon cheval. Les chevaux écoutent toujours.

– D'accord. Comme tu veux. Rappelle-toi simplement que c'est une grande responsabilité. D'ailleurs en parlant de ça, j'ai besoin de parler au Ram.

Je le regardai dans les yeux un instant.

— Pourquoi tu ne me demandes pas à moi… Pourquoi tu ne me parles pas à moi ?

Il émit un petit rire.

— Eh bien, je préfère simplement parler au « vieux bonhomme » !

Je laissai tomber mon regard sur les glaçons dans mon verre.

— Tu sais, Jeremy, tu fais partie des personnes qui ne me parlent plus.

Il me regarda, incrédule.

— Qu'est-ce que tu veux dire ? Nous sommes toujours ensemble.

— Oui, je sais, mais il y a tellement de choses que je voudrais que tu partages avec moi. Avec *moi* !

Je dis cela en pointant le doigt vers moi. Les garçons, sentant venir une dispute, demandèrent s'ils pouvaient être excusés et quitter la table.

— Mais seul le Ram t'intéresse, poursuivis-je.

— Zebra, c'est la chose la plus sotte que je t'aie jamais entendu dire. Allez, mangeons. C'est tout simplement trop stupide pour en parler davantage. Mais j'ai besoin de parler au Ram de quelque chose qui m'est arrivé aujourd'hui.

— Quoi ? Demande-moi ! Peut-être que je peux t'aider, insistai-je.

— Écoute. Je ne veux pas revenir là-dessus une deuxième fois. Il me donnera la bonne réponse.

— C'est juste que je pourrais peut-être moi aussi te donner la bonne réponse !

Mon visage commença à s'échauffer. Jeremy s'arrêta à nouveau de manger et me lança un regard condescendant.

— Eh bien, peut-être. Mais je pense que je suis trop fatiguée de toute façon, lui dis-je.

Je le regardai longtemps. Puis, je sortis lentement de table et allai au lit en abandonnant Jeremy et la vaisselle sale dans un silence de pierre. Je n'en avais rien à faire.

Au cours des semaines qui suivirent — entre les « dialogues », bien sûr —, j'emmenai les garçons à la grange avec moi. Je me régalais de les regarder monter Fancy. Puis, un jour, je remarquai combien Chris semblait à l'aise avec elle et combien la jument semblait l'apprécier. J'eus soudain un coup de génie. Je demandai aux garçons s'ils aimeraient posséder leurs propres chevaux. Ils en furent tout excités. Je donnai donc ma Fancy à Chris, et trouvai dans une annonce une pouliche semi-arabe, blanche comme neige et déjà débourrée. Je décidai d'aller la voir.

Jeremy, les garçons et moi-même nous rendîmes à la ferme où se trouvait Lily, la pouliche. Nous y rencontrâmes le propriétaire et sa femme. Cette jeune jument était vraiment très jolie et Brandy décida sur-le-champ qu'il aimerait l'avoir. Pendant que Jeremy commençait à négocier l'achat, Brandy se mit à hurler et à se gratter la tête comme un fou. Jeremy l'examina et trouva une flopée d'acariens provenant de la chère Lily.

Choqué, l'agriculteur emmena Brandy pour lui faire un shampooing. J'étais déterminée à ce que Brandy ait Lily de toute façon. Nous pourrions nous débarrasser de ces acariens plus tard, et de plus, le prix avait considérablement chuté à cause de cela. Lily fut donc installée dans notre écurie juste à côté de Fancy. Je me trouvai ensuite un magnifique hongre racé, blanc immaculé, du nom de Grey. J'adorais ce cheval plein d'humour. Je vous jure qu'il devait avoir été un comique dans une autre vie.

Une jeune fille — il y en avait beaucoup à l'écurie — commença à donner des leçons d'équitation aux garçons. Un jour, je regardai Brandy seller Lily, qui semblait souffrir de syndromes prémenstruels. Il partit ensuite à cheval avec Chris et quelques autres jeunes filles.

Je le regardai s'éloigner avec satisfaction, pensant qu'il s'agissait de la façon dont les enfants devaient être mis en selle. Mais je vis soudain avec horreur que Brandy glissait avec sa selle sur le flan de la petite Lily. J'avais entendu parler de monter en amazone, mais là, c'était ridicule. Il hurla et heurta le sol. J'accourus.

Il ne se blessa pas, mais face aux filles et aux autres, son orgueil fut profondément meurtri. Je ne pus m'empêcher de rire, mais il jura de dire à Lily ce qu'il pensait, comme si elle s'en souciait vraiment.

La jeune entraîneuse décida un jour de présenter Chris et Fancy dans un spectacle équestre. Je parai l'enfant comme Roy Rogers et lui achetai même un nouveau tapis de selle avec son nom sur le flanc. Brandy avait, quant à lui, refusé de participer avec madame Prémenstruelle.

Lorsque le grand jour arriva enfin, j'étais tellement excitée que j'en étais nerveusement épuisée. Je donnai à Chris et à Fancy un gros baiser chacun, puis pris place dans les gradins. J'annonçai fièrement à tout un chacun que « Chris, *mon fils,* chevaucherait sa *championne* de jument, Fancy Me de Modoc, lors de la prochaine démonstration ».

Lorsque le portail s'ouvrit et que l'orgue commença à jouer *Your Cheatin' Heart,* les enfants passèrent l'un après l'autre. J'applaudis chacun d'entre eux, et m'aperçus que j'étais la seule à le faire. Je regardai autour de moi en marmonnant que c'étaient tous de gros bêtas. Je surveillai ensuite ma propre progéniture.

Doux Jésus, je sifflai, braillai, frappai des mains et hurlai « C'est mon garçon » ! Chris était très embarrassé. Il défila avec Fancy de façon si… si impeccable et parfaite. Je savais que le juge allait le choisir comme gagnant. Puis, tout d'un coup, il se pencha selon le même mode « amazone ». Et Tex Ritter glissa alors jusqu'au sol, avec la selle et tout le reste ! Il y eut soudain un silence de mort. Je sautai des gradins et courus vers mon enfant. Fancy s'était arrêtée et lui léchait le visage.

On aida Chris à se relever. Aidé du juge, il brossa ses vêtements, se remit en selle et poursuivit courageusement. Il s'avéra que le responsable de sa chute était ce maudit tapis de selle. Il était trop rigide. Chris n'obtint pas de trophée, mais fut grandement applaudi... par moi. Je l'admirais pour sa constance et sa persévérance. Ce petit garçon avait beaucoup de courage et de volonté. J'étais tellement fière de lui.

Un jour, je partis avec Grey à travers bois, juste pour être seule. Je chevauchai jusqu'à un ruisseau. J'avais terriblement besoin d'être dans la nature majestueuse et apaisante, mais je restais malgré tout très troublée. Je descendis de cheval et lui permis de boire pendant que je m'allongeai à regarder le ciel.

— Hé, Greybers, tu sais que je t'aime ? Hein ? Je pense que tu es le plus beau des « hommes » !

Il me regarda. Il le savait déjà, vaniteux qu'il était !

Je me remémorai ensuite ma vie de jeune femme. La solitude de cette lointaine époque m'envahit à nouveau. J'en frissonnai. J'avais jadis voulu que cela ne m'arrive plus jamais... et pourtant, d'une certaine façon, j'étais toujours hantée par cette même détresse. Je frissonnai un peu plus et remarquai que le soleil se couchait. Je me levai, remontai sur mon cheval et rentrai à l'écurie à contrecœur.

Après avoir pris soin de Grey, je lui donnai un gros baiser et lui dis au revoir. Je pris ensuite le pick-up pour me rendre à la sellerie. J'étais au volant, absorbée dans mes pensées, lorsque le Ram apparut sur le siège passager.

— Bon sang... vous auriez pu nous faire tuer à me faire peur comme ça ! Qu'est-ce qui se passe ?

Je tombai dans un nid-de-poule et nous sursautâmes violemment. Je pouffai de rire en moi-même, me demandant ce que Ramtha pensait *réellement* de chevaucher une camionnette !

— Femme bien-aimée, je désire que tu saches que rien ne t'oblige à être seule.

— Oui, je sais, mais je me sens très seule, Ramtha. Maintenant, je sais qu'on peut être entouré de sa famille ou de dix mille admirateurs et ressentir une grande solitude, et être seul malgré tout, répondis-je.

— Prépare-toi à devenir une femme.

Je franchis un autre nid-de-poule, et après avoir fini de rebondir, je rétorquai :

— Ah et vous pensez que c'est quoi, *ça* ? De la nourriture pour chiens ? lui dis-je en me montrant moi-même du doigt. Bon sang qu'est-ce que… ?

Ramtha, le rusé, avait tout simplement disparu.

Je continuai de rouler, tout en me demandant ce qu'il avait voulu dire. Je me le demandais d'ailleurs encore en flânant dans la sellerie. Soudain, mon regard fut attiré par un magazine sur le cheval arabe. Je le pris, mais il me tomba des mains et atterrit ouvert sur l'annonce de quelqu'un qui recherchait un élevage de chevaux, avec une photo de cow-boy sur un beau pur-sang. Je le ramassai et observai l'image de plus près. Je ne pouvais voir qu'une partie du visage, l'autre étant cachée par son chapeau, mais il semblait jeune avec des cheveux noirs bouclés. Une sorte d'onde électrique me traversa. Ce fut comme si mon cœur avait bondi hors de ma poitrine. J'en eus presque le souffle coupé. Puis un homme s'approcha de moi.

— Puis-je vous aider, Madame ?

— Euh, non. Je veux juste ce magazine.

Je refermai le magazine presque furtivement, payai, et sortis sans attendre ma monnaie.

Je rentrai à la maison dans une sorte de rêve confus. Mes pensées revenaient sans cesse à ce mystérieux cow-boy. C'était comme si je tentais avec mes sentiments de retrouver un souvenir devenu depuis longtemps inconscient.

Pour le dîner, je jetai quelques trucs insignifiants sur la table et prétendis ne pas avoir faim pour monter rapidement dans ma chambre. Les yeux bleus de Jeremy me suivirent, cinglants, alors que je me retirais.

Je fis couler un bain moussant, retirai vigoureusement mes bottes, mon Levi's et mon chemisier, et me glissai dans l'eau bien chaude. Je restai là à me détendre, puis ouvris le magazine et examinai consciencieusement la photo. Soudain, une rafale de vent fit craquer la maison.

J'entendis ensuite le crépitement des grosses gouttes de pluie qui tombaient sur la toiture comme des pierres. J'en eus des frissons et refermai le magazine, mais le visage du cow-boy restait presque vivant en moi. C'est alors qu'une sensation d'horreur m'envahit, ce visage était enfermé dans le magazine ! « Je ne comprends pas du tout. Qui donc est cet homme ? » me dis-je à moi-même. « Il est sacrément beau, c'est certain. »

Je sortis du bain, me séchai, mis ma chemise de nuit en flanelle et m'assis sur le lit, le magazine toujours à la main. Je l'ouvris à nouveau à la page de l'annonce, saisis le téléphone et composai le numéro du ranch en Californie. « Après tout… me dis-je en regardant le plafond, il est naturel d'être curieux au sujet des gens ! »

— Bonjour, c'est madame Wilder à l'appareil. Euh, puis-je parler à Jeff Knight, s'il vous plaît ? Oh, je vois. Non, je suis juste intéressée par l'annonce dans ce magazine… Oui, le cheval. Eh bien, je vous appelle de Tacoma, dans l'État de Washington.

Je laissai mon numéro.

— Merci, j'attends son appel.

Je raccrochai. Les bras m'en tombèrent. À ce moment-là, Jeremy entra dans la chambre.

— Tu vas bien ? Tu es livide. Zebra, tu agis très bizarrement.

Je le regardai et ressentis un pincement de culpabilité.

— Non… J'ai juste pris un bon bain… et je suis juste restée assise là… à penser, lui répondis-je avec calme.

Ses yeux perdirent leur froideur et devinrent doux et tendres. Il s'approcha et s'assit à mes côtés.

— C'est quoi, ce magazine ? me demanda-t-il doucement.

Je ne lui répondis pas pendant un moment. Mon sourire s'effaça lentement, et je répondis à voix basse :

— Oh, c'est juste un magazine sur des chevaux arabes. J'aime les pur-sang arabes. Ils sont si beaux.

Il commença à feuilleter les pages. Je fis un effort pour être à nouveau présente. Je tendis la main et l'aidai à passer en revue les différentes pages, lui montrant du doigt les différents chevaux.

— Regarde, ils ne sont pas magnifiques ?

Puis, il s'arrêta net sur la fameuse annonce. J'en étais consternée. Je mis mes mains sur les genoux et baissai les yeux tandis qu'il observait la photo avec une intensité tranquille. Il leva les sourcils.

— Je me demande qui est ce pauvre type, dit-il en montrant le cow-boy.

Mon visage s'illumina de plaisir.

— Il est magnifique, n'est-ce pas ? Euh, le cheval ?

— Ils sont tous beaux, mais ce ne sont pas des chevaux ordinaires, Zebra. Ils coûtent probablement deux fois plus que ceux que nous avons. Ces gars-là s'habillent vraiment comme ça quand ils montent ces chevaux ?

Il rit de façon pompeuse.

Je l'observai avec une certaine inquiétude.

— Ce cheval est le plus beau du magazine. Je viens justement de téléphoner à son sujet.

Il se tourna vers moi et me transperça de son regard de glace trahissant soudainement une lueur de colère.

— Ça, c'est un peu fort ! Tu as fait quoi ? demanda-t-il.

Je me tournai vers lui et étudiai son visage. Je pouvais presque entendre ses pensées. Il détestait ce qu'il appelait mon extravagance. Il pensait souvent que les choses que j'aimais n'avaient aucun sens et étaient décadentes. Pour moi, l'argent devait être dépensé pour rendre l'existence joyeuse et charmante. Pour Jeremy, l'argent était désirable en soi et ne devait pas être dépensé, sauf pour des investissements servant à faire davantage d'argent. Il me considérait comme insouciante et frivole. Il avait été très pauvre quand il était enfant, et bien que son métier fût devenu fructueux, la mémoire de ces années de pauvreté l'avait inhibé et rendu craintif. Non, je n'aimais pas l'argent, et moi aussi, j'avais travaillé très dur pour survivre, mais Jeremy avait une peur si intense de la pauvreté qu'il essayait de compenser en se concentrant sur ses investissements, son travail et ses comptes bancaires.

Je décidai de ne plus y penser.

— Ne t'inquiète pas, soupirai-je. La personne n'était pas là et le cheval n'est probablement pas à vendre de toute façon.

Le vent hurlait contre la maison. Je frémis.

Jeremy me rendit le magazine et je jetai un dernier coup d'œil sur le beau cow-boy. Il me donnait des frissons — une sensation étrange, et je me sentais plutôt mauvaise fille. Je refermai le journal, le déposai par terre, puis regardai Jeremy se déshabiller. Il était très grand et mince, et bien que sa posture fût raide, il avait une certaine grâce. Son visage était joliment dessiné avec une bouche un peu solennelle, ombragée par une moustache bien taillée. Ses yeux d'un bleu glacial, parfois audacieux et impitoyables, pouvaient souvent être doux et affectueux. C'était un très bel homme. J'étais mariée et j'aimais Jeremy. C'était suffisant. Je regardai le magazine au sol et pensai « Quelle importance a cette sacrée photo ? C'est juste un fantasme romantique... oui, c'est ça ! » Je me méprisai pour ce soupçon d'adultère. Des frissons me parcoururent à nouveau. Je me retournai vers la fenêtre, évitant ainsi tout autre questionnement de la part de Jeremy. Il alluma la télévision et je restai là, couchée, à regarder dehors l'obscurité de la nuit.

Des branches fouettaient la maison et le vent plaquait la pluie luisante sur la fenêtre. Je regardais l'eau tumultueuse recouvrir les vitres. Je tremblai et m'enfuis sous les couvertures pour me laisser dériver dans l'oubli.

Le lundi qui suivit était un peu froid, mais le doux soleil matinal brillait et me remplissait de gaieté. Je débarrassais le petit déjeuner quand le téléphone sonna. Cathy, ma secrétaire récemment embauchée, entra dans la cuisine pour me dire qu'un certain monsieur Jeff Knight était au téléphone. Je la regardai, un instant indécise, puis lui dis que j'allais répondre. Je me séchai les mains et pris le combiné.

— Allô ?

— Madame Wilder ? C'est Jeff Knight. Vous avez appelé au sujet de Cedarage quand j'étais sorti.

Sa voix était presque timide, calme et tranquille. Elle était belle.

— Oui… euh, c'est un beau cheval. Je me demandais s'il était à vendre.

Mon cœur battait la chamade. Je serrai les genoux.

— Oui, il l'est, mais le propriétaire ne veut en vendre qu'un quart. Il en demande soixante-quinze mille, répondit-il avec douceur.

J'en eus le souffle coupé.

— Soixante-quinze mille !

Mon sourire disparut. J'avais peut-être été parfois dépensière, mais doux Jésus, là c'était absurde. Pour un cheval ! Et sans m'en rendre compte, je murmurai cette petite question :

— Et… le cow-boy, il coûte combien ?

— Je vous demande pardon ? demanda-t-il.

Il avait parfaitement entendu, j'en étais sûre, mais je n'arrivais même pas à croire que j'avais dit une chose pareille !

— Oh… Je viens de dire quelque chose à ma secrétaire. Donc, le prix est soixante-quinze mille ?

— Oui, répondit-il calmement.

J'étais tellement abasourdie que je ne savais pas comment continuer cette conversation. Je ne lui répondis pas tout de suite. Puis, m'efforçant de reprendre du flambeau, je poursuivis :

– Oh, juste soixante-quinze mille. Ça, c'est une affaire ! Eh bien, je vous remercie, Monsieur Knight. Je suppose que je vais avoir à méditer là-dessus.

Je ravalai durement ma salive.

– Méditer ?

– Oui, je médite. Vous ne savez pas ce que c'est ? demandai-je, plutôt défensive.

– Si. Une amie m'a appris à méditer. J'essaie de le faire tous les matins, mais je ne suis pas très bon dans ce domaine.

J'écoutai attentivement sa façon de parler. J'adorais le ton doux de sa voix, timide et pourtant déterminée.

– Pour calmer votre esprit ? Eh bien, j'enseigne la méditation en quelque sorte, moi aussi.

Je sentis qu'il était trop tôt dans notre relation pour dire que c'était Ramtha qui l'enseignait – ou d'ailleurs, qu'il n'apprenait pas vraiment à méditer. Mais c'était ma terminologie. Celle de Ramtha était l'*omniscience* ! Quoi qu'il en soit, j'esquivai le sujet.

– Vraiment ? Comment vous l'enseignez ?

Sa voix s'enjoua. J'hésitai. Je m'étais un peu trop avancée maintenant... mais comment expliquer Ramtha ?

– J'ai... disons que j'ai un professeur qui m'apprend. Il est vraiment *bon*.

– Quel est le nom de ce professeur ? Peut-être que mon amie le connaît.

– Je ne pense pas qu'elle le connaisse, mais, euh... son nom est Ramtha, l'Être Éclairé.

Je me raidis quelque peu, ne sachant pas comment il réagirait.

– Ramtha, l'Être Éclairé ? demanda-t-il très calmement.

Je commençai à me ronger l'ongle du pouce.

– Oui, j'aimerais bien vous expliquer qui est Ramtha, mais... mais il faudrait un certain temps. Peut-être aimeriez-vous venir à un de mes séminaires ? Je descends en Californie dans trois semaines... à Beverly Hills. Voudriez-vous y être mon invité ?

— Vous venez en Californie ? Oui, merci, ça me plairait de venir.

— Je n'ai pas l'adresse avec moi, mais je peux vous envoyer toutes les informations.

J'étais nerveuse, mais très excitée.

— D'accord, vous avez mon numéro et je vis ici aux écuries. L'adresse est sur l'annonce.

— Parfait ! Eh bien, je vous envoie tout ça, et peut-être pourrons-nous nous rencontrer et parler un peu plus de Cedarage, d'accord ?

— J'attends ça avec impatience. Merci de votre appel.

— Oui, moi aussi. Merci de m'avoir rappelée. Au revoir.

Je raccrochai dans l'allégresse absolue, et je ne savais pas pourquoi.

Une semaine plus tard, un après-midi, le téléphone sonna. Cathy était partie à la poste. Je dus donc répondre. C'était un certain monsieur Halley, le propriétaire de Cedarage, qui entreprit de me donner un argument de vente.

— Je ne sais pas… c'est beaucoup d'argent. Je commence juste avec les chevaux arabes et…

Il m'interrompit.

— Je serais heureux d'en discuter davantage avec vous.

Il insistait. Je me tus, mais eus presque envie de lui raccrocher au nez, joliment bien sûr. Puis, j'eus soudain cette sensation irrépressible que Jeff était à ses côtés. Je ne pus résister à la tentation de le savoir.

— Euh, Jeff Knight ? Vous êtes sur l'autre ligne ?

Je croisai les doigts.

— Oui, je suis ici, répondit-il timidement.

— C'est ce que je pensais. J'en suis ravie. Je voulais que vous sachiez que je vous ai envoyé les informations concernant mes séminaires appelés les Ramtha Dialogues. Alors peut-être que lorsque je vous verrai au « dialogue », nous pourrons discuter davantage du cheval.

— D'accord, sembla-t-il murmurer.

— Bon, merci pour votre appel, Monsieur Halley. Hé, Jeff, on se parle bientôt !

Les deux semaines qui précédèrent les « dialogues » en Californie semblèrent durer une éternité. J'étais si impatiente. Ma vie continuait comme d'habitude, mais mon marasme intérieur avait disparu. Je me sentais gaie, légère, remplie de bonheur et d'espoir. Jeremy trouva cela très revigorant et même sexy. Rien, absolument rien, n'ombrageait mon ardeur. Je m'achetai même un superbe ensemble rose pour la réunion tant attendue.

Je retournai à la sellerie une fois encore pour trouver quelques livres de plus sur les chevaux arabes, et aussi pour chercher d'autres photos de lui. Il n'y avait que des photos de chevaux, et encore de chevaux. Mais je lus les livres et commençai à être éclairée sur ce sujet.

Le grand moment arriva enfin. Sur la route nous conduisant de l'aéroport à la maison où le « dialogue » allait avoir lieu, je me rendis compte que je ne *le* reconnaîtrais peut-être pas. Après tout, je n'avais vu sur cette photo désormais bien fatiguée qu'une petite partie de sa bouche et de son menton. Le reste était caché par son chapeau de cow-boy. Une vague de panique me traversa, quand la voiture s'arrêta. Nous étions arrivés. Notre hôte nous accueillit, entourée de gens qui nous embrassaient et nous parlaient avec enthousiasme. Je regardai timidement autour de moi. Il n'était pas là.

Puis quelqu'un nous annonça qu'il y avait plus de monde à l'intérieur. Je pris une grande inspiration et franchis la porte. Mes yeux tombèrent sur trois cow-boys assis au premier rang. Je reconnus Jeff immédiatement. Mon cœur bondit. Je me dirigeai vers eux et lui tendis froidement la main.

— Vous êtes Jeff Knight, n'est-ce pas ?

Mon visage rayonnait autant que le soleil, sans aucun doute. Sa chevelure épaisse était d'un noir brillant — un peu long à l'arrière avec des boucles souples qui reposaient sur son col de chemise. Ses yeux étaient doux, couleur chocolat, et bordés de cils pâles et épais. Sa peau dorée était brunie par le soleil, et son nez brillait un peu, comme fraîchement briqué. C'était le plus bel homme que j'avais jamais vu. Il me sourit et ses yeux se mirent à étinceler d'un feu sombre.

— Oui... J'ai su que c'était vous dès l'instant où vous avez franchi cette porte. Euh, voici Joe et Hal.

Je serrai la main de ses amis en les regardant à peine. Jeff captait toute mon attention, lui et sa charmante façon de parler.

— Eh bien, vous êtes sur le point d'assister à quelque chose qui n'a pas grand-chose à voir avec moi, mais j'espère vous voir quand je reviens.

— Vous allez où ? demanda-t-il, presque alarmé.

— Il me faudrait un mois pour répondre à cette question.

— Oh, dit-il avec douceur.

— Vous verrez...

Sur ce, je lui souris en le regardant profondément dans les yeux, et allai mettre ma tenue spéciale « Dialogues ». Quand je revins pour faire ma présentation, Jeremy fit son truc habituel consistant à ouvrir un livre et à le lire dans son coin. C'était sa façon à lui de montrer son impatience à mon sujet et vis-à-vis de ce qu'il appelait mon « bavardage inutile ». Il me disait toujours que personne ne venait pour m'entendre moi, mais pour écouter Ramtha. Lire était sa façon de me réprimander. Je commençai donc mon « histoire », sauf qu'en parlant, mon regard ne cessait de retourner à Jeff. Oubliant parfois ce que je disais, je bâclai un peu mon récit. Je rougissais, reprenais et retournais à mon bel homme. J'étais à nouveau comme une adolescente euphorique.

Quand le « dialogue » fut terminé, Ramtha ramena mon corps dans une des chambres et me laissa revenir à moi paisiblement. Une fois stabilisée, je remis mes propres vêtements, peaufinai attentivement mon maquillage et me recoiffai. Je retournai ensuite à la foule qui m'attendait. Tout le monde était excité et très heureux. Les gens vinrent me raconter leurs expériences avec le Ram. Je les écoutai avec détachement, car j'essayais de le trouver, *lui*. Soudain, je l'aperçus, il était avec ses amis. Son visage rayonnait. Je me dirigeai vers lui.

– Salut, lui dis-je d'un air penaud.

– Salut. C'était génial, dit-il en souriant. C'est plus que de la méditation ! Ramtha m'a dit beaucoup de choses intéressantes. Je vais devoir méditer là-dessus.

Je regardai le sol, tentant de retrouver mon calme.

– Je ne pouvais pas vous expliquer Ramtha par téléphone. J'espérais que cela vous plairait.

– Plaire n'est pas le mot juste. J'ai trouvé Ramtha fantastique… J'ai eu cette drôle de sensation de le connaître, dit-il pensivement.

D'autres gens vinrent autour de moi et me posèrent plein de questions. Cela me dérangea, car je voulais passer ce qu'il me restait de temps avec Jeff. Lorsque je retournai à lui, il avait disparu dans la foule. Mon cœur s'effondra.

Au moment de partir pour l'aéroport, je rassemblai mes affaires et commençai à dire au revoir à tout le monde. Les gens m'étreignirent avec beaucoup d'émotion.

Puis, au moment de franchir la porte, je m'arrêtai et me retournai une dernière fois. Jeff était là, debout à l'autre bout de la salle, à me regarder simplement. Je m'avançai rapidement vers lui et contemplai son visage magnifique. Je fis alors quelque chose de très osé.

Je mis mes bras autour de lui. Il mit les siens autour de moi, sans hésitation. Je sentis son cœur battre dans sa poitrine. Il sentait merveilleusement bon. Je voulais simplement rester là avec lui. Mais je repris mes sens et m'éloignai. À mon grand étonnement, il avait des larmes dans les yeux. J'inspirai profondément et lui dis :

– Cela signifiait beaucoup de choses pour moi de vous rencontrer. Peut-être qu'un jour, je pourrai vous revoir, Jeff.

— Cela signifiait beaucoup de choses pour moi aussi, JZ... beaucoup, dit-il doucement.

Je regagnai rapidement la porte.

Deux semaines plus tard, Jeff m'appela pour me demander si je voulais bien faire un « dialogue » dans son ranch. Il avait beaucoup d'amis qui y seraient. J'acceptai aussitôt et pris les dispositions nécessaires. Je reçus ensuite un appel de l'actrice Joan Hackett. Elle voulait assister au « dialogue » au ranch. Elle avait écouté la plupart des cassettes audio de Ramtha mises à la disposition du public, et avait été catégorique quant à son amour pour le Ram et à la façon dont il avait changé sa vie. Nous eûmes de nombreux échanges téléphoniques et devînmes rapidement amies. J'avais hâte de la rencontrer en personne.

À notre arrivée au ranch, Hal et Jeff commencèrent à me montrer les alentours tandis que Mary et Jeremy s'occupaient de l'organisation. Je fus ravie de rencontrer Cedarage et tous les autres chevaux, mais je remarquai chez Jeff une grande tristesse. Je l'étudiai. Il était si beau dans son jeans Levi's, ses bottes, sa chemise western bleue et blanche, et ses boucles d'un noir intense sur son col. Je ne pus m'empêcher d'avoir des sentiments fous et passionnés à son égard. Je ne le savais pas, mais j'étais tombée amoureuse pour la première fois de ma vie. Ce n'était pas un état d'esprit. Mon moi, froid et maladroit, palpitait assailli d'hormones fulgurantes qui traversaient mon corps et me faisaient tourner la tête.

Quelqu'un arriva dans l'étable et demanda à Hal de s'occuper de certaines choses, ce qui me laissa seule avec Jeff.

— Donc, vous vivez ici avec les chevaux ? demandai-je.

— Ouais. Venez, je vais vous montrer où.

Il me conduisit à travers des rangées de chevaux jusqu'à une petite pièce tout au fond. Elle était spartiate et impeccablement propre. La lumière de dehors traversait la poussière d'or de la fenêtre et remplissait cette petite demeure d'une chaude lueur jaune. Elle sentait le pin huilé des planches, le cuir, l'après-rasage, et la literie fraîchement lavée. Il y avait un lit à une place recouvert d'une couverture bleu délavé. Au pied du matelas se trouvait une malle cabossée en métal bleu. Il y avait aussi une chaise berçante en bois qui semblait être confortable, ainsi qu'une vieille commode. Les planches grinçaient sous mes pieds. Je regardai les rubans de compétition accrochés au mur avec une fierté évidente. Puis, je tombai sur une photo, la seule, encadrée modestement. C'était Jeff montant Cedarage dans l'arène de compétition. Le cheval était au galop et sa longue crinière flottait au-dessus des mains de Jeff. Je pouvais clairement voir les doux traits de Jeff sous son chapeau de cow-boy.

— Oh, Jeff, quelle magnifique photo. Mon Dieu, je l'adore !

Je me tournai vers lui et crus le voir rougir. Par respect, je détournai le regard et contemplai le reste de la chambre.

— Je n'ai pas besoin de grand-chose, dit-il. Ma vie, c'est les chevaux. Je suppose qu'on pourrait dire que je suis aussi simple qu'eux.

— Je sais ce que vous voulez dire. Je suis simple comme ça aussi. J'aimais tant monter mon cheval et chevaucher seule.

Je le regardai avec adoration et remarquai à nouveau de la tristesse en lui. Jeff, quelque chose ne va pas ?

— Je viens juste d'avoir une dispute avec Hal. Je pense qu'il se sert des gens. Lorsque Ramtha m'a parlé au « dialogue », une des choses qu'il m'a dites était que j'allais connaître un grand conflit ici, à l'écurie — comme la fin d'une relation — et que j'allais faire un grand voyage au-delà des montagnes. Il disait que cela m'apporterait un sentiment d'accomplissement complet. Il a dit aussi que j'aurais peut-être peur du changement, mais que j'irais dans cet endroit… là où était vraiment mon destin. J'ai essayé de lui demander où c'était, mais il a juste dit que les choses allaient changer très vite et que je verrais.

— Vous avez des problèmes ici, Jeff ?

— Ouais. Hal est parfois un vrai salaud, c'est difficile de travailler avec lui. Mais je reste parce que j'aime les chevaux. Ils sont mon gagne-pain et ma vie.

Je le regardai de près. Mon esprit s'enflamma. Je savais que c'était trop rapide, mais je décidai de lui dire ce que j'avais à l'esprit.

— Écoutez, Jeff, j'ai sérieusement pensé à faire quelque chose avec mes chevaux. Ces « dialogues » prennent beaucoup de mon temps et de mon énergie, et j'ai besoin de faire quelque chose d'amusant… quelque chose qui me plaise. Je n'en ai pas encore parlé à mon mari, mais seriez-vous éventuellement d'accord pour venir dans l'État de Washington ? C'est un lieu magnifique, et peut-être pourriez-vous nous apprendre ce que vous savez sur les chevaux, de même que comment en acheter d'autres et les entraîner ?

Jeff me regardait, ébahi.

— Oh ! Vous êtes mariée ?

Mon sang se glaça.

— Oui.

Hal appela Jeff. Je continuai :

— J'ai aussi deux garçons, et ils adoreraient en apprendre davantage sur les chevaux.

Il haussa les sourcils.

— Vous avez deux enfants ?

— Oui, vous les aimeriez. Ils sont superbes.

Soudain, je pris conscience de mon âge. Puis j'observai Jeff. Il était plus jeune que moi. Pire encore, je ne savais même pas s'il avait une petite amie, ou s'il était fiancé, ou même marié ! Je jetai un œil sur son annulaire. Aucune bague.

— Je ne devrais pas continuer ainsi et insister pour que vous veniez dans l'État de Washington et tout ça. Peut-être que vous êtes marié vous aussi ou que vous avez une petite amie ici.

Je clignai des cils et le regardai discrètement.

— Non, j'ai rompu avec ma petite amie. Elle a épousé quelqu'un d'autre. Il n'y a que moi et mes chevaux.

Mon cœur eut un sursaut de soulagement et je ressentis une douche chaleur m'envahir.

— Oh, je suis désolée.

Hal entra.

— Qu'est-ce qui vous arrive, vous deux ? Tous les gens sont ici. Hé, vous saviez que Joan Hackett était là ? dit-il avec enthousiasme.

Je le regardai avec calme.

— Jeff me montrait les écuries et me parlait des chevaux. J'aime sa façon de se sentir avec les chevaux. C'est comme moi, jadis.

Une fois le « dialogue » terminé, Joan vint me voir pour me raconter ce que le Ram lui avait dit. Elle n'en revenait pas que Ramtha ait pu savoir toutes ces choses — des choses, dit-elle, que personne ne savait. Le Ram lui avait également dit qu'il allait lui envoyer trois propositions de films, dont un pour lequel elle serait primée. Elle ajouta qu'elle m'appellerait pour m'en dire plus, car je devais partir pour prendre mon avion.

Tout le monde se prit dans les bras les uns des autres pour se dire au revoir, sauf Jeff. On ne le trouva nulle part. J'étais tellement déçue. Mais juste après avoir démarré la voiture, je le vis sortir de l'étable et courir derrière nous. Je criai pour que la voiture s'arrête et courus à sa rencontre.

— J'avais tellement peur de vous louper, dit-il. Mais c'est la fête des Mères, et vous avez sacrifié ce jour auprès de vos garçons pour être avec nous. Je voulais donc vous donner quelque chose.

Il sortit un sachet en papier brun de derrière son dos et me le tendit.

— Excusez-moi pour l'emballage, mais je n'avais pas de papier… Allez-y, ouvrez-le !

Je retirai le papier sobre, et à mon immense joie, découvris sa photo, celle qui était accrochée sur son mur. C'était sa seule photo. J'en étais si émue que de grosses larmes commencèrent à se répandre sur le verre du cadre.

— Oh, Jeff, elle est si belle. Je l'adore, tout simplement. Mais je ne peux pas l'accepter. Je veux dire, c'est votre trésor.

— C'est un trésor, mais je veux que vous l'ayez. C'est une si petite chose par rapport à tout ce que vous m'avez donné.

Sur ce, il me prit dans ses bras. Je m'écartai ensuite légèrement pour l'embrasser sur la joue.

— Bonne fête des Mères, JZ.

— Vous m'avez rendue plus heureuse que vous ne puissiez l'imaginer, lui dis-je. Vous êtes si prévenant. Je vais l'accrocher à côté de mon lit. Merci, merci tellement.

Je l'embrassai une nouvelle fois sur la joue, puis me précipitai vers la voiture avant qu'il ne me voie pleurer. Une fois assise, je m'essuyai les yeux et le regardai debout, là, alors que nous nous éloignions. Je sortis mon mouchoir et me mouchai comme un débardeur. Mary essaya de voir la photo, mais je m'agrippai à mon « trésor » avec une telle force que personne n'aurait pu me la prendre des mains.

Durant le vol du retour, j'étais dans un état second. Mes sentiments pour Jeff me submergeaient. Je continuai à regarder la photo, me remémorant tout ce que je pouvais de lui. Il m'éblouissait tellement que je savais qu'il y aurait une suite à notre rencontre. Quelque part, je *savais* que je ne le laissais pas derrière, mais plutôt que c'était lui qui m'attendait… quelque part dans mon avenir.

Chapitre 23

AUCUN REGRET, MON AMOUR

Le soir qui suivit le « dialogue » au ranch, je m'installai près du feu avec Jeremy, me demandant comment lui annoncer l'idée de faire venir Jeff pour travailler avec nos chevaux. Je finis par lâcher le morceau et me lancer à lui raconter les difficultés que Jeff rencontrait avec son associé, ainsi que ce que le Ram lui avait dit. Jeremy écouta en silence. Finalement, il fit un commentaire sur le superbe cognac qu'il sirotait et se leva pour aller à la fenêtre donnant sur le patio. Il resta là, les yeux fixés sur l'obscurité. Je ne dis pas un mot, attendant sa réaction.

Sans se retourner, il me demanda,

— Comment as-tu l'intention de payer tout ça, ma Zebra ? Le salaire de Jeff, les frais, un endroit plus grand pour les chevaux... Zebra, tout ça exige de l'argent. Comment tu penses jongler avec tout ça, ma chérie ?

Je fus déçue par la sècheresse de sa réponse.

— Avec l'argent que je gagne. Comme ça, rien ne devra sortir de ta poche !

J'attendis sa réfutation, mais il se rassit et se mit à lire un journal. Je l'observai un moment, quand un sentiment de culpabilité émergea en moi. J'adorais Jeremy. Il me permettait, même à contrecœur, de poursuivre mes rêves. Je l'appréciais tellement pour cela. Je me levai et l'enlaçai tendrement.

— Jeremy, je sais que je suis peut-être agaçante, parfois... je le suis même pour moi ! Mais je veux que tu saches combien je t'apprécie. Quoi qu'il arrive, s'il te plaît, ne l'oublie pas. Tu as été bon envers moi, plus que toute autre personne dans ma vie. Sache-le, s'il te plaît.

Il me regarda et parut avoir compris.

C'était une magnifique matinée de mai. Un doux soleil inondait ma cuisine d'une lumière dorée. Je m'arrêtai de nettoyer et ouvris tout grand la fenêtre pour regarder mes pétunias si pleins de vie dans la jardinière. La musique des oiseaux dansait sur une douce brise qui transportait son délicieux mélange d'odeurs de roses, d'herbe et de bois. J'étais envahie d'une paix infinie, et seule existait en moi la joie d'être dans ce moment présent. J'avais oublié tout le reste. Je me sentais à nouveau petite fille, tendre et emplie d'espoir.

Le téléphone retentit, interrompant mon moment. J'y répondis à regret. C'était Jeff. Mon cœur s'envola.

— JZ, l'offre de venir de l'autre côté des montagnes tient toujours ? demanda-t-il d'une voix basse et incertaine.

— Certainement. Tu couronnes ma matinée !

Mon visage s'était illuminé. Il rit doucement.

— Quand puis-je venir ? Je peux partir n'importe quand.

— Il s'est passé quelque chose ?

— Oui, exactement comme l'a dit le Ram. Hal et moi nous sommes disputés. Je lui ai dit que j'en avais assez de sa merde et que je partais. Je suis prêt à traverser les montagnes, soupira-t-il.

— Je vois. Je suis désolée que les choses aient tourné comme ça pour toi, mais peut-être est-ce pour le mieux ! Écoute, je t'envoie un billet d'avion et tu pourras rester ici à la maison jusqu'à ce qu'on te trouve un endroit. J'ai une chambre d'amis très agréable.

— C'est gentil, merci beaucoup. Joe et moi pensons donc arriver la semaine prochaine. Ça te convient ?

— Joe ?

— Joe est mon partenaire, tu te souviens ? Tu as fait sa connaissance au « dialogue » ici. Nous travaillons bien ensemble.

Je ne m'attendais pas à ce que Joe vienne aussi, mais je me dis que sa présence allègerait la tension issue des sentiments que j'avais si spontanément eus pour Jeff. J'étais toujours aussi naïve.

— Entendu, si c'est ça que tu veux ! Je t'enverrai les billets. Et Jeff, j'espère que tu seras heureux ici. Moi, en tout cas, je suis très heureuse que tu aies pris la décision de venir.

Deux semaines plus tard, j'allai les chercher à l'aéroport. Je dus louer un taxi pour transporter leurs bagages et tout leur matériel d'équitation. Ensuite, je leur montrai leur chambre, et ils commencèrent à déballer leurs affaires. Jeff n'avait qu'une seule valise. Elle était pleine de vêtements un peu vieillots, mais tous étaient méticuleusement pliés. Il les rangea avec grand soin dans la commode. Cet homme aimait que les choses soient propres et ordonnées. J'approuvai et lui souris.

En arrivant à la ferme où se trouvaient nos chevaux, le visage de Jeff exprima une certaine déception. Je lui montrai fièrement nos chevaux, mais ils les regardèrent tous deux sans conviction.

— Vous êtes déçus, n'est-ce pas?

— J'ai simplement l'habitude de travailler avec des pur-sang de grande valeur, avec des arènes et d'autres espaces d'entraînement. Ce n'est tout simplement pas la situation idéale, répondit Joe, d'un ton suffisant avec un rictus arrogant.

Je me sentis offensée et lançai un regard furieux à Jeff.

— Voyons ce que la dame a en tête. Nous travaillerons avec ce qui nous est donné, dit-il.

Il était mon héros.

— Je veux vraiment apprendre. J'espérais que vous pourriez m'enseigner.

Tout le monde approuva de la tête. L'aventure avait commencé.

En fin de journée, j'étais occupée à préparer le diner quand Jeff descendit et offrit de m'aider. Je fus surprise de son intérêt pour les choses ménagères, mais cela me plut. Il était un peu timide, mais proposa de peler les pommes de terre, ce qu'il fit à la perfection. Quant à Joe, il était resté dans la chambre à ressasser le « désastre » d'avoir accepté un boulot avec des chevaux de qualité médiocre.

Jeremy rentra du travail et vint nous retrouver dans la cuisine.

— Bonsoir, Jeremy. Voilà Jeff! Il m'a aidée à préparer le dîner.

— Bienvenue. J'espère que vous serez bien ici en attendant de trouver votre endroit à vous.

Il serra la main de Jeff.

– Un petit brandy me paraît tout à fait approprié !

Il alla dans la salle à manger et revint avec deux verres en cristal emplis du liquide doré. Il fit un signe à Jeff et lui tendit un verre.

– Bois ça, dit-il tout en scrutant la réaction de Jeff. Lentement !

Jeff porta machinalement le verre à ses lèvres et en but une gorgée. Le brandy cuisant lui brûla la langue et il se mit à tousser.

– Merci, dit-il.

– Moelleux, hein ? dit Jeremy en levant les sourcils et en prenant une petite gorgée.

– Non ! dit Jeff avec un léger sourire. Je ne pourrai jamais me faire au goût du brandy.

Il toussa de nouveau. Jeremy se dirigea vers une des chaises du comptoir et, les yeux fixés sur moi, déclara :

– Dites-moi, Jeff, n'avez-vous jamais su ce que c'est d'être pauvre ? Sans un sou ? Les imbéciles disent que la pauvreté n'est pas vraiment un crime, mais c'en est un. Partout, le monde vous le fait comprendre. Si vous êtes pauvre, le monde vous traite pire que si vous étiez un criminel ou un fou. Je le sais, je le sais très bien. Et le plus drôle, c'est que quand vous êtes pauvre, les pauvres sont encore plus vicieux que les riches. Ils ne vous pardonnent jamais d'être l'un des leurs… pas vraiment. Quand vous êtes pauvre, vos voisins, pauvres eux aussi, ont peur que vous leur demandiez de partager le peu qu'ils possèdent. Mais s'ils refusent ou sont dans l'obligation de refuser, ils vous méprisent pour les avoir mis mal à l'aise… vous comprenez ?

Sa voix était sans émotion, froide et maîtrisée.

Jeff ne comprenait pas. Il gardait les yeux fixés sur son verre, interdit.

J'observai intensément Jeremy. Il semblait complètement excentrique.

– L'argent est la seule chose pouvant exister entre soi-même et l'échec. Jadis, je croyais même que c'était la seule forteresse sur laquelle un homme pouvait compter. On peut parler autant qu'on veut de nos succès, ils ne valent rien si on reste pauvre. Sans argent, on est vulnérable face au monde et à ce qu'il peut nous faire. Et ce qu'il fait est la chose la plus méprisable qu'on puisse imaginer. Il nous exploite et nous déshumanise comme si on était un animal. J'ai dû me battre avec tout ça et travailler dur pour m'élever au-dessus du monde et de son mépris. J'ai travaillé dur, sacrément dur, pour arriver où j'en suis. Mais un jour, quelque chose de drôle m'est arrivé. J'avais tout et pourtant, j'étais toujours pauvre. Oh ! J'avais de l'argent, mais j'étais pauvre parce que ma vie était vide… mon visage était vide. Et un jour, j'ai rencontré cet ange.

Il se retourna et me montra du doigt. C'est elle qui a enrichi ma vie… et qui m'enrichit d'une manière que la plupart des riches ne comprennent pas. Le jour où je l'ai rencontrée, je suis devenu un homme heureux, et en retour, j'ai essayé de lui donner tout ce que je pouvais. Disons, presque tout. Ces chevaux, par exemple… et le fait de vous avoir laissés venir ici, vous et votre collègue. Cela lui fait plaisir. Mais je ne veux pas que son rêve la conduise à la pauvreté – si vous voyez où je veux en venir. Chaque centime payé sort de sa poche à elle ! Je vous demande donc d'être honnête avec elle et de ne pas l'oublier elle, quoi que vous fassiez avec ces chevaux. Parce que, cher partenaire, elle le mérite. Vous saisissez ce que je veux dire ?

Jeremy regardait Jeff d'un air déterminé.

Je restai là, à la fois perturbée et embarrassée par le discours de Jeremy. Je lançai à Jeff un regard furtif. Sans émotion apparente, il lui répondit :

– Je suis quelqu'un de simple, Jeremy. Je n'ai jamais vraiment été pauvre, mais je n'ai jamais vraiment été riche non plus. J'ai été heureux même sans argent. Je pense que l'argent n'est pas tout dans la vie. C'est vrai, je ne suis pas un homme instruit avec un diplôme d'université, mais je sais penser, et je pense très profondément. Je ne crois pas que Dieu s'intéresse à moi pour l'argent que j'ai ou pas.

Et c'est ainsi que je considère tout le monde moi-même. C'est ainsi que je vous considère, JZ et vous. Je sais que votre femme est une sorte d'ange et je lui suis reconnaissant de m'avoir offert l'occasion de venir ici. Il y en a sûrement qui tireraient profit de sa générosité, mais je n'en fais pas partie. La seule chose que je puisse dire est que je ferai de mon mieux pour la rendre heureuse avec les chevaux. Si, pour une raison quelconque, cela ne marchait pas, je serai le premier à le dire.

Jeremy resta silencieux. Il fit la moue et continua à siroter son brandy.

Je réfléchis quelques instants à la vision déformée que Jeremy avait de la vie. Certaines de ses expériences l'avaient amené à avoir du mal à faire confiance aux gens. Moi aussi, j'avais vécu dans ce monde, pauvre et seule, mais cela ne m'avait pas conduit à la conclusion que toute personne, homme ou femme, soit détestable, spirituellement malade, corrompue, cruelle et sans pitié. Certaines des personnes les plus bénies que j'avais connues n'avaient pas d'argent, et d'autres beaucoup. Le fait que Jeremy ne reconnaissait pas véritablement la bonté chez les autres m'attristait. Jeff était une de ces personnes dotées de noblesse. Il tenta de briser le silence.

– Eh bien, nous avons vu vos chevaux aujourd'hui. Je crois qu'on peut travailler avec eux.

– *Ses* chevaux, marmonna Jeremy.

Je me serrai les mains l'une contre l'autre et jetai un regard vers Jeff. Il regardait la nourriture pas encore cuite, l'air quelque peu désespéré.

– Jeremy, nous emmènerons les garçons aux écuries demain. Jeff leur donnera leur première leçon d'équitation.

– D'accord… C'est d'accord, Zebra, dit-il en haussant les épaules. Moi, je continuerai à forer, à remplir des cavités et à facturer !

Au cours des semaines suivantes, Jeff et Joe nous enseignèrent, à Brandy, Chris et moi, comment prendre soin des chevaux, les brosser et les laver. Les leçons d'équitation étaient un véritable plaisir pour tout le monde — sauf pour Joe, encore humilié de travailler avec des chevaux ordinaires. Durant le dîner, nous expliquions à Jeremy ce que nous avions fait. Jeff m'aidait avec la vaisselle tandis que Joe vidait les ordures. Quand il le pouvait, Jeff m'aidait aussi à faire le ménage, à passer l'aspirateur ou à plier le linge. Je n'avais encore jamais connu un homme m'aider comme cela. J'appréciais énormément.

Jeff et Joe travaillèrent ardemment avec les chevaux tout au long de l'été 1980. D'autres personnes ne tardèrent pas à savoir que nous entraînions des chevaux, et Jeff se retrouva bientôt avec une écurie pleine de clients payants. Jeremy était ravi. Je ne m'étais jamais sentie aussi profondément satisfaite. Rien — du moins en apparence — n'indiquait que la relation entre Jeff et moi deviendrait de moins en moins platonique. Cependant, Jeremy commençait à reprocher le manque de vie privée dans sa propre maison. Il en était arrivé à apprécier Jeff et Joe, mais…

Un mardi matin, une fois Jeff et Joe partis aux écuries avec les enfants, Jeremy aborda le sujet alors que nous terminions le petit déjeuner.

— Zebra, j'ai réfléchi et je pense qu'il est temps que les gars se trouvent leur maison à eux. Il n'est pas normal que deux hommes ne puissent pas avoir de vie privée. Des gars libres comme ça ont besoin d'un endroit à eux, tu vois ce que je veux dire ?

Je savais qu'il avait raison.

— Je suis du même avis, mais occupons-nous de ça après Noël, qu'au moins ils ne soient pas seuls pour les fêtes. D'accord ?

— Entendu, dit-il en soupirant.

Il prit une autre gorgée de café et se leva. Il m'embrassa pour me dire au revoir et partit au travail.

Ressentant en moi une certaine agitation, je m'habillai confortablement d'une chemise et d'un survêtement, et sortis avec mon chapeau de soleil prendre soin de mon jardinet de fleurs. Il faisait très chaud. Je m'assis près de quelques gros iris que ma mère m'avait envoyés deux années auparavant et relevai mes manches, révélant un léger bronzage doré. Je regardai la lumière traverser les cèdres et considérai ma vie avec tristesse.

La pensée que Jeff allait déménager m'était douloureuse et me plongeait dans une profonde solitude. Je n'avais jamais aimé un homme avec une telle passion. S'il partait, ma vie — aussi plaisante fût-elle, pleine de fleurs, de musique, de rires, de bavardages agréables et de beauté — se briserait. Je me sentais abandonnée. J'étais la femme de Jeremy et endurais secrètement l'angoisse de la culpabilité et du tourment intérieur. Je ne pouvais parler à personne de mon dilemme, de ma dualité égoïste. Les autres diraient sûrement qu'il ne s'agissait là que d'un fantasme de femme, que cela passerait, que Jeff n'était qu'un caprice passager, et que Jeremy était mon mari, stable et immuable. Il me fallait donc cacher mes émotions et les laisser pourrir en silence. Il fallait que je les réprime, pas tant pour mon bien à moi que pour celui de Brandy et de Chris. Je ne pouvais pas ruiner leurs jeunes vies. J'aurais tellement aimé pouvoir vivre tout cela ouvertement, révéler mon chagrin et mes pensées adultères, afin que ma vie ne soit pas empoisonnée par ces sentiments.

Durant des années, mon unique objectif avait été d'être forte et capable de subvenir à mes propres besoins pour mes deux garçons. La présence d'un homme ne semblait pas nécessaire. J'étais déterminée à réussir seule pour compenser mon sentiment d'insécurité. Cependant, durant ces deux années passées, j'avais permis à mes objectifs de devenir secondaires à mon mariage avec Jeremy. J'étais devenue dépendante de lui. Bien que partageant le même lit, la passion et le désir sexuel n'avaient jamais été une partie importante de notre relation, du moins pas pour moi. Ne les ayant jamais connus dans ma vie, ils ne me manquaient pas vraiment. Ce n'était donc pas ce que je recherchais. Mais désormais, à trente-quatre ans, mes passions venaient d'être éveillées par Jeff Knight. Parfois, en sa présence, mon corps ressentait des pulsions de jeune fille, et le fait que

Jeff en fût conscient me faisait paraître et me sentir inhabituellement jeune pour mon âge.

Je compris alors que je m'étais mariée par besoin de sécurité. J'étais devenue l'« ange » d'un homme digne de confiance et prudent qui permettait à tous mes rêves de se manifester. Aussi confortable que fût mon mariage, je savais qu'il n'y aurait ni nuits passionnelles, ni confidences dans le noir, ni rires coquins ou baisers osés, ni sensations exaltantes de plaisir et de satisfaction charnelle. Beaucoup de gens à travers le pays me considéraient comme une sorte de gourou du fait d'être impliquée et dédiée au grand œuvre de Ramtha. Ce grand œuvre ne pouvait cependant pas être le seul but de ma vie. J'étais un être humain et j'aspirais moi aussi à une vie privée emplie de joie, de plaisir et d'intimité. Le Ram n'avait-il pas lui-même enseigné que la joie est l'objectif d'un Dieu sur le chemin de l'éveil ? En étais-je quelque part exempte ? Devais-je souffrir, comme je le pensais jadis, dans ma quête de Dieu et de la joie de la liberté ? Comment pourrais-je poursuivre mon travail avec Ramtha, qui enseignait la souveraineté, la joie et une vie de vérité, si ma propre vie n'était qu'une travestie de ces enseignements ? Ceci était tout simplement impossible.

Un groupe de geais se mit à pousser des cris rauques dans les cerisiers japonais et une douce brise de septembre, humide et chaude, caressa les platebandes de fleurs. Un lapin se faufila prudemment dans le jardin, se délectant de fleurs et de feuilles en chemin.

— Sors de là ! dis-je avec apathie. Je n'ai pas planté des pétunias pour qu'ils te servent de repas ! Va-t'en !

Je dégageai mon épaisse chevelure de mon cou et la jetai pardessus mes épaules. J'essuyai les petites perles de sueur qui coulaient sur mon front et remarquai soudain que les feuilles des cerisiers commençaient à brunir. Je me sentis désespérément déprimée. Bientôt, l'automne allait tout teinter de topaze intense, puis viendrait l'hiver qui jadis me rendait heureuse, mais que je redoutais désormais, car il signifiait le départ de ma joie juvénile... de mon Jeff bien-aimé.

Je restai là, caressant du doigt un pétunia rose éclatant, quand soudain, au-dessus des cerisiers, apparut une vive lumière dorée qui descendit vers moi en flottant. C'était Ramtha. Sa transfiguration se solidifia, mais la lumière continua à danser joyeusement autour de lui. Il s'inclina.

— Où étais-tu tout ce temps-là ? dis-je en le grondant. J'avais désespérément besoin de te parler. Tu as une minute ou deux à me consacrer ?

Je le regardai de dessous mon chapeau, suppliante.

Il poussa un petit rire et se mit à sentir toutes les fleurs alentour. Je dois dire que le voir apprécier les petites choses était un ravissement en soi, même pour quelqu'un qui avait le cœur gros. Il cueillit une rose couleur lavande et enfouit son nez dedans. Je crus un instant qu'il allait l'aspirer entière. Il émit alors un soupir de satisfaction et me dit :

— Ma femme bien-aimée, je suis toujours avec toi.

Je fronçai les sourcils.

Parfois, je n'en ai pas l'impression, dis-je en singeant une moue plutôt puérile.

Ramtha continua juste à me sourire. Rien ne semblait jamais altérer son humeur délicieuse et paisible. Il n'était vraiment pas du genre à vous consoler avec compassion ou pitié. Parfois, une telle attitude était même agaçante. Je simulai un sourire.

— Ramtha, j'ai un gros problème, douloureux aussi et...

— Un problème ? Entité, les problèmes, ça n'existe pas !

Je refermai lentement la bouche, mais l'ouvris rapidement de nouveau.

— Oh ! Voyons, ce n'est pas juste ! Pour moi, c'est un problème... et il est douloureux, Ramtha. Zut, souviens-toi que je ne suis pas où tu es. Moi, je suis ici, dans le monde réel des sentiments et des émotions, dis-je en montrant le sol du doigt et en l'enfonçant dans la terre.

— En vérité, femme bien-aimée, c'est ainsi. Telle est la raison de la vie sur votre plan, dit-il en cueillant un pétunia et en le lançant par-dessus la clôture au lapin reconnaissant.

— D'accord, mais avec ta connaissance et ta sagesse, j'espérais que tu m'aiderais peut-être. Tu vois, je crois que je suis tombée amoureuse de cet homme, Jeff Knight. Je crois que c'est arrivé au moment même où j'ai vu sa photo la première fois. Ramtha, tu sais, cela ne m'est jamais arrivé de toute ma vie ! Je ne peux m'empêcher de penser à lui, et j'ai ces… ces sentiments, comme… des pulsions féminines, puissantes, dont je n'arrive pas à me débarrasser. Oh ! Nous n'avons rien fait… pas même un baiser… un vrai baiser. Je ne suis même pas sûre qu'il s'en rende compte ! Je ne suis même pas sûre qu'il sache que j'existe. Je suis la bonne vieille JZ, la patronne, la « canal », la femme mariée, la mère… juste quelqu'un, c'est tout ! Et puis il y a Jeremy, le docteur bien-aimé, mon mari… je me sens tellement coupable. Je ne veux pas lui faire de mal, et je sais que si je lui disais, je le blesserais. Je me sens comme une vieille chauve-souris errant dans la malhonnêteté et la luxure !

Je gardai les yeux baissés sur l'ourlet de mon chemisier que j'avais entortillé.

— Ah ! En vérité, ma magnifique femme, te voilà enfin en train de devenir une vraie femme.

— Enfin ? Qu'est-ce que tu crois que j'ai été toute cette vie ? Une androgyne avec de la poitrine ?

Il répondit par un simple sourire. J'étais choquée. Je l'observai en silence. Oh, mon Dieu, comment pourrait-il savoir, lui ? Un homme ! Je poursuivis donc, ignorant son commentaire.

— Jeff travaille tellement dur à tout ce qu'il fait. Il est simple et honnête. Parfois, quand je le regarde, il me semble que je me regarde moi-même en quelque sorte. On dirait que si je le prenais dans mes bras, ce serait comme me tenir moi-même. Je rêve de lui toutes les nuits et je pense à lui tout le temps. Quand il entre dans ma cuisine et que je suis occupée à préparer le dîner, les choses me tombent des mains, comme les côtelettes de porc l'autre soir, la poêle et le reste. Ou alors, j'oublie d'allumer la cuisinière et quand je reviens une heure plus tard, mes tartes sont comme je les ai laissées… pas cuites. C'est de la folie ! La compassion lui est naturelle, je le vois bien. Je peux parler avec lui pendant des heures, de tout… disons, de presque tout. Et puis quand il se lève pour partir, je ne veux pas qu'il s'en aille. Mon Dieu ! Que dois-je faire ?

– En vérité, tu brûles d'une grande passion pour maître Jeffrey.

– Je n'ai jamais eu de tels sentiments de toute ma vie. Pourquoi ? Mais pourquoi ?

– Tu apprendras beaucoup grâce à la simplicité de la splendeur de maître Jeffrey.

– Mais que dois-je faire ?

– Faire ? Femme bien-aimée, « sois », c'est tout. Permets-toi d'« être ».

– D'être ? Hein ? Dis-moi, Ramtha, y a-t-il une raison pour qu'il soit ici ? Je veux dire, cela était-il prédestiné en quelque sorte ?

– Tu l'as créé, femme bien-aimée. Tu vas t'épanouir pour devenir qui tu es. Tu es en train de t'éveiller d'un rêve fait de limitations. Dans l'éveil, ce qui a été perdu ou réprimé, en vérité, doit remonter à la surface de la conscience pour y être compris, embrassé et approprié, en vérité.

– Jeff a-t-il créé cela aussi… je veux dire, le fait d'être ici ?

– En vérité. Jadis, il a été opprimé et dans la confusion. Il ne connaissait pas sa propre identité, sa valeur personnelle, en vérité, tout comme toi. Tu t'éveilleras à travers l'identité émotionnelle que possède maître Jeffrey. Tu te reconnaîtras en lui. Il a prié et a appelé à l'aide. J'ai entendu.

Mon visage s'illumina et ma bouche s'ouvrit tout grand.

— Vraiment ?

— Je vais te dire, femme bien-aimée, si personne ne l'avait entendu, il aurait mis fin à ses jours. C'est ce que font de nombreuses personnes quand leur vie sans joie ni accomplissement s'effondre.

— Jeffrey ?

— En vérité.

— Es-tu l'instigateur de tout ça ? Est-ce toi qui m'as fait voir cette photo, et qui as fait en sorte qu'il quitte son travail en Californie ?

J'avais peut-être là une chance de pouvoir rejeter la responsabilité de ma terrible situation sur Ramtha. Mon vieux modus operandi était bien vivant : reporter la faute sur autrui.

— En vérité, j'y ai participé.

— C'est de la manipulation totale, Ramtha ! N'est-ce pas ? lui dis-je, le mettant au défi en le fixant du regard.

— Chère dame, on ne peut manipuler contre la volonté de Dieu. Je n'ai fait que faciliter un appel à l'aide et en vérité, seulement exaucé un besoin grandissant de te reconnaître toi-même. C'est ce que tu voulais et ce dont, en vérité, tu avais besoin.

Les bras m'en tombèrent. Je baissai la tête.

— Et que dois-je faire, maintenant ? Que Dieu veut-il que je fasse maintenant, Ramtha ?

— Permets-toi de ressentir. Permets. Ton âme saura reconnaître ce qui fait partie de ta destinée, et en vérité, de ton évolution naturelle. Écoute-toi toi-même.

— Mais Ramtha, je...

Il avait disparu. Ramtha m'avait laissé tomber !

Je me redressai, enlevai la terre de mon pantalon et rentrai à la maison. Je montai jusqu'à la chambre de Jeff et de Joe, et m'arrêtai dans l'embrasure de la porte. Tout était si net et si bien rangé... exactement comme Jeff. J'entrai dans la pièce et allai m'asseoir sur son lit. Je caressai un moment son couvre-lit en satin, quand soudain me vint une idée. Je me précipitai dans ma chambre, ouvris mon armoire et pris mon tailleur jaune. Je m'habillai et appelai Mary pour lui demander de me retrouver pour déjeuner au champagne dans un agréable restaurant. Elle fut ravie. Me voilà donc partie noyer mes soucis dans de l'Asti Spumante. Je buvais rarement, mais lorsque je buvais, c'était de l'Asti. Ça avait le goût de gomme à mâcher liquide, et c'est exactement ce que je voulais.

Mary fut charmante. Nous bavardâmes entre bouchées de salade et gorgées d'Asti, verre après verre. Puis, une fois complètement « gaie », je m'excusais pour aller aux toilettes pour « dames saoules ». Je mentais, j'allais en fait à la cabine téléphonique. Je ne m'étais pas sentie comme ça depuis ma soirée d'adieu durement arrosée en dernière année de lycée, et encore pour un homme ! Jésus, ce sont les hommes qui poussent les femmes à boire ? Rien qu'à regarder dans la salle, il y avait plus d'un cœur meurtri à en juger par toutes ces femmes seules devant leur déjeuner liquide. Je m'appliquai, non sans peine, à me concentrer sur les touches du téléphone et parvins à appeler Jeff.

Il me répondit de sa voix douce et sexy. J'avalai ma salive, et les yeux rivés sur mes talons jaunes, pris la parole.

— Jeffrey… salut, c'est moi.

— Salut, tu as une drôle de voix.

— Drôle ? Je ne pense pas du tout que ma voix soit drôle. Drôle, hein ?

— JZ, on dirait que tu as bu.

Je sentis un amusement dans sa voix.

— Moi, bu ? Non… tout va bien. C'est drôle, Jeffie.

J'avais envie de rire et de pleurer, mais ne voulais surtout pas bafouiller.

— JZ, où es-tu ? Es-tu seule ?

— Où je suis ?

Je regardai autour de moi et vis un homme sortir des toilettes. Il me lança un regard semi-dragueur, semi-lubrique, mais la seule pensée qui me traversa l'esprit était s'il s'était lavé les mains après avoir vidé sa chose. Je regardai de nouveau mes chaussures et continuai.

— Euh… Où je suis ? Ah ouais, j'me souviens pas du nom de cet endroit, mais c'est un endroit, c'est sûr ! Bien. Oui, et ils ont un téléphone… grâce à Dieu.

— Ça, c'est sûr !

— Eh ! Écoute, Jeffie… je voulais t'dire quelqu'chose.

— Vas-y, je t'écoute.

— Tu sais… je suis du genre honnête et tout ça…

— Oui.

— Jeffrey, j'voulais juste te dire que… juste dire que… je t'aime beaucoup.

Ma sulfureuse déclaration resta comme suspendue dans le silence.

— Moi aussi, je t'aime beaucoup. Tu as vraiment été bonne pour moi. Une bonne amie.

— Non, non. Je veux dire que je t'aime vraiment. Voilà.

— Moi aussi, JZ, je t'aime vraiment.

Mon état d'ébriété ne me permettait pas de discerner s'il était bête ou s'il cherchait à me dissuader volontairement.

— Jeffrey, je veux que tu saches que je suis amoureuse de toi !

Il attendit un long moment pour répondre.

— JZ, je te respecte et t'aime de bien des manières, moi aussi, mais c'est en tant qu'ami, pas en tant qu'amant.

— Réellement ? dis-je, hésitante. Tu veux dire que tu n'as aucun de ces sentiments pour moi ? Je sais que je suis plus âgée que toi et je sais que tu pourrais avoir toutes les filles que tu veux, mais…

— Ce que je ressens, c'est de l'amitié.

— Rien de plus que ça ? dis-je, mortifiée. Est-ce parce que je suis vieille ? C'est ça ?

— Non, tu n'es pas vieille et tu es une des plus belles femmes que j'aie jamais rencontrées. Écoute, tu devrais plutôt te dessoûler et retourner auprès de ton mari !

Je fermai les yeux tant je me sentais humiliée. Je raccrochai le combiné et retournai à ma table en titubant. Je mentis à nouveau à Mary, prétextant que je devais partir. Je jetai une somme d'argent sur la table et sortis la tête si haute que je ne voyais même pas où j'allais. J'étais trop ivre pour conduire, mais ne permis aucune protestation de la part de Mary.

Je trébuchai une ou deux fois en descendant les marches menant au stationnement, lançai un regard furtif aux alentours pour voir si quelqu'un m'avait vue, puis me dirigeai vers la voiture. Je fouillai partout pour trouver mes clefs et fus incapable de trouver le trou de la serrure. Je levai les yeux vers le ciel violacé, où scintillaient les premières étoiles, et m'écriai «*Ferme-la*!». Puis je fis tomber les clefs, me mis à les chercher à quatre pattes comme une taupe aveugle, les trouvai, et me relevai à grand-peine. Après bien des manœuvres, je finis par réussir à ouvrir la portière, à me hisser sur le siège les genoux en premier en posture de prière, et à m'installer difficilement, mais noblement, derrière le volant. Là, je rencontrai les mêmes problèmes pour le démarrage. Ayant finalement réussi, je pris une profonde inspiration et appuyai sur l'accélérateur. La voiture fit, paraît-il, une embardée et tourna en rond dans le stationnement, sans trouver la sortie. Je ne savais même pas où aller. Je finis par voir le panneau et me voilà enfin partie.

Quand j'arrivai à la maison, Jeremy mangeait un sandwich dans la cuisine en lisant un magazine sur les chevaux arabes. Il se retourna vers moi, alors que je venais de faire tomber mon sac et que je me jetais au sol sur les genoux pour le ramasser.

— Zebra, qu'est-ce qui t'est arrivé?

— Je suis sortie avec le pape. Ça se voit pas ce que j'ai fait? J'ai trop bu, comme d'habitude!

Il se cacha pour rire.

— Comment se fait-il que tu ne m'aies pas appelé? Je serais venu tout de suite.

— Parce que t'étais en train de forer, de remplir des cavités et de faire des factures ! répondis-je, saoule et à quatre pattes à la recherche de mon énorme sac à main.

— Pendant que tu sifflais de l'alcool, dit-il platement.

Je levai les yeux vers lui et ressentis un élancement douloureux dans la tête. Il poursuivit.

— Je n'ai jamais vu un zèbre ivre. T'arrives encore à reconnaître les rayures noires des rayures blanches ?

— Je m'en fous, dis-je en hurlant. J'ai mal à la tête.

Je tentai de me remettre sur mes pieds, misérable que j'étais.

— Je vais t'aider.

— Je peux y arriver toute seule, lui dis-je en le repoussant.

— Eh bien, je ne sais pas ce qui t'a pris, sacrée toi ! dit-il en riant. Mais dans tous les cas, ce sera fini demain matin et tu ne seras pas fière de toi du tout !

Je lui adressai un regard furieux. Puis, en essayant de me relever, ma cheville droite lâcha et le talon de ma chaussure se cassa.

— Ne me le rappelle pas, d'accord ?

J'étais en furie. Je gravis l'escalier et rejoins mon lit en titubant. Je m'affalai sur le lit et regardai le plafond tourner. J'étais sur le point de vomir, mais me roulai sur le côté et m'évanouis dans un sommeil sans rêve.

À mon réveil, Jeremy était endormi à côté de moi et il faisait encore noir. Ma tête martelait comme frappée par une masse, et j'avais terriblement soif. Je portais encore mon tailleur jaune. Je me levai lentement et descendis dans la cuisine pour me verser un grand verre d'eau glacée. Puis j'allai m'asseoir dans le salon. La lumière nacrée de la pleine lune entrait à flots par la baie vitrée. Les ombres des feuilles dansaient sur les murs, sur l'épais tapis blanc et sur les meubles cirés. Je regardai mon piano et ris des rêves que j'avais eus où mes doigts magiques jouaient des chefs-d'œuvre mélodieux. Je n'avais jamais réussi à aller plus loin que la version à deux doigts de *Chopsticks*. Décidément, je vivais parfois dans un monde imaginaire !

Là, avachie sur un des canapés à boire seule mon eau glacée au clair de lune, je me mis à pleurer. J'avais été stupide, ignorante, maladroite et tellement naïve. Quelle idiote ! J'entendis alors un léger bruit de pas dans l'escalier. J'essuyai mes larmes rapidement, imaginant qu'il s'agissait d'un des garçons, mais en me retournant, j'aperçus Jeff debout dans l'ombre à l'entrée de la salle de séjour. Son visage était caché, mais ses cheveux étaient soyeux et luisaient dans la lumière de la lune. Il resta là, silencieux, à m'observer avec attention.

Puis il entra dans la pièce et me demanda où j'avais été. Sa voix était basse et courtoise. Il s'assit et écouta poliment ma réponse.

— Dans ma chambre... inconsciente, je suppose, dis-je en reniflant.

— Non, je veux dire avant. Aujourd'hui, quand tu m'as appelé.

— Aujourd'hui ? répétai-je en levant les sourcils. Oh ! j'm'en souviens pas. Je suis allée déjeuner avec Mary. J'ai bu beaucoup d'Asti et j'ai tourné en rond.

Je le regardai. Il était assis sur l'autre canapé. La lumière argentée et subtile accentuait les ombres de ses pommettes et jouait sur les contours de son visage. Sa bouche sensible, humide, luisait. Son expression était douce et triste. Je fus envahie par un sentiment de honte. Je l'avais mis au pied du mur, et maintenant, c'était comme si je l'avais blessé lui aussi.

— À quoi penses-tu, JZ ?

Ma réponse fut vague.

— Que veux-tu dire, à quoi je pense ? J'ai fait une erreur... une erreur honteuse, c'est tout. Tout le monde fait des erreurs, même la « canal » de Ramtha.

— Écoute, je sais depuis longtemps que tu m'aimes beaucoup, dit-il doucement.

— Merci de reconnaître que tu as remarqué, rétorquai-je sèchement.

Ne voyant que colère et rejet dans mon visage, avec mes paupières qui palpitaient et mes mains qui couvraient mes joues, il hésita à poursuivre. Il ne m'avait jamais vue aussi ébranlée.

— J'ai éprouvé de profonds sentiments pour toi, JZ, dit-il enfin. Je ne serais pas venu ici, abandonnant mon travail, mes clients et mes chevaux si je n'avais aucun sentiment pour toi. Et je ne serais pas resté non plus, dit-il avec davantage de courage. Mais quand j'ai vu ta famille et ta maison… Je ne sais pas… ça n'allait plus. J'aime beaucoup Jeremy. Je le respecte. Ton mari est vraiment un homme merveilleux.

— Merveilleux ? Pourquoi dis-tu qu'il est merveilleux ?

— C'est un homme bien, avec une position respectable dans le monde. Il est allé à l'université et il est instruit. Moi pas. Je ne pourrai jamais être son égal. Je n'ai rien. Regarde cette magnifique maison. Je ne pourrais jamais en avoir une aussi belle.

Il s'arrêta, s'inclina et serra ses mains l'une contre l'autre.

— Je ne veux pas faire quoi que ce soit qui puisse briser ce foyer et ce mariage heureux.

J'éclatai alors en sanglots. J'étais déconcertée et anéantie. Il ne comprenait pas. Il était incapable de comprendre que je l'aimais et que mon amour pour lui grandissait sans cesse, et qu'il devenait pour moi ce qu'il y avait de plus important au monde. J'avais peur, je me sentais vieille et abandonnée dans mon chaos.

Il vint s'asseoir à mes côtés. Je demeurai silencieuse, en larmes et les mains tremblantes. Il plaça son bras autour de moi, posa doucement ma tête sur son épaule, et essuya délicatement mes yeux et mon visage.

Je me mis à parler comme une petite fille en larmes.

— Jeffrey, je ne sais pas pourquoi je t'aime comme ça. Je t'aime depuis le moment où j'ai vu ta photo. Je me sens exister pour la première fois dans ma vie. Tu me fais complètement tourner la tête à chaque fois que je te vois. Tu provoques en moi quelque chose que jamais personne d'autre ne m'a fait. Tu me rends heureuse. Et je veux que tu saches une chose, Jeff Knight : même si tu n'avais qu'un centime en poche, j'abandonnerais tout cela en un instant pour toi, si tu le voulais. Ce ne sont pas les choses qui rendent les gens heureux… je le sais.

Il embrassa ma joue humide de façon presque révérencielle.

— Tu ne devrais jamais faire une chose aussi stupide.

— Stupide ? Aimer, c'est stupide ? As-tu au moins une idée de ce dont je parle ?

— Oui. Mais je ne pourrai jamais être un homme assez bien pour toi ni un père assez bien pour tes enfants.

— Jeff, quelles sont tes valeurs ? Posséder des biens ? De l'argent ? Si c'est cela, tu n'es pas aussi éclairé que je le croyais.

Une immense colère brûlait en moi.

— Peut-être pas, mais j'aime mes chevaux, et je t'aime, de même que les enfants et Jeremy. Je ne veux pas causer de problème. Je ne veux pas détruire un bon mariage.

Nous devînmes tous deux silencieux. J'avais cessé de pleurer et ressentis seulement qu'il m'abandonnait froidement.

— Je crois que je devrais retourner en Californie.

— J'arrive à peine à croire ce mauvais rêve, dis-je avec tristesse. Tu ferais peut-être mieux en effet si cela te rend plus heureux.

— Oui, peut-être que oui.

Il se leva.

— Je suis désolé, JZ. Une chose est certaine, je n'avais aucune intention de te faire mal.

— Non, tout va bien. Tout ira bien. S'il te plaît, retourne te coucher.

Jeffrey sortit. Je regardai la pièce vide, pliée en deux par l'angoisse. Je sanglotai en silence, puis levai les yeux au plafond.

— Père qui êtes aux Cieux, Ramtha, je veux que vous fassiez quelque chose pour moi. Je ne veux plus ressentir de tels sentiments. Je ne veux plus aimer cet homme. Je veux que vous arrachiez cet amour de mon cœur, il ne m'appartient pas. Je vous en prie, si vous m'aimez, vous ferez disparaître cet amour et ces sentiments épouvantables.

J'étais déterminée qu'il en fût ainsi. Je restai assise en silence à pleurer pendant une heure ou peut-être plus. Je me levai finalement pour partir, quand soudain, en passant près de mon piano, je ressentis un besoin ardent de jouer. Je l'ouvris et m'assis. Je posai les doigts sur les touches, tout d'abord juste pour le son. Puis, mes pensées sombrèrent dans mon chagrin et ma douleur, et je perdis la connexion avec mes propres mouvements. C'était comme si de l'électricité circulait à travers mon corps et sortait par mes doigts. Mes mains se mirent véritablement à danser sur le clavier, et les touches commencèrent à chanter l'harmonie d'une symphonie. J'étais tel un maître ; mes mains se déplaçaient en toute liberté, créant la virtuosité d'un récital enchanteur. Cela ressemblait à du Beethoven ou peut-être du Tchaïkovski... Ces sons miraculeux créaient en moi une sorte de délire enivrant qui se poursuivit durant une demi-heure environ. Quand j'eus terminé, le flux électrique quitta mes mains et les larmes avaient séché sur mon visage. J'étais en état de choc, comme si mon vieux rêve s'était enfin manifesté cette nuit-là. Mes émotions l'avaient emporté sur la logique qui m'avait toujours dit que je ne pourrais jamais jouer au piano comme dans mon rêve. Je me retournai pour me lever. Jeremy, Brandy, Chris, Jeff et Joe, se tenaient tous derrière moi en robes de chambre, et me fixaient, incrédules.

Je me sentis rougir quand Jeremy tâtonna pour allumer la lampe. Je plissai mes yeux gonflés et marmonnai :

— Je vous demande pardon. Je suis désolée de vous avoir réveillés. J'ai oublié tout le monde... quand cette chose incroyable m'est arrivée avec le piano.

Ils se regardèrent les uns les autres et Jeremy déclara :

– Zebra, on aurait dit que Beethoven en personne était au piano. Aucun d'entre nous ne savait que tu jouais aussi bien. Comment as-tu fait cela ? Tu « channelais » quelqu'un... peut-être même Beethoven ? Mon Dieu, Zebra, tu jouais comme un maître...

Je rougis encore plus et leur racontai ce rêve si ancien qui m'avait convaincue que je serais capable de jouer. Cela m'emplit de joie, bien sûr, et je leur dis. Mais en fait, je ne me sentais pas bien et la seule chose que je voulais faire était de me coucher. Je sortis de la pièce et tout le monde m'applaudit. Je me lavai le visage, revêtis ma chemise en flanelle et me mis au lit. Je priai Dieu de nouveau, ainsi que Ramtha, de faire en sorte que ce sentiment me quitte. Puis je fermai les yeux. Je sus alors avec certitude que ma prière serait exaucée et que le lendemain m'apporterait cette paix tellement nécessaire. Je voulais que l'amour soit à nouveau simplement un état d'esprit... et ne revienne jamais plus.

Chapitre 24

L'ESPOIR, LE RÊVE ÉVEILLÉ

La journée était légèrement nuageuse. Quelques rayons de soleil venaient par moments inonder la cuisine d'une lumière rougeoyante, et de subites rafales nous apportaient l'air humide des montagnes. Sur le rebord de la fenêtre, un colibri était en train de se délecter du nectar des pétunias. Les plumes émeraude de sa tête miroitaient d'un magnifique éclat métallique. Tout était gai, jusqu'au chant de la cafetière, au grésillement du bacon dans la poêle et à la senteur astringente du jus d'orange frais qui parfumait la pièce alors que j'en remplissais les verres. J'étais assise au comptoir recouvert d'assiettes blanches et de serviettes en lin bleu et blanc. Le pichet à lait, blanc lui aussi, accueillait un bouquet fraîchement coupé de pâquerettes d'Alaska et de pétunias couleur lavande. Je finissais de préparer le petit déjeuner en chantonnant *Moon River*. Je me sentais sincèrement calme et heureuse. Mon cœur léger colorait de joie cette belle matinée. Chaque membre de la famille arriva dans la cuisine l'un après l'autre. Je les accueillis tous d'une étreinte chaleureuse, en discutant allègrement de choses insignifiantes. Jeff et Joe entrèrent à leur tour et reçurent eux aussi le même amour rayonnant.

Je servis à chacun un café, à moi y compris. Ils le remarquèrent tous, car je n'avais jamais pris de café de ma vie.

— Allez, mes chéris, régalez-vous ! J'ai beaucoup de choses à faire à l'étage… alors, bon appétit !

Jeff me regarda et commença à se servir. Puis Chris, qui m'avait observée me servir du café, me dit :

— Maman, pourquoi tu bois ce café ? T'en bois jamais, d'habitude !

J'en avais pris une gorgée, mais le goût aurait été sûrement meilleur avec un peu de crème... et encore un peu plus, et plus encore... jusqu'à faire moitié-moitié. Là, c'était vraiment bon.

Je ris gaiement et me penchai vers lui.

— Quand j'étais petite fille, ma maman prenait toujours du café avec les grandes personnes lorsqu'elles discutaient ensemble. Un jour, j'ai grimpé sur la caisse qui contenait les tasses et j'ai chipé un peu de café. J'en ai bu une gorgée, mais ça m'a brûlé la langue. Je me suis mise alors à brailler, et ma maman est venue voir ce que je faisais. Elle m'a pris la tasse des mains et m'a grondée sévèrement. Elle m'a dit que si je buvais du café quand j'étais petite, mon cou deviendrait tout noir. J'ai été horrifiée. Et un vieux monsieur noir que j'adorais s'est avancé vers moi en me montrant son cou. Il me dit qu'il n'avait pas obéi à sa maman et qu'il avait bu du café quand il était enfant ! Depuis ce jour, je n'ai plus jamais pris de café, même adulte. Mais maintenant, je ne risque plus rien !

Il avait arrêté de manger et me regardait, éberlué.

— Grand-maman t'a dit ça ? Et c'est vrai ?

Je me mis à rire aux éclats et tout le monde en fit autant.

— Non... mais il faut admettre que ça a été efficace !

— Qu'est-ce qui t'a fait décider d'essayer maintenant, maman ? demanda Brandy.

— Je n'en sais rien... je crois que j'ai juste eu envie d'essayer. C'est quelque chose de nouveau. En plus, ce n'est pas si mauvais avec plein de crème. Bon, il faut que je monte, maintenant.

Un peu plus tard dans la matinée, j'étais confortablement assise dans la chambre à coucher à écrire quelques notes lorsque Jeff apparut, une tasse de café à la main.

— Coucou, entre. Assieds-toi. Tiens, prends ce dessous de verre pour ta tasse, dis-je, l'air de rien.

— Merci. Je voulais juste parler un moment avec toi avant de partir, dit-il en s'asseyant.

— Pas de souci. Hé, il semble qu'il fasse frais ce matin. Vous feriez mieux de vous couvrir chaudement. Écoute, j'imagine que Joe et toi aimeriez retourner en Californie pour Noël ?

Je mâchonnai le bout de ma gomme.

— Oui, nos familles voudraient qu'on passe Noël avec elles. Mais pour les chevaux ? Qui va s'en occuper quand on sera parti ?

Sa voix dénotait un certain regret.

— Je pensais justement à ça ce matin. J'aime nos chevaux, et c'est moi qui m'en occuperai. J'imagine que je pourrai aussi trouver un autre entraîneur, et tu sais quoi ? Je pense que je peux faire de cet élevage de chevaux une affaire qui rapporte.

— Si tu veux faire ça, il me semble que tu devrais chercher un bon étalon, et probablement aussi une ou deux bonnes juments pour les saillies. Mais c'est une grande responsabilité.

— Démarrer une nouvelle affaire est toujours une grande responsabilité. Mais au moins, cette entreprise-là me rend heureuse.

Je fis une pause et réfléchis au moyen le plus sage de procéder.

— J'ai pensé à Padron, pour l'étalon. Ce jeune étalon me paraît bien. Je pense qu'il deviendra un champion national. Ce serait sage de bloquer le prix de la saillie avant que sa cote ne grimpe. Et je pensais aussi me trouver une petite ferme et on verra bien comment tout ça ira. Ça me semble vraiment bien. Une fois que j'aurai mis en route un plan de reproduction avec les bonnes femelles, mes frais d'amortissements et mes intérêts seront déduits de mes impôts.

Jeff sembla effrayé par mon changement subit.

— Écoute, si tu as besoin d'un conseil quelconque, n'hésite pas à m'appeler, d'accord ?

— Oh, je le ferai. À propos, merci pour la discussion d'hier. Tu avais raison. On est de si bons amis, rien ne devrait se mettre en travers de ça. Je te serai à jamais reconnaissante pour ce que tu as fait pour moi.

Il serra les lèvres et me sourit de façon mitigée.

— Pareil pour moi. Toi et le Ram m'avez beaucoup aidé.

— Je suppose qu'on apprend tous les uns des autres. C'est drôle comment les choses se développent parfois. Je savais que tu étais dans ma vie pour une raison. Je pense que c'était pour me remettre sur le chemin qui me conduit à mieux me connaître moi-même. Comme dit le Ram, chacun est le miroir d'une autre dimension de soi-même.

— Vraiment ?

Il parut plutôt surpris.

— Oui, vraiment. L'entreprise avec les chevaux est une nouvelle aventure pour moi. En fait, je me sens comme toute neuve. Tu es un homme magnifique, Jeff, et un jour, tu seras le meilleur mari du monde pour celle qui aura cette chance.

— Merci, JZ…

— Alors, écoute, tu me diras quand vous serez prêts à partir, d'accord ?

Il acquiesça doucement de la tête en regardant son café devenu froid. Ses lèvres semblèrent vouloir dire autre chose, mais elles restèrent muettes. Puis il se leva lentement et me dit au revoir. Je lui fis signe de la main et retournai à mes notes, n'en pensant rien de plus, ni de lui ni de notre conversation. Tout allait parfaitement bien.

L'automne arriva dans l'État de Washington, avec sa palette de couleurs, d'odeurs et de sons si particuliers à cette saison. La pluie et le vent frais dénudaient les arbres en jouant des feuilles teintées de jaunes, d'écarlate et de topaze intenses. Les nuits étaient emplies d'odeurs de feux d'aulnes, de feuilles fanées, d'épices et d'humidité. Une grande lune pleine et orange surplombait le sommet des arbres, leur donnant l'aspect de hautes tourelles. Le décor était parfait pour y faire sauter et danser des lanternes citrouille. Je continuai mon style de vie bizarre avec Ramtha, les « dialogues », les tartes aux fruits, la peinture d'oies canadiennes, être mère au foyer pour les deux garçons, organiser des fêtes, chevaucher mes chevaux et aider Jeremy lors des appels en urgence. Tout bien considéré, c'était une période heureuse.

Après la fête de l'Action de grâces, nous partîmes à la grande quête de l'arbre de Noël. Il fallait qu'il fasse au moins cinq mètres cinquante de haut et qu'il soit robuste et noble. Nous le trouvâmes et il fut érigé dans le vestibule. Il touchait presque le plafond. La rampe blanche de l'escalier fut ensuite recouverte de guirlandes de satin de velours éclatant, et le sapin ornementé de cinq mille petites lumières clignotantes. Il était magnifique, et nous nous délectâmes de sa beauté en buvant nos laits de poule à la muscade.

Une de mes spécialités était l'emballage des cadeaux. Chaque paquet était décoré individuellement avec un gros nœud en satin argenté fait à la main, d'une longueur d'au moins trente centimètres. Ils étaient ensuite tous placés sous l'arbre, rendant l'ensemble véritablement magique et enchanteur.

Un soir de début décembre 1980, nous étions tous dans ma chambre à emballer les cadeaux, sauf Jeremy, resté en bas à boire un brandy épicé. J'étais dans mon élément. Je montrais à Chris et à Brandy comment faire les fameux nœuds duveteux, mais Jeff avait du mal avec le sien. Il essaya de capter mon regard, ce dont je ne me rendis pas compte. Il me demanda alors de l'aide, que je lui donnai avec plaisir. Puis le téléphone se mit à sonner. Quelques instants après, Jeremy demanda aux enfants de descendre pour prendre le combiné, nous laissant seuls, Jeff et moi.

— Euh, JZ… on peut parler ?

— Bien sûr… vas-y, mets ton doigt ici sur le ruban pendant que je le noue.

— Je suis désolé, mais j'ai pas mal réfléchi au sujet de rentrer.

— Oui, et alors ?

— Eh bien, je ne veux pas quitter mon travail ici.

— Voilà, maintenant, tu peux retirer ton doigt… euh, et pourquoi ?

– Eh bien, j'aimerais rentrer à la maison pour Noël… y rester peut-être une semaine, et voir comment je me sens.

Je le regardai un moment. Tout était organisé. Que se passait-il ?

– Qu'est-ce qui t'a fait changer d'avis ? demandai-je.

Il glissa nerveusement ses doigts dans ses cheveux.

– Depuis notre conversation il y a quelques mois, je pense sans arrêt à ce dont nous avons parlé.

Je soupirai et désignai du doigt un ruban bleu.

– Je n'y pense plus, Jeff. Ne t'inquiète pas. Je suis en paix avec tout ça.

– Mais pas moi. Je sais que je t'ai vraiment beaucoup blessée. J'ai été cruel envers toi, JZ.

– Non, tu as été honnête, c'est tout, marmonnai-je.

– Non, je n'ai pas été exactement honnête.

Sa voix était claire et calme.

– Ah bon ? Je ne comprends pas.

– J'ai été cruel exprès.

– Eh bien, Jeff, parfois, la vérité est cruelle. C'est pour ça que les gens mentent tellement.

– Mais ce n'était pas la vérité. Je…

Sa voix était étouffée par l'émotion.

– Moi aussi, je suis amoureux de toi depuis le début. Je ne savais pas comment le gérer. Et pire, je n'avais pas compris que tu étais mariée avant que tu viennes au ranch. Honnêtement, je ne me sens pas assez bien pour toi et je ne veux pas briser ta famille non plus. Mais je voulais te dire que je t'aime… et que je t'aimerai toujours.

Je me penchai vers lui et serrai doucement sa main.

– Jeff…

– Je ne voulais pas que tu m'aimes, je ne voulais pas ce problème… je n'avais même jamais pensé que ça puisse arriver.

Je restai assise là, ne sachant pas quoi faire ni quoi dire. Je finis par parler.

— Jeff, je ne peux pas changer l'opinion que tu as de toi-même… quand tu dis ne pas te sentir assez bien. Il faut que tu sois qui tu es, c'est tout. Tu es un homme inestimable tel que tu es. S'il te plaît, essaie de reconnaître cela de toi. Tu ne peux pas te changer pour quelqu'un d'autre. Tu ne me croiras peut-être pas, mais j'ai vécu la même chose vis-à-vis de toi. Avant de te rencontrer, je n'avais jamais pensé à mon âge, ni à quoi je ressemblais. Mais ensuite, ça m'a rendue folle. J'avais cette phobie féminine au sujet de mon âge — tu sais que tu as *dix* ans de moins que moi ! Et c'est moi la plus vieille ! Dans notre société, l'homme peut être plus âgé que la femme, et parfois même beaucoup plus âgé, mais l'inverse non. J'ai commencé à me détester à cause de ça. Et je suis devenue complètement paranoïaque au sujet de mon âge, de mon poids, de mon visage. Donc ensuite, quand tu m'as rejetée, je me suis fait une montagne de reproches, comme quoi j'étais trop vieille et trop grosse, et que je n'étais pas ce qui te rendrait heureux. Je pense que depuis, j'ai réussi à changer mes sentiments à ton égard. Oui, c'est vrai, tu m'as fait mal… mais pas autant que le mal que je me suis fait moi-même. Et ça m'a coûté ce que tu m'as dit pour que je comprenne que je ne peux pas être autrement que moi-même et être heureuse de cela. Le Ram nous enseigne de nous aimer nous-mêmes… et c'est peut-être la raison pour laquelle tout ceci s'est produit. En fait, il faut que tu parviennes à une compréhension similaire au sujet de qui tu es. Je ne vais pas quitter mon mari, je suis réellement en paix avec tout ça.

Jeff me regardait, ahuri.

— Je voulais juste te dire la vérité et combien je suis désolé d'avoir fait ce que j'ai fait.

— Ne te fais pas de souci. Vraiment ! Écoute, si tu veux rentrer chez toi, il n'y a pas de problème. Si tu ne veux pas, il n'y a pas de problème non plus. Maintenant, emballons ton cadeau. Ta mère sera ébahie de voir combien il est beau.

Il retourna à son paquet, mais resta anormalement silencieux.

Deux jours plus tard, dans l'après-midi, je mis quelques autres présents sous l'arbre et reculai pour en admirer l'effet. Jeremy était encore à son cabinet et Jeff était rentré plus tôt pour faire sa lessive. Soudain, au sommet du sapin, apparut une lumière brillante qui descendit jusqu'au sol. C'était Ramtha.

– Oh, te voilà. Joyeux Noël, Ramtha.

Il se pencha et inspecta les lumières et les boules de satin que j'avais confectionnées moi-même.

– Femme bien-aimée, que sont ces magnifiques bulles ?

– Ce sont des décorations de Noël, Ramtha. C'est une vieille tradition pour nous, mais je ne crois pas qu'elle remonte jusqu'à ton époque !

– Elle sert à quoi ?

– C'est la célébration de l'anniversaire de Jésus. On la fêtera à nouveau l'an prochain. Et bien sûr, il y a aussi le père Noël.

– Le père Noël ?

– Oui, mais en fait, c'est un esprit. Il représente l'esprit de Noël. Nous nous offrons respectivement des cadeaux, mais nous disons que c'est lui qui les apporte en survolant les toits sur son traîneau, tiré par des rennes volants. Il descend dans nos cheminées avec son sac rempli de jouets et de présents. Il se sert un verre de lait, mange quelques biscuits au chocolat, puis remonte par la cheminée et se rend à la maison voisine, et ainsi de suite. Mais en fait, c'est nous qui faisons les cadeaux… il est seulement l'esprit que nous imitons. Vous comprenez ?

– Ah, je vois, les gens croient en l'invisible, c'est ça ?

– Oui, et ça fait marcher le commerce.

– En vérité, c'est de la plus grande beauté. Mais maintenant, femme bien-aimée, je désire que tu ascensionnes tes escaliers.

Je restai bouche bée.

— Que j'ascensionne mes escaliers ? Je pensais que seuls toi, Jésus et Bouddha aviez ascensionné.

— Maître Jeffrey m'attend. Il désire, en vérité, avoir un « dialogue ».

— Jeff ? Il est là-haut ? Oh.

— En vérité, il attend.

Je regardai les escaliers et répondis simplement :

— D'accord !

Je gravis les marches lentement, sans ascensionner, et me dirigeai vers la chambre de Jeff.

— Jeff ? Bonsoir, je crois que le Ram et toi désirez vous parler. Donc, je vais juste… partir !

Je m'assis, et en un instant, j'étais partie dans la lumière. La conversation qui suivit me fut racontée par Jeff.

— En vérité, maître Jeffrey bien-aimé.

— En vérité, Ramtha, comment allez-vous ?

— Tu désires parler avec moi. J'ai entendu tes pensées.

— Oui, c'est vrai. J'ai besoin de parler à quelqu'un. Je ne sais pas ce qui se passe entre JZ et moi.

— En vérité, hélas, l'amour des hommes et des femmes.

— Oui, j'aime JZ, Ramtha, et je sais que si je pars d'ici, même pour une semaine, je ne reviendrai jamais.

Il se mit à pleurer doucement.

— Pourquoi conçois-tu cette idée ?

— Je pense que j'ai détruit les sentiments qu'elle avait pour moi, voilà pourquoi.

— La destruction n'existe pas, maître Jeffrey. Que peut-on détruire qui vient de Dieu ?

— Mais j'ai brisé son cœur.

Il s'effondra alors dans de gros sanglots qu'il tenta de contenir, puis continua.

— Je pense que j'ai détruit ma propre chance d'accéder au bonheur. Je suis si misérable et si malheureux parce que je ne me sens pas assez homme pour elle. Vous voyez ce que je veux dire ?

— Assez homme ? C'est quoi pour toi, « être suffisamment homme » ?

— Je me sens inadéquat dans tous les domaines. J'ai peur d'aimer les femmes. Les deux avec lesquelles j'ai été, j'ai eu peur de les perdre. Il y en a une qui m'a laissé pour un autre, et l'autre qui a juste joué avec moi. Depuis, j'ai tellement peur d'aimer quelqu'un, et j'ai tellement peu confiance en l'homme que je suis.

— Maître Jeffrey, tu mesures le fait d'être un homme en termes de copulation ? En vérité, en matière de longueur de pénis, d'âge et d'expériences ?

— Euh… c'est important, non ?

— L'homme est l'esprit de son Soi omniprésent. Retourner à Dieu Le Père, d'où tu es venu, consiste à retourner à ce Soi le plus élevé, sans la limitation d'être une énergie mâle ou femelle. Ce que tu es n'est pas l'ensemble de ta chair, mais l'esprit de Dieu qui domine la chair. Ce n'est pas la chair qui détermine la virilité de quelqu'un, car c'est l'Esprit de cet homme qui détermine cet accomplissement. Le corps n'est que le véhicule de l'esprit réalisé. Ce n'est pas le corps qui réalise l'esprit. L'homme s'unifie et se libère lui-même de l'esclavage et de la dualité de sa chair. L'amour, maître Jeffrey, ne subjugue pas l'amant. L'amour ne se nourrit pas des désirs de la chair, et en vérité, du sang. Ceux qui font l'amour au nom de la nature humaine, en vérité, sont aussi ceux qui ont jugé l'homme selon ses actes sexuels, et en vérité, selon la longueur de son pénis. Ce sont les misérables non éclairés. Ce sont de leurs règles et de leurs vérités dont tu souffres.

— Maître Jeffrey, en vérité, ce n'est pas l'amour qui attire un homme à une femme dans le seul but d'engendrer plus d'hommes, et en vérité, plus de femmes, pour prouver sa virilité et mériter alors d'être appelé un homme. Maître Jeffrey, l'homme et la femme unifiés par l'amour deviennent inséparables, indiscernables, et en vérité, enfin unis dans la complétude, sans dualité. On les appelle des « âmes sœurs ».

— Continuer à mesurer ta masculinité selon les règles de la société sexuelle désillusionnée, c'est se séparer du cœur même de l'éternité. Embrasse ta vérité et ton essence d'Homme-Dieu à partir de l'intérieur, et non depuis la vulgarité de l'extérieur. Tu embrasseras alors la liberté et feras l'expérience d'être libéré des liens de la chair. Ne tiens pas compte de ceux qui ne désirent que propager la race par sens du devoir, ou ceux qui jouent avec leur semence et leur sang. Et n'écoute pas quand ils te disent que c'est « normal ». Car ce qui est normal est aussi anormal. L'un ne peut pas exister sans l'autre... tu comprendras ainsi la confusion qu'ils ont avec leur corps.

— Maître Jeffrey, en vérité, tu t'es intimidé toi-même et t'es dévalorisé toi-même. L'amour qui brûle en ton âme est celui qui unit deux êtres pour qu'ils ne deviennent qu'un. Ne le cache pas comme un enfant qui se met à l'abri du vent, ne t'angoisse pas en le positionnant selon une logique sexuelle. Permets-lui de brûler, maître... Un jour, il te transformera en phœnix.

Jeffrey était comme pétrifié.

— Ramtha, mes sentiments pour JZ ne sont pas comme ceux que j'ai eus auparavant. Quand je la regarde, c'est comme si je me regardais moi-même. C'est si étrange pour moi... parfois, je vois mon visage dans le sien. Est-ce de cela que vous disiez au sujet de cet amour spécial ?

— En vérité. Tu apprends, maître.

— Je vous ai entendu dire quelque chose au sujet des âmes sœurs. JZ est-elle mon âme sœur ?

— Que ressens-tu, maître ?

— Eh bien, je ressens qu'elle l'est. Et si elle l'est, je sens que j'ai perdu mon âme sœur. Ça me donne envie de me tuer. Alors, s'il vous plaît, dites-m'en davantage !

— En vérité, je vais te raconter une grande histoire. Elle s'est produite à l'époque de ma vie. Il y eut une grande bataille. Je menais mon peuple contre une armée féroce. Un grand tyran avait dévasté un peuple libre. Je marchai sur ce tyran et ses légions. Mes guerriers et moi-même les massacrâmes sans merci. Je chevauchais un grand étalon noir, Shamiradin. Une fois la bataille terminée, j'étais sur mon cheval au bord de la rivière, les yeux fixés sur l'autre rive. Là-bas, au milieu des ruines, se trouvait une misérable entité, allongée à terre. J'observai cet homme tenter de se lever. Il me regarda dans le désespoir et la consternation, car il savait qu'en face de lui, de l'autre côté de la rivière, se tenait le Grand Ram. Il savait que sa mort était imminente. Il se mit debout, brave et petit. Je donnai l'ordre à mon grand cheval de traverser la rivière en sa direction. Le feu jaillissant du regard de mon imposant étalon l'effraya. Il me regarda avec désespoir. Je le hissai sur mon cheval puis chevauchai vers le campement en le tenant fermement. Il ne prononça pas un mot. Il était frêle et tremblait de tout son corps. Une fois arrivé, je le soulevai de mon cheval et le descendis au sol. Je l'invitai à entrer dans ma tente. De la nourriture avait été préparée. Je lui offris de quoi se nourrir, car son corps était affamé. Il mangea avec méfiance, se demandant s'il ne s'agissait pas de son dernier repas. Et pendant ce temps, je le regardai. Je lui dis alors : « Tu es un homme honorable. De tous ceux que j'ai mis à terre aujourd'hui, tu es la récompense de cette victoire. Il exprima sa consternation : « Pourquoi me dites-vous une telle chose, Seigneur ? C'est équitable. » Je lui répondis : « Tu es riche en vertu et en honneur. Tu es digne de confiance. » Je fis de ce jeune homme mon tailleur-habilleur, et le gardien de mes armes. Il avait toute l'estime de mon campement et était considéré en premier. Il n'avait pas un corps fait pour la bataille ni n'en avait le désir. Mais il possédait une fiabilité et une noblesse qui n'existaient pas même chez mes guerriers les plus grands.

» Mon habilleur trouva une grande fierté à préparer mes armes et mes robes, pour moi, mais aussi pour les guerriers de la « Maison du Ram ». Il y avait une belle jeune femme, une de mes filles que j'avais appelée Ramaya. Elle avait les cheveux d'un beau noir d'ébène qui touchaient délicatement le sol derrière elle quand elle marchait. L'habilleur la trouvait magnifique. Son amour pour Ramaya grandit. Dans son cœur, une flamme brûlait pour elle, mais il lui était interdit d'y penser ou d'en parler. Quand il fut annoncé que Ramaya serait donnée en mariage à un de mes grands guerriers, l'habilleur fut responsable de préparer mes vêtements, ceux de Ramaya, et ceux du guerrier. Avec une grande fierté, il trouva le lin le plus fin et les forgerons pour les ornements de fils d'or.

— Quand il fut demandé à Ramaya, notre guerrière turbulente et rebelle, d'être revêtue par les servantes des robes confectionnées par l'habilleur, elle s'insurgea. Elle ne voulait pas se marier. Ses cheveux avaient été tressés et ramenés en chignon. Sa robe enveloppait ses épaules et tombait au sol avec souplesse et grâce. Sa transparence laissait deviner la courbure de ses jeunes hanches, de sa poitrine ferme et de ses jambes délicates. Le tailleur avait fait un travail splendide. Il regarda la magnifique jeune femme en inspectant la parure de mariage qu'il avait lui-même confectionnée. Il était fier, mais triste, car il l'aimait au-delà des mots. Cependant, elle le comprit et l'amour commença à s'éveiller entre ces deux jeunes entités. Leurs joues rougirent et leurs cœurs chantèrent. Il s'en suivit que je lui donnai l'ordre d'emmener Ramaya et de fuir avec elle pour qu'il puisse l'aimer et la protéger chaque jour de sa vie. C'est toi, maître Jeffrey, qui étais le tailleur-habilleur. Ma fille bien-aimée était en vérité Ramaya, et le guerrier abandonné en vérité était le docteur bien-aimé de cette maison. Tu demandes si elle est la compagne de ton être ? En vérité, elle l'est.

Jeffrey pleurait des larmes remplies de souvenirs émotionnels à l'écoute de l'histoire de Ramtha. Il finit par trouver ses mots.

— Mais je l'ai rejetée. Je lui ai fait si mal que je crois qu'elle ne ressent plus rien pour moi maintenant... plus rien.

— En vérité. Elle ne ressent rien pour toi. Tu vois, ma fille a menacé son Dieu... et moi ! Elle l'a imploré, ainsi que moi, de lui retirer ses sentiments. Son appel fut entendu pour qu'elle ne ressente plus la souffrance, les blessures et le rejet que tu as si intelligemment provoqué. Son désir était parfaitement aligné... ce qui lui donna le pouvoir d'être manifesté.

— Alors, vous lui avez retiré ses sentiments ?

— Non, pas moi. C'est toi qui lui as retiré ses sentiments. C'est ce qu'elle désirait.

— Comment puis-je changer cela, Ramtha ?

— Dis-lui ce que tu ressens. Regarde son royaume. Ne voulait-elle pas l'abandonner pour être avec toi dans une humble petite demeure ?

— C'est ce qu'elle disait, mais c'était avant qu'elle ait changé.

— Pourquoi penses-tu que ça ne vaille pas la peine de lui communiquer la vérité ? En vérité, elle a mis son âme à nu devant toi... à un très grand prix.

— Mais je n'ai rien à lui offrir. Rien comme ça, Ramtha ! Je ne veux pas briser son foyer.

Ramtha sourit et Jeff continua.

— Mais vous dites que je devrais juste lui dire ce que je ressens ?

— En vérité. Sois juste envers elle comme je l'ai été avec toi. C'est toi qui détiens la clé, maître Jeffrey. L'aventure qui vous attend derrière la porte est fort éloignée du présent. Cette femme aime ton être avec une compréhension élevée. Sois le compagnon de son être. Ensemble, la dualité mâle et femelle perd sa forme et retourne au Un originel. Ce sera une leçon pour vous deux... en vérité, vous vous êtes attirés l'un à l'autre pour cette grande union. Ce royaume n'est qu'une illusion, maître Jeffrey. C'est ce qui est dans ton âme qui est réel. C'est cela qui te soutiendra et te conduira à des royaumes même plus grands que celui-ci. Sois compréhensif par rapport à tout ce qu'elle décide, car tu as été éclairé sur de nombreux mystères en ce jour de ton temps. Sache-le, car elle, il lui faut encore les connaître. Sache que je t'aime grandement. Tu es loyal et en vérité digne de confiance.

En un instant, je devins une avec la lumière, et sentis à nouveau la lourdeur de mon corps. Je redevenais moi. Je secouai la tête et me frottai les yeux. J'attendis que l'engourdissement quitte la partie basse de mon corps.

— Mon Dieu, parfois c'est comme être dans une « zone intermédiaire » pour moi.

Je concentrai mon regard sur Jeff.

— Tu vas bien ?

Il s'avança et s'assit par terre devant moi. Il commença à masser mes pieds endormis. Ses yeux étaient rouges et son visage en feu.

— JZ, il s'est passé tant de choses ces derniers jours… et… eh bien, j'ai envoyé une pensée à Ramtha, lui disant que j'avais besoin de lui parler. Je lui ai dit comment je me sentais en tant qu'homme.

— Ah oui ?

Mon état était confus, mais je compris que quoiqu'il fût en train d'essayer de me dire, il avait du mal à l'exprimer.

— Je lui ai parlé des deux relations que j'ai eues — ou plutôt presque eues — et de comment elles n'avaient pas marché pour moi.

Je l'interrompis.

— Qui n'a pas connu ça, Jeff ? Je ne pourrais même pas te parler de toutes les relations qui n'ont pas marché pour moi. Et la raison pour laquelle elles ont toutes échoué était que j'avais une si piètre opinion de moi-même.

Il acquiesça de la tête, mais son esprit allait plus vite que le mien.

— Ne t'inquiète pas, nous cherchons tous la personne parfaite. Je pense que quand ça arrive, ça doit nous unifier à Dieu. Je veux dire qu'il n'y a plus grand-chose qui manque à ce stade-là. Tu trouveras la bonne personne, Jeff. Sois patient. Ne sois pas si dur avec toi-même.

Jeff inclina la tête et continua :

– Mais le Ram m'a raconté une histoire dans laquelle j'étais son « habilleur » ou quelque chose comme ça. Je ne me souviens plus exactement, mais c'était moi qui étais chargé de confectionner ses robes. Ensuite, il a dit que j'avais conçu et fait une robe de mariée pour sa fille.

– Donc, il t'a parlé d'une autre vie ? C'est merveilleux. Et il t'a dit son nom ? Je veux dire le nom de sa fille ?

– Oui. Il a dit que son nom était Ramaya.

Je restai interdite.

– Ramaya ? Mais c'était moi.

– Je sais. C'est moi qui ai pris soin de toi, finalement. Nous étions réellement amoureux. Ça fait donc longtemps que je t'aime.

Je levai les sourcils, mais ne dis rien.

– Et il m'a dit d'être vraiment honnête avec toi au sujet de tout.

– Oui… et alors ?

– Eh bien, je suis ton, euh… Ramtha m'a dit que nous étions âmes sœurs.

– Âmes sœurs ?

Je n'étais pas tout à fait sûre de là où il voulait en venir.

– Il a dit qu'une grande aventure nous attendait derrière cette porte…

Je l'interrompis.

– Je ne pense pas que ce soit vrai. Tout serait beaucoup plus facile…

Voilà qu'il m'interrompit, moi ! Une pointe d'urgence dans la voix.

– Ramtha dit que les âmes sœurs se reflètent l'une dans l'autre, en tout. Elles sont la dualité qui représente la complétude de Dieu. Je veux dire, tout : les sécurités et les insécurités, ce qu'elles aiment et ce qu'elles n'aiment pas. Du fait d'être miroir l'un de l'autre, chacun possède ce dont l'autre manque. Tu crois que c'est réellement ce qui se passe entre nous ?

Je commençai à gesticuler dans ma chaise, troublée par la possibilité que ce qu'il disait soit vrai.

— Tu veux dire... que toi et moi avons peut-être les mêmes problèmes ?

— Oui. Tu as demandé à Dieu d'enlever les sentiments que tu éprouvais pour moi, JZ ?

Je fronçai les sourcils.

— Oui ! Et ça a marché. J'avais besoin que ça marche et ça l'a fait.

— Mais ça n'a pas marché. Tu l'as fait parce que tu ne voulais pas être blessée.

— C'est vrai, répliquai-je instantanément. Tu n'as pas idée de combien ça me rendait folle. Jamais je ne veux me sentir à nouveau si stupide. J'étais dans une errance mentale complète !

— Mais je te dis que je l'ai fait exprès !

— Quoi, que je sois dans une errance mentale ? J'étais exaspérée. Non, mon cher, je me suis fait ce petit numéro toute seule !

— Non, je veux dire que je t'ai rejetée exprès. JZ, s'il te plaît, que ce ne soit pas trop tard. Je pense que nous avons tous les deux des choses à résoudre, mais je veux vraiment essayer.

Soudain, quelqu'un frappa à la porte.

— C'est qui ? demanda Jeff.

— C'est moi, mec, répondit Joe. Allez, il faut qu'on y aille.

Jeff se retourna pour me regarder. J'humidifiai mes lèvres et lui dis :

— Il vaut mieux y aller, Jeff. Pourquoi ne pas recontacter une de tes anciennes petites amies ? Peut-être en te donnant à toi une nouvelle chance. Et Jeff, passe un joyeux Noël.

— Merci... mais toi, tu te donneras aussi une nouvelle chance ? demanda-t-il.

Je le regardai, l'air absent. Il se pencha et m'embrassa la joue avec douceur. Quand il fut parti, je restai assise, perdue dans un dédale de pensées, ma main tendrement posée sur la joue qu'il avait embrassée.

Le jour de Noël fut délicieux. Jeremy, les garçons et moi-même passâmes un magnifique moment à ouvrir nos cadeaux somptueusement empaquetés. J'avais préparé de nombreux biscuits de Noël, des caramels, les bonbons meringués Divinity, et des plateaux-repas de Noël avec beaucoup de laits de poule. J'avais créé toute cette scène. Je compris combien elle était superficielle, mais j'aimais tant rire, manger et jouer avec ma famille. Je ne voulais pas que cela cesse. À la fin de la journée, nous chantâmes tous des cantiques de Noël pendant que je les jouais au piano.

Je ne pus m'empêcher de me remémorer tous les hauts et les bas émotionnels que j'avais traversés en cette année 1980, ainsi que les « dialogues » exténuants qui m'avaient fait traverser tout le pays : 152 jours de « channeling » ! Ces jours s'étaient déroulés hors de mon corps. Je ne les avais pas vécus. Ils s'étaient envolés pour toujours en 1980 ! Je soupirai, sachant que cette saison festive marquait la fin d'une aventure et le début d'une autre. Je me souviendrais toujours avec beaucoup d'affection de ce dernier Noël dans la grande structure blanche.

Avant d'aller me coucher, alors que je me brossais les cheveux, le téléphone sonna.

— Allô ? Oui, bonsoir Jeff. D'accord, on regardera quand tu reviendras. Je suis contente que tu aies décidé de revenir. Joyeux Noël à toi aussi. Dis bonjour à Joe de notre part. À la semaine prochaine.

Je raccrochai.

Le lendemain du Nouvel An, Jeremy partit à la chasse aux canards et emmena les garçons avec lui. Je décrochai méthodiquement chaque décoration du sapin que je rangeai avec soin. Puis, je mis mon manteau en laine rouge, mon écharpe et mes chaussures, et partis marcher dans l'air piquant de janvier. Je suivis la route de terre dans les bois avoisinants. Les cornouillers semblaient nus et mornes, mais en m'approchant, je pus voir de minuscules bourgeons qui se formaient partout. C'était pareil pour les saules blancs. Le printemps commençait au milieu de l'hiver. Je m'aventurai plus loin sur le sol silencieux des feuilles mortes, des aiguilles brunes et des branches cassées gorgées d'eau. Il y avait des petites plaques de neige gelée sur le tronc des arbres, et, même dans l'eau glacée, la croissance du printemps émergeait.

Je trouvai un rondin moussu et m'assis un moment pour observer la vie endormie de cette petite forêt. Je me remémorai le vert luxuriant du printemps et la brillance des fleurs sauvages de l'été. Quel véritable miracle de la nature. En surface, tout paraissait mort. Les branches devenues noires et tristes tremblaient dans le vent. Les feuilles avaient vécu leur printemps et leur été, et passaient désormais du jaune, à l'écarlate, puis à l'ocre. Les fleurs avaient depuis longtemps fané lors des nuits glacées et des matins givrés. Mais devant ces doux petits bourgeons roses et les innombrables graines invisibles tombées des fleurs durant l'été, je savais que la nature se préparait à se renouveler. Rien ne meurt jamais vraiment. Simplement tout naît, vit, et change pour le prochain cycle de vie. Chaque printemps, l'arbre devient plus grand. C'est cela la Nature. Et la Nature est aussi la création de Dieu, tout comme l'Homme. Et l'Homme est-il réellement moins que les arbres, les fleurs et les saisons ?

Je voulais être comme le beau chêne qui devenait plus majestueux chaque saison, et grandir dans tout ce qui constituait ma destinée. L'homme est comme un jeune arbre, me disais-je, en de nombreux points. Il se débat pour croître dans l'obscurité, mais finit par mourir parce qu'il vit dans la noirceur de la superstition, de l'ignorance et de l'intolérance. Trop nombreux sont ceux qui ne trouvent jamais la douce et chaude lumière qui engendre la vie.

Soudain, un geai bleu passa comme une flèche devant moi et atterrit sur une branche à côté. Il me lança un cri strident, comme pour mettre au défi la compréhension simple que je venais d'avoir. Je lui souris et il se mit à lisser ses plumes aussi étincelantes que des joyaux. Ramtha avait dit que le royaume des cieux et Dieu sont en nous. Jésus a enseigné la même vérité. Connaître notre véritable chemin consistait à écouter notre voix intérieure. C'était cela la puissance, la sève, du grand chêne. Renier notre vérité intérieure revenait à être comme un jeune arbre dans la plus grande obscurité, celle où rôdent les tourments hideux, misérables et vils. Je secouai la tête. Non, je devais faire ce qui me semblait juste pour moi.

Je fermai les yeux et commençai à murmurer :

— Père bien-aimé qui est en moi, je désire être moi-même pour devenir tout ce que je peux devenir, dans la lumière et l'amour que tu es. Dieu, je t'aime et j'aime le Christ qui est en moi. Je désire vivre ma vie pour que cet amour puisse rayonner. Père, je te demande seulement de me guider, de m'enseigner la vérité à travers ma vie, de me montrer les portes et de me donner la force de les franchir. Enseigne-moi l'amour et le pardon, mais plus que tout, apprends-moi à comprendre. Père, donne-moi le courage d'être courageuse, conduis-moi loin de l'hypocrisie, vers l'amour de Dieu à l'intérieur de moi. Qu'il en soit ainsi !

Jeff et Joe décidèrent de revenir dans l'État de Washington et emménagèrent immédiatement dans une magnifique petite maison près de l'eau. La famille tout entière fut la première à être invitée à dîner. Mais Jeremy et les garçons avaient déjà d'autres plans. Je m'y rendis donc seule.

La route de campagne était sinueuse avec une vue magnifique. La lune argentée et froide était déjà haute dans le ciel, alors que le soleil de janvier ressemblait davantage à une grosse lune pleine qui s'évanouissait doucement à l'ouest. La maison était désuète. Elle était sur deux niveaux et miroitait le brillant immaculé de la peinture fraîche, couleur jaune et terre de Sienne. Jeff et son chien, Jeremiah, m'accueillirent à la porte du devant.

– Tu es magnifique… merci d'être venue, me dit Jeff en me montrant la cuisine.

Il retourna les côtelettes de porc.

– Comment va Jeremy ?

Je m'assis à la petite table, dressée élégamment pour deux personnes avec de la vaisselle assortie et un vase contenant un bouquet.

– Oh, il est occupé à se préparer pour la saison de chasse, et les garçons passent la nuit chez leurs copains.

Jeff secoua la tête comme à sa douce manière.

– Ça sent bon. Qu'est-ce que tu as préparé de bon, à travailler comme un forçat sur ce bon vieux poêle ?

– J'essaie des côtelettes de porc avec de la purée de pommes de terre. J'ai aussi acheté des petits pains frais. Je ne suis pas un mangeur de légumes. La plupart du temps, c'est viande et pommes de terre. Je peux t'offrir du lait, de la bière, ou un Coca-Cola ?

– Tu aurais un verre d'eau glacée ?

Alors qu'il préparait les glaçons, il remarqua que je regardais autour de moi.

– Joe est sorti avec sa nouvelle petite amie.

– Oh, et c'est sérieux ?

– Qui sait ?

Il continua à préparer le repas.

– Tu as parlé à Ramtha dernièrement ?

– Pas vraiment. Je crois qu'il est en train de me laisser prendre conscience de certaines choses par moi-même.

Je soupirai. Je devenais de plus en plus nerveuse sans réellement savoir pourquoi.

Jeff retourna les côtelettes de porc, baissa le feu pour les laisser frémir, puis les couvrit.

— Encore une demi-heure. Tu aimerais un verre de vin ?

Je répondis rapidement.

— Non, merci... réellement, de l'eau fraîche m'ira très bien.

Puis Jeff alluma la chaîne haute-fidélité.

— Peut-être un peu de musique ?

Il mit *Moon River* et s'avança vers moi.

— Je suis aussi nerveux que toi... mais tu aimerais danser ?

Je le regardai un instant, ne sachant pas quoi dire, puis me mis à rire.

— D'accord, pourquoi pas ? Je n'ai pas dansé depuis... oh, je ne m'en souviens même plus.

Jeff écarta lentement les bras et je m'avançai timidement vers lui. Dès que nos corps se touchèrent, je sentis mon cœur battre dans ma poitrine. Je ne pus dire un mot. Une horde de sentiments m'envahit. Je fermai les yeux alors que Jeff levait la main pour y placer mon menton. Des frissons parcoururent tout mon corps.

— Tu as froid ? murmura-t-il.

— Euh... non... probablement juste chatouilleuse, marmonnai-je.

— À quoi penses-tu ?

Je pris une profonde inspiration et tentai de me concentrer.

— J'évite de penser. Je veux juste *être*. Et c'est bon.

Il m'attira à lui et murmura :

— Moi aussi.

La musique était apaisante et douce. Je pensais en silence à mon ami à moi, mon « ami de toujours », ce bel homme simple, rempli d'élégance et de grâce, dont la politesse et la gentille considération étaient naturelles en lui. Il était si différent de tous ceux que j'avais rencontrés auparavant.

— Jeff, tu crois qu'on en sait trop l'un sur l'autre ?

Il me serra avec douceur.

— Oui, mais pas suffisamment sur nous-mêmes. Merci encore d'être venue, JZ.

Je ne sais pas pourquoi je me mis à pleurer. J'essuyai mes larmes. Je me sentis idiote, ressentant à la fois une grande passion et un profond chagrin.

— Euh… ce n'est pas grave, murmura-t-il.

Je restai silencieuse, mais en moi surgissait une attirance enflammée envers lui, comme une soif… un besoin profond. Je me tenais serrée contre lui. Il s'écarta légèrement et m'embrassa sur le front. Puis pour la première fois, avec une immense tendresse, il me donna un baiser d'amour que je lui rendis.

Calmement, Jeff ouvrit la baie vitrée donnant sur le patio. Le vent dégagea ses cheveux noirs et la pièce se remplit d'air sentant la mer. Il me conduisit sur le canapé et nous nous assîmes. Le feu crépitait et sifflait alors que la lueur des flammes dansait sur son visage de bronze et vacillait dans ses yeux. Les ombres mettaient en valeur ses pommettes et l'éclat de ses lèvres. Il me caressa et m'embrassa le cou et la bouche avec l'intensité d'un amant délicat.

— Je suis heureuse d'être ici dans tes bras. Je t'aime, Jeffrey… pour toujours et à jamais.

— Je t'aime, JZ, ma chère et précieuse âme sœur.

Cette soirée était pure, remplie de l'innocence sincère de l'amour véritable. Pendant des heures devant le feu, nous avons murmuré, nous avons ri, nous nous sommes touchés, nous nous sommes embrassés et nous sommes pris dans les bras sous les rayons de la lune. Mais nous n'avons pas fait l'amour. Ni l'un ni l'autre n'était prêt pour sceller cet amour, peu importe la profondeur et la pureté de nos sentiments. Il y avait l'honneur de Jeremy, et les enfants à considérer. Mais nous en arrivâmes à la compréhension… que nous appartenions l'un à l'autre. Peu importe les conséquences, j'irais avec Jeff, car c'était là que résidait mon bonheur. Je ne pouvais plus vivre un mensonge.

Quand je rentrai sans faire de bruit dans la chambre, Jeremy était assis sur le lit à jouer avec un paquet de cartes. Sans lever les yeux, il me demanda :

— Eh bien, il sait cuisiner aussi ?

Je le regardai un instant et lui répondis :

— Oui, Jeremy, il sait cuisiner.

Toujours sans me regarder, il continua :

— Alors, Zebra, il y a quelque chose que tu veux me dire ?

Je sentis un calme profond m'envahir. Mes pensées retournèrent à la petite forêt et au grand chêne. Je m'assis doucement sur le rebord du lit.

— Jeremy, j'ai davantage pensé à toi ces derniers jours que peut-être durant tout le temps où nous avons été mariés. J'ai pensé à ton honnêteté et à ton humeur toujours égale. J'admire et je respecte ces qualités, et je pense que tu mérites que je sois aussi honnête envers toi. J'ai agonisé sur ce que je vais te dire maintenant, et la meilleure façon est de te le dire carrément. Je suis amoureuse de Jeff Knight.

Un silence de plomb surgit dans la chambre, mais Jeremy ne me regarda pas ni même n'arrêta de jouer avec ses cartes.

— Le cow-boy ? Le pauvre cow-boy ?

Il se caressa la moustache.

— Dis-moi, Zebra, comment sais-tu que tu es amoureuse de lui ?

Sa voix dénotait une forme de colère retenue.

— Je ne peux pas l'expliquer. Je ressens pour Jeff quelque chose que je n'ai jamais ressenti auparavant. Je sais simplement que je l'aime… profondément.

Jeremy serra la mâchoire et son visage rougit, mais il continua de maîtriser sa colère.

— Eh bien, Zebra, c'est bon… c'est bon. Je peux juste dire que je ne sais pas ce que j'ai fait au Ram, mais ce qu'il y a de sûr, c'est qu'il m'a retiré tout ce qui était sous mes pieds.

Il se pinça les lèvres et commença à tortiller le bout de sa moustache.

— Jeremy, c'est difficile de tout t'expliquer, mais il semble que ma vie tout entière ait été baignée d'un sentiment de culpabilité et d'un manque d'estime de moi. J'ai toujours eu besoin de rendre les autres heureux. Jeremy, je n'ai jamais aimé ni respecté qui je suis. Et la chose la plus difficile pour moi à avoir eu à gérer à travers tout ce… cet éveil… a été mon besoin de ne pas te blesser. Tu as été si bon pour moi. Tu m'as aidée à rendre mes rêves possibles. Mais je sais que ce serait pire de continuer, et de renier mes sentiments pour rester avec toi par loyauté, parce que tu as été bon pour moi. Tu ne pourrais jamais être heureux comme ça. Tu ne mérites pas ça. Jeremy, une chose reste absolue en moi, c'est mon amour pour toi. Ça paraît peut-être stupide, mais c'est vrai. Tu sais, ces derniers mois, j'espérais pouvoir simplement venir vers toi en tant qu'amie et te dire « aide-moi, comprenons-nous tous les deux ». Mais ça ne m'a jamais été possible. J'étais trop occupée à me sentir coupable et à me haïr, et tu étais toujours trop occupé pour m'écouter.

C'en fut trop. La colère et la haine de Jeremy envers moi explosèrent. Il jeta les cartes à travers la pièce et se leva, serrant les poings.

— Je me demande si le Ram dirait que les bons gars passent toujours en dernier.

Il éleva la voix à travers ses mâchoires serrées.

— Comment ce sale balourd de cow-boy peut-il venir chez moi et me prendre toute ma vie ? Bon sang, qu'est-ce qu'il a que je n'ai pas ? Il baise bien ou quoi ?

Mon visage brûlait, mais une paix claire s'était installée en moi, indélogeable. Je lui répondis avec douceur.

— Jeremy, nous n'avons rien fait. Nous n'avons pas fait l'amour. Ce soir, c'est la première fois que je l'ai embrassé. On ne pouvait pas faire ça dans ton dos. Jeremy, il m'aime *moi…* pas le Ram. Il est simple comme moi.

Le visage incrédule de Jeremy se contracta.

— Tu es simple ?

— Oui, je suis très simple. La plupart du temps, je sens que tu es déçu par ma simplicité. Tu m'intimides en me corrigeant comme un professeur d'école. Tu ne veux jamais que je parle aux « dialogues », parce que tu penses que personne ne veut m'entendre. Tu t'assois et caches ton embarras derrière un livre. Mais quand je suis avec Jeff, c'est *moi* qui compte, pas Ramtha. J'ai besoin qu'on me permette de fleurir, Jeremy… pour connaître qui je suis. Tellement de fois je savais que je pouvais t'aider, mais tu ne m'écoutais pas, tu n'écoutais que le Ram. Tu sais Jeremy, j'ai beaucoup à dire, car j'ai beaucoup appris. Il y a des choses auxquelles je peux contribuer. Mais mes conseils n'étaient jamais suffisamment bien pour toi.

— Pars, Zebra. Je ne veux pas en entendre davantage. Pars vivre avec lui. Mais je vais te dire quelque chose… tu reviendras, et je t'attendrai. Tu reviendras.

Je sais que certaines personnes qui divorcent deviennent finalement les meilleurs amis du monde, mais quelque part, je savais que Jeremy et moi ne serions plus jamais proches. Cependant, malgré tous les bouleversements qui se produisirent dans nos vies, un sentiment allait demeurer : j'admirerais, respecterais et aimerais toujours Jeremy. Sans lui, aucun de mes rêves ne se serait réalisé. Il allait me manquer.

Durant les jours qui suivirent, j'emmenai quelques-unes de mes affaires chez Jeff. J'expliquai honnêtement aux enfants ce qui était arrivé et leur proposai le choix de venir avec moi ou de rester. Chris choisit de me suivre, mais Brandy, qui avait davantage souffert du manque d'affection de Jeremy, décida de rester avec lui. Lorsqu'il me l'annonça, je m'effondrai.

— Maman, Jeremy n'a personne. Je suis triste pour lui. Je veux rester avec lui.

Je pleurai pendant des semaines. Mais Brandy me montra une facette de lui que je n'avais jamais vraiment remarquée auparavant. Il était doté d'une grande compassion et de beaucoup d'amour.

Je me faisais du souci au sujet de la séparation des deux enfants, et une profonde culpabilité me rongeait. Au milieu de la tourmente, ma chère amie Anne Marie Bennstrom insista pour que Jeff et moi passions quelques jours avec elle à Calabasas, en Californie. Je la connaissais depuis un an seulement, mais notre amitié avait été immédiate et si intime qu'elle était devenue plus une sœur qu'une amie. Sa ravissante maison se situait perchée au sommet d'une montagne et était un magnifique lieu de retraite pour toute personne au cœur lourd.

Chaque pièce sentait bon les fleurs. On y entendait les roucoulements des colombes et les cris rauques des perroquets dans leur volière. On percevait aussi les sonneries de téléphone, et Anne Marie parlant un suédois agrémenté d'exclamations joviales et enthousiastes. Je trouvai un peu de paix auprès de cette Suédoise sincèrement chaleureuse, volubile et sage. Ses yeux bleu azur pouvaient tout autant pétiller d'espièglerie que transpercer d'une attention électrisante. Ses cheveux blonds ébouriffés, sa peau bronzée et ses dents blanches éclatantes faisaient d'Anne Marie ma parfaite opposée. Elle était farfelue, secrète et riante. Elle m'aidait à améliorer mon apparence, et moi, j'arrangeais ses cheveux. Elle apportait son intelligence débordant de vivacité et de savoir, et moi ma simplicité et ma naïveté. Elle dormait sans honte complètement nue, et moi, je restais toujours habillée. Anne Marie pouvait être complètement immergée dans une discussion intense sur la grande capacité de Dieu à se connaître Lui-même, et d'un seul coup déployer un humour coloré par ses propres mots et éclater d'un rire tonitruant. Je l'aimais et sentais qu'elle comprenait parfaitement qui j'étais.

J'avais besoin d'être seule. Les émotions d'une profonde tristesse remontaient à la surface. Même mon Jeff bien-aimé ne pouvait les apaiser. Dans les moments les plus calmes, j'allais marcher seule, et me débattais avec ma culpabilité, mes inaptitudes et mon sentiment de dévalorisation. Tout dans ma vie avait été un mélodrame redondant consistant à renier ce que je méritais. Même maintenant, avec la dissolution de mon mariage et le supposé bonheur d'avoir trouvé Jeff, je restais assise à le regarder, lui, ma soi-disant âme sœur, et me demandais ce qu'il avait réellement vu en moi. Ce vieux ressenti de «Je ne mérite pas d'être la reine de l'année» m'envahissait à nouveau.

Et puis, il y avait Ramtha. Je me demandais aussi pourquoi il m'avait choisie. Il incarnait la toute-puissance, la grâce, la connaissance et le Dieu manifesté, alors que moi, à l'opposé, j'étais empêtrée dans des irruptions d'apitoiement sur moi-même, d'incertitude et de confusion. Comment était-il possible que je représente cette vérité dans ma propre vie? Où était la béatitude tant recherchée que je croyais avoir trouvée avec Jeff? Pourquoi après tous ces changements, cette lumière dont j'avais si soif ne m'habitait-elle pas encore?

Je compris que j'évitais Jeff et Anne Marie parce que je ressentais trop de honte et de culpabilité. J'avais peur que ma présence les déprimât. Je me sentais même coupable de *ça*! L'ensemble des sentiments que j'avais eus durant toute ma vie restait coincé dans ma gorge et m'étouffait. C'était comme un ruisseau obstrué par un amas de feuilles mortes, de branches cassées, et de boue brune et épaisse. Anne Marie, dans son infinie sagesse, me permit d'avoir le confort de ce silence nécessaire à la confrontation de mes sentiments.

Finalement, un soir, incapable de dormir, je me tournai vers le visage endormi de Jeff, puis vers la fenêtre sans rideau. La pleine lune nacrée dans le ciel baignait tout d'une lumière féerique, paisible et invitante. Je me levai donc et m'assis sur le toit. Je regardai un nuage passer devant cette lueur éclatante. Un liseré argenté scintillant dessina alors ses contours. C'était quoi déjà cette expression de maman? Que disait-elle donc?

«À chaque nuage… son liseré d'argent!» À toute chose, malheur est bon! Je regardai les étoiles et les planètes suspendues dans l'éternel ciel de minuit. Tout était orchestré de façon si grandiose et si calme. Une douce brise caressa mon visage et m'apporta des odeurs fraîches de sauge, d'eau salée, et de fleurs nocturnes. Elle fit voler mes cheveux dans mes yeux, quelques mèches minces prises dans mes cils et ma bouche. Je frissonnai légèrement et me recroquevillai en tirant ma chemise de nuit vers le bas pour la retourner sous mes pieds. Soudain, ce silence fut interrompu par un oiseau lointain, puis par un son étouffé derrière moi. Je me retournai et vis ma chère Anne Marie, vêtue de son peignoir en flanelle rose, qui rampait hors de sa fenêtre. J'appréciai son état de conscience aiguisé, car je n'avais fait aucun bruit. Elle avait simplement su que j'étais là. La lumière luxuriante resplendissait à travers ses magnifiques cheveux. Elle était comme une petite souris sage qui avait décidé de sortir pour partager la lune avec moi. Nous restâmes assises ensemble sans dire un mot. Le silence absolu permet l'espoir que les piètres mots ne peuvent offrir. Je me mis à trembler et à pleurer d'émotion — ce genre de ressenti qui vient du plus profond de notre âme. Sa douce main tapota alors gentiment mon épaule, témoignant de sa compréhension totale.

Il existe ces individus rares qui marchent silencieusement sur terre, comme s'ils faisaient partie intégrante de la nature. Leur innocence leur octroie cette connaissance qui, d'un simple toucher, guérit les fragilités mutilées des non-éclairés. Anne Marie en faisait partie. Sa gentille petite voix prononça calmement les mots de guérison : « Il n'y a rien de mal à ressentir ces choses-là, permets-le-toi et elles te quitteront pour toujours. » Je me retournai et contemplai son visage. Le vent balayait ses cheveux et dégageait ses yeux sages et brumeux qui dansaient de façon féérique dans la lumière de la lune. Je compris à ce moment-là que je ne pourrais trouver la liberté au sein de mon désespoir qu'en le relâchant. Personne dans ma vie ne m'avait jamais dit qu'il n'y avait aucun mal à ressentir culpabilité, douleur, mésestime de soi et haine de soi. Désormais, j'en avais la permission, je pouvais ressentir tout cela et m'en libérer.

Cette libération surgit tel un courant soudainement débarrassé de l'encombrement de toutes mes faiblesses. Dans la clarté de cette eau pure et libérée, je pouvais désormais voguer jusqu'à l'océan… de retour à ma propre demeure. Je saisis pour la première fois tout ce que le Ram m'avait enseigné. J'étais à présent libre pour la grande aventure qu'on appelle « la vie », celle dont parlait Ramtha.

Ce que l'homme put voir depuis la lune, durant ces quelques moments, fut deux minuscules silhouettes, rapetissées par l'étendue de l'éternel, s'embrassant dans des cascades de rires ravissants et délicieux, puis reprenant à travers leur fenêtre le chemin de leurs lits chauds et douillets. Le sommeil paisible de mon Jeffrey ne fut nullement troublé par mon illumination sur le toit. Je me pelotonnai près de lui, déposai un baiser sur son épaule et m'abandonnai à une paix sublime. Mes yeux commencèrent à se fermer, et je me demandai quelles aventures nous attendaient dans le futur. Je considérai cela avec une pointe d'anxiété, mais je devins soudain euphorique et mystérieusement consolée.

– Ne t'inquiète pas, dis-je, m'étonnant de mes propres mots. Tout ira bien !

REMERCIEMENTS

Je souhaite exprimer ma très profonde gratitude à Anne Marie Bennstrom, dont le soutien inébranlable m'a permis d'écrire ce livre ; à mon agente Ellen Levine et à Nansey Neiman de la maison d'édition Warner Books, grâce auxquelles *Un état d'esprit, mon histoire* a pu devenir réalité ; et enfin, à ma mère, Helen Angley, qui a eu la force et la ténacité d'un grand chêne, pour permettre au jeune arbre que j'étais de devenir assez fort pour affronter les tempêtes qui accompagnent souvent la vie

AdA
éditions

www.ada-inc.com
info@ada-inc.com

www.facebook.com/EditionsAdA

www.twitter.com/EditionsAdA